기업
처벌과
미래의
형법

기업도
형법의 주체가
될 수 있는가

기업
처벌과
미래의
형법

기업도
형법의 주체가
될 수 있는가

성균관대학교
출　판　부

목 차

책 을 열 면 서

형법은 변화한다. 1953년 컴퓨터가 없던 시절에 만들어진 한국 형법은 1995년 개정되면서 컴퓨터를 이용한 사기죄나 업무 방해죄 등을 새로 만들었다. 1996년에 만들어진 「동물 보호법」은 과거 단순히 물건처럼 취급돼 왔던 동물들에게 생명권과 복지권을 인정했다. 이에 따라 동물을 잔인하게 죽이거나 노상 등 공개된 장소에서 죽이거나 같은 종류의 다른 동물이 보는 앞에 죽이거나 또는 여러 방법으로 학대하는 행위를 형사 처벌하기 시작했다. 2012년에는 반세기 이상 '여성'만을 강간죄의 객체로 인정했던 형법이 '사람'을 객체로 인정해 성적 자기 결정권의 보호 범위를 확장하기도 하였다.

또한 형법은 굳이 새로운 규정을 만들지 않고서도 해석을 통해 사회 변화에 대응하기도 한다. 2013년 대법원은 부부간에는 강간죄가 성립하지 않는다는 과거의 해석을 뒤로 돌리고, 남편도 강간죄의 주체가 될 수 있다며 그 태도를 바꾸었다.

이 모든 변화들은 시간의 흐름에 따라 형법이 외부 세계와 커뮤니케이션한 결과다. 형법은 불법과 적법을 이항적으로 부호화함으로써 끊임없이 생산과 재생산을 거듭하며 변화한다. 독일의 사회학자 니클라스 루만Niklas Luhmann의 체계 이론식으로 설명하면, 형법은 끊임없이 자기 준거적으로 작동하는 '자기 생산적인' 사회적 체계이다. 따라서 사회적 체계인 형법은 기업이 사회·경제적 또는 정치·문화적 차원에서 규범적 기대를 실추시키는 사실들과 접촉하면서, 그것을 기업의 잘못으로 포착하고 기업에게 책임 비난을 가함으로써 규범의 안정화를 도모하는 사회적 기능을 다해야 한다.

그러나 한국의 형법은 기업(법인)에 대해 스스로 불법 행위를 하고 그에 따라 형사 책임을 지는 형법'인'으로 인정하지 않고, 오직 사람(자연인)만 그런 존재로 인정하고 있다. 이는 독일을 제외한 대부분의 국가에서 기업(법인)을 형법의 주체로 인정하지 않던 과거의 도그마를 극복하고, 기업(법인)도 형법'인'으로 인정해가고 있는 최근의 경향과 비교해 볼 때, 매우 후진적인 태도가 아닐 수 없다.

물론 우리나라에는 형법전의 '범죄' 외에 수많은 '위반 행위'들의 경우 기업의 형사 책임을 인정하는, 이른바 양벌 규정을 담은 500여 개 이상의 법률이 있긴 하다. 예를 들면 2017년 새로 만들어진 「부정 청탁 및 금품 등 수수의 금지에 관한 법률」(이하 '청탁 금지법')에는 기업 임직원이 공직자 등에게 100만 원을 초과하는 금품 등을 제공하면, 그 임직원을 형사 처벌하는 것 외에 기업 자체에게도 벌금형을 부과하는 양벌 규정을 두고 있다.

그러나 형법전에서 기업을 형법 주체로 인정하지 않으면서 특별법의 양벌 규정을 통해 예외적으로 기업에 형사 책임을 부과하는 이중적 태도는 여러 가지 면에서 그 한계와 문제점을 드러내고 있다. 예컨대 어떤 기업의 임직원이 건설교통부의 고위 공무원에게 수억 원의 금품을 제공하고 그 금품의 수수가 직무 관련성과 대가성이라는 요건을 갖춘 경우라도, 해당 기업은 형법 또는 「특정 경제범죄 가중처벌 등에 관한 법률」 등에 의한 뇌물공여죄로는 처벌되지 않고, 청탁 금지법만 적용받아 3천만 원 이하의 벌금형에만 처해질 수 있다. 뿐만 아니라 1998년 만들어진 「국제 상거래에 있어서 외국 공무원에 대한 뇌물 방지법」에 따르면, 한국 기업이 외국 공무원에게 뇌물을 제공하면 기업의 임직원뿐 아니라 기업 자체도 형사 처벌하지만, 국내 공무원에게 뇌물을 제공하면 기업의 임직원만 처벌될 뿐 기업은 처벌되지 않는다. 또한 미국의 어떤 기업이 한국 공무원에게 뇌물을 제공하면 미국의 「해외 부패 방지법(FCPA)」에 따라 형사 처벌의 대상이 되지만, 한국 형법에 의해서는 형사 처벌을 받지 않게 된다. 무엇보다 기업에 벌금형을 부과하는 양벌 규정에서 지시된 수많은 위반 행위들을 보면, 형법전의 범죄 행위와 본질적으로 차등 취급할 만한 이유나 기준을 제시하기도 어렵다.

이와 같이 기업 처벌과 관련한 현행 법률이 체계적으로 정비되지 못하고, 또한 선진 외국의 입법 수준과 비교할 때도 심각한 사각 지대에 놓여 있는 까닭은, 형법이 오직 사람(자연인)만을 형법의 주체로 인정할 뿐 기업(법인)을 그 주체로 인정하지 않은 데서 기인한다.

이 책은 기업을 형법의 주체로 인정하는 '미래의 형법'을 설계하고 이를 이론적으로 근거지우기 위해, 루만의 체계 이론과 그 이론이 출발점으로 삼고 있는 '작동적 구성주의'라는 새로운 인식론을 기반으로 삼았다. 루만의 체계 이론을 적용해보면, 19세기 이후 법인 의제설과 법인 실재설로 박제화된 채 기업을 '단순한 계약의 망'으로 보거나 기업 대표자 등 기관의 행위를 기업 자체의 행위로 보게 하는 '동일시 이론'을 원용할 뿐인 기업(법인) 본질론의 이론적 고착 상태를 타개해나갈 수 있다.

루만의 이론에 따르면, '기업'은 자기 생산적인 사회적 체계로 분류될 수 있거니와, 조직화된 집단으로서 기업은 기업의 기능 수행자인 개인의 행위와 순환적으로 결합되어 독자적으로 행위하는 단체 행위자로서 '구성'될 수 있기 때문이다. 이에 따르면 기업 행위의 독자적인 사회적 역동성이 인정되기 때문에 기업 행위가 기업 종사자 개인의 행위로 환원되는 방법론적 개인주의의 한계도 극복할 수 있다. 또한 사회적 체계는 인간을 그 구성 요소로 가지지 않고 인간을 체계의 환계環界 umwelt에 불과한 것으로 보기 때문에, 기업의 기능 수행자인 개인은 기업을 구성하는 요소가 아니라 기업의 환계(전제 조건)로 파악된다. 결국 기업을 구성원 개인의 총합으로 구성된 단체인으로 상정함으로써 개인을 전체를 위한 수단으로 전락시키는 조직주의적 집단주의와도 거리를 둘 수 있다.

이렇게 루만의 체계 이론에 터를 잡아 '형법'뿐 아니라 '기업'도 자기 생산적인 사회적 체계로 보는 이 책은 기업(법인)을 사람(자연인)과 나란히 새로운 형법의 주체로 인정하기 위한 이론적인 기초를 제시한다. 특히 전통적인 형법이 형벌 부과 요건으로 인정해온 '행위'와 '책임'

과 같은 도그마틱적 요건을 작동적 구성주의의 관점에서 재해석하여, 기업도 사람과 같이 행위 능력과 책임 능력을 가질 수 있는 존재임을 규명한다.

이러한 관점에서 인식의 지평을 점차 넓혀가다 보니, 최근 주체 확장을 향해 진화해가는 자기 생산적 체계인 형법에 편입될 그 새로운 주체들이 꼭 기업에만 국한되지 않는다는 생각이다. 시민의 기본권을 보호해야 할 헌법적 의무를 가졌으면서도 오히려 공권력을 동원해 그 의무를 위반함으로써 폭력을 자행하는 '국가'나 학습 능력과 적응 능력을 가지고 자율적으로 작동해 점점 인간의 통제를 벗어나고 있는 '인공 지능 로봇' 등도 형법의 안경 너머로부터 새로운 형법 주체로 등극할 가능성이 있는 후보군으로 관찰된다. 때문에 이 책 『기업 처벌과 미래의 형법』은 미구에 『국가 폭력과 미래의 형법』 그리고 『인공 지능과 형법의 미래』로 이어져야 할 연작 가운데 첫 번째 결과물에 해당한다. 형법의 '주체' 변화에 초점을 맞춰 '형법의 미래와 미래의 형법'이라는 야심찬 기획을 함께한 성균관대학교 출판부 현상철 편집자께 감사한다.

2017년 1월
명륜동 연구실에서
김성돈

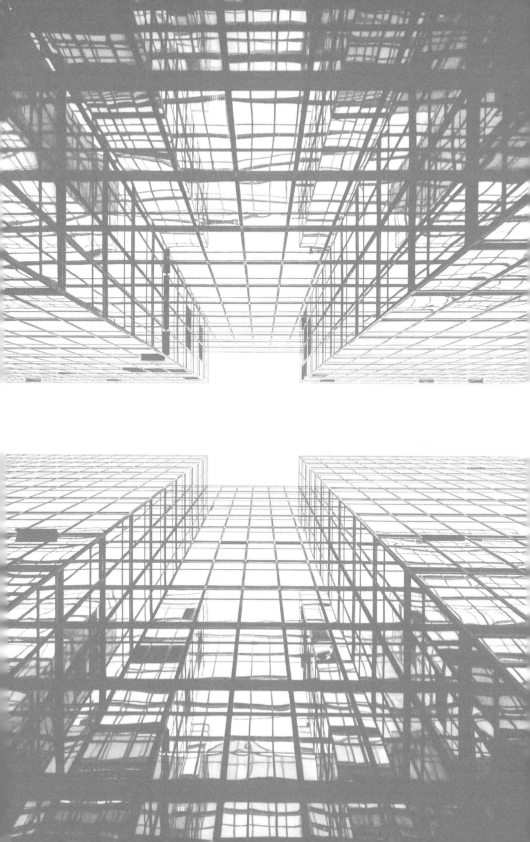

프 롤 로 그

1. 기업은 형법 주체인가?

신문의 경제면을 펼쳐보라. 삼성전자, 현대자동차, 엘지, 롯데, 에스케이, 케이티 등등 경제 주체가 사람이 아니라 기업이 된지 오래다. 방송 매체의 광고도 마찬가지이다. 광고 속 모델들은 언제나 기업의 마음과 말과 행동을 전하는 매개자일 뿐이다. 텔레비전 뉴스의 앵커 멘트나 그 아래를 흐르는 자막을 보아도 다를 바 없다. 굵직한 뉴스거리의 중심에는 사람보다 기업이 있는 경우가 더 많다. 그러나 이상하게도 기업이 연루된 수많은 사건에서 기업이 형사 책임을 졌다는 말은 들리지 않는다. 열악한 작업 현장에서 인부가 사망했는데, 기업이 공무원에게 뇌물을 줘서 막대한 이익을 챙겼는데, 그리고 기업이 강과 바다에 오염 물질을 유출시켜 환경에 막대한 피해를 입혔는데, 정작 이익의 종착점인 기업이 처벌됐다는 보도는 없다. 종업원이 처벌되고 대기업 회장이 처벌됐다는 보도는 나오는데, 정작 그 해당 기업이 처벌됐다는 보도는 없다.[1]

　기업도 사람처럼 범죄를 범하고 형벌을 받을 수 있는가? 이 물음은 기업이 스스로 범죄 행위를 할 수 있고, 그 범죄 행위에 대해 형사 책임을 질 수 있는가, 라는 물음으로 바꿀 수 있다. 예를 들면, 기업도 형법의 살인죄의 주체인 "사람을 살해한 자"가 될 수 있고, 기업에 대해서도 "5년 이상의 징역이나 사형 또는 무기징역" 등 형벌이 부과될 수 있는 가, 라는 물음이다. 이 물음은 이렇게 바꾸어볼 수 있다. 기업도 범죄의 주체이자 형벌 부과의 대상으로서 '형법의 주체'가 될 수 있는가?

전통적으로 형법은 어떤 존재를 형법 '주체'로 인정하기 위한 조건을 두 가지로 압축하고 있다. 하나는 스스로 행위를 할 수 있는 가능성(행위 능력)이고, 다른 하나는 자신의 잘못된 행위에 대해 책임을 질 수 있는 가능성(책임 능력)이다. 기업은 어떠한가? 기업은 실정법상 — 상법상 회사로서 — '법인'화돼 있다. 법인legal person, juristische Person이란 인간(자연인)은 아니지만, 법률에 의해 의인화personification되거나 법인격legal personhood을 부여받아 일정한 권리와 의무를 가진 존재를 의미한다. 그렇다면 이제 질문은 이렇게 바꾸어볼 수 있다. 법인으로서 기업이 범죄의 행위 능력과 책임 능력을 가지고 있는가?

법인격을 가진 존재라고 해서 적극적인 행위 능력까지 인정되는 것은 아니다. 예컨대 사람이 되기 전단계의 태아에게도 법인격이 인정되지만, 태아가 사람과 같이 적극적으로 행위할 수 있는 능력은 없다. 태어날 것을 조건으로 해서 민법상의 상속권을 인정받을 수 있고, 형법상

낙태죄에서의 보호 대상이 될 수 있을 뿐이다. 최근 뉴질랜드와 인도에서는 환경 보호를 위해 심지어 강江에도 법인격을 부여했다는 소식이 들린다.[2] 그러나 강에 법인격이 부여됐다고 해서 강이 행위 능력 있는 행위 주체로 인정되는 것은 아니다. 강은 환경법상의 목적을 달성하기 위해 보호의 대상으로 법적으로 인격이 부여된 것일 뿐이기 때문이다. 때문에 법인격이 부여된 '법인'이라고 해서 곧바로 행위 능력까지 인정하는 것은 아니다.[3]

　기업도 마찬가지다. 기업은 사법적인 차원에서 법인의 지위를 부여받아 독자적 법인격적 존재로 인정되고 있다. 그러나 이것이 기업의 적극적 행위 능력을 인정하는 결론으로 이어지지는 않는다. 즉, 기업은 재산권의 행사 및 재산권 보호 등과 관련해서 권리의 주체로서 보호의 대상이 되고 있고, 심지어 납세 등 의무의 주체로 인정되고 있지만, 스스로 행위할 수 있는 적극적 행위 주체로 인정되고 있지는 않는 것이다. 헌법적 차원에서도 기업(법인)이 기본권의 향유 주체로 인정돼 기업이 명예 훼손죄의 피해자로서 보호의 대상은 될 수 있지만, 기업은 명예 훼손적 행위를 스스로 할 수 있는 적극적 행위 주체로 인정되고 있지는 않다.

　뿐만 아니라 어떤 존재가 행위 능력을 가진 적극적 행위 주체가 될 수 있다고 해서 자기 행위에 대해 형사 책임을 질 수 있는 책임 능력까지 인정되는 것도 아니다. 자기 행위에 대해 형사 책임을 지기 위해서는 자신의 잘못된 행위에 대해 가해지는 사회적 법적인 비난의 의미를 이해할 수 있어야 한다. 형사 책임을 지는 주체에게 이와 같은 차원의 비난의 의미 내용을 이해할 것을 요구하는 이유는 형사 책임의 내용이 바로 '형벌'이기 때문이다.

　형벌은 봄이 가면 여름이 오는 자연 현상처럼 기계적으로 자동적으로 부과되는 것이 아니라 사회의 요구와 기대를 실추시킨 행위의 주체

(개인)와 비난의 주체인 사회(국가) 사이에서 이뤄지는 의미 있는 커뮤니케이션이다. 때문에 형사 책임을 지려면 적극적 행위 주체인 것으로는 부족하고, 자기 행위의 사회 규범적 의미 내용과 그 행위에 대해 사회적 차원에서 가해지는 비난의 의미 내용을 이해할 수 있는 능력, 즉 책임질 수 있는 능력까지 가져야 하는 것이다.[4]

형법 주체의 질적 요건으로서 이상과 같은 의미의 행위 능력과 책임 능력을 요구하고 있는 형법은 오직 인간(자연인)만을 형법 주체로 인정해왔다. 요컨대 형법은 인간(자연인)외에 어떤 존재도 형법 주체로 인정하지 않고 있기 때문에, 기업이 비록 법에 의해 법인격을 부여받아 법 '인'이 됐다고 하더라도—그래서 일부 영역에서 '법' 주체라고 할 수는 있지만—아직 '형법' 주체로는 인정하고 있지 않은 것이다. 이에 따르면 기업(법인)은 범죄를 범할 수도 없고, 형사 책임을 질 수도 없다. 지금까지 기업(법인)을 형법 주체로 인정하는 것을 근거 지우려는 모든 이론적 시도는 실패했다. 이 책은 오늘날 글로벌 행위자global player 또는 선량한 기업 시민good corporate citizen 등으로 불리는 기업(법인)을 형법 주체로 인정할 수 있는 이론을 찾는 것을 일차적인 목표로 삼는다.

2. 형법 주체의 변천 약사

법제사적으로 볼 때 형법이 인간(자연인)이 아닌 다른 존재에게 형사 책임을 부과하려는 태도가 없었던 것은 아니었다. 고대 정령 사상에 기초해 동물에 대한 형사 처벌이 인정되기도 했고, 중세 기독교 사상에 터 잡아 동식물에 대해 형벌을 부과한 사례들도 문헌에서 다수 발견되고 있다. 하지만 근대이후 형법은 형벌 부과의 차원에서 인간의 '행위'를 전제로 삼고 일정한 행위를 한 행위자인 인간에게만 형사 책임을 인정함으로써 인간 아닌 대상에 대해 형사 책임을 인정하는 태도를 버렸다.

원시 씨족 사회나 부족 사회에서 인간이 모여 이뤄진 집단이나 단체의 형사 책임을 인정한, 이른바 복수revenge 형법은 존재했다. 하지만 그 경우도 실제로 복수의 대상이 된 그 씨족이나 부족 그 자체가 형사 책임을 졌던 것은 아니다. 그 구성원 모두에게 보복이 가해진 것이므로 내용상 연대 책임의 형태였다.

형법이 집단이나 단체 그 자체가 아닌 인간 개인에 대해 개별적으로만 형사 책임을 인정할 수 있다는 생각은 '단체는 범죄를 범하지 못한다 societas dilinquere non potest'는 로마법 시대의 전통으로 거슬러 올라간다. 로마법 시대에는 자연인 개인singuli이 일종의 집합체를 형성하는 다양한 단체가 다양한 명칭으로 존재했다. 그러나 단체universi는 그 명칭이나 조직 형태가 어떻든 그것은 개인 구성원의 총합에 불과할 뿐 그 총합을 넘어선 독자적 정체성을 가진 주체로 인정되지는 않았다.[5]

중세 시대에도 교회 재산이 이른바 '의제된 인격'으로 독자적 재산권을 행사할 수 있는 주체로 인정됐지만, 교회법 주석서에서는 "사단체 unversitas는 무형의 존재이기 때문에 범죄를 저지를 수도 없고, 기소될 수도 처벌될 수도 없는"[6] 존재로 인정됐다. 이러한 생각은 오늘날 길드 guild로 알려져 있는 동업자 조합이나 베네치아나 피렌체 등과 같은 중세 도시에서 발전된 현대 기업(혹은 주식회사)의 원형인 여러 조직체에 대해서도 마찬가지였다.

절대국가 시대도 예외는 아니었다. 각국의 중상주의 정책에 따라 해외 상권을 위임 받은 수탁회사는 물론이고, 영국과 네덜란드의 동인도 회사, 19세기 중반까지 영국의 유한 책임법의 적용을 받는 각종 주식회사 등이 당대의 사회 경제적 필요성에 부응해 인간 이외의 독자적 인격체로 인정받는 수많은 조직체들이 되고, 이를 오늘날 '법인'이라는 이름으로 통칭할 수 있지만, 18세기 당시 활약한 영국의 대법관 에드워드

설로Edward, First Baron Thurlow의 일갈처럼, "저주할 영혼도, 걷어찰 몸도 없는it has no soul to be damned, and no body to be kicked"⁷ 법인 으로서의 기업에 대해 형사 책임을 지우는 일은 없었다.

이러한 상황은 19세기 독일에서 진행된 법인 본질론에 관한 논쟁을 거친 후에도 변함이 없었다. 권리 능력은 원래 개별 자연인에게만 인정 되지만, 법률의 목적 달성을 위해 인공적 주체인 법인에게도 권리 능력 이 있는 것으로 의제한다는 법인 의제설(사비니)에 따르더라도 법인은 민사상 불법 행위 능력뿐 아니라 형법적 범죄 능력도 부정됐다. 이와는 달리 법인 실재설(기에르케)은 독일 사회에서 급격히 늘어나기 시작한 단체 활동에 대해, 국가가 취한 억압적 태도에 대한 대응 차원에서 자연 인과 동일한 보호를 받을 수 있도록 하기 위해(특히 조합Genossenschaft 이 국가로부터 자율성을 인정받도록 하기 위해), 인류학적이며 생물학적인 관 점을 차용해 법인도 자연인과 유사한 정신과 육체를 가지고 실재하는 존재로 인정하면서 불법 행위 능력을 인정하려고 했다. 그럼에도 불구 하고 법인 실재설 역시 법인의 범죄 능력을 부정함으로써 형법 주체로 인정하지는 못했다. 동물에 대한 형사 책임까지 인정했던 중세의 사고 와 단절하고, 개인의 집합체인 단체에 대한 형사 책임을 부정했던 로마 법의 전통을 이어받은 독일의 형법은 이로써 형사 책임에 관한 한, '개 인 책임'의 원칙이라는 깊은 마법 상태에 빠지게 됐던 것이다.

한편 미국의 형법은 20세기 초부터 개인 책임 원칙의 마법에서 벗어 났다. 법인(기업)의 사회적 역할이 중요해지고 법인이 일으키는 폐해가 사회 문제화하자 1909년 미국 연방 대법원은 'New York Central & Hudson River Railroad Co. v. United State, 212 U.S. 481(1909)' 사건에서 법인의 형사 책임을 인정하기 위해 민사법상의 법리인 '사용자 책임 이론(=대위 책임 법리)'을 적용했다. 물론 미국은 그 이전에도 실용 적인 관점에서 법인(기업)의 형사 책임을 인정한 일정한 영역이 있었다.

즉, 환경 분야나 제조물 책임 영역과 같은 제정법상의 범죄에 대해 무과실 책임의 일종인 엄격 책임 법리strict liability theory를 적용함으로써 인간 이외 법인(기업)에 대해서도 벌금을 부과해왔지만, 1909년 연방 대법원은 고의 또는 과실이라는 주관적 요건mens rea이 요구되는, 이른바 커먼 로common law상의 범죄에 대해서도 법인(기업)에 대해 형사 책임을 인정한 것이다.

영국은 미국의 경우와 사정이 약간 달랐다. 산업혁명 이후 법인(기업)에 대해 대위 책임 법리(=사용자 책임 법리)를 적용해 법인(기업)에 대해 형사 책임을 인정했지만, 미국과는 달리 이 법리를 여전히 제정법상의 위반 행위에 대해서만 적용했다. 때문에 영국에서는 고의 또는 과실이라는 주관적 요건이 요구되는 범죄에서는 법인(기업)의 형사 책임이 여전히 부정됐다. 영국은 1970년대 'Tesco Supermarkets Ltd v. Nattrass (1971)' 사건에서부터 법인(기업)의 대표자 등 최고 의사 결정권자의 행위를 법인(기업)의 행위와 동일시하는 이른바 '동일시 이론'의 적용을 통해 일반 범죄에 대해서도 법인의 형사 책임을 인정하기 시작했다.

오늘날 법인(기업)에게 형사 책임을 인정하는 국가는 영미법계의 동일시 이론과 사용자 책임(대위 책임) 법리 모두나 두 이론 가운데 어느 하나를 기초로 삼고 있다. 그러나 이러한 이론들이 민사법에서는 수용될 수 있어도 형사법에서는 범죄와 형벌에 관한 규정인 형법의 해석이나 적용 원칙으로 수용되는 어렵다는 점이 여전히 강조되고 있다. 손해 전보(배분적 정의)를 추구하는 민법적인 관점에서는 이익의 귀속 주체인 법인이 손해 배상 책임의 부과 대상이 될 수 있지만, 실체 진실(실체적 정의)을 추구하고 사회 윤리적 비난을 내포하는 형벌을 법 효과로 삼고 있는 형법의 관점에서는 법인(기업)에게 예외적으로 형사 책임을 인정하는 일이 사회적 필요와 실용적인 관점을 반영한 단순한 법 정책적 결단일 뿐이라고 본다. 요컨대, 형법은 민법과 달리 행위 능력과 책임 능력을 모두 갖추고서 스스로 의식 있는 행위를 하고 자기 행위의 의미 내용을 이해하면서 자기 결정을 내릴 수 있는 존재가 아니라면 형벌을 부과할 수 없다고 보고, 오직 인간(자연인)만 형법 주체로 인정하고 있는 것이다.

그럼에도 불구하고 형법학은 기업(법인)도 진정한 의미의 형법 주체임을 근거 지우려는 노력을 오랫동안 계속해왔다. 정책적으로 기업에 단순히 형사 책임을 '부담' 지우는 것으로 끝나는 것이 아니라, 기업이 스스로 범죄 행위를 하고 자기 행위뿐만 아니라 그에 대해 부과되는 형벌의 의미 내용을 이해하며 책임질 수 있는 주체임을 인정하려는 형법 이론상의 노력은 여전히 진행형이다. 이는 '아직' 기업의 형사 책임을 인정하고 있지 않은 국가에서는 물론이고, '이미' 기업의 형사 책임을 인정하고 있는 나라에서도 지속적으로 이뤄져왔다. 그러나 앞서 언급했듯이 현재까지 이러한 노력은 모두 실패로 돌아갔다. 법인에게 불법 행위 능력을 인정하는 민법학의 이론을 차용해 이를 형법학에서 법인의 범죄 능력(즉, 행위 능력과 책임 능력)을 긍정하는 이론으로 정립하려는 시도들도 실패한 이론이기는 마찬가지다.

하지만 놀라운 사실은 '단체는 범죄를 범하지 못한다'는 생각을 마치 종교의 교의Dogma처럼 전 세계 형법 속에 심어준 로마법의 후예인 이탈리아 형법조차 최근 기업에 형사 책임을 인정하는 태도로 선회했다는 점이다. 프랑스, 오스트리아, 스위스 등 근대 형법의 개인 책임 원칙을 오랫동안 고수해왔던 대륙법계의 국가들을 위시해, 오늘날 전 세계 모든 법체계에서 기업(법인)에 대한 형사 책임을 인정하고 있다. 선진 입법례 가운데 유일하게 기업에 대해 형사 책임이 아닌 행정 제재(우리나라의 과태료와 유사한 질서 위반금)를 부과하고 있을 뿐인 독일에서도 기업에 형사 책임을 부과하는 것을 골자로 한 입법안은 줄기차게 발의되고 있다. 뿐만 아니라 오늘날 보편적으로 사용되고 있는 '기업의 사회적 책임CSR'이라는 용어에도 의미상 이미 기업은 책임질 수 있는 주체임이 포함돼 있다. 그러나 이 모든 변화보다 더욱 놀라운 것은 우리나라는 이미 50년 전부터 양벌 규정이라는 법 형식을 통해 기업('법인')에게 형사 책임을 지우고 있다는 사실이다.

3. 기업에 형벌을 부과하는 법률의 의의

기업에 책임을 지우고 있는 사회적 현실과 실정 법률이 기업에 형벌까지 부과하고 있는 규범 현실을 어떻게 이해해야 하는가? 바야흐로 기업이 행위 능력과 책임 능력을 모두 갖춘 '형법 주체'로 인정되고 있음을 의미하는가? 아니면 행위 능력과 책임 능력을 모두 갖춘 형법 주체가 되지 못한 기업에 단순히 책임만 '부담'시키고 있음을 의미하는가? 최고 심급에서 법 적용 역할을 담당하고 있는 대법원은 기업에 형벌을 부과하는 ─양벌 규정이라는 이름의─ 법률에 대해 후자의 태도를 취한다. 대법원은 기업이 스스로 범죄 행위를 할 수도 없을 뿐 아니라 형사 책임을 질 수 있는 능력은 기업(법인)이 아니라 인간(자연인)에게만 있다고 해석하기 때문이다.[8] 즉 기업은 양벌 규정이라는 이름의 법률 속에서 인간과 동일한 차원에서 범죄 행위를 하고 나아가 자신의 행위에 대해 형사 책임을 진다고 할 수 없다. 진정한 의미의 형법 주체로 인정받지 못한 채, 형사 책임만 '씌워지고' 있는 것이다.

  일부 형법학자들은 기업(법인)에 형사 책임을 '지우는' 법률을 해석하면서 기업의 행위 능력과 책임 능력을 인정하기도 하지만, 다수의 형법학자들은 형법 해석상 기업의 행위 능력과 책임 능력을 부정하면서 양벌 규정을 통한 기업의 '수형 능력'만 인정한다. 하지만 형사 책임을 지운다는 건 대상자에게 형벌이 부과됨을 의미하고, 이를 위해서는 그 대상자가 자기 행위의 의미 내용을 이해할 뿐 아니라 그 행위를 스스로 결정하며, 부과되는 형벌의 사회 윤리적 비난까지 이해하는 책임 능력을 수반해야 한다. 따라서 책임 능력은 인정하지 않으면서 형벌을 부담하는 수형 능력만 인정할 수 있다고 말하기는 어렵다.

양벌 규정이 기업에 형벌을 부과하는 일에 이렇게 어정쩡한 태도를 취하고 있음에도 불구하고, 기업이 범죄를 저지를 수 있음을 전제로 널리 사용되고 있는 '기업 범죄'라는 말은 또 어떻게 이해해야 하는가? 범죄는 행위 능력과 책임 능력을 가진 형법 주체에게만 가능한 것이기 때문에, 형법 주체가 아닌 기업은 스스로 범죄를 저지를 수 없는 것임을 인정하는 이상, '기업 범죄'라는 말도 사용해서는 안 된다. 이런 상황에서 형법 주체가 아니어서 범죄를 저지르지도 않았고, 따라서 형사 책임을 질 수 없는 기업에 그저 형벌만 부과하고 있을 뿐인 양벌 규정을 진정한 의미의 '형법'이라고 말할 수 있는지도 의문이다. 이러한 맥락에서 보면 기업에게 형벌을 부과하고 있는 우리나라 양벌 규정의 입법자의 명령은 폭풍우로 페르시아의 교각이 무너지자 헬레스폰트의 바다에 채찍질을 하게 한 크세르크세스Xerxes 왕의 명령과 다르지 않다.

그러나 사회 경제적 단위로서 오늘날 기업의 역할은 날로 커져가고 있다. 기업은 체계를 갖추고, 그곳에서 활동하는 사람을 활용하는 브레인 역할을 한다. 목표를 위해 일사분란하게 움직이는, 일종의 기능 유기체와 같다. 법률이 ─상법상의─ 기업을 일정한 인격적 주체로 이해하고 법인으로 인정한 것도 이 때문이다. 기업에 의해 야기된 사회적 폐해나 법익 침해적 상황과 관련하여 형법을 부과하는 일에 있어서 기업을 인간과 근본적으로 달리 취급해야 할 이유는 점점 더 찾기 어려워지고 있다. 과거 '저주할 영혼도, 걷어찰 몸도 없는 존재'로 여겨졌던 기업에 대해 다음과 같은 전혀 상반된 슬로건이 붙여지고 있다. "너무 커서 감옥에 보낼 수 없는 것이란 없다." 9

4. 형사 법정에 소환되기 일보 직전의 기업

결과적으로 오늘날 기업의 형법 주체성 문제는 기업이 의인화돼 법인격을 부여받은 상황에서 더 이상 미룰 수 없는 과제가 됐다. 앞서 언급했듯이 기업이 법에 의해 인격을 부여받았다는 것은 기업이 권리와 의무의 주체라는 의미다. 법인으로서 기업은 민법상 권리와 의무의 주체가 된지 오래다. 기업은 구성원의 재산과 구별되는 독립된 재산의 소유자가 될 수 있고(기업가의 소유와 기업의 소유는 별개다!), 타인에게 손해를 끼친 경우에는 배상의 책임을 질 수도 있다. 기업에 대한 명예 훼손은 민사상의 손해 배상뿐만 아니라 형사상의 명예 훼손죄를 성립시키기도 하며, 또한 기업은 헌법상 기본권의 주체가 되기도 한다.

이처럼 기업에 대한 사회적·법적 태도는 변화를 거듭해왔다. 기업이 이윤을 추구하는 과정에서 기업에 의해 법익 침해(또는 그 위험성)가 초래될 경우, 형법적 수단을 동원하는 분위기는 당연시되고 있다. 기업도 스스로 범죄를 저지를 수 있고, 사회 윤리적 차원의 형벌을 받아 마땅한 형법 주체로 인정돼야 한다는 주장도 득세하고 있다. 기업 범죄와 기업 형법은 바로 이 지점에서 거론된다. 기업도 법적인 관점에서는 인간(자연인)과 다를 바 없기 때문에, 민법에서 기업에 법인격을 부여해 기업의 불법 행위에 손해 배상 책임을 인정하는 것과 마찬가지로, 형법에서도 기업을 형법 주체로 인정함으로써 그 범죄 행위에 형사 책임을 지우고 해당 기업을 형사 법정에 소환하려는 것이다.

5. 기업의 형법 주체성 인정의 걸림돌

그럼에도 불구하고 오늘날 기업의 형법 주체성을 묻는 질문에 대한 긍정적인 답변은 여전히 답보 상태다. 이를 뒷받침할 이론도 제시되고 있지 않다. 그런데 기업의 형법 주체성을 이론적으로 근거 지우려고 했던 시도들이 모두 실패할 수밖에 없는 데에는 근본적인 원인이 있다. 법인(또는 기업)의 행위 능력과 책임 능력을 인정하려는 종래의 모든 시도들은 비교 단위인 인간과 기업이 '본질적으로' 동일한지 확인하려고 했기 때문이다.

인간의 행위 능력·책임 능력과 기업의 그것이 내용적으로 동일한지 확인해 그 동일성이 인정될 경우에만 기업에 형벌을 부과하려는 시도는, 미리 결론을 내리고 해당 문제를 해결하는 태도에 지나지 않는다. 인간만을 겨냥해온 형법이 그 형법 주체성을 인간과 다른 존재에게 확장하려고 한다면, 그 다른 존재 역시 인간과 동일한 주체의 자격을 가져야 한다. 인간과 본질적으로 동일하지 않는 존재에게 인간의 형법 주체성을 인정할 수 없는 것은 당연하다. 인간의 조건을 탐구해 인간의 본질적 특성을 찾아낸 후 기업이 그 특성을 가지고 있는지 확인해보는 절차를 굳이 거치지 않더라도 이미 그 답이 부정적일 수밖에 없는 것은 바로 이 때문이다. 이 세상에 인간과 본질적으로 동일한 존재는 존재하지 않기 때문이다. 인간과 본질이 동일한 다른 존재가 이 세상에 존재하지 않는다면, 인간이 갖추고 있는 행위 능력·책임 능력과 동일한 능력 역시 다른 어느 존재도 가질 수 없고, 기업 역시 이 범주에서 벗어날 수 없다.

이 때문에 전통적인 법체계 하에서는 기업에 형벌이 아닌 다른 제재 수단을 사용하려는 복안을 가지고, 이를 위한 법률상의 요건을 각 법 영역별로 만들어 대응해왔다. 민사적 손해 배상, 과태료, 과징금, 영업 정지, 영업 취소 등 다양한 책임 형식들이 그러한 예에 해당한다. 이러한 제재 수단들은 각기 본질을 달리하므로 그 본질에 맞는 요건을 충족시킬 경우 단독적으로 부과되기도 하고, 여러 개의 요건을 각기 충족시킬 경우에는 중첩적으로 부과되기도 했다. 최근에는 '징벌적 손해 배상'이라는 보다 억제력 있는 제재 수단을 동원해야 한다는 목소리도 높다. 그러나 이러한 모든 제재들은 잘못에 대한 '비난' 내지 응분의 대가라는 차원의 제재가 아니다.

잘못에 대한 비난이라는 차원의 제재는 전통적으로 형벌이라는 제재의 속성으로 여겨져 왔다. 때문에 기업에 형벌을 부과할 수 있어야만 형벌이 가진 사회적 비난이나 응분의 대가를 기업에 안겨줄 수 있다는 생각이 포기되지 않고 있다. 형사 정책적 관점에서 기업에 의해 초래되는 법익 침해를 예방하려면 기업 자체를 형사 처벌해야 하고, 정의의 요청에 따르려면 행위자인 기업 종사자 외에도 이익의 최종 수혜자인 기업도 처벌해야 한다는 생각이 널리 퍼져 있다.

이러한 생각을 관철시키려면 어떻게 해야 하는가?[10] 가장 간단하게는 인간을 겨냥해 형법이 만들어놓은 모든 실체 요건을 포기하고, 기업에 부과될 형벌을 위한 특단의 맞춤형 실체 요건을 만드는 방안이다. 이는 인간 형법과 다른, 이른바 기업 형법이라는 제2의 형법전을 만드는 방안일 것이다. 하지만 기업을 위한 특단의 실체 요건 역시 여전히 그 법 효과가 '형벌'인 한, 그 '형벌'을 부과하기 위한 질적 요건을 먼저 충족시켜야 한다. 그 질적 요건은 앞서 언급했듯이 기업도 스스로 잘못된 행위를 할 수 있고, 그 잘못된 행위에 대해 비난을 받을 수 있는 질적 자격이 전제돼야 하는 것이다.

영미법계의 모든 국가에서 기업에 대한 형사 처벌을 인정하고 있음에도 불구하고 정작 시행하지 못하고, 또한 유럽 내에서 기업에 대한 형사 처벌을 거부하고 있는 유일한 국가인 독일 형법학자들이 기업에 대해 – 질서 위반금을 부과하는 데에 만족하면서 이론적으로는 보안 처분까지만 가능한 것으로 보면서도 – 형벌 부과 가능성을 여전히 차단하고 있는 이유도 바로 이와 같은 전제 때문이다. 스스로 잘못을 범할 수 없고 자기 행위에 대한 성찰을 통해 책임질 수 있는 능력도 없는 기업에 형사 책임을 지우는 것은 헌법상 '책임 없이 형벌 없다'는 책임주의 원칙을 위반한다고 보기 때문이다. 인간에 형벌을 부과하기 위해 행위와 책임이라는 실체 요건을 요구하면서도 기업에 대해서는 행위 능력과 책임 능력조차 요구하지 않는 것은 형벌 앞에 인간과 법인을 차등화하고 있다는 의미에서 헌법상의 평등 원칙에 대한 위반이라는 생각도 저변에 깔려 있다.

6. 방법론의 전환

그렇다면 헌법상의 장애물을 극복하고 기업을 새로운 형법 주체로 인정하려면 어떻게 해야 하는가? 피해갈 수 없는 장애물을 제거하지 않고 목표점에 도달하려면 어떻게 해야 하는가? 우선 '기업 자체'에 대한 인식과 행위 능력·책임 능력과 같은 '장애물 자체'에 대한 인식을 바꾸어야 한다. 이를 위해서는 무엇보다 새로운 인식론이 필요하다.

　종래의 인식론은 기업은 인간과 본질적으로 다른 존재라는 전제 위에 서 있다. 행위 능력과 책임 능력은 오직 인간에게만 존재한다고 보았기 때문에, 기업엔 두 능력이 없다. 이는 기업과 인간의 현재 상태를 있는 그대로 관찰하는 존재론에 바탕을 둔 인식론에 기초한다. 새로운 인식론은 이처럼 목적과 조직으로 이뤄진 기능 복합체인 기업과 피와 살을 가진 인간이 본질적으로 다른 것임을 인정하는 존재론의 인식론에 입각하지 않는다. 새로운 인식론은 비교 척도인 인간과 비교 대상인 기업의 '본질' 동일성을 확인하는 존재론적 방법론이 아니라, 인간은 물론 기업도 사회의 목적에 맞게 재구성하는 '구성주의적 방법론'에 따른다.

구성주의적 방법론은 법적으로 의인화될 대상을 인간과 비교할 때, 존재론적인 차원의 본질 동일성이 아니라 규범주의적 차원의 의미 동일성이나 기능 동일성에 초점을 맞춘다. 구성주의적 방법론 하에서는 기업과 인간이라는 주체뿐 아니라 행위와 책임 등 전통적인 형법의 개념 범주가 관찰자와 무관한 객관적 실제로서 인식하는 것이 아니라 '사회적 현실'이 재구성된 것으로 인식한다. 쉽게 말하면, 지금까지의 형법학 방법론이 '심리학적인 의미에서 의식을 가진 인간만 행위할 수 있고, 인간만 책임질 수 있다'는 출발점에 서 있었다면, 구성주의적 방법론은 '행위 개념뿐 아니라 책임 개념도 그 목적과 기능에 따라 재구성될 수 있다'는 출발점에 서 있는 것이다.

이와 같은 구성주의적 방법론에 따르면, 기업은 스스로 책임 '있는' 행위를 할 수 있는 존재(행위 능력)이자 자신의 행위에 대해 책임을 '질 수 있는' 존재(책임 능력)로 파악될 수 있다. 즉, 기업도 인간의 행위 및 책임과 동일한 기능 맥락의 행위와 책임을 수행하고 감당하는 새로운 형법 주체로 '구성'될 수 있다. 이에 따르면 기업에 형사 책임을 지우기 위한 질적 요건도 재구성할 수 있고, 더 나아가 새로운 형법 주체인 기업에 대해 형사 책임을 인정할 수 있는 이론적 근거도 마련할 수 있다. 다시 말해 인간에 대한 형벌 부과 요건인 행위 및 책임과는 내용적으로 동일하지는 않지만, 기능적인 동일성이 인정될 수 있는 기업 자체의 행위와 책임이 '구성'될 수 있다면 기업에 대한 형벌 부과의 이론적 근거를 마련할 수 있고, 이를 기초로 기업에 대한 형사 책임을 인정하는 개선 입법을 규범화하는 길도 열릴 수 있게 되는 것이다.

7. 단체, 법인, 그리고 기업

새롭게 부상하는 형법 주체성 문제를 고찰하면서, 이 책이 인간의 다수
성과 관계성에 초점을 맞춘 단체나 집단 또는 조직이나 법인이라는 용
어 대신에 '기업'을 전면에 등장시킨 데에는 이유가 있다.

먼저 '단체'라는 용어는 개인 책임 원칙을 확립한 근대 이후의 형법
에서 논의하기에 적합하지 않다. 특히 책임 부담과 관련해서 단체라는
용어는 근대 이전에 난무했던 연대 책임을 연상시킬 수 있기 때문이다.
뿐만 아니라 종래에 단체 범죄나 조직범죄라는 용어를 사용할 때에는
해당 범죄를 단체나 조직의 특수성과 결부시키면서도 그 범죄가 단체나
조직의 일원에 의해 행해지는 것임이 각인돼 있었다. 때문에 그 구성원
이 아니라 구성원과 별개의 독립된 집단 주체를 표시하기에 단체라는
용어는 적합하지 않다.

'법인'이라는 용어는 이미 그 자체로 구성원과 분리된 독자적인 법인
격을 부여받은 것이라는 점에서 '단체'가 풍기는 부정적인 이미지를 해
소하고 중립화할 수는 있다. 하지만 이 용어를 전면에 내세우지 않은
이유는 이것이 실정 법률에 의해 이미 법인격이 부여된 상태나 결과를
표현하기 때문이다. 이 책에서 사용하는 '사회적 현실의 구성'이라는 방
법론의 출발점에서 보면, 법률적으로 인격이 부여되고 법적 주체로서
구성이 완료돼 법률 속에 안착하고 있는 결과물로서의 법인이라는 용어
는 형식적이고 부차적이다.

장차 법인으로 구성될 수 있는 사회적 현실을 표현하는 데에도 이
기업이라는 실질적인 용어가 보다 적합할 것 같다. 오늘날 '기업'은 사
회적·경제적 맥락에서 독자적으로 활동하면서 그 종사자나 지분 소유
자인 주주로부터 독립된 독자적인 주체로 인정되고 있다. 대중 매체에
서는 이미 사람 이름만큼이나 빈번하게 구체적인 기업의 이름이 거명되

고 있다. 뿐만 아니라 오늘날 경제 범죄의 한 영역으로서 '기업 범죄'라는 용어가 전면에 등장한 사실에도 주목할 필요가 있다. 법인화된 기업을 처벌하는 현행 양벌 규정은 기업 주체인 법인에 초점을 맞춰 형사 책임을 인정하고 있지만, 정작 '법인 범죄' 대신 '기업 범죄'라는 용어가 선호되고 있음은 '기업'이 사회적으로 실재하면서 범죄 주체로서의 지위를 부여받고 있음의 반영이다.

이러한 모든 관점들을 고려해 이 책은 기업 범죄라는 용어가 사회적 현실을 구성하는 타당성을 인정받도록 하기 위해, 즉 범죄를 저지른 기업에 형벌을 부과하는 것이 현실이 되도록 하기 위해, 비록 과거의 문제일지언정 새로운 문제의식을 가져야 한다는 차원에서 기업이라는 새로운 용어가 적절하다고 보았다. 즉, 법인이 아니라 '기업'이 행위 능력과 책임 능력을 가진 독자적인 형법 주체가 될 수 있는가, 라는 물음은 내용적으로는 '법인의 범죄 주체성'이라는 과거의 문제 제기이지만, 이에 대한 답변은 새로운 인식론을 출발점으로 삼고 있는 새로운 이론을 기초로 하여 물음에 대한 답변을 해나가기 위한 기획의도를 가진 물음인 것이다.

따라서 양벌 규정의 해석론을 전개할 때에는 종래와 같이 법인이라는 용어를 그대로 두지만, 형법 주체의 확장이라는 차원에서 새로운 입법론을 전개할 때에는 기업이라는 용어를 앞세워 기업의 형법 주체성을 인정할 수 있을 질적 요건을 찾아나갈 것이다. 그리고 나서 여기서 확인된 질적 요건들을 새롭게 형법 주체로 포함돼야 할 다른 존재들(예컨대 법인격 없는 단체, 조합, 정당, 후원회, 단체 등)과 이미 법인화 돼 있는 존재들(비영리 사단, 재단, 일인 주식회사 등)에도 적용해 '형법 주체로서의 자격 심사'를 위한 사후 통제의 척도로 삼으려고 한다.

8. 이 책에서 다룰 내용

기업을 새로운 형법 주체로 인정하는 전제 하에서 기업에 형벌을 부과하는 근거 규정들은 진정한 의미의 형법으로 탈바꿈한다. 이러한 차원의 기업 형법을 구상하는 일이 성공하려면, 먼저 기업의 형법 주체성을 근거 지우는 '이론'을 찾아야 한다. 이 책은 '기업이 스스로 범죄 행위를 하고, 그에 대해 형사 책임을 지는 주체임을 인정할 수 있는 이론이 있는가, 있다면 어떤 이론이 그러한 이론일 수 있는가'에 답하면서 기업에 대한 형사 책임을 인정한 개선 입법의 방향을 제시하는 것을 최종 목표로 삼는다. 이를 향해가는 과정은 다음과 같다.

제1장 한국에서 기업에 대한 형사 책임의 실제 현실과 규범 현실

기업이 관련된 법익 침해 사례들에 대해, 직접적인 행위자 처벌을 넘어 해당 기업에 형벌로 대응해야 하는 이유를 밝힌다. 나아가 기업에 형벌을 부과하고 있는 현행 법률의 한계와 그 이유에 대해 살펴본다.

제2장 현행 법률(양벌 규정)에 의거한 기업 처벌

현행 법률의 대응 방식이 충분치 못한 이유를 구체적으로 확인하기 위해 지난 60여 년간 작동해온 규범 체계가 실제로 어떻게 작동하고 있는지 먼저 살펴본다. 양벌 규정이라는 이름의 법률의 해석과 적용의 면면들을 살펴본다.

제3장 기업의 형사 책임을 인정하는 현행법체계의 문제점과 한계

기업에 형벌을 부과하고 있는 현행 법률에 대한 묘사를 기초로, 이 법률이 어떤 문제점과 한계를 내포하고 있는지를 집중적으로 파헤친다. 그리고 그 근본적인 원인이 형법이 형사 책임을 지우기 위해 요구하는 필수 요건인 행위 능력과 책임 능력을 인정하지 않고 기업에 형벌을 부과하고 있기 때문임을 확인한다.

제4장 기업의 형법 주체성을 인정하기 위한 이론적 기초

기업의 행위 능력과 책임 능력을 인정해 기업의 형법 주체성을 근거 지울 수 있는 유일한 이론으로 루만의 자기 생산적 체계 이론을 소개한다.

제5장 체계 이론적 관점에서 본 기업의 형법 주체성

루만의 체계 이론을 기초로, 기업이 사회적으로 실재하는 실체로서 사회의 전 법률적 행위 능력뿐 아니라 책임 능력까지 가진 것으로 인정되기 때문에, 마침내 기업의 형법 주체성을 이론적으로 근거 지울 수 있음을 확인한다.

제6장 기업에 대한 형사 책임을 인정하는 개선 입법 방향성

기업의 형법 주체성을 전제로, 기업의 형사 책임을 근거 지우는 플랫폼 형식의 근거 규정을 만들어 감에 있어서 입법자가 결단 내려야 할 사항들을 점검함으로써 개선입법의 방향성을 제시한다.

제 1 장

한국에서의 기업에 대한 형사 책임의 현실과 규범

기업 처벌과 미래의 형법

기업 없는 사회를 생각할 수 없을 만큼 기업은 우리의 삶에 유익을 가져다준다. 그러나 기업은 사회가 법을 통해 유지하고 보호해야 할 가치와 이익(법익)이 침해되는 수많은 사건의 배후 주체이기도 하다. 더구나 이러한 사건들에서 정작 불법에 편승하여 막대한 이익을 챙기는 기업에 대해서는 마땅히 있어야 할 책임 귀속이 이루어지고 있지 않다.

이 장에서는 사회의 책임 귀속 대상이 되어야 할 기업이 한국 사회를 뒤흔든 대형 사건에서 처벌의 사각지대에서 안주하고 있는 근본적인 원인을 분석하고, 그 해결책은 기업 자체도 사람처럼 형법의 주체로 형벌 부과의 대상이 되도록 해야 하는데 있음을 확인한다(제1절). 이어서 기업에게 형벌을 부과할 수 있도록 하기 위해서 형법이 개인에게 형벌을 부과하기 위해 설정해 놓은 실체 요건을 기준점으로 내세워 그러한 실체 요건을 기업도 충족시킬 수 있을지를 검토해 본다(제2절).

제1절 기업에 대한 형사 책임의 현실: 기업 형법의 필요성

I. 기업의 빛과 그림자

1. 기업이란 무엇인가

기업은 우리가 누리는 재화와 용역을 공급하는 주체이다. 기업은 국민에게 일자리를 제공한다. 기업 없이는 현대 사회를 이해할 수 없다. 기업의 대표적 법적 형태인 주식회사의 발명을 혁명이라고 부르는 이도 있다. 경제학자 송병락 교수는 『기업을 위한 변명』이라는 저서에서 기업에 대해 이렇게 말하고 있다. "기업은 국가 사회라는 기차를 끌고 나갈 기관차, 국민 생활이나 국가 운명을 좌우하는 것도, 국가 사회의 심장 역할을 하고, 그 골격을 형성하는 것도 기업이다. 기업이 없는 나라는 국민들 사이에 눈물과 한숨만 가득 찰 수밖에 없다. 기업이 없는 후진국은 나라 전체가 마치 거대한 감옥처럼 정체될 수밖에 없다. 기업은 경제의 뿌리이고 줄기인 동시에 열매라고 할 수 있다."

맞는 말이다. 이비에스 특집 방송 〈기업의 힘〉 '제1부 기업의 탄생'에서는 현대 사회에서 기업이 맺은 열매를 이렇게 묘사한다. "2009년 현재, 기업은 세계 인구의 81퍼센트에 일자리를 제공한다. 기업은 글로벌 경제력의 90퍼센트를 차지한다. 기업은 전 세계 GDP의 94퍼센트를 창출한다. 세계 100대 경제 주체 중 51개가 기업이고, 나머지 49개가 국가다. 세계 161개국 재정 수입을 합쳐도 월마트 1년 매출액보다 적다. 세계 10대 기업의 총매출액은 세계에서 가장 작은 100개 국가의 GDP를 합친 것보다 많다. 바야흐로 '기업 국가'가 시대가 열린 것이다. 기업 국가에서는 "모든 사람이 종업원 또는 고객님으로 불린다."[1]

하지만 세계 역사상 가장 혁신적인 조직으로 평가받는 기업에 밝은 면만 있는 것이 아니다. 기업은 오늘날 많은 이들의 한숨과 눈물의 원천이기도 하다. 기업은 각기 다른 기준에 따라 분류될 수 있지만, 한국 사회에 어두운 그림자를 드리우고 있는 기업은 주로 우리나라 '재벌 형 대기업'을 말한다고 해도 과언이 아니다.[2] 특히 뒤에서 살펴볼 '위험의 외주화'로 대표되는 사건들의 중심에는 늘 대기업이 있었다. 기업 때문에 하루하루가 감옥인 사람들이 많아지고 있다. 기업 활동과 연관돼 발생한 사건과 사고들 때문이다. 정경 유착이 만들어내는 각종 부패 스캔들, 시설과 보건 및 식품 분야에서의 안전사고, 산업 재해로 인한 인명 피해, 환경오염, 개인 정보 유출, 관급 공사에서의 입찰 담합, 제약 및 의료 그리고 방위산업 분야에서의 리베이트 등 부정부패, 금융 기관의 대형 금고 사고, 기업의 분식 회계나 페이퍼 컴퍼니를 통한 비자금의 축적과 역외 탈세 등 기업 관련 사건과 사고는 가히 전 방위적이다.

산업화가 본격화되기 시작한 1970년대부터 기업이 관련된 굵직한 사건들의 목록만 일별해보아도 기업은 가히 위험의 원천이라 할만하다.

- 1977년 이리 화약 폭발 사고, 1994년 성수대교 붕괴 사고, 1995년 삼풍백화점 붕괴 사고, 2014년 세월호 사건, 2016년 가습기 살균제 사건 등
- 1988년 원진레이온 공장 유기용제 중독사고, 1988년 부산 냉동 창고

폭발 사고, 2008년 경기도 이천 공장 화재 사고, 2012년 구미 불산 가스 누출 사고, 2013년 삼성전자 화성 사업장 가스 누출 사고 및 반도체 공장 급성 백혈병 환자 발생, 2015년 엘지 디스플레이 파주 공장과 에스케이 하이닉스 이천 공장 질식사 사고, 2015년 울산 한화 케미칼 폭발 사고 등

- 1999년 전남 여천 해상 씨프린스호 기름 유출 사고, 2007년 충남 태안 해상 유조선(허베이스피릿호 및 삼성물산 삼성 1호) 충돌로 인한 기름 유출 사고 등

- 개인 정보 유출 사건으로는, 2008년 옥션에서 1천8백만 건, 2008년 지에스칼텍스에서 1천5십만 건, 2010년 신세계몰에서 2천만 건, 2011년 대부 업체 등에서 1천9백만 건, 2011년 싸이월드에서 3천5백 만 건, 2011년 삼성카드 47만 건, 2011년 넥슨에서 1,320만 건, 2014 년 국민카드에서 5천3백만 건, 롯데카드에서 2천6백만 건, NH카드에 서 2천5백만 건 등

- 2004년부터 2014년까지 금융 기관 임직원의 위법 부당 행위로 인 한, 총 피해 규모 1조1,756억 원의 대형 금융사건 20건(100억 이상의 규모만 선별)[3] 및 기업 간 내부자 거래 등과 관련된 미공개 정보 이용 사건 등

이 사건·사고들은 모두 기업이 이윤을 추구하는 과정에서 벌어졌 다. 국민 살림살이는 팍팍해지고 국가는 쇠락해 가는데도 기업의 배만 불러간다. 과거 기업이 정경 유착의 방식으로 국가 권력을 등에 업고 이윤을 추구했다면, 오늘날 기업은 국가 권력 뒤에서 국가를 조정하는 자본 권력을 행사함으로써 이윤을 극대화한다. 국가와 기업 간 권력의 우열 측면에서 역전 현상이 벌어지고 있다. 정치권력의 추구자인 국가 가 근대의 리바이어던이었다면, 이윤 추구의 화신인 기업은 현대판 리

『리바이어던』의 책표지와 토머스 홉스의 초상_홉스는 구약 성서 「욥기」에 나오는
최강의 바다 괴물 리바이어던을 '국가 유기체'에 비유해 근대의 국가론을 썼다.

바이어던이다.

우리 기업에 대한 신뢰는 바닥에 떨어진지 오래다. 전 세계 여론 주도층을 대상으로 한 '2014 에델만 신뢰 지표Edelman Trust Barometer' 조사에 따르면, 한국의 여론 주도층에서 기업을 신뢰한다는 답변은 39퍼센트에 그쳤다. 이는 전체 조사 대상 27개국 가운데 꼴찌에서 두 번째에 해당하는 수치다.[4] 최하위를 기록했던 2013년 조사보다 한 단계 상승했지만, 여전히 바닥권이다.

2. 기업의 사회적 책임과 사법적 책임

기업은 자발적으로 또는 시민 사회의 요청으로 자신에게 드리워진 어두운 그림자를 덜어내려 노력해야 한다. 그 노력의 방식들 가운데 '기업의 사회적 책임CSR, Corporate Social Responsibility'이라는 것이 있다. 이 용어에는 기업에 대한 사회적 요구가 담겨 있다. 기업은 이익에만 집착해선 안 되고, 사회의 일원으로서 책임을 자각해 이를 실천해야 한다는 내용이다. 예컨대 요즘 대중 매체에서도 사회적 책임을 다하는 '착한' 기업들에 관한 미담이 심심찮게 들려온다.

그러나 공익 시설에 기부하고 노사 관계를 건전하게 유지하며 윤리 경영을 강조하는 등 사회적 가치를 증대시키는 방식만으로는 한계가 있다. 기업의 사회적 책임은 기업이 야기한 사회적 폐해에 대해 기업이 마땅히 져야 할 법적 책임과는 다른 차원의 책임이기 때문이다. 개인에게 인정된 자유가 타인에 대한 법익 침해로 발현될 경우, 자유 남용에 대한 법적 책임을 그 개인에게 지우지 않을 수 없다. 마찬가지로 기업에 윤리 경영 등을 촉구하며 그 사회적 책임을 다하도록 자율 규제에 우선권을 주지만, 기업이 그 자율권을 위반해 법익 침해가 야기되거나 사회적 피해가 발생한 때에는, 특히 외부의 법체계가 개입해 기업에 법이 인정하고 있는 책임을 지우지 않으면 안 된다. 기업에 대해 '사회적' 책임이 아니라 '사법적' 책임을 인정하지 않으면 안 되는 이유가 여기에 있다.

이미 기업에 손해 배상(또는 징벌적 손해 배상)과 같은 민사법적 책임도 인정되고 있고, 과태료나 과징금, 영업 정지 등 행정법상의 제재도 가해지고 있다. 하지만 법적 책임 가운데 가장 강력하고 최종적인 책임 부과 방식은 형벌을 부과하는 형사 책임이다. 형벌은 다른 제재 수단과는 달리 행위의 불법성을 근거로 가해지는 사회윤리적 차원의 비난을 속성으로 하면서 동시에 예방을 지향하는 형사 제재 수단이다. 때문에 기업이 개인과 사회에 대해 드리운 어두운 폐해 그림자를 없애기 위해 기업에 형사 책임을 지워야 한다는 논의가 대두된 것은 어제 오늘의 일이 아니다. 이는 전 세계적인 추세이다. 선진국 가운데 기업에 대해 형벌을 부과하지 않고 있는 나라는 독일이 유일하다. 우리나라는 이른바 양벌 규정을 통해 기업에 대해 형법을 부과하지 않는 것은 아니지만 독일 형법 이론의 영향을 받아 기업이 범할 수 있는 형법상의 범죄와 관련해서는 여전히 기업 자체의 형사 책임을 인정하고 있지 않다. 하지만 점점 바다 아래로 잠기는 와중인 고립된 섬 갈라파고스처럼, 독일도 기업 처벌의 바다 아래로 가라앉는 게 시간문제인 듯 보인다. 일부 범죄에 대해서만 기업의 형사 책임을 인정하고 중요한 범죄에 대해서는 기업의 형사 책임을 인정하고 있지 않은 우리나라 형법의 모호한 태도를 바로 잡아야 하는 것은 시대적 과제이다.

II. 한국 사회에서 기업에 대한 형사 책임 인정의 현주소

우리나라는 이미 오래전부터 기업에 형벌을 부과해왔다. 그러나 유일한 근거 규정인 양벌 규정은 무늬만 형법일 뿐 실제로 형법의 범주에 포함되기 어렵다. 이 규정은 기업이 관여하는 복잡다기한 현상들을 단 몇 줄의 문구로 압축해놓고 있어 법률 전문가들도 그 해석과 적용에 어려움을 겪고 있다.

기업을 처벌할 수 있는 범위도 양벌 규정에 특정된 위반 행위에 한정돼 있기 때문에, 사기나 뇌물 공여, 횡령이나 배임 등 전형적인 형법범과 관련해서는 기업에 대한 형사 책임이 애당초 봉쇄되어 있다. 뿐만 아니라 형벌의 유일한 방식인 벌금형도 기업이 초래한 법익 침해를 예방하거나 억압할 수 있는 효과적인 수단이 아니라는 평가도 지배적이다. 실제로 양벌 규정에 의거해 이뤄진 기업 처벌이 어느 정도인지에 자료조차 축적돼 있지 않다. 우선 사회적으로 이목이 집중되었던 몇 가지 사건에서 기업에 대해 어떤 형사 처벌이 있었고, 또 예상되는지 알아보자.

1. 사건속의 기업

1) 사건 1: 세월호 사건

2014년 4월 16일 오전 8시 50분경, 대한민국 전라남도 진도군 조도면 부근 해상에서 청해진해운 소속의 인천 발 제주행 연안 여객선 세월호가 전복됐다. 세월호는 2014년 4월 18일 완전히 침몰함으로써 탑승 인원 476명 가운데 304명이 사망했다.

세월호는 1994년 일본에서 건조된 선박으로, 약 18년 동안 일본에서 사용돼 오다가 2012년 청해진해운이 중고로 구입해 2013년 3월부터 인천-제주 항로에 투입됐었다. 일본에서 건조 직후 이미 589톤을 증축했고, 국내로 들어온 뒤 또다시 객실을 239톤 증축하고 구조도 변경해 탑승 가능 정원이 116명이나 늘어났다. 출항 전 청해진해운은 운항 관리자에게 차량 150대, 화물 675톤을 실었다고 보고했으나, 사고 이후 차량은 180대, 화물은 1,157톤이 실린 것으로 밝혀졌다. 사고 당일 최대 화물 적재량(1,077톤)의 두 배에 달하는 과적(2,142톤)을 했음이 밝혀졌고, 선체 복원에 필요한 평형수 등을 1,308톤 감축 적재했으며, 관계 법령에 따르지 않은 방법으로 차량과 컨테이너를 부실하게 고박함으로써, 복원성을 심각하게 악화시킨 것으로 드러났다.

사고 당시 승객들의 구조 의무를 다하지 못한 선장 이준석은 부작위에 의한 살인죄가 인정됐고, 청해진해운의 대표 김한식은 세월호 증개축 주도 및 복원성 저하 문제의 무시·방치를 이유로 업무상 과실치사죄가 인정돼 징역 7년과 벌금 200만원, 법인세와 부가가치세 3억2700여만 원을 포탈한 혐의 등에 대해서는 징역 8개월에 집행 유예 2년이 선고됐다. 뇌물 공여에 가담한 청해진해운 관계자 세 명은 징역 8월에서 1년 6월, 집행 유예 2년에서 3년형을 받았지만, 공무원에게 뇌물을 준 혐의는 무죄로 인정되고, 세월호 증선과 관련한 서류를 조작한 혐의

등만 유죄로 인정됐다.

하지만 세월호 침몰에 사실상 결정적인 역할을 했고 세월호 운항과 관련해 실질적인 이익의 귀속 주체인 기업 청해진해운은 2014년 5월 인천~제주 운항 면허가 취소되는 행정적 제재를 받았지만, 304명의 승객 사망과 관련해서는 아무런 형사 책임을 지지 않았다. 조세 포탈 관련 부분이 양벌 규정의 적용 대상이 돼 벌금 1억 원을 선고 받은 것이 고작이었다. 우리나라의 법체계에서 살인죄뿐 아니라 과실치사죄나 뇌물 공여죄 등은 자연인 개인만 범할 수 있고, 기업이 범할 수 없는 범죄로 분류돼 양벌 규정의 적용 저편에 있기 때문이다.

2) 사건 2: 낙동강 페놀 방류 사건

1991년 3월 14일, 대구 시민들은 수돗물에서 악취를 맡았다. 조사 결과 수돗물에서 검출된 것은 클로로페놀이었다. 클로로페놀은 상수도 원수에 함유된 유해 물질 페놀이 소독약품인 염소와 결합하면서 만들어진 것이었다. 페놀은 염료나 수지를 만들 때 쓰는 특유의 냄새를 지닌 무색 결정체다. 염소와 결합할 경우 화학 변화를 일으켜 클로로페놀이 되는데, 농도 1ppm을 넘으면 암 또는 중추 신경 장애를 일으키는 등 신체에 치명적인 영향을 끼친다. 때문에 대구를 포함한 천만 영남 지역 시민들이 식수원이 죽음의 강으로 변한 상황이었다. 조사 결과 두산전자 구미 공장 등에서 5개월 동안 300톤가량의 공장 폐수를 낙동강에 방류한 사실이 확인됐다. 공장장 등 두산전자 관계자 여섯 명이 구속되고, 관련 공무원 11명이 징계 처리됐다.

1991년 4월 22일, 공급 라인의 배관 이음새가 파손돼 원액 1.3톤이 또다시 누출되는 사고가 발생했다. 2차 페놀 방류 사건이었다. 국민들의 항의가 빗발치자 이튿날 두산그룹 회장이 사임을 발표했고, 환경부

장관과 차관이 동시에 경질됐다. 1차사건 발생 후 20일 만에 정부는 수출과 경제 활성화라는 논리를 내세워 안전성이 확보되지 않은 상황에서 고의성이 없다는 이유로 조업 재개를 허용했다.

하지만 안일한 환경 정책과 비윤리적인 기업 경영으로 대구 지역 주민들은 임신부의 유산까지 경험하는 등 환경오염의 공포에 시달려야 했다. 오염의 여파는 낙동강 하류까지 번졌고, 두산그룹 제품에 대한 불매 운동이 전국적으로 벌어졌다. 이를 계기로 하천의 수질과 수원지 관리의 문제점이 전면적으로 부각됐다. 1999년 녹색연합은 "1950년대 이후 발생한 대한민국 10대 환경 사건" 가운데 이 사건을 1위로 선정했다.

이처럼 막대한 피해를 가져온 사건에 대해 기업 두산전자는 어떤 법적인 제재를 받았는가? 1차 사건에서 30일간, 2차 사건에서는 64일간의 영업 정지 처분이라는 행정 제재가 고작이었다. 문제는 환경오염 방지를 위한 법률들이 정비된 현재의 법체계 아래서도 두산전자는 1천만 원에서 3천만 원까지의 벌금을 부과 받는 것 외에는 다른 형사 처벌을 받을 가능성은 없다는 사실이다.[5]

3) 사건 3: 위험이 외주화된 산업 재해 사건

2013년 5월 새벽 1시경, 현대제철 당진 공장에서 12미터짜리 전로電爐에서 보수 작업을 하던 하청 노동자 다섯 명이 누출된 아르곤 가스에 질식해 사망했다. 공사 기간을 단축하려다보니 작업도 끝나기 전에 가스 배관을 점검하려다 발생한 사고였다. 사망한 노동자의 나이는 각각 25세, 30세, 32세, 35세, 42세였다.

이 사건으로 현대제철 대표 이사 등 관련자가 고발됐지만, 검찰은 대표 이사를 무혐의 처분해 기소조차 하지 않고, 부사장(생산 본부장으로 안전 보건 관리 총괄 책임자이자 중대 재해 예방 책임자)등 관련자 6명을 산업 안전보건법과 업무상 과실치사 혐의로 기소했다. 1심 판결에서 부사장에게는 징역 2년의 실형, 나머지 관련자들에게는 금고와 집행 유예, 사회봉사 명령이 내려졌고, 2심에서는 부사장도 집행 유예를 선고받았다.

예정보다 무리하게 기한을 앞당겨 작업을 강행하고, 가스 누출 탐지기 등 기본적인 안전 장비조차 지급하지 않았던 원청 기업인 현대제철에 대해서도 벌금 5천만 원이 선고되기는 했지만, 희생된 다섯 명의 소중한 생명 앞에선 무의미했다. 그러나 이 정도 금액의 벌금 부과도 그나마 2012년 이후에나 가능해진 일이었다. 이전까지는 주요 책임의 상당 부분은 하청 업체가 졌고, 원청 업체는 책임의 사각 지대에 있었다. 드물게 원청 업체가 책임을 지는 경우에도 벌금 액수는 고작 1천만 원 또는 1천5백만 원에 불과했다. 이러한 법체계 아래서 원청 기업은 안전사고를 예방하기 위한 조처에 소홀할 수밖에 없었다. 원청 업체들이 위험한 일을 하청 업체에 떠맡기는 이유도 산업 재해의 책임을 하청 업체에 떠넘기기 용이하다는 속셈 때문이었다.

이러한 현상은 '위험의 외주화'라는 표현으로 사회 문제화됐고, 노동자 단체들은 당국에 강력한 대책 마련을 촉구했다. 2012년 산업안전보건법(제29조, 제70조)이 개정돼 벌금 액수가 올라갔고 원청 업체의 안전·보건 조치 의무 범위가 모든 도급까지 확대된 것은 이러한 압박을 받아 경우 이뤄진 작은 변화였다.

그러나 이 법의 개정 이후에도 실제로 재판에서 원청 기업에 대한 형사 책임이 인정된 경우는 드물었다. 2013년 7월, 일곱 명이 익사한 노량진 배수지 수몰 사고에서 법원은 하청 업체 현장 소장과 책임 감리관에게만 각각 금고 2년에 집행 유예 3년, 금고 1년 6개월에 집행 유예 2년만 선고하는 데 그쳤고, 원청 기업에게는 아무런 형사 책임도 묻지 않았다. 같은 해 11월, 여수의 한 대형 화학 공장에서 포대 해체 작업을 하던 하청 업체 직원이 500킬로그램이 넘는 포대에 깔려 전치 12주의 상해를 입은 사고에서도 광주지법 순천지원은 "원청에도 안전 관리에 관한 책임이 있다"고 했으면서도 "원청의 고의성이 입증되지 않아 범죄 증명이 부족하다"고 판결했다.

2001년부터 2011년까지 만 10년간 작업 현장에서 사망한 노동자만 27,370명이다. 2012년에는 산재로 인한 사상자가 9만 명이 넘어 OECD 국가 중 1위를 차지했다. 2016년 한해만 1,177명의 노동자가 산업 재해로 목숨을 잃었다. 최소한의 안전 기준만 준수했더라도 목숨을 잃지 않았을 사람들이 매일 다섯 명씩 죽어가고 있다. 그럼에도 불구하고 산업 재해에 대해 기업은 거의 아무런 형사 책임을 지지 않는다. 기업이 필요한 조치를 하지 않아 사망 사고를 일으켰다는 점은 인정하면서도 실질적 책임이 있는 오너는 처벌 대상을 피해가고, 실무자는 벌금형·집행 유예로 풀려나며, 기업은 여전히 벌금 5천만 원(또는 1천만, 1천5백만 원)만 부과될 수밖에 없는 규범 현실이 계속되고 있다.[6] 산업안전보건법상의 양벌 규정이 예고하는 예방 효과는 위험을 외주화함으로써 기업이 얻는 이익에 비해 턱없이 낮은 것이다.

문제는 더 있다. 이 법은 안전사고를 방지하기 위한 의무(안전 의무와 보호 의무 등)를 모두 사업주에게만 인정한다. 따라서 양벌 규정의 적용상 구조적인 맹점까지 가지고 있다. 상술하자면, 양벌 규정은 항상 자연인의 업무 관련 위반 행위를 전제로 기업의 책임을 인정하는 데 반해, 이 법은 사업주가 아닌 자연인(대표자나 기타 종업원)은 위반 행위의 주체로 인정하고 있지 않기 때문에, 양벌 규정을 통한 기업 처벌이 애당초 불가능하다. 즉, 기업은 의무 부담자이기는 하지만 직접 위반 행위자가 아니며, 종업원 등은 직접 위반 행위자이지만 법적인 의무 주체가 될 수 없는 것이다. 대법원은 이러한 경우 양벌 규정이 기업 처벌의 근거 규정일 뿐 아니라 의무 없는 직접 위반 행위를 한 종업원 등 자연인을 처벌하기 위한 근거 규정도 될 수 있다고 한다(이른바 역적용 사례). 그러나 이러한 태도는 의무 내지 신분이 없어 행위 주체가 될 수 없는 종업원 등을 기업을 처벌하기 위한 규정으로 처벌하는 것으로, 죄형법정주의 위반일 수 있다. 해석상 무리수를 둬가며 적용하고 있는 양벌 규정마저도 근본적인 구조상의 문제를 지니고 있는 셈이다.

4) 사건 4: 가습기 살균제 사건

2011년 5월부터 과거 한 달에 한두 명씩 발생했던 정체불명의 폐질환 환자가 갑자기 증가했다. 2011년 8월 31일, 질병관리본부는 가습기 살균제를 이 질환의 원인으로 추정했고, 2011년 11월 11일 질병관리본부가 가습기 살균제의 수거 명령을 내렸다.[7] 2012년 1월 17일, 피해자네 명이 가습기 살균제 업체와 국가를 상대로 손해 배상 청구 소송을 제기했고, 2012년 2월 3일 질병관리본부는 가습기 살균제를 폐 손상원인으로 최종 확인했다. 2012년 7월 23일 공정거래위원회는 광고에이 제품이 안전하다는 표현을 하지 않은 롯데마트와 코스트코를 제외한 가습기 살균제 판매 업체 네 곳을 검찰에 고발하고 과징금을 부과했다.

2012년 8월, 피해자들은 제조업체 열 곳을 형사 고발했으나 검찰은 피해 조사 결과가 나와야 한다는 등의 이유로 수사를 미뤘다. 2014년 피해자와 가족 102명이 옥시레킷벤키저 등 14개 제조 회사를 살인죄로 서울중앙지검에 고소했다. 검찰은 사건을 경찰에 맡긴 뒤 2015년 8월 경찰로부터 기소 의견으로 사건을 송치 받은 후 수사에 나섰다. 2016년 5월 기준으로, 가습기 살균제 피해자는 사망 266명을 포함, 도합 1,848명이 넘는다. 특히 피해는 임산부와 영유아에 집중돼 있다. 대한민국 역사상 최악의 화학 참사이자 생활용품 가운데 화학 물질에 의한 세계 최초의 환경 보건 사건으로 평가되고 있다. 이 때문에 화학 물질 남용으로 인한 '세계 최초의 바이오사이드 사건', '한국판 탈리도마이드 사건', '의학 교과서에 실릴 만한 사례' 등과 같은 오명이 붙기도 한다.

그러나 이 사건에서 연구소장이나 대표자 등 많은 관련자들이 그 관여 정도에 따라 형사 처벌을 받는 것은 별도로 하더라도, 관련 기업들은 위험 물질의 해악을 알고 있었으면서도 이를 살균제로 용도 변경해 출시했으므로 사망 등 인명 피해와 직접적으로 연관돼 있지만, 수많은 인명을 앗아간 결과에 대해 기업에게 아무런 형사 책임을 물을 수가 없다. 제조물 책임법 제4조 제3항은 제조자인 기업 자체에 대해 해당 제조물에 대한 계속적인 감시 의무를 부과하고 있지만, 그 위반에 따른 책임은 민사적 손해 배상 책임일 뿐 형사 책임이 아니다. 사망에 대한 원인이 밝혀져 대표자 등이 처벌돼도 형법은 기업을 살인죄의 주체로 인정하지 않고, 기업을 형사 처벌할 수 있는 양벌 규정도 이 경우에는 발을 들여놓지 못한다. 양벌 규정은 살인죄에 대해서는 기업의 형사 책임을 인정하고 있지 않기 때문이다.

뿐만 아니라 양벌 규정 속에 기업의 형사 책임을 인정하는 다른 위반 행위가 존재하는 경우에도 그 위반 행위 자체에 대해 기업의 구성원인 '대표자'나 '종업원 등'의 형사 책임이 인정되지 않는 이상, 어떤 경우에도 해당 기업을 형사 처벌할 수 있는 길은 없다. 양벌 규정은 '자연인'의 위반 행위를 전제해서만 기업을 형사 처벌할 수 있는, 이른바 종속적 기업 처벌 모델에 입각해 있기 때문이다. 이러한 모델 하에는 기업 전체의 차원에서 조직적으로 전개된 불법 행위가 있더라도 책임질 수 있는 기업 구성원이 없거나 구성원의 책임을 밝히지 못하는 한 기업 자체에 형사 책임을 인정할 수 없는, 이른바 '조직화된 무책임' 사례가 양산될 수밖에 없다.

5) 사건 5: 기업의 뇌물 제공 사건

2016년 그 전모가 드러나 한국 사회를 암울하게 만들었던 최순실·박근혜 국정 농단 사건 속에도 어김없이 기업의 그림자가 드리워져 있다. 최순실과 관련 있는 미르재단이나 K-스포츠재단에 거액의 자금을 제공한 것이 굴지의 국내 기업들이기 때문이다. 세기의 재판이라 불리는 삼성전자 부회장에 대한 재판에서 기업이 제공한 금품의 뇌물성에 대해서는 여전히 법리적 공방이 진행 중이지만, 이미 삼성전자 임원진에 대해서는 1심 재판에서 뇌물 제공 혐의가 인정되어 실형이 선고되었다.

재벌 기업 총수들이 정치인과 권력자들에게 뇌물을 제공함으로써 정경 유착을 한국 사회의 대표적인 병폐로 만든 것은 개발 독재 시절부터 줄곧 있어온 일이었다. 1995년에는 수천억 원의 비자금을 조성해 대통령에게 뇌물로 건넨 기업들과 그 기업으로부터 뇌물을 받은 전직 대통령까지 형사 처벌을 받았다.

1993년 설립된 국제투명성기구가 주요 수출국의 기업들이 수출 대상인 신흥 시장 국가의 고위 공무원 등에게 뇌물을 줄 가능성을 조사해 작성한 뇌물공여지수Bribe Payers Index를 보면, 한국 기업들은 경제협력개발기구OECD의 뇌물방지협약 가입국 중에서 최하위로, 여전히 부패에서 자유롭지 못한 것으로 나타났다. 1999년 발표한 뇌물공여지수에서도 조사 대상 19개국 중 18위였고, 2002년 발표에서도 21개국 중 18위였다. 다만 2006년에는 30개국 중 21위, 2008년에는 22개국 가운데 14위를 기록해 그 지수가 조금씩 개선되고는 있지만, 아직 획기적인 변화를 기대하기는 어려운 실정이다. 이는 한국의 수출 기업들이 해외 시장에서 활동할 때 원리 원칙을 무시하고 아직까지 뇌물이나 비자금에 의존하고 있다는 것을 의미한다.

그러나 기업이 뇌물을 제공할 때, 뇌물을 직접 제공한 기업의 임직원이 뇌물공여죄로 처벌되더라도 정작 그로 인해 각종 특혜와 이익을 얻게 되는 주체인 기업 자체는 처벌되지 않는다. 우리나라에서 기업 뇌물 제공의 경우 기업이 형사 처벌을 받지 않는 것은 전적으로 법률의 흠결 때문이다. 뇌물로 제공된 자금이 기업의 금고에서 나온 것이고, 뇌물 제공 여부 또한 기업 내부에서 의사 결정 과정을 거친 것이며, 그로 인해 특혜와 이익을 얻는 것이 기업인데 반해, 형법은 뇌물공여죄는 오직 사람만 저지를 수 있고, 기업은 그 주체가 될 수 없다고 해석되고 있기 때문이다.

뇌물 제공과 관련해 기업 자체를 형사 처벌할 수 없는 현실은, 1997년 국제 상거래에서 뇌물 공여 행위를 범죄로 규정한 최초의 국제적 합의인 경제협력개발기구의 「국제 상거래에 있어서 외국 공무원에 대한 뇌물 제공 행위 방지를 위한 협약」[8]의 국내 이행 입법으로서 우리나라에서 1999년 2월부터 시행하고 있는 「국제 상거래에 있어서 외국 공무원에 대한 뇌물 방지법」(이하 '국제 뇌물 방지법'이라 한다)의 태도와 비교해 볼 때 매우 어이없는 결과를 빚어내고 있다. 즉 국제 뇌물 방지법에 의하면, 우리나라 기업이 외국 공무원에게 뇌물을 제공한 경우에는 그 기업의 임직원에게 5년 이하의 징역 또는 2천만 원 이하의 벌금을 부과할 수 있고, 해당 기업에는 10억 원 이하의 벌금을 부과하도록 되어 있다. 우리나라 기업이 국내 공무원에게 뇌물을 제공한 경우에는 그 기업의 임직원만 형사 처벌을 할 수 있고, 국내 기업 자체는 ─ 형법의 뇌물공여죄의 주체로 규정되어 있지 않으므로 ─ 형사 처벌의 대상이 되지 않는 것이다. 이 때문에 기업은 국내에서의 형벌 법규의 적용은 두려워하지 않고, 미국의 해외 부패 방지법의 처벌 요건에 해당하는지만 신경 쓰는 현상마저 생겨나고 있다.

2016년 9월 28일부터 시행된 「부정 청탁 및 금품 등 수수의 금지에 관한 법률」(청탁 금지법)에서는 기업도 처벌하는 양벌 규정이 만들어져

있어서 공직자 등에게ー뇌물성이 인정되지 않는ー금품 등을 제공하거
나 약속을 한 경우에는 해당 기업의 임직원뿐 아니라 기업 자체도 형사
처벌의 대상이 되어 있다. 공무원에게 제공되는 금품 등이 직무 관련성
과 대가성까지 갖춘 경우에는 기업이 형사 처벌의 대상이 되지 않지만,
직무 관련성과 대가성도 없는 경우에는 기업도 형사 처벌이 된다는 엇
박자는 기업에 관한 형사 처벌에 관한 법률의 기본 체계가 전혀 갖추어
져 있지 않음을 반증한다.

2. 법 속의 기업: 외면된 정의, 무용한 형사 정책

세월호 사건과 같은 유형의 사건들에서 기업은 인간의 생명과 신체에
입힌 침해적 결과에 대해 어떤 형사적 책임도 지지 않는다. 기업은 살
인죄나 과실치사죄 또는 상해죄 등 형법상의 범죄를 범할 수 있는 형
법의 주체로 인정되고 있지 않기 때문이다. 기업을 처벌하는 양벌 규정
이라는 이름의 법률이 있어도 이 법률은 형법범에 관한 한, 기업의 형
사 책임을 인정하지 않는다. 형법상의 범죄인 일반 형사범에 대해, 기
업은 완벽하게 형법의 사각 지대에서 안주한다. 형사 정책적 차원의 예
방적 법익 보호를 위해 기업에 대한 형사 책임을 인정하는 방향으로
형법의 태도 변화가 요구되지만, 그 변화의 조짐은 보이지 않는다. 처
벌의 필요성과 당벌성이 인정되는 경우에도 보호될 수 있는 법익의 종
류가 원천적으로 제한돼 있음은 정의의 관념에 반한다. 기업에 대한 처
벌의 사각 지대를 없애거나 줄여나가지 않으면, 기업에 의해 야기되는
법익 침해에 사후적으로 대응할 수 없을 뿐 아니라 사전 예방도 불가
능해진다. 결국 법에 대한 신뢰가 무너지고 최소한의 사회 질서도 위태
로워질 수 있다.

낙동강 페놀 유출 사건과 같은 경우에는 수질 오염이 살인죄 등과는 달리 양벌 규정의 위반 행위로 규정돼 있으므로 기업의 형사 책임이 가능하다. 하지만 양벌 규정이 기업에 대한 처벌의 수위를 지나치게 낮게 책정해 시민의 생명과 신체에 대한 위해를 방지하기 위한 예방책으로 무용하다. 즉, 기업에 부과될 벌금형의 액수를 기업이 치러야 할 비용 정도로만 생각한다면, 기업에 대한 형사 처벌이 있어도 대형 사고를 예방하기 위해 형사 정책적으로 효과적인 수단이 마련돼 있다고 말할 수 없다. 이러한 비효과적인 수단은 결국 형사 사법의 기능 효율성의 저하로 이어지게 될 수밖에 없다.

기업이 하청 업체에 위험한 공사를 도급함으로써 '위험을 외주화'하는 산업 재해 사건의 경우는 양벌 규정을 통한 기업 처벌이 애당초 차단된 사각 지대가 존재하고, 양벌 규정이 적용되는 영역에서도 그 처벌 수위가 형사 정책적으로 무의미한 이중적 문제점을 보여준다. 이익을 극대화하고 책임은 최소화하려는 기업에 형법적 개입이 없음은 결국 인간의 생명과 신체의 중요성을 기업의 자본적 이익의 후순위에 두는 태도와 다를 바 없다.

산업안전보건법상의 양벌 규정을 통해 인명 사상에 대해서도 기업 자체에 대해 과실치사상의 형사 책임을 인정할 수 있지만, 대표자나 종업원 등의 위반 행위가 인정되지 않으면, 기업을 형사 처벌할 수 없다. 뿐만 아니라 이 경우에도 하청 업체의 책임인지 원청 업체의 책임인지가 여전히 문제될 수 있고, 원청 업체의 책임이 인정될 경우에도 기업 자체에 대한 벌금액은 결과 반가치적 불법의 크기에 비하면 터무니없는 금액이다. 원청 업체의 형사 책임을 인정하는 동시에, 그 책임의 정도를 발생된 결과에 상응시키는 입법적 조치가 절실하다. 그동안 위험의 외주화 사건의 경우 사망 사고의 피해자가 대부분 대기업의 하청·재하청 근로자나 용역 업체 직원 또는 하청 업체의 일용직 근로자였던 경우가 많았던바, 최근 발생한 서울 구의역 지하철 스크린도어 사건이나 남양주 지하철 공사장 사망 사고 등에서 사회적으로 입법 개선의 요구가 분출하고 있다.9

가습기 살균제 사건과 같은 유형의 경우 처벌할 기업의 구성원을 확인할 수 없거나 그에 대한 형사 책임 인정 요건이 충족되지 않아 처벌이 불가능하면 기업 자체에 대한 처벌도 불가능해진다. 하지만 책임질 기업 구성원이 없다고 해서 그 이익의 귀속 주체인 기업을 처벌할 수 없다고 하는 것은 정의에 반한다. 때문에 기업 내부 구성원의 위반 행위에 종속하지 않고 기업 독자적 불법을 이유로 해서 기업을 형사 처벌할 수 있는 입법 모델을 개발할 것도 요구된다. 물론 의미 있는 예방책은 「화학물질의 등록 및 평가에 관한 법률」 개정 등 독성 물질 관리 체계의 허술한 부분을 보완하는 것이지, 형사 처벌만이 능사는 아닐 것이다. 하지만 기업이 불법에 조직적으로 개입해 막대한 이익을 얻으면서도 아무런 책임을 지지 않는, 이른바 '조직화된 무책임 사례'에 대해 형법이 개입할 수 있는 새로운 입법적 단안이 절실하다.

기업이 각종 혜택과 이권을 얻기 위해 정치인이나 정부 부처의 권한 있는 자들에게 뇌물을 제공한 것은 한국 사회의 부정부패 가운데에서도 가장 심각하고 고질적인 병폐로 알려져 있다. 특히 건설 분야에서 설계, 도급 시공, 턴키 공사 등 건설 분야 전반에 걸쳐 뇌물이 오고가는 일은 좀처럼 근절되지 않고 있다. 이 모든 일에서 뇌물을 제공하는 기업은 그 제공한 뇌물 액수에 비교될 수 없을 만큼 막대한 이익을 챙긴다. 그러나 앞서 언급했듯이 기업은 뇌물죄로 직접 처벌되지 않기 때문에 기업이 임직원을 통해 뇌물을 제공함으로써 부정한 이익을 얻으려는 기업 문화는 근본적으로 근절되기 어렵다.

Ⅲ. 기업에 대한 형사 책임의 지지부진성과
   근본적인 해결책

기업에 대한 형사 책임의 인정이 형법적으로 광범위한 맹점을 가지고 있음에도 불구하고 규범 현실의 변화가 없는 이유는 무엇인가? 기업 관련 굵직한 사건이 사회의 이목을 집중시킬 때마다 외국의 입법례와 비교하면서 개선 입법의 필요성이 강조되다가도 지속적 논의를 통해 규범 현실을 바꾸는 결과를 이끌어내지는 못하고 있다. 언론도 기업 관련 사건을 다룰 때 언제나 기업의 대표자에 대한 형사 처벌에만 집중할 뿐, 기업 자체 대한 처벌은 안중에 없는 듯하다. 특히 재벌 기업의 특수성을 감안해 기업의 총수를 처벌하는 것이 오히려 효과적이라는 주장도 여전히 힘을 잃지 않고 있다. 기업 자체의 형사 책임을 정면으로 인정하는 방향으로 규범 현실을 바꾸기 위해서 먼저 관심과 논의가 지지부진한 이유가 무엇인지, 해결의 실마리는 어디에 있는지부터 알아볼 필요가 있다.

1. 기업 자체의 형사 책임에 관심이 소홀한 이유

1) 기업의 무실체성 논변?

기업 '구성원'의 처벌에 만족하고 기업 자체를 처벌하는 방향으로 관심과 논의를 진전시키지 못하고 있는 첫 번째 이유로 꼽을 수 있는 것은 '기업은 실체가 없이 단순한 계약의 망에 불과하다는 생각'이 여전히 만연해 있기 때문이다. 이러한 생각은 수많은 개인 행위의 복합체인 경제의 하부 구조인 기업을 "구체적 이익 추구의 사회적 단면"으로 파악하고, 오직 인간만을 기업의 최종 단위로 본다. 기업을 처벌하려고 해도 기업 자체를 형사 법정에 소환하는 것은 불가능하고, 때문에 기업에 대한 형사 재판에서도 피고인이 될 수 있는 자는 결국 기업의 대표자밖에 없다는 생각도 이와 맥락을 같이 한다. 이러한 생각은 결국 기업의 행위를 내부 구성원 개인의 행위로 환원하는 방법론적 개인주의를 출발점으로 삼는 태도와 맞닿는다.[10] 전체(기업)를 부분(개인)의 총합으로 인정하면서 유기체적 전체주의로 전락하지 않기 위해서는 개인으로 구성된 전체(기업)의 독자적 실체성을 인정해서는 안 되기 때문이다.

하지만 오늘날 '기업 그 자체'는 더 이상 독자적 실체 없는 단순한 관계의 망 내지 관념적 형상물로만 인정되지 않는다. 기업은 그 자체로 사회 내에서 실재하는 독자적 법 주체로 인정되고 있다. 이러한 태도는 이미 1962년 유럽 재판소가 기업에 대해 내린 정의에서도 간파할 수 있다. 그에 따르면, 기업은 "독자적 법인격으로 분류된 통일된 주체로서, 인적·실질적·정신적 요소들의 결합으로서, 장기적으로 경제적 목적을 추구하는 주체"라고 한다. 실질적·제도적인 맥락에서 정의된 이러한 기업 개념은 독자적 법 주체가 되기 위해서는 재화와 급부를 공급함으로써 경제생활에 참여하고, 최소한의 조직적 단위를 갖출 것이 요구되고 있다.

오늘날 법률상 법인화된 기업의 핵심적인 특징 중의 하나는 기업이라는 주체와 그 기업을 운영하는 자연인 개인이라는 주체가 법률적으로 엄격하게 구분돼 있다는 점이다. 법인인 기업에 해당하는 상법상의 회사는 모두 독자적인 법인격이 부여된 법인이므로 법인 외에 기업에 대한 오너(소유주)란 있을 수 없다. 기업의 대표자나 실질적인 경영 주체가 기업의 오너가 될 수 없는 것도 마찬가지의 이유 때문이다. 우리나라에서 사용되고 있는 대기업의 오너라는 말도 잘못된 말이다. 기업의 소유주가 아니라 지배 구조상 다수 지분을 가진 지분 소유자일 뿐이다. 이에 따르면 대표자는 물론이고 기업의 종업원 등 구성원의 책임은 그들 각자의 개인적 책임일 뿐 조직체로서의 '기업' 자체의 책임이 아니다. 법적으로 보면 기업(법인)과 대표자 등(자연인)은 별개의 인격을 가진 독립된 주체이기 때문이다. 기업의 법적 주체는 '법인'이고, 대표자는 '자연인'으로서 법인의 기관에 불과하다. 따라서 기업과 기업의 구성원이 각자 독자적 법 주체인 이상, 기업 구성원의 책임이 기업 자체에 대한 책임이 아니고, 반대로 기업 자체에 대한 책임도 기업 구성원의 책임은 아니다. 따라서 형사 책임에 있어서도 기업에 대한 처벌과 기업 구성원에 대한 처벌이 동일시될 수 있는 것은 아니다.

2) 기업 신화에 근거한 면책 논리

우리나라에서 기업 자체에 대한 형사 처벌 문제가 전면에 등장하지 못하고 있는 데에는 고유의 사회 환경적 배경 탓도 적잖다. 1970년대 이후 우리나라가 산업 국가로 발돋움하는 데 성장의 견인차로서 기업이 일정한 역할을 해왔다는 점을 부정할 이는 없다. 이렇게 성립된 기업의 위상은 지금껏 그대로 이어졌고, 현재는 바야흐로 기업 국가의 시대다.

이른바 재벌에 해당하는 기업들이 입법부와 사법부 그리고 행정부에도 막강한 영향을 미치고 있기 때문이다. 가난과 빈곤을 벗어나게 해준 과거 기업의 역할은 신화를 만들어냈고, 이는 국민의 의식 속에 잔상으로 남아 있다. 이러한 신화는 "범죄는 미워하되, 범죄자는 미워하지 말라"는 전언을 변용하여 다음과 같은 레토릭을 만들어냈다. "기업인이 죄가 있지 기업이 무슨 죄냐".

이런 환경에서 형성된 사회통념은 기업 자체에 대한 처벌은 고사하고, 기업 구성원에 대한 형사 책임조차도 제대로 물을 수 없게 만들었다. '무전유죄 유전무죄' 현상이 바로 그것이다. 기업 총수나 고위직에 있는 자들은 거액의 횡령·배임·뇌물 제공의 죄에 대해서도 무죄 아니면 집행 유예 선고 후 사면으로 이어지는 일이 다반사였다. 기업의 대표자들은 이처럼 형식적으로 일정한 법적 책임을 지는 척하다가 사람들의 관심이 멀어져갈 무렵 다시 기업의 중심으로 슬그머니 복귀한다. 그러나 이 지점에서 규범 현실로 눈을 돌려보자. 기업의 실질적인 경영자나 기업의 대표자들에게 법적인 책임을 묻는 데 관대한 대응은 실무의 태도이지 법률의 태도가 아니다. 법률은 결코 기업의 대표자나 구성원에게 무대응하거나 관대한 대응을 하고 있지 않다. 반면 기업 자체에 대한 무대응이나 솜방망이 처벌은 실무적 차원과 법률적 차원 모두에서 문제점과 한계를 드러내고 있다.

우선 형사 처벌의 기본법인 형법은 전통적인 범죄 종류의 경우 기업의 형사 책임을 전적으로 부정하고 있다. 뇌물 제공·배임·횡령·사기 등과 같이 기업의 업무와 관련해 발생하는 법익 침해 행위들에 대해서는 물론이고, 과실치사상과 같이 생명 또는 신체를 침해하는 행위 등과 같은 형법범에 대해서는 기업의 형사 책임이 처음부터 차단돼 있다. 형법범에 관한 한 형법은 자연인만 행위를 할 수 있고, 형사 책임을 질 수 있는 범죄의 주체로 인정하고 있기 때문이다.

형법범 이외의 일정한 위반 행위와 관련해 기업에 형벌을 부과하고 있는 양벌 규정이라는 이름의 법률도 기업에 미미한 벌금형만을 부과하고 있을 뿐이다. 더구나 양벌 규정의 해석론에 따르면, 기업은 여전히 스스로 범죄를 범할 수 없고, 자신의 범죄에 대해 형사 책임을 질 수 없는 존재다. 실무상으로도 기업의 대표자나 종업원 등 기업 구성원의 위반 행위를 기소하면서 양벌 규정에 따라 기업도 동시에 기소하고 있는지, 하고 있다면 얼마나 기소해 유죄 판결을 받게 하고 있는지, 그 통계조차 만들지 않고 있다. 기업은 개인과 사회에 거의 재앙적 수준의 피해를 입히는 경우가 많음에도 불구하고, 이른바 꼬리 자르기를 통해 하위직에 있는 종업원들에게만 형사 책임을 지운 채 탐욕의 배를 채워 가고 있다. 이러한 규범 환경과 법 실무 환경 속에서 기업은 오래 동안 형사 처벌의 사각 지대에서 안주하고 있다.

3) '기업 범죄'라는 용어가 만들어내는 착시 효과

공공연히 사용되고 있는 '기업 범죄'라는 용어도 위와 같은 현실을 고착화하는 데 한몫 하고 있다. 이 용어는 기업도 인간처럼 범죄를 저지르고 그에 따라 처벌을 받는 것이므로, 기업 자체의 처벌에 대한 논의가 따로 필요 없는 것처럼 보이게 만드는 측면이 있기 때문이다. 그러나 거듭 말하건대, 현재 이 용어는 횡령과 배임처럼 기업 업무와 관련해 기업의 대표자 등 기업의 구성원인 자연인이 범하는 범죄를 가리키고 있을 뿐, 기업 자체가 범죄를 범할 수 있음을 말하는 것도 아니고 기업이 범한 범죄를 지칭하는 것도 아니다.

기업 범죄가 단지 사회학적인 의미로 사용되고 있을 뿐이라고 생각하면 큰 문제가 없다고 할지도 모르겠다. 그러나 굳이 "언어는 사고의 집"이라는 철학자의 말을 인용하지 않더라도 말(언어)이 인간의 의식과 사고에 미치는 영향을 크다. 다시 말해, 기업 범죄라는 용어 사용의 실제와 양벌 규정을 통해 기업에 형벌이 부과되는 현실이 결합하면, 기업이 당연히 범죄의 주체인 듯 보이는 오해가 만들어질 수 있다. 이는 이미 처벌이 진행 중인 기업에 형사 책임 인정을 위한 논의를 새로 전개할 필요조차 없게 만들어버릴 수 있다.

물론 양벌 규정을 통해 기업도 처벌되고 있긴 하다. 하지만 이는 자연인이 범한 모든 범죄 행위가 아니라 일정한 '위반 행위'를 전제로 할 때만 가능하다. 이러한 양벌 규정의 태도는, 범죄는 자연인이 저지르지만 기업(법인)에는 벌금형만 부과될 뿐이라고 해석되고 있다. 이러한 환경에서는 기업 자체의 형사 책임에 관한 규범 현실을 바꾸지 않고서 진정한 의미의 기업 범죄라는 용어가 성립될 수가 없다. 형법은 물론이고 양벌 규정을 바꾸지 않으면, 기업 범죄라는 말은 백퍼센트 허구다. 차라리 '기업 관련적 범죄'라고 불러야 할 것이다.[11]

이렇게 우리나라에서 기업 범죄라는 용어를 계속 사용하는 것은 기업 자체에 대한 형사 책임이 이미 가능한 것으로 보이는 착시 현상만 지속적으로 만들어갈 뿐이다. 과학적이어야 할 형법학이 도리어 이 현상을 부추기는 측면도 있다. 범죄학과 형법학에서 기업 범죄라는 용어의 무성찰적 사용은 형법이 기업을 새로운 '형법 주체'로 받아들이는 진화적 발전을 가로막는다. 유명무실한 기업 범죄가 명실상부하게 되기 위해서는 새로운 해석과 새로운 개선 입법을 통해 기업을 자연인과 나란히 형법 주체로 편입시킬 수 있어야 한다. 기업 범죄와 기업 구성원의 범죄는 엄연히 다르기 때문이다.

2. 사회적 요구와 문제 해결의 열쇠

1) 기업 자체의 형사 책임을 인정해야 할 필요성과 정당성

기업이 개인과 사회에 끼치는 손해의 형태는 다양하다. 회계 부정 사건으로 주가가 폭락하면 이른바 개미 군단이 입는 피해는 자살로 이어질 만큼 그 여파가 크다. 유조선이 해안에서 기름을 유출할 땐 해양 생태계는 물론 인근 어민들이 입는 피해는 단기간에 회복되기 어려울 정도로 막대하다. 부정 청탁과 부패 사슬까지 얽힌 기업의 추태는 국내를 넘어 대외 신인도와 국가 인프라에까지 부정적인 영향을 미친다.

물론 이 모든 사건들에 직접적인 행위자가 있는 경우도 있다. 하지만 그 행위자를 찾아내 사법적인 책임을 묻는다 하더라도 곧바로 정의가 실현됐다고 말하기 어려운 경우가 많다. 여전히 그 행위들을 통해 달성되는 이익의 최종 귀속 주체는 기업이기 때문이다. 형법이 보호하고 있는 법익의 침해와 직접적으로 연관돼 있고, 그 법익 침해의 대척점에서 이익을 얻은 주체가 있다면, 형사 정책적 관점에서 그 주체에 대해 형사 책임을 인정해야 할 필요성은 부족함이 없어 보인다.

기업의 탄생 배경 속에서도 기업 자체를 형사 책임의 주체로 인정해야 할 또 다른 이유를 찾을 수 있다. 주지하다시피 기업은 거래 비용의 절감 등 사회적으로 바람직한 결과를 가져오기 위해 설립된 단체다. 이러한 배경에서 기업이라는 제도를 규범적으로 정착시키기 위해서는 기업의 책임을 해당 기업의 지분 소유자 또는 기업 구성원 개인으로부터 분리하지 않으면 안 된다. 개인에게 무한 책임을 지우지 않기 위해서라도 기업은 일정 부분 책임을 인정해야 한다. 기업에 법인격을 부여해 독자적인 책임 주체로 만듦으로서 위험을 분산시키는 것이 합리적이기 때문이다.

오늘날 기업의 사회적 비중을 감안할 때 독자적인 형사 책임의 요구는 점점 더 커지고 있다. 앞서 살펴본 사건들에서 기업에 그 형사적 책임을 부여하지 않는다면, 생겨난 법익 침해적 결과에 대해 결과적 정의가 실현될 수 없다. 기업 구성원들에게 책임을 묻는 것만으로는 정의가 실현됐다고 말하기 어려우며, 부분적으로 구성원이 책임 있는 행위를 했음을 근거로 그에게 형사 책임을 지울 수는 있지만, 그 구성원에게 사건 전체에 대한 책임을 지우기 어렵기 때문이다. 나아가 직접적으로 책임져야 할 행위자가 애당초 존재하지 않는 경우도 있다. 이와 같은 한계 상황에서 실제로 야기된 법익 침해적 행위의 예방과 피해 회복 그리고 정의를 실현하기 위한 간명하고도 확실한 방법이 있다. 기업도 사람처럼 책임을 질 수 있는 주체로 인정하는 방법이다.

문제는 기업도 사람처럼 형사 책임을 지우게 하려면 처벌의 필요성만으로 충분하지 않다는 점에 있다. 형사 책임은 사회 윤리적 차원의 비난이라는 불이익을 그 내용으로 하는 형벌이 수단으로 삼는 바, 사람에게나 기업에게나 동일한 차원에서 형벌이 정당화되려면, 사람에게 요구되는 형벌 부과 요건을 기업도 충족시킬 수 있을 것이 전제되어야 한다. 형법은 어떤 주체에 형벌을 부과하기 위해서는 그 주체가 스스로 법익 침해적 행위를 할 수 있는 능력과 사회 윤리적 비난이라는 해악 부과를 내용으로 삼은 형벌을 스스로 감당할 수 있는 능력을 요구하고, 이러한 능력은 오직 사람(자연인)에게 있는 것으로 인정하여 왔다. 이와 같이 형법이 요구하는 형벌 부과 요건을 충족시킬 수 없는 기업에게 '처벌의 필요성'만으로 형사 책임을 지우는 일은 뒤에서 살펴볼─책임주의 원칙 뿐 아니라─법 앞의 평등 원칙에도 반하는 일이다.

2) 형법과 양벌 규정의 엉킨 매듭: 고르디우스의 매듭 자르기

양벌 규정은 기업의 형사 책임을 인정함으로써 기업의 행위 능력과 책임 능력에 관한 형법의 태도와 일견 배치되는 태도를 보이고 있다. 앞에서 언급했듯이 우리나라의 형법의 태도와 양벌 규정의 태도가 양립될 수 없이 상반됨에도 불구하고 병존함으로 인해 기업의 형사 책임과 관련하여 형법과 양벌 규정간의 얽히고설킨 실타래를 푸는 일은 불가능해 보인다. 이 때문에 해결 방안은 그 실타래를—마치 고르디우스의 매듭 the gordian knot 자르기처럼—과감하게 잘라내지 않으면 안 된다. 문제는 그 매듭의 어느 부분을 어떻게 잘라 다시 이어나가는가에 있다.

먼저 형법 주체의 요건을 규정하고 있는 형법이 기업과 자연인 사이에 만들어놓은 매듭 부분을 잘라내야 할 것으로 보인다. 즉, 형법이 행위 능력과 책임 능력을 기업에도 인정하는 방법이다. 이렇게 되면 기업에도 형법 총칙의 일반적 범죄 성립 요건을 적용할 수 있게 되기 때문에 행위 능력과 책임 능력에 관한 한, 형법의 태도와 애매하게 엉켜 고착 상태에 있는 양벌 규정은 그 자체를 폐기 처분해도 무방하게 된다. 기업이 형법 주체가 되면, 형법범에 대해 형사 책임을 질 수 있게 되는 것은 물론이고, 양벌 규정을 포함하고 있는 모든 법률상의 위반 행위에 대해서도 형법 총칙이 규정될 수 있기 때문에 기업 처벌을 위해 굳이 양벌 규정이라는 형식의 별도 규정이 필요 없게 되는 것이다. 기업에게 형사 책임을 지우고 있는 양벌 규정의 내용을 새로운 모습으로 다듬어 형법 총칙 규정으로 가져오게 되면 형법과 양벌 규정이 이어질 뿐 아니라 자연인과 기업(법인)간의 형법 주체성 간극도 자연스럽게 이어질 수 있다.

문제는 지금까지 부정돼왔던 기업의 행위 능력과 책임 능력을 어떻게 근거 지울 수 있는가에 있다. 종래 형법학은 민법 이론을 차용하는 등 다양한 방법으로 기업의 형사 책임을 근거 지우려는 시도를 해왔다. 특히 형법 이론에서는 민법에서 논의된 법인 의제설과 법인 실재설의 대립을 그대로 가져와 기업의 형법 주체성 여부에 관한 논의를 전개해왔다.

그러나 뒤에서 살펴보겠지만, 법인 의제설에 기초한 법인의 범죄 능력 부정설은 법인은 그 기관인 자연인을 매개로 삼아 행위할 수밖에 없음을 인정했을 뿐이다. 법인 실재설에 기초한 법인의 범죄 능력 긍정설도 법인인 기관의 행위가 곧 법인의 행위라는 점을 근거로 법인의 책임을 인정하고 있을 뿐, 그 기관과 독립된 법인을 사회적 실재로서 인정하고 있지는 않다. 이러한 점에서 보면 기업에 형사 책임을 지우기 위해 기업의 독자적 행위 능력과 책임 능력을 이론적으로 근거 지우려는 시도는 아직 성공하지 못한 상태이다. 여기서 기업 범죄와 기업 형벌간의 얽히고설킨 난마를 풀기 위해서는 기업을 형법 주체로 내세울 수 있는 새로운 이론을 가져오지 않으면 안 된다.

3) 개인 형법과 기업 형법의 접점: 개인 책임의 마법 풀기

근대 이후 형법은 계몽주의 및 인본주의의 영향을 받아 인간에 대해서만 형사 책임을 인정하고 있다. 인간(자연인) 외의 어떤 존재도 행위를 할 수 없고 형사 책임을 질 수 없다는 점에서 근대 이후의 형법을 '단체 형법'에 대응시켜 '개인 형법'[12]이라고 부를 수 있다. 이러한 점에서 보면 현행 형법도 근대 형법의 사고 체계 속에서 여전히 '개인 책임'의 마법에 사로잡혀 있다. 만약 기업(법인)이 인간(자연인)과 마찬가지로 새로운 형법 주체가 될 수 있다면, 개인 책임의 마법이 풀려 기업에 대한 형사 책임을 인정할 수 있게 된다.

개인 형법의 마법이 풀리면, 범죄와 형벌에 관한 기존의 도그마틱, 즉 범죄의 주체는 오직 인간이고, 형벌 부과의 대상도 인간에 국한된다

고르디우스의 매듭_프리기아의 수도 고르디움에는 고르디우스의 전차가 있었고, 그 전차에는 매우 복잡하게 얽히고설킨 매듭이 달려 있었다. 아시아를 정복하는 사람만이 그 매듭을 풀 수 있다고 전해지고 있었는데, 알렉산드로스가 그 지역을 지나가던 중 그 얘기를 듣고 칼로 매듭을 끊어버렸다고 한다. '대담한 방법을 써야만 풀 수 있는 문제'라는 뜻의 속담으로 쓰이곤 한다.

는 공고한 도그마틱은 폐기될 수 있다. 인간과 나란히 기업도 범죄를 저지를 수 있는 형법 주체로 인정되면 '기업 범죄'라는 용어도 명실상부해진다. 그리고 범죄를 저지른 기업에 형벌을 부과하는 형법은 개인 형법과 함께 이른바 '기업 형법'도 아우르게 된다. 이렇게 되면 그동안 자연인 개인만 형법의 주체로 인정했던 형법을 '근대' 형법으로, 자연인 외에 기업도 형법 주체로 확장한 기업 형법을 편입시킨 형법을 '현대' 형법으로 부를 수 있을 것이다.

이 현대의 형법은 패러다임 전환을 요구한다. 물론 전환된 패러다임 하에서도 개인 형법이 형벌 부과를 위해 요구해왔던 실체 요건 그 자체가 달라지지는 않는다. 행위나 책임과 같은 개념 요소들은 종래와 같이 자연인의 행위와 자연인의 책임만 겨냥하지 않고, 기업의 행위와 기업의 책임도 포섭할 수 있도록 재구성돼야 한다. 이하에서는 개인 형법에서 개인에게 형벌을 부과하기 위해 요구되는 실체 요건을 기업도 충족시킬 수 있는지를 확인함으로써 현행 형법 하에서 기업 형법과 개인 형법의 간극이 어느 정도인지 장차 기업 형법 시대의 도래를 위해서는 어느 부분이 어떻게 변화되어야 할지를 가늠해 본다.

제2절 개인 형법의 형벌 부과 요건과 기업 형법의 가능성

형법은 형벌 부과를 위해 자연인 행위자가 범죄를 저지를 것을 요구한다. 기업에 대해 형벌을 부과하려고 해도 기업이 범죄를 저지른 것으로 인정돼야 한다. 하지만 현행 법률은 앞서 언급했듯이 ─ 양벌 규정에서 ─ 기업에 대해 형벌은 부과하고 있지만, 범죄는 ─ 형법에 의해 ─ 여전히 인간(자연인)만 저지르는 것으로 돼 있다. 요컨대 양벌 규정은 기업의 '범죄'를 전제하지 않은 채, 범죄의 법 효과인 '형벌'만을 기업에 대해 부과하고 있는 것이다. 이러한 관점에서 보면 기업에 형벌만 부과하고 있는 양벌 규정을 진정한 의미의 형법이라고 할 수 있는지도 의문이다. 따라서 현행법체계 하에서도 기업이 '이미' 형법 주체로 인정돼 있는지를 확인해보는 작업이 필요하다.

이를 위해 이 절에서는 먼저 기준점으로서 형법의 형벌 부과 요건 (일반적 범죄 성립 요건)을 간략하게 살펴본 후, 이러한 요건들을 기업(법인)도 충족할 수 있는지를 확인해본다(이하 I). 뿐만 아니라 형벌 부과 요건을 충족시킨 인간(자연인)에게 부과하는 형벌의 의미와 본질을 음미한 뒤, 그러한 의미 차원의 형벌을 기업(법인)에 부과할 수 있는지를 살펴본다(이하 II). 더 나아가 자연인에 대한 형벌 부과 요건 기초로 삼아

'이미' 기업에 대해 형벌을 부과하고 있는 양벌 규정의 해석론을 전개함으로써 기업이 어떤 메커니즘에 의해 형사 책임을 지고 있는지를 분석(이하 Ⅲ)해 본다.

I. 개인 형법에서 범죄 성립 요건과 기업의 충족 가능성

형법은 형벌 부과를 위한 실체 요건으로 가장 먼저 '행위'가 있어야 함을 요구한다. 이때 행위는 법률적으로 구성 요건에 해당한다는 평가 이전의 행위, 즉 전前법률적 행위를 말한다(전 법률적 사회적 의미의 행위). 또한 형법은 그 행위가 행위 주체의 일정한 귀책사유(잘못)에 근거한 것임을 요구한다. 이에 근거하지 않은 행위에 대해 국가가 형벌권을 행사할 수 있다면, 국가 형벌권이 폭력 집단의 테러와 다를 바 없기 때문이다. 이런 맥락에서 등장하는 '책임 없이 형벌 없다'는 원칙을 광의의 '책임주의 원칙'이라고 할 수 있다.[13]

이에 따르면, 형벌은 우연히 발생한 불행에 대해서 부과되는 것이 아니라 법익 침해적 결과에 대한 고의 또는 과실 행위와 같이 '불법'이 인정되는 경우에만 부과된다(책임의 기초는 불법). 또 다른 측면에서 형벌은 국가와 개인 사이에서 기계적·자동적으로 부과되는 것이 아니라 범죄에 대한 의미 있는 비난이자 그 비난의 의미 내용을 이해할 수 있는 행위 주체에게 일정한 효과를 미치는 대응 차원의 커뮤니케이션이다. 때문에 형법은 형벌 부과의 대상인 행위 주체 스스로 자기 행위의 사회적·도덕적 차원의 의미를 이해할 수 있어야 하고, 이를 기초로 불법 행위를 피해 적법한 행위로 나아갈 수 있었음에도 불구하고 불법 행위를 선택했다는 점을 근거로 한 책임 비난을 가할 수 있어야 한다

(비난 가능성의 전제 조건으로서의 책임).

　이제 형벌 부과 요건이자 범죄 성립 요건인 행위 요소와 불법 요소, 그리고 책임 요소를 차례로 살펴보면서 이러한 요건을 인간(자연인) 아닌 '기업(법인)'에게도 적용시킬 수 있는지를 검토해보기로 한다.[14]

1. 행위의 요소

1) 개인 형법에서 요구하는 행위의 요소

형법에서 형벌 부과를 위해 일차적으로 요구되는 요건인 '행위'는 자주 등장하는 개념이다. "범죄의 성립과 처벌은 '행위' 시의 법률에 의한다"는 형법 제1조 제1항은 형법의 시간적 범위에 관한 규정이지만, 형벌 부과의 요건인 범죄가 다시 '행위'를 전제로 하고 있음을 말해준다. 제2항은 보다 직접적으로 행위가 범죄의 구성 요소임을 말해준다. "범죄 후 법률의 변경에 의해 '그 행위'가 범죄를 구성하지 아니하거나"라는 규정에서의 행위가 그렇다. 이처럼 형법 총칙상 '죄'의 성립에 관한 모든 규정은 '행위'를 대상으로 한다. 이에 따르면 형법이 보호하는 법익을 침해되거나 침해될 위험성이 생겼더라도 '행위'에 의한 것이 아닌 한 범죄가 될 수 없고, 그에 대해 형벌도 부과될 수 없다.

　하지만 형법은 어떤 요건이 구비돼야 행위로 인정될 수 있는지에 대해서는 규정하고 있지 않다. 때문에 형법 이론학적 차원에서 형법상 행위를 구성하는 요소가 무엇인지 규명하기 위해 인과적 행위론, 목적적 행위론, 사회적 행위론, 소극적 행위론, 인격적 행위론 등으로 대표되는 다양한 견해들이 등장했다. 이들 견해 가운데 어느 입장에서 제시하는 행위의 요소가 행위의 본질적 요소인지에 관한 논쟁은 특히 1930년대 이후 오랫동안 지속됐다.

하지만 1980년대 이후 소모적인 논쟁을 피하기 위해 행위의 본질적 요소를 적극적으로 규명하기보다 형벌 부과의 최소한의 전제 조건만을 행위론 단계에서 확인하는 데 그치는 것이 합리적인 태도라는 자각이 생겼다. 이런 견지에서 다음 세 가지가 형법상 행위로 인정되기 위한 최소한의 요건이라는 데 의견이 모아졌다. 첫째, 외부성을 가지고 있어야 하고, 둘째, 의사에 기초한 것이어야 하며, 셋째, 인간에 의한 것이어야 한다. 이에 따르면, 어떤 행위론에 의하더라도 '행위'는 정신·심리학적인 차원에서 의식을 가진 '인간(자연인)'만 할 수 있는 것임을 인정한다.[15]

2) 기업의 행위 가능성

이 때문에 형법학에서는 전통적으로 자연인이 아닌 '기업(법인)'은 그 기업(법인)의 구성원인 자연인을 매개로만 행위할 수 있을 뿐, 형법상의 행위를 할 수 있는 존재로 인정되고 있지 않다(통설·판례). 이에 따르면 기업(법인)은 심리학적 의미에서의 의식 작용에 기한 행위 가능성, 즉 행위 능력이 없으므로 행위 주체가 될 수 없고, 따라서 기업(법인)에 형벌을 부과할 수 없다.

형법 해석론상 사회적 행위론을 취하면서 '사회적 중요성'을 행위의 본질적 요소로 본다면, '인간' 이외에도 '행위'를 할 수 있을 가능성은 있다. 의사가 부존재함에도 불구하고 사회적 중요성만을 본질적 행위 표지로 삼으면 '기업(법인)'의 활동도 행위 속에 포함될 수 있다. 그러나 만약 사회적 중요성이나 사회적 의미만을 행위 요소로 보는 데까지 나갈 정도로 행위 개념을 극단적으로 규범화한다면, '동물의 움직임'이나 '자연 재해'도 행위에 해당하는 것으로 보아야 할 것이다. 사회적 행위론자 가운데 여기까지 동의할 자는 없을 것이다. 사회적 행위론자들도 '사회적 중요성'은 행위의 '의미론적' 차원에 방점을 찍고 있는 것일 뿐, 여전히 인간에 의사에 의한 또는 인간의 의식 작용에 의해 지배된 행위를 전제로 하고 있는 것이다.

이와 같이 형법학은 형벌 부과 요건의 첫 번째 요건인 행위부터 철저하게 심리학적 의식 작용에 토대를 둔 인간(자연인)의 행위일 것을 요구하고 있다. 기업에 대해 형벌을 부과하기 위해 형법학이 이론적으로 가장 먼저 극복해야 할 것은 자연인만 행위할 수 있고, 법인 또는 기업은 행위할 수 없다는 개인 형법의 도그마틱이다.

2. 범죄의 불법 요소

형법은 원칙적으로 인간 행위가 출발점이 되어 형벌이 부과되는 일정한 행위들을 규정하고, 또한 그 행위들을 범죄로 유형화한다. 어떤 행위에 형벌을 부과해 범죄로 유형화할 것인가의 관점은 시대마다 달랐다. 중세 시대에는 신의 뜻, 절대 왕조 하에서는 왕의 명령이 기준이기도 했고, 성리학적 유교 이념을 통치 이념으로 삼고 있었던 조선 시대에는 유교 이념이 결정적인 기준이었다. 하지만 근대 이후 오늘날 형법은 법익을 침해하는 행위를 유형화해 이를 범죄로 규정하고 있다. 여기서 법익이란 사회의 평화로운 공존과 질서를 유지하기 위해 법으로 보호해야 할 가치 또는 이익을 말한다. 즉, '보호 법익'을 침해하는 행위들이 범죄가 되는 것이다.

하지만 법익이 침해되는 결과가 발생했거나 침해될 위험이 있었다고 해서 모두 범죄가 되는 것은 아니다. 우연적 요소에 의해 법익 침해적 결과가 발생하거나 그런 위험성이 있을 수도 있다. 우연에 대해서는 형벌을 부과할 수 없다. 형벌은 알면서(인식) 또는 의도하면서(의욕) 그러한 법익 침해적 결과를 야기한 경우에만 부과된다. 이와 같이 행위자가 법익 침해의 행위나 결과와 관련해 내심 일정한 태도를 가지고 행위를 하거나 결과를 발생시킨 경우를, 우연에 의한 경우인 '불행'과 대비해 '불법'이라고 부른다. 좀 더 구체적으로 말하면, 불법은 어떤 행위가 형법이 인정하지 않는 태도나 방식(행위 반가치)으로 행해져야 하고, 결과적으로 법익을 침해하거나 침해할 위험성이 외부적 효과로 초래(결과 반가치)된 경우를 말한다고 설명할 수 있다. 이와 같은 행위 반가치적 요소와 결과 반가치적 요소를 기술해 법익 침해적 행위를 금지하거나 법익을 보호하라고 요구하고 있는 법률 공식을 '구성 요건'이라고 한다. 구성 요건은 그 외적 행위를 기준으로 삼은 작위범과 부작위범, 행위자의 심리적 태도를 기준으로 삼은 고의범과 과실범 등으로 유형화된다. 각 범죄 유형별 구성 요건 요소는 다음과 같다.

1) 개인 형법에서 범죄 유형별 구성 요건 요소

가) 고의범 · 과실범 · 결과적 가중범

살인죄 · 상해죄 · 절도죄 · 강도죄 · 사기죄 등과 같이 많은 구성 요건은 행위자가 주관적으로 고의를 가지고 결과를 적극적으로 야기한 고의범(기수범)에 관한 공식이다. 고의범이 성립하려면 행위자가 구성 요건을 실현하려는 인식과 의욕을 의미하는 '고의'라는 요소를 충족시켜야 한다. 또한 일정한 구성 요건의 경우 목적과 같은 특별한 주관적 구성 요건 요소도 충족시켜야 한다. 구성 요건에 특별히 '과실'이라는 요소를 명시적으로 요구하고 있는 과실범도 있는데, 이 과실범이 성립하려면 행위자가 '과실'이라는 요소를 충족시켜야 한다.[16] 나아가 고의의 행위를 했지만, 행위자가 예견하지 못했던(그러나 예견할 수는 있었던) 중한 결과가 발생한 경우에 그 중한 결과를 이유로 중한 형벌을 부과하는 구성 요건도 있는데, 이러한 구성 요건을 결과적 가중범이라고 부른다.[17] 결과적 가중범이 성립하기 위해서는 기본 범죄에 대한 고의와 중한 결과 발생에 대한 과실(행위자의 예견 가능성)이라는 요소의 충족을 요한다. 과실범과 결과적 가중범은 모두 결과 발생을 요하는 범죄이므로, 행위와 결과 간의 인과 관계가 인정돼야 하고, 고의범의 경우도 결과가 발생하지 않은 미수범을 제외하고는 인과 관계라는 요소를 충족시켜야 한다.

나) 작위범 · 부작위범

행위가 발현되는 외적인 모습을 기준으로 삼으면 구성 요건을 작위범과 부작위범으로 구분할 수 있다. 작위범은 적극적인 작위를 통해 구성 요건이 실현되는 구성 요건 유형이고, 부작위범은 법적으로 요구되는 바를 하지 않는다는 의미의 소극적인 부작위에 의해 구성 요건을 실현하는 구성 요건 유형이다. 부작위범은 다시 진정부작위범과 부진정부작위범으로 구분된다. 전자는 구성 요건적 행위가 처음부터 부작위로 예정돼 있는 구성 요건이고,[18] 후자는 원래 작위범의 형식으로 돼 있지만 부작위에 의해서도 실현되는 구성 요건을 말한다. 진정부작위범은 행위자에게 고의가 있을 것을 요하지만, 부진정부작위범은 고의를 요하는 경우도 있고 과실을 요하는 경우도 있다. 특히 부진정부작위범이 성립하기 위해서는 단순히 고의 또는 과실에 의한 부작위가 아니라 그 부작위가 작위 의무를 가진 행위 주체의 부작위이어야 한다.

다) 미수범 · 예비 · 음모죄

형법은 고의범의 경우 구성 요건적 결과가 발생한 경우를 기수범으로 처벌하는 외에 구성 요건적 결과가 발생하지 않아도 실행 행위에 착수한 이상 이를 처벌하는 경우를 규정하고 있는데, 이러한 경우를 미수범이라고 한다. 따라서 미수범이 성립되려면 행위자가 고의(또는 목적 등과 같은 특별한 주관적 구성 요건 요소) 외에 실행의 착수라는 요건도 충족시켜야 한다. 형법 각칙상의 모든 미수범의 종류들을 다시 결과 '불발생의 사유'에 따라 중지 미수범, 불능 미수범, 장애 미수범으로 구분되어 각각의 미수범 유형에 따라 처벌상 차등 취급하고 있다.

형법은 보호하고자 하는 법익이 중요할 경우 실행의 착수 이전 단계라도 예비 또는 음모의 단계를 별도로 두어 이에 대해서도 형벌을 부과하고 있다. 예비 또는 음모죄로 처벌되려면 법익 침해에 대한 '실질적 위험성'이라는 별도의 요건도 요구되는 것으로 해석된다. 뿐만 아니라 행위자가 주관적으로 범죄를 범할 목적이라는 심리적인 요소와 그렇게 목적하는 범죄의 준비 행위를 한다는 점에 대한 고의까지 충족시켜야 한다.

라) 가담 형태별 구성 요건

형법은 두 사람 이상이 한 개의 구성 요건을 실현하는 경우 그 가담 형태에 따라 정범과 공범으로 구분해 가담 형태별로 각기 다른 형벌 부과 요건을 요구하고 있다. 형법이 인정하는 정범 형태로는 직접정범, 간접정범, 공동정범 등이 있는데, 이러한 형태의 정범이 되려면 행위자가 모두 구성 요건을 실현하려는 의사(즉, 고의)를 가지고 있어야 한다.[19] 정범자의 고의는 정범 형태별로 다음과 같이 수정·변형된다.

직접정범의 경우에는 당해 구성 요건을 직접 실현한다는 점에 대한 고의만 있으면 된다. 그러나 간접정범은 직접적으로 실행 행위를 하지 않고 간접적으로 매개자를 이용해 자신의 범죄를 실현하려는 경우(형법 제34조 제1항)로서, 행위자에게 '우월적 의사 지배'가 있어야 한다. 우월적 의사 지배가 인정되려면 행위자가 자신의 의사와 계획대로 매개자를 도구로 이용하려는 의사가 있어야 한다. 공동정범은 2인 이상의 자가 공동해 죄를 범하는 경우(형법 제30조)로서 각 가담자에게 '기능적 행위 지배'가 있어야 한다. 여기서 기능적 행위 지배가 인정되기 위해서는 분업적 역할 분담에 따른 전체 계획의 수행에 필요불가결한 기여를 해야 하고, 이러한 기여를 한다는 의사, 즉 공동 가담의 의사라는 주관적 요건이 요구된다.

공범은 정범과는 달리 행위 지배가 없는 경우를 말한다. 공범이 성립하기 위해서는 직접 구성 요건적 실행 행위를 하는 정범의 존재가 전제돼야 하고, 직접 구성 요건을 실현하지 않은 공범은 정범의 불법에 '종속'적으로 성립한다. 형법이 인정하는 공범 형태로는 교사범과 방조범이 있다. 교사란 범죄의 고의가 없는 정범으로 하여금 구성 요건적 행위를 하도록 명령하거나 부탁하거나 종용하는 등 교사 행위를 해 범죄의 고의가 없는 정범으로 하여금 범행 결의를 일으키게 하는 경우(교사범)다. 방조는 원래 범죄의 고의가 있는 행위자의 실행 행위를 물질적으로나 정신적으로 도와주는 경우(방조범)다. 교사자이든 방조자이든 모두 정범이 구성 요건을 실현한다는 점에 대한 의사뿐 아니라 스스로 교사 행위 또는 방조 행위를 한다는 점에 대한 의사도 가져야 하므로 이른바 이중의 고의를 요한다.

공동정범에 관한 규정은 가담자 각자가 구성 요건을 모두 실현하는 것이 아니라 일부를 실현하지만 기능적 행위 지배성이 인정돼 부분 행위가 전체 책임으로 귀결되는 귀속 규범적 성격을 가진다. 공범 규정 역시 스스로 구성 요건적 실행 행위를 하지 않았음에도 불구하고, 정범의 불법에 종속돼 정범자가 실현한 구성 요건에 의해 처벌되므로 정범의 불법 행위를 공범자에게 '귀속'시키는 귀속 규범적 성격을 가진다. 공동정범 규정과 공범 규정의 귀속 규범성은 아무런 구성 요건적 행위를 하지 않은 기업(법인)을 자연인의 위반 행위를 전제로 삼아 처벌하는 양벌 규정과 구조적으로 유사하게 만드는 측면이 있다. 양벌 규정의 법적 성격도 귀속 규범으로 볼 수 있는지에 대해서는 후술한다.

2) 기업의 구성 요건 요소 충족 가능성

이와 같이 자연인에게 범죄 유형별로 각기 다르게 설정되어 있는 구성 요건 요소를 기업이 충족할 수 있는가? 의식 작용이 없어서 행위할 능력(가능성)조차 없는 기업은 직접적으로 결과를 향한 어떤 외부적(가시적) 행위를 보여줄 수 없기 때문에 형법상 인과 관계의 인정 여부부터 문제된다. 기업이 행위할 수 있다고 하더라도 외부적으로 발생한 법익 침해적 결과가 그 기업의 행위 탓으로 돌릴 수 있는지를 확인하기가 어렵기 때문이다.

뿐만 아니라 아무런 의식 작용을 할 수 없는 기업이 불법의 주관적 요소인 고의 또는 과실이라는 요소를 실현할 수 있다고 하기는 더더욱 어렵다. 기업이 관련돼 있는 수많은 대형 사고들은 법익 침해적 결과 또는 법익 침해의 위험성과 결부돼 형법적 평가의 대상이 되기에 충분하다. 하지만 형법은 그러한 외부 세계에 야기된 결과들이 심리학적 기초를 가진 고의 또는 과실이라는 행위 주체에 의해 이뤄진 것임을 요구하고 있는데, 기업이 그러한 주관적 요소를 충족시킬 수 있다고 할 수 없기 때문이다. 그러한 결과들은 기업의 고의 또는 과실이 아니라 자연인인 기업의 임직원의 고의 또는 과실 행위에 의해 야기된 것으로 보인다. 전통적인 형법 해석론에 의하면, 예컨대 "사람을 살해한 자"로 돼 있는 살인죄의 구성 요건에 "자"는 자연인만 해당하고 법인 또는 기업은 해당하지 않는다고 하는 것도 이 때문이다.

기업은 자연인인 개인에서 가담 형태별로 달라지는 구성 요건도 충족할 수 없다. 만약 A법인의 종업원인 갑이 B법인의 종업원인 을에게 일정한 범죄 행위를 범하도록 교사한 경우 을은 정범이 되고 갑은 교사범이 되는데, A법인과 B법인 사이에도 이와 같이 교사범의 법리가 적용될 수 있는가? A법인과 B법인이 당해 범죄 구성 요건의 실현에 대해 고의를 가질 것이 요구되는데, 의식 작용을 할 수 없는 법인은 고의를 가질 수 없기 때문에 교사범 성립 자체가 불가능하다고 해야 할 것이다. 이 점은 형법상의 범죄가 아니라 법인에 대해 형벌을 부과하고 있는 위반 행위의 경우에도 마찬가지일 것이다. 우리나라에서 기업(법인) 처벌에 관한 유일한 규정인 양벌 규정은 형법의 적용을 배제하는 예외적인 규정이므로, 법인 간의 공범 관계를 인정하려면 가담 형태를 규율하는 별도의 규정을 두어야 할 것이다.

물론 형법상 인적·주관적 불법론을 취하지 않고 순수 객관적 불법론을 취하면 이야기가 달라진다. 객관적 불법론 하에서는 기업도 객관적 불법 요소를 충족시킬 가능성이 인정된다. 객관적 불법론은 불법을 구성하는 요소 가운데 행위 반가치적 측면인 고의와 과실은 책임의 요소로 파악하고, 결과 반가치적 측면인 외부적 결과만을 불법으로 파악한다. 이러한 불법 개념 하에서는 심리적 의식 작용 없이도 외부에 나타난 법익 침해라는 결과만 충족되면 불법이 인정될 수 있으므로 이른바 마음 없는 주체mindless agent인 인공 지능이 탑재된 로봇이나 기업도 얼마든지 불법을 범할 수 있는 것이다.

그러나 이와 같은 객관적 불법론을 취하더라도 불법은 불법 '행위'이므로 행위 능력이 인정되지 않는 한 기업은 여전히 불법 행위를 할 수가 없다. 뿐만 아니라 객관적 불법론도 그 법익 침해적 결과가 우연적 결과이어서는 안 된다. 그 주체에게 형벌을 부과하려는 목적에 부합할 정도로 그 주체의 행위와 일정한 관련성nexus이 존재해야 한다. 형법상의 인과 관계 내지 객관적 귀속을 인정하려고 해도 기업이 행위를 했을 것이 전제돼야 하는데, 행위 능력조차 인정되지 않는 기업에 이러한 전제의 충족을 기대하기는 어려울 것 같다.

3. 범죄의 책임 요소

1) 개인 형법에서 책임 비난과 책임 능력

형법의 법 효과인 형벌은 불법한 행위가 존재한다는 이유만으로 부과될 수 없다. 행위자가 고의 또는 과실이 인정되는 행위를 하고 법익 침해적 결과 또는 그 위험성이 발현됨으로써 '불법 행위'로 인정되더라도 그 행위자에게 책임 비난을 할 수 없으면 형벌을 부과할 수 없다.

이렇게 형법 불법 이외에도 책임 비난을 가할 수 있어야 비로소 형벌을 부과할 수 있는 이유는 어디에 있는가? 그것은 형벌이 행위자의 행위에 대한 사회 윤리적 비난을 의미하기 때문이다. 민사상의 손해 배상은 손해의 전보塡補적 의미만 있고 행위자를 비난하는 의미는 없다. 심지어 재범의 위험성을 방지하기 위해 부과되는 보안 처분에도 비난적 속성이 없다. 법률상의 제재 수단 가운데 오직 형벌만 비난적 속성을 가진다.

형벌이 사회 윤리적 비난인 한, 이러한 비난을 가하려면 다음과 같은 조건을 충족시켜야 한다. 즉, 행위자가 스스로 자신의 행위를 불법한 것으로 판단할 수 있어야 하고, 그러한 판단을 토대로 적법한 행위로 나아갈 수 있는 가능성이 있었음에도 불구하고 불법한 행위를 자유로운 자기 결정으로 선택한 것으로 인정돼야 한다. 여기에서 행위 선택의 가능성을 전제로 비난을 가한다는 것은 범죄의 실체 요건인 책임과 관련해 두 가지 의미를 가진다.

하나는 사회가 일정한 행위를 형법으로 금지해두고 있음은 그러한 금지 규범을 자신의 행동의 기초로 삼을 수 있는 수준의 분별 능력을 갖추고 있는 자를 전제로 한다. 다른 하나는 그러한 분별 능력을 가진 자가 스스로 불법한 행위를 피하고 적법한 행위를 선택할 수 있는 가능성, 즉 달리 행위할 수 있었을 가능성을 전제로 한다. 앞의 경우를 책임

비난의 전제 조건으로서 책임 능력이라고 하고, 뒤의 경우를 비난 가능
성으로서의 형벌 근거 책임이라고 한다. 책임 능력이 결여돼 있거나 타
행위 가능성이 없어서 책임 비난을 가할 수 없는 자의 행위는 '책임' 없
는 행위가 된다. 이와 같은 차원에서 '책임이 없으면 형벌도 없다'는 원
칙을 책임주의 원칙이라고 한다. 이와 같은 의미의 책임주의 원칙 하에
서는 책임 비난과 그 전제 조건인 책임 능력은 의사 자유를 가지고 자
기 결정을 할 수 있는 인간에게만 인정할 수 있다. '잘못이 없으면 책임
없다'는 광의의 책임주의 원칙이 법치국가 원칙 내지 죄형법정주의 원
칙에서 도출되는 것임에 비해, '책임 없으면 형벌 없다'는 의미의 책임
주의 원칙이 인간의 존엄과 가치에서 도출되는 헌법상의 지위를 가지는
것으로 평가되는 것도 바로 이 때문이다.

2) 기업에 대한 비난 가능성과 기업의 책임 능력

인간(자연인)이 가지고 있는 것으로 인정되고 있는 책임 능력이 기업에
인정될 수 있는가? 기업에 책임 능력이 인정될 수 없다면 기업에 대한
형벌 부과는 형법 이론상 불가능해진다. 앞서 언급했듯이 오직 인간만
의사 자유를 가지고 행위 선택에서 자기 결정을 할 수 있고, 자신의 행
위에 책임을 질 수 있는 주체이다. 이 때문에 기업에 형벌 부과를 가능
하게 하기 위해 세 번째로 극복해야 할 형법 이론적 걸림돌이 바로 인
간(자연인)에게 요구되는 책임 능력이 기업(법인)에게는 없다는 점이다.
　　이러한 걸림돌은 형법 이론적 걸림돌에 불과한 것이 아니라 헌법적
차원의 장애물이다. 인간 아닌 기업에 이러한 책임주의 원칙이 애당초
요구될 수 없다면, 기업에 대해서는 형벌 부과를 포기해야 할 것이다.
그럼에도 불구하고 개별 법률에서 기업에 대해 형벌을 부과한다면, 그
법률은 헌법적 요구를 무시하는 위헌 법률이라는 판정을 받아 마땅할

것이다. 이러한 관점에서 보면 기업에 형벌을 부과하는 법률이 헌법적으로 정당화되려면 헌법적 요구의 예외 사유를 근거 지우든지, 아니면 기업도 인간과 마찬가지로 책임 능력을 가진 존재임을 근거 지워야 할 것이다. 여기서 다음과 같은 의문이 생긴다. 기업에 대해 형벌을 부과하고 있는 양벌 규정의 태도는 책임주의의 예외인가? 아니면 양벌 규정에서도 책임주의 원칙이 변형 형태로나마 관철되고 있는가? 이에 대한 답은 뒤로 미룬다.

Ⅱ. 개인 형법에서의 형벌의 의미와 기업에 대한 형벌 부과의 가능성

지금까지 살펴본 바에 따르면, 기업은 형법이 요구하고 있는 형벌 부과 요건(범죄 성립 요건)들 가운데 어느 한 가지도 충족시킬 수 없다. 형법의 해석상 범죄는 인간(자연인)만 범할 수 있다는 통설과 판례의 태도도 이 점을 인정한 결론이다. 요컨대, 형법은 인간(자연인)만 겨냥해 형벌을 부과하기 위한 실체 요건을 규정한 법률이므로, 기업(법인)은 형법 주체로 인정돼 있지 않은 것이다.

그러나 입법 기술적 관점에서 볼 때, 인간(자연인)에 적용하는 범죄 성립의 요건을 의제의 방법이나 귀속의 형식을 빌려 기업에 이전할 수 없는 것은 아니다. 뿐만 아니라 입법자는 기업도 범죄를 범할 수 있다고 법률에 선언함으로써 기업의 범죄 주체성을 인정할 수도 있다. 즉, 입법자는 입법 기술을 통해서나 입법자의 입법 형성의 자유를 발휘함으로써 책임주의 원칙이라는 헌법적 요구까지 무시하면서도 기업을 겨냥한 맞춤형 형벌 부과 요건을 만들거나 기업을 인간과 나란한 형법 주체로 새롭게 편입할 수 있는 것이다.

그렇다면 애당초 기업의 범죄 주체 가능성이 차단된 상황에서 현재 기업에 형벌을 부과하고 있는 양벌 규정이라는 법률과 그 태도는 어떻게 이해해야 할 것인가? 행위 능력과 책임 능력이 인정되지 않는 기업이 범죄를 저지를 수는 없지만, 형벌을 받을 수 있는 수형 능력만 가지고 있다고 설명할 수 있는가?

오늘날 사회 전반에 수용돼 있는 '기업의 사회적 책임'에 대한 인식도 바로 이러한 사고에 기초하고 있는 건지 모른다. 즉, 기업이 진정하게 행위할 수 있는지, 책임을 질 수 있는 능력이 있는지에 대한 골치 아픈 이론적 규명 없이도, 일정한 주체에게 형벌만 부과하는 '실용적 사고'를 할 수 있는가? 그에 대한 사회적 합의가 이뤄지고, 민주적인 정당성을 가진 입법자가 못할 것이 없다는 생각에 이른다면, 실용적 사고는 형법 도그마틱쯤은 안중에 두지 않을 수도 있는가?

이제 이러한 맥락에서 기업을 범죄 주체로까지 인정할 수는 없지만 형벌 부과만이라도 가능한지 살펴보기 위해 현재 형벌 부과의 실무가 형벌의 본질을 어떻게 파악하고 있는지 검토한 후, 기업의 수형 능력 여부에 대해 판단해보자.

1. 형벌의 본질과 개인 형법의 수형 능력

1) 실무가 파악하고 있는 형벌의 본질

형벌의 본질과 목적을 둘러싸고는 2천여 년 전부터 서로 다른 견해들이 각축을 벌여왔다. 여기서 그 모든 형벌 철학적 논의들을 재론할 수는 없다. 다만 기업에 대해 형벌을 부과하고 있는 우리나라의 형사 실무가 어떤 태도를 취하고 있는지가 관건이다. 헌법재판소는 형벌의 본질에 관해 일찍이 다음과 같은 태도를 밝힌 적이 있다. "형벌의 본질이나 목적 또는 기능을 둘러싸고 아직도 학설상의 다툼이 있기는 하나, 형법은 본질적으로 과거의 범죄 행위에 대한 윤리적·도의적·규범적 비난의

체현이다." [20]

이 결정에서 헌법재판소는 '형법'의 본질이라고 말하고 있지만, 내용적으로는 형법이 수단으로 삼고 있는 형벌의 본질에 관한 언명이라고 할 수 있다. 형벌이 범죄에 대한 법 효과로서 유죄 판결을 받은 자에게 부과되는 불이익이라면, 이 불이익의 정점에 사회 윤리적 비난이 있다는 것이다. 헌법재판소는 사회 윤리적 비난의 불이익적 측면에서 헌법상 무죄 추정의 원칙을 보장해야 할 이유를 발견하기도 한다. 즉, "무죄 추정 원칙은 공소 제기가 없는 피의자는 물론 공소가 제기된 피고인이라도 유죄의 확정판결이 있기까지는 원칙적으로 죄가 없는 자에 준해 취급해야 하고, 그 불이익은 필요 최소한도에 그쳐야 한다는 것을 의미한다. 여기서 '불이익'은 유죄를 근거로 그에 대해 사회적 비난 내지 기타 응보적 의미의 차별 취급을 가하는 유죄 인정의 효과로서의 불이익을 의미한다." [21]고 한다.

형벌의 본질과 형벌이 주는 불이익의 중핵이 사회 윤리적 비난 내지 응보적 의미를 가지고 있다고 함은 이것이 형벌과 형벌 이외의 다른 제재 수단을 결정적으로 구분하게 하는 기준이 되는 것임을 의미한다. 예컨대 민사적 손해 배상도 가해자에게는 제재이지만, 손해의 전보를 본질적 내용으로 하고 있을 뿐, 행위에 대한 비난적 요소나 응보적 의미는 가지고 있지 않다. 사회 윤리적 차원의 비난적 요소나 응보적 의미가 없는 것은 공무원에 대한 징계 부과금이나 과태료 등 행정질서벌과 같은 행정상의 제재의 경우도 마찬가지다.

먼저 징계 부과금과 형벌의 차이에 관한 헌법재판소의 입장에 주목해보자. "징계 부가금은 공무원이 법 위반 행위로 기소됐다는 사실만으로 부과되는 불이익이 아니라, 지방공무원법상 징계 사유가 인정됨을 전제로 이뤄지는 행정상의 제재이다. 공소 제기의 기초를 이루는 공무원의 공금 횡령 행위를 근거로 별도의 행정 절차를 거쳐 부과되는 징계 부가금은 '범죄 사실의 인정 또는 유죄의 인정에서 비롯되는 불이익'이 라거나 '유죄를 근거로 하는 사회 윤리적 비난'이라고 볼 수 없다."[22]

헌법재판소는 행정질서벌인 과태료와 형벌의 차이 점에 관해서도 다음과 같이 분명하게 설명하고 있다. "행정 '형벌'의 부과는 행정 목적과 공익을 직접적으로 침해하는 행위에 대해 국가적·사회적 비난, 즉 행정법 규범 위반 행위에 대한 사회 윤리적·명예 훼손적 비난을 포함하는데 반해, 행정질서벌로서의 '과태료'의 부과는 당해 행위가 초래하는 질서 위반에 대해 단순히 강력한 의무 이행 경고를 의미할 뿐 사회적 비난이라는 평가는 포함하지 아니한다는 본질적 차이를 인정할 수 있다. 따라서 입법권자는 단순한 질서 규정 위반에 그칠 뿐 사회 윤리적 비난이나 사회적 위험성이 없는 행정 법규 위반 행위에 대해는 행정 형벌을 부과할 수는 없다는 입법적 한계를 가진다고 할 것이다."[23]

이와 같이 헌법재판소가 형벌과 다른 제재 수단들의 본질적 차이를 형벌이 가지는 사회 윤리적 비난에서 찾고 있음은 궁극적으로 형벌 부과 대상인 범죄 행위의 불법성에 존재하는 사회 윤리적 반가치 때문이라고 할 수 있다. 이 점은 "범죄 행위의 불법성 내지 죄질을 평가할 때에는 범죄 행위로 인해 발생한 피해, 결과의 중대함뿐 아니라 행위자의 고의 유무와 행위 태양의 위험성 등 사회 윤리적 행위 반가치도 종합적으로 고려돼야 한다"[24]는 판시 내용에서도 엿볼 수 있다.

물론 범죄 행위에 내재된 사회 윤리적 비난성은 범죄의 불법 요소보다는 책임 요소에 보다 깊게 뿌리내리고 있다. 앞에서 살펴보았듯이 책임이 적법한 행위를 선택할 수 있었음에도 불구하고 불법 행위로 나아간 데에 대한 비난(가능성)이고, 여기에는 행위자의 자기 결정 능력이 전제돼 있는 것이라면, 결국 도덕적인 차원에서 인간의 의사 자유를 전제로 하고 있으므로 자유의 남용에 대한 사회 윤리적 차원의 비난이 책임을 구성하는 것이기 때문이다. 책임 비난이 불법 행위로 나아간 행위자에 대해 사회 윤리적 차원의 비난이라면, 그 행위자는 자신이 위반한 규범의 사회적 의미 내용을 이해하고 그 이해에 따라 불법 행위를 회피할 수 있었음에도 불구하고 불법 행위를 스스로 결단내린 점에 대한 비난인 것이다.

2) 개인 형법에서 요구하는 수형 능력

형벌의 본질을 위와 같이 이해하는 출발점에서 보면, 사회 윤리적 비난의 대상, 즉 형벌을 부과 받은 대상은 이와 같은 형벌의 의미 내용을 이해할 수 있어야 한다. 같은 맥락에서 형벌의 의미 내용을 이해할 수 있는 존재는 결국 책임 비난의 전제로서 책임 능력을 가진 존재이어야 한다. 즉, 책임 능력이 없으면 수형 능력도 없는 것으로 보아야 하는 것이다. 형법도 이러한 관점에서 형벌이라는 제재 규범의 수범자가 책임 능력자임을 규정하고 있다. 즉, 형법 제10조 제1항은 법과 불법을 변별할 수 있는 능력(사물 변별 능력)이 없거나, 그 변별한 내용에 따라 스스로 의사 결정을 내릴 능력(의사 결정 능력)이 없는 자를 책임 무능력자로 보면서, 책임 능력자의 행위에 대해 형벌을 부과할 수 없다고 규정하고 있다. 때문에 이러한 능력이 없는 14세 미만의 자에 대해서도 형벌을 부과하지 않고, 소년법상의 보호 처분만을 할 수 있고, 정신 장애 등으로 인해 책임 능력이 없는 자에 대해서도 형벌을 부과할 수 없고 치료 감호와 같은 보안 처분만 부과하도록 하고 있는 것이다.

　문제는 이와 같은 의미의 형벌을 부과 받을 '능력', 즉 수형 능력의 주체 역시 인간(자연인)에 국한 될 수밖에 없다는 것이다. 전통적으로 책임 비난의 척도를 의사 자유를 전제로 삼는 도의적 책임론에서는 물론이고, 의사 자유를 전제로 하지 않더라도 규범적 감응 가능성을 기초로 한 답책성 이론이나 법 충실에의 훈련이라는 적극적 일반 예방 목적

의 관점에서 책임 비난을 긍정하는 기능적 책임론의 입장에서도 정신
물리학적으로 범죄와 형벌의 상호 작용에 대해 '자기의식'을 할 수 있는
자연인인 인간에 대해서만 형벌을 부과할 수 있다고 한다.

이와 같이 전통적인 형법 이론과 형사 실무 및 형벌과 형벌 법규에
관한 헌법의 이해는 자연인에 초점을 맞추고 있다. 이러한 토대 위에서
형벌은 오늘날까지 정범자이든 공범자이든 자연인 개인의 책임을 전제
로 삼는다. 형법은 책임 있는 자에 대해서만 형벌을 부과함으로써 형벌
이 '법익 침해에 대해 책임 있는 행위자에 대한, 공적이고 사회 윤리적
인 반가치 판단'의 표현임을 선언하고 있는 것이다. 다른 법 영역에서
요구하는 책임 요건에 비해 형법에서 요구하는 책임 요건이 질적으로
차원을 달리하는 이유도 바로 여기에 있다. 요컨대 전통적인 형벌 이론
과 형사 실무는 형법을 부과받을 수 있는 능력도 결국 책임 능력을 가
진 인간에게만 인정하고 있다.

2. 기업에 수형 능력이 있는가?

이와 같이 전통적인 형법 이론에 따르면, 자기의식 작용을 할 수 없는
기업은 범죄 능력이 없을 뿐 아니라 수형 능력도 없는 존재로 취급될
수밖에 없다. 인간(자연인)이 아닌 기업이나 그 기업의 주체인 법인에
대해 형벌을 부과하고 있는 형벌 법규가 있다면, 그것은 형법이 아니다.
형법이 부과하고 있는 형벌은 사회 윤리적 반가치 판단을 포함하고 있
는데, 인간(자연인)의 행위 능력과 책임 능력을 전제로 삼는 형벌 개념은
인간이 아닌 기업(법인)에 대해 부과할 수 없기 때문이다. 헌법상 요구
되고 있는 '책임 없이 형벌 없다'는 의미의 책임주의 원칙도 인간의 존
엄성에 기원을 두고 있는바, 이에 따르면 기업이나 법인을 헌법이 말하

는 존엄한 인간으로 볼 수 없는 이상, 형벌로 책임을 지우는 것은 책임주의 원칙과 조화될 수 없다.

이러한 관점에서 보면—법률을 통해 기업에게 형벌을 부과함으로써—기업에 형사 책임을 '부담 지우는' 현행의 양벌 규정은 범죄와 형벌에 관한 핵심 사상과 조화되고 있지도 못할 뿐 아니라 그것을 뒤집을 만한 새로운 내용을 담고 있지도 못하다. 어떤 형식으로든 기업에 형사 책임을 지운다는 것은 기업도 자신에게 부과되는 형벌의 의미를 이해할 수 있는 전제 하에서만 가능한 것인바, 기업이 그러한 이해 능력이 있는지에 대한 논란을 불식시키지 않고는 기업에 대한 형사 책임 자체가 불가능하다고 해야 하기 때문이다.

만약 이에 관한 논의 없이 기업에 형벌을 부과하는 형식으로 형사 책임을 지우게 되면, 형벌 부과가 그 부과 대상의 수용 능력과 무관하게 순수 규범적인 차원에서 이뤄지는 것이거나, 일정한 요건이 충족되면 무조건 형벌이 부과되는 순수 자연 현상적 또는 자동적·기계론적 차원의 일이 된다. 이는 책임 능력responsibility이란 용어 자체가 가지는 의미와도 배치된다. 책임 능력이란 책임을 질 수 있는 능력인바, 형사 책임 능력은 형벌을 부과 받을 수 있는 능력이고, 형벌을 부과 받을 수 있는 능력이란 형벌의 의미 내용을 이해할 수 있어서, 그 형벌 부과를 통해 과거 행위에 대한 성찰이든 장차의 행위에 대한 태도 변화이든, 그 무엇을 변화시킬 수 있는 능력을 의미하기 때문이다(respond+ability).

범죄와 형벌에 관한 본질적 이해와 무관하게 기업에 형벌을 부과하고 있는 법률이 있다면, 그것은 위헌 결정돼야 마땅하다고 할 것이다. 형벌은 '책임' 있는 행위에 대해 부과될 것을 헌법이 요구하는바, 인간과 같은 동일한 내용의 책임을 요구하지 않더라도—'일단' 인간과 비교될 정도의 기업 고유의 '책임' 비난을 요구해야 하는 것은 별도로 하더라도—형벌이 부과되려면 현실적인 '행위'부터 존재하여야 한다. 기업이 현실적인 '행위'조차 할 수 없다고 하면서 형벌을 부과할 수는 없기 때문이다.

기업의 — 책임은 물론이고 — '행위'성이 인정되지 않음에도 불구하고 기업에 대해 '형벌'을 운운한다는 것은 형벌에 대한 또 다른 종류의 명칭 사기나 오류 표시 falsa denominatio에 지나지 않는다. 중세 동물 소송의 사례를 따라 사람을 문 개에게 적용된 '형벌'에 대해 형벌이라고 표기를 하더라도 형벌 법규로 자리매김할 수 없는 것과 마찬가지인 이치다. 형법에서 본질적인 개념인 책임 그리고 형벌 부과의 또 다른 전제 조건인 행위를 기업에 대해서도 인정할 수 있는지는 기업 형법을 둘러싼 논의에서 핵심적인 쟁점 사항이다. 이제 이러한 기업에 대해 이미 60여 년 전부터 형벌을 부과하고 있는 양벌 규정이 도대체 어떤 법적 근거를 가지고, 또는 어떤 법 이론적 배경을 기초로 삼아 기업에게 형벌을 부과하고 있는지를 좀 더 본격적으로 살펴볼 차례가 됐다.

제 2 장

기업에 형사 책임을 부담 지우는 양벌 규정의 겉과 속

기업 처벌과 미래의 형법

형법은 사람만 형법 주체로 인정하고 있을 뿐, 기업은 형법 주체로 인정하고 있지 않다. 그러나 기업도 이미 오래전부터 형벌 부과의 대상은 돼왔다. 기업에 대한 형벌 부과는 이른바 '양벌 규정'이라는 특별한 형식의 규정을 통해 이뤄지고 있다. 양벌 규정에서는 형법전의 범죄가 아닌 일정한 종류의 범죄 행위(위반 행위)에 대해, 직접 그 행위를 한 자연인 행위자를 벌하는 외에도 '법인(기업)'도 처벌한다고 선언하고 있기 때문이다. 이처럼 법인(기업) 처벌에 관한 한, 법인(기업)도 형벌 대상으로 삼고 있는 양벌 규정의 태도와 사람(자연인)만 겨냥해서 사람에 대한 형벌 부과 요건을 규정하고 있는 형법의 태도가 서로 상반되고 있다.

이 장에서는 양벌 규정의 태도가 형법의 태도와 어떻게 다른지를 좀 더 구체적으로 살펴본다. 먼저 어떤 구상에 따라 양자가 양립하고 있는지를 살펴보기 위해 기업에 형벌을 부과하는 근거 규정인 양벌 규정의 외형을 일별한 후(제1절), 기업은 어떤 이론적 근거 아래서 처벌되고 어떤 요건 하에서 형사 책임이 지워지는지 살펴보는 등 그 본모습까지 들여다보고(제2절), 양벌 규정의 법적 성격 및 처벌 모델을 규명(제3절)해보기로 한다.[1]

제1절 양벌 규정의 겉모습: 법인 처벌의 적용 범위

양벌 규정은 인간(자연인) 외에 기업(법인)에도 형벌의 일종인 벌금형을 부과하고 있다. 구체적으로 말하면, 형법전에 규정돼 있는 범죄인 횡령죄나 배임죄 또는 살인죄나 과실치사죄 등에 대해 기업(법인)은 아무런 형사 책임도 지지 않지만, 일정한 법률 속에 양벌 규정이라는 제목을 가진 벌칙 규정에서 지시되고 있는 위반 행위와 관련해서는 기업(법인)도 형사 책임을 지는 것이다.

현재 양벌 규정은 환경보건법, 화학물질관리법 등 행정 단속 목적이 특히 강한 5백여 개의 법률[2]에서 — 특히 행정범으로 불리는 — 위반 행위에 대해 법인(기업)에 대한 형사 책임을 인정하고 있다. 양벌 규정을 포함하고 있는 법률들 속에는 각기 다른 수십 개의 벌칙 조항('위반 행위와 형벌')이 별도로 존재한다. 양벌 규정이 이러한 법률들 속에서 형벌 부과의 대상이 돼 있는 모든 위반 행위와 관련해 법인에 형벌을 부과하는 것은 아니다. 일정한 위반 행위를 선별하고, 그 위반 행위를 기업(법인)의 업무 종사자가 업무와 관련해 행했을 것임을 요건으로 삼아 그 기업(법인)에 대해 형벌을 부과한다. 이 규정을 '양벌' 규정이라고 부르는 이유는, 이것이 위반 행위자인 사람(자연인)에게 형벌을 부과할 수 있

는 것과 별개로 기업(법인) 자체에 대해서도 형벌을 부과할 수 있도록
하고 있기 때문이다.

I. 양벌 규정의 연혁과 발전

1. 최초의 양벌 규정과 그 원형

종업원 등 직접 행위를 한 행위자와 함께 그 업무주(법인 또는 개인)을 처벌하는 규정인 양벌 규정의 원형은 1932년 일본의 자본도피방지법이라는 법률에 기원한다. 양벌 규정의 형식이 등장하기 전 일본에서는 이른바 종업원이나 대표자가 위법 행위를 한 경우 종업원 등을 처벌하는 대신에 법인을 처벌하는 이른바 대벌代罰 규정이나, 종업원이 업무와 관련해 행한 위법 행위에 대해 대표자 등의 귀책사유를 따지지 않고 대표자 등을 대신해 처벌을 내리는, 이른바 전가벌轉嫁罰 규정이 있었다. 양벌 규정은 이러한 대벌 규정이나 전가벌 규정의 부당성을 해결하기 위해 행위자와 함께 법인인 업무주도 처벌하게 하는 방식이다.

  이와 같은 일본법의 영향을 받아 우리나라에서 양벌 규정을 최초로 규정한 것은 1949년 관세법이었고, 1961년 이후부터 본격적으로 이 규정이 도입되기 시작했다. 이후 양벌 규정은 2007년 헌법재판소에 의해 위헌 결정을 받을 때까지 반세기 이상 동안 법인(기업)에 대한 형벌 부과를 위한 법적 근거로 자리매김해왔다.

2. 현행 양벌 규정

양벌 규정은 형벌 부과의 대상을 사람(자연인)에게만 국한해온 형법과 별도의 존재 양식을 통해 기업(법인) 처벌을 위한 총칙적인 의미3를 가진 법적 근거로 자리매김되어 있다.

양벌 규정은 – 세부적으로 조금씩 다르긴 하지만4 – 원칙적으로 다음과 같은 형식으로 공식화돼 있다. "법인의 대표자나 법인 또는 개인의 대리인, 사용인, 그 밖의 종업원이 그 법인 또는 개인의 업무에 관해 제○○조(또는 제○조에서 제○조까지)의 어느 하나에 해당하는 위반 행위를 하면, 그 행위자를 벌하는 것 외에 그 법인 또는 개인에게도 동일한 벌금에 처한다. 다만, 법인 또는 개인이 그 위반 행위를 방지하기 위해 해당 업무에 관해 상당한 주의와 감독을 게을리 하지 아니한 경우에는 그러하지 아니한다."

양벌 규정은 복잡다기한 사회 영역에서 그리고 분업화·전문화돼 있는 산업·기술·행정 영역에서 기업이 관여되는 양태를 단 몇 줄의 언어로 압축함으로써 외계의 복잡성을 감축한 독특한 법률 체계로 발전됐다.

양벌 규정 속에 들어 있는 각 '위반 행위'는 원칙적으로 사람(자연인)이 행하는 것으로 예정돼 있다. 사람이 벌칙 조항 위반 행위를 하면, 이 위반 행위는 형법 총칙의 일반적 범죄 성립 요건과 결합돼 그 행위를 한 사람(자연인)에게 형벌이 부과된다. 때문에 사람(자연인)의 위반 행위는 원칙적으로 양벌 규정의 규율 대상이 아니다. 양벌 규정은 사람의 위반 행위를 전제로 법인(기업)에 대한 형사 책임을 인정하기 위한 요건을 규율하고 있을 뿐이다. 여기서 문제는 양벌 규정이 위반 행위를 한 사람의 행위 및 그 행위에 대한 법 효과가 어떤 조건 하에서 어떤 방식으로 법인(기업)의 형사 책임으로 귀결된다고 규정하고 있는가에 있다.

법인(기업)도 형법 총칙의 일반적인 범죄 성립 요건을 모두 충족시켜야 하는가? 아니면 법인(기업)은 그 자체에 요구되는 특별 요건을 충족시키기만 하면 되는 것인가?

Ⅱ. 양벌 규정과 형법과의 관계 및 양벌 규정의 기본 콘셉트

1. 형법 총칙의 적용 여부

그 일차적인 해답의 실마리는 형법 제8조에서 찾을 수 있다. 형법 제8조는 "본법 총칙은 타 법령에 정한 죄에 적용한다. 단, 그 법령에 특별한 규정이 있는 때에는 예외로 한다"라고 규정돼 있다. 형법 '총칙'은 앞서 언급했듯이 원칙적인 형법 주체인 인간(자연인)의 행위에 대해 형벌을 부과하기 위한 실체 요건, 즉 모든 범죄에 공통되는 '일반적인' 범죄 성립 요건을 규정하고 있다. 이 때문에 형법 총칙 제8조는 그 법률 명칭이 무엇이든 형법전 외의 다른 법령에 규정된 개별 행위에 대해서도 적용돼야 함을 선언하고 있는 것이다(즉, 일반적인 범죄 성립 요건을 규정하고 있는 총칙 규정은 원칙적으로 형벌 부과의 대상이 되는 모든 행위에 적용돼야 한다). 이에 따르면, 예컨대 국가보안법에서 형벌 부과의 대상이 돼 있는 행위는 물론이고, 의료법에 형벌 부과의 대상이 되고 있는 행위, 더 나아가 폭력 행위 등 처벌에 관한 법률에서 가중적 형벌 부과의 대상이 되고 있는 행위에 대해서도 그 행위가 형법 총칙의 일반적 범죄 성립 요건을 충족시켜야만 형벌이 부과될 수 있게 된다.

그러나 형법 총칙의 일반적 범죄 성립 요건이 요구되지 않는 예외 영역이 있다. 형법 제8조가 단서 조항에서 "그 법령에 특별한 규정이 있는 때에는 예외로 한다"고 규정하고 있기 때문이다. 현존하는 5백여 개의 법률 속에 들어 있는 5백여 개의 양벌 규정이 바로 형법 제8조가 말하는 예외적 특별 규정에 해당한다. 형법전은 원칙적으로 인간(자연인)에게 형벌을 부과하기 위한 법적 근거를 규정하고 있지만, 양벌 규정은 예외적으로 기업(법인)에게 형벌을 부과하기 위한 법적 근거를 규정하고 있는 것이다. 다시 말해 인간(자연인)을 수범자로 하고 있는 형법과는 달리, 양벌 규정은 기업(법인)을 수범자로 하고 있기 때문에 '법인에 대해 요구되는 별도의 형벌 부과 요건'을 규정하고 있는 것이다. 형법 총칙과 양벌 규정의 적용 대상을 유형화하면 다음과 같다.

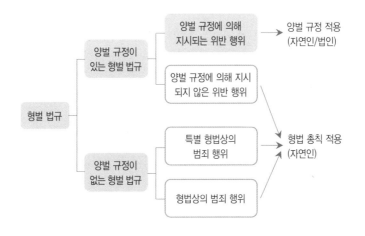

[표_양벌 규정과 형법 총칙의 적용 대상]

이에 따르면 자연인에게 형벌을 부과하기 위해서는 형법 총칙 규정의 일반적 범죄 성립 요건이 요구되지만, 기업(법인)에 형벌을 부과하기 위해서는 기업(법인)만을 위해 규정한 양벌 규정상의 특별한 형벌 부과 요건이 요구된다. 양자의 요건은 매우 다르다. 양벌 규정을 과연 진정한 의미에서 '형법'이라고 부를 수 있을지조차 망설여지는 이유도 바로 이 때문이다. 기업(법인)에 형사 책임을 묻는 일이 현실적으로 어떻게 이뤄지고 있는지 알기 위해서는 그 요건의 차이에 관한 분석을 통해 법인(기업)에 대한 형벌 부과 요건의 질적 수준을 평가해야 한다.

2. 양벌 규정의 기본 콘셉트: 관련성과 귀속

양벌 규정이 규정하고 있는 법인에 대한 형벌 부과 요건의 질적 수준을 평가하려면, 앞서 설명했던 형법이 요구하는 범죄 성립 요건의 질적 수준을 먼저 확인해야 한다. 앞서 살펴보았듯이 형법이 자연인에게 형벌을 부과하기 위해서는 행위자의 행위가 형법상의 행위를 구성할 수 있는 일정한 요건을 충족시키고(행위 요건), 그 행위가 외부적으로는 작위 또는 부작위의 형식으로, 주관적으로는 고의 또는 과실로 각 불법 구성 요건 요소를 충족시킬 것(불법 요건)이 요구되며, 행위자가 실제로 불법 행위로 나아간 경우 그에 대한 책임 비난이 가능해야 한다. 책임 비난이 가능하기 위해서는 행위자가 자기 행위의 불법성을 이해하고, 적법 행위로 나아갈 수 있는 자기 결정 능력이 있음에도 불구하고 자신의 행위 선택에 따라 불법 행위로 나아간 점이 인정돼야 한다(책임 요건).

형법 도그마틱(해석학)도 전통적으로 위와 같은 요건은 인간(자연인)만 충족시킬 수 있음을 전제로 삼아 인간만 범죄를 저지를 수 있고 인간에게만 형벌을 부과할 수 있다고 본다. 결국 형법의 '주체'는 인간뿐이다. 그렇다면 인간 이외의 존재인 기업(법인)에 형벌을 부과하고 있는 양벌 규정은 어떻게 평가해야 하는가?

양벌 규정이 구체적으로 어떤 요건을 요구함으로써 자연인 아닌 기업(법인)에게 형벌을 부과하고 있는지에 대해서는 '양벌 규정에 대한 해석론'에서 자세하게 다루기로 한다(제4절). 여기서는 양벌 규정의 전체적인 윤곽을 잡기 위해 양벌 규정에 내장돼 있는 기본적 콘셉트부터 들추어낸다.

우선 양벌 규정은—앞서 살펴보았듯이—기업(법인)이 사람(자연인)처럼 스스로 불법 행위를 해 자기 행위에 대해 형사 책임을 질 수 있는 요건(형법상의 행위 요건과 책임 요건)을 충족시킬 수 없는 존재임을 출발점으로 삼고 있다. 이에 양벌 규정은 그런 법인에게 형사 책임을 지우기 위한 두 가지 전제 조건을 먼저 요구한다. 하나는 독자적인 행위 능력과 책임 능력을 갖춘 자연인이 법인 내에서 일정한 지위나 역할(대표자와 대리인, 사용인, 기타 종업원)을 수행하는 존재여야 한다는 조건이고, 다른 하나는 그 자연인이 법인의 '업무 관련적 행위'를 하면서 양벌 규정에 의해 지시되는 일정한 위반 행위를 해야 한다는 조건이다.

양벌 규정은 이 두 가지 전제 조건 아래서 자연인이 위반 행위를 할 경우 그 위반 행위를 직접 수행한 자연인 행위자에게 형벌을 부과할 뿐 아니라 법인에게도 형벌을 부과한다. 이와 같은 조건과 방식으로 법인에게 형벌을 부과한다는 것은 자연인과 법인 간의 '관련성nexus'을 매개로 삼아 자연인이 범한 규범 위반이나 법익 침해(또는 법익 침해의 위험성)라는 외부 세계의 효과를 법인에게도 '귀속Zurechnung, attribution'시킨다는 것을 의미한다. 이것이 바로 양벌 규정의 기본 콘셉트다. 여기서 자연인과 법인 사이에 일정한 관련성이 없으면 귀속도 불가능하다. 즉, 이 관련성은 귀속을 매개하는 '귀속 조건' 혹은 '귀속 메커니즘'이라고 부를 수 있다.

외견상 양벌 규정의 '귀속 콘셉트'에서 언급되는 귀속은 자연인에 의해 야기된 외부 세계의 변화라는 '효과'의 귀속만을 지칭하는 것처럼 보인다. 하지만 조건 프로그램인 법률 규정에서 효과의 귀속은 필연적으로 요건의 귀속을 전제로 한다. 따라서 내부적으로 보면, 양벌 규정의 귀속 콘셉트에서 말하는 귀속은 어떤 주체(자연인 행위자)가 실현한 요건을, 실제로 그 요건을 구비하지 못한 타자(법인)에게 '이전' 내지 '할당'하는 것을 의미한다. 물론 양벌 규정을 자세히 분석해보면 이러한 이전이나 할당이라는 의미의 요건 귀속은 자연인 위반 행위자의 법인 내 지위와 역할에 따라 그 귀속의 정도나 범위를 달리 한다. 이 점에 관해서는 양벌 규정의 본모습에서 다루기로 한다.

요컨대 양벌 규정이 귀속 방식을 사용하고 있다는 말의 의미는 자연인이 위반 행위를 통해 충족시킨 범죄 성립 요건을 법인도 충족한 것으로 평가한다는 의미이다. 그리고 요건의 귀속은 효과의 귀속을 수반하는 것이므로 범죄 성립 요건을 귀속 받은 법인에게 형벌이라는 법 효과가 귀속되는 것이다. 이러한 의미 맥락의 귀속을 과격하게 표현하면, 귀속을 근간으로 삼고 있는 양벌 규정의 콘셉트는 일종의 '의제'라는 법 기술을 동원하고 있다고도 말할 수 있다.

따라서 이러한 귀속 방법을 '이론적으로' 기초 지우지 못하면, 법인에 대한 형벌 부과가 사실상 '허구'에 기초하고 있다고도 말할 수도 있다. 이 때문에 양벌 규정의 귀속 콘셉트를 형법 이론적인 관점에서 어떻게 평가할 것인지가 양벌 규정 해석론의 중심 과제이자, 이론적으로 정초된 기업 처벌 입법론의 핵심 과제이다. 하지만 지금까지 양벌 규정에 대한 구체적인 해석론은 이와 같은 귀속 맥락의 의미를 파고 드는 차원에서 전개되지는 못했다. 형법 이론적 관점에서 귀속 콘셉트에 대해 양벌 규정의 해석론을 통한 양벌 규정의 본모습 들여다보기는 잠시 미루고, 여기서는 양벌 규정의 외양을 좀 더 관찰해보자.

Ⅲ. 양벌 규정의 수범자: 기업과 법인의 관계

양벌 규정에서 형벌 부과의 대상으로 규정돼 있는 수범자는 원칙적으로 '법인'이다. '기업'은 양벌 규정의 형벌 부과 대상으로 표면상 등장하고 있지 않다. 최근에는 법인 외에 다양한 조직체에 대해서도 형벌을 부과함으로써 그 수범자가 확대되는 추세에 있다. '법인격 없는 단체', '정당', '후원회', 그리고 '조합'이나 '기관'을 수범자로 정하는 경우도 있고, 그냥 '단체'도 포함한다고 규정하는 경우도 있다.[5] 그러나 기업은 여전히 전면에 등장하고 있지 않다.

양벌 규정에서 처음부터 형벌 부과의 대상으로 규정돼온 법인과 우리의 관심 주제인 기업은 어떤 관계에 있는가? 법인과 기업은 개념상 구별되기도 하지만, 양자를 구별하지 않고 하나의 통일체를 가지는 단위로 파악하기도 한다. 예컨대 영리 사단 법인인 주식회사 엘지전자는 기업으로 불리고 있지만, 그 기업을 이끌어가는 법적 주체로서 등기부상 기재된 법인이기도 하기 때문이다. 이러한 관점에서 보면, 기업과 법인은 동일성을 가진 단위로서 서로 분리될 수 없는 것처럼 보인다. 이 때문에 양자의 관계를 좀 더 분명하게 밝혀볼 필요가 있다.

1. 법인

먼저 양벌 규정에서 형사 처벌의 대상으로 규정돼 있는 '법인' 개념에 대해 알아보자. 태어나면서부터 권리 의무의 주체가 되는 자연인 개인과 달리, 법인은 법에 의해 인격이 부여된 단체 또는 재산체를 말한다. 법인은 사단 법인과 재단 법인으로 나뉘는데, 영리 목적 여부에 따라 영리 법인과 비영리 법인으로 구분된다. 재단은 반드시 비영리여야 하는 반면, 사단에는 다시 민법의 규율을 받는 비영리 사단과 상법의 규율을 받는 영리 사단이 있다. 상법상 회사는 모두 영리 사단에 해당한다.

양벌 규정의 적용을 받는 법인에 영리 사단인 상법상 회사만 포함되는 것은 아님에 유의해야 한다. 민법의 규율을 받는 비영리 사단과 비영리 재단은 물론, 특정한 공공 목적을 위하여 특정한 법적 근거에 의해 설립된 '공법인'도 양벌 규정의 적용 대상이 되는 법인이다. 뿐만 아니라 영리 활동을 목적으로 하지 않는 '지방자치단체'라도 공권력 행사의 일환으로 활동하지 않고 그 단체의 이름으로 관공서 신축 계약을 맺는 등 다른 사업을 벌이는 경우에는 양벌 규정이 적용되는 법인에 해당하는 것으로 해석한다.[6] 하지만 국가 기관은 어떤 경우에도 양벌 규정의 적용 대상이 아니다.[7]

법인 제도의 가장 큰 특징은 두 가지를 꼽을 수 있다. 이 특징점은 법인의 형사 책임 인정을 위한 최소한의 조건으로 작용하는 동시에, 법인의 형사 책임을 인정하는데 대한 한계 설정하게 하는 요인이 되기도 한다. 첫째, 법인을 구성하는 자연인의 재산과 분리 독립된 법인의 재산이 인정될 수 있기 때문에, 법인의 책임은 법인의 재산에 한정되고 법인의 행위로 인한 결과에 대해 그 구성원 개인은 책임을 지지 않는다는 점이다. 양벌 규정이 법인의 형사 책임을 내부 구성원의 형사 책임과 별도로 인정하고 있음은 법인의 이러한 속성 때문이다.

둘째, 법인은 구성원의 변동과 무관하게 동일성을 유지한 채 독립해 사회적 활동을 하면서 법률관계를 형성해 나갈 수 있다는 점이다. 이 때문에 법인이 소멸하거나 합병된 경우 그 법인의 동일성이 상실되므로, 합병된 법인에 대해서는 이전에 존재했던 법인이 져야 할 형사 책임은 더 이상 지울 수 없게 된다.[8]

2. 기업

기업은 원래 법적인 개념이 아니라 사회 경제적 맥락에서 사용되고 있는 개념이다. 이 맥락에서 기업은 이윤 추구가 목적인 단체로 간단히 정의될 수도 있고, 자유로운 계약 관계를 기초로 인간에게 재화와 급부를 제공하는 데 목표를 둔 조직으로 정의되기도 한다. 기업에 대한 법적 정의도 있다. 기업구조조정촉진법에 따르면, 기업은 "「상법」에 따른 회사와 그밖에 영리 활동을 하는 자"로 정의되고 있다.(법 제2조 제6호).[9] 여기서 기업은 일차적으로 '상법상의 회사'를 말한다. 회사는 다시 주식회사·유한회사·합명회사·합자회사로 분류된다. 우리가 아는 삼성전자, 현대자동차, 엘지전자, 에스케이텔레콤, 코카콜라 등은 모두 주식회사의 형태의 기업이다.

법적인 의미의 기업에는 상법상 회사 외에 '영리 활동을 하는 주체'도 포함한다. 이에 따르면 기업은 회사라는 명칭을 가진 특정 회사 외에도, 과일 가게, 미용실, 음식점, 복덕방, 내과 의원, 세탁소, 약국 같은 것도 모두 포함한다. 영리 활동을 추구하지 않은 기업도 존재한다. 한국전력이나 수자원공사, KBS와 MBC 등 공영 방송사와 같은 공기업(=공법인)도 기업에 해당한다. 뿐만 아니라 철도·체신사업 등과 같은 국영 기업도 존재한다. 경영 주체가 개인인가 공공 기관인가, 조직 형태가 개인 기업인가 또는 주식회사인가 등에 따라 차이가 있을 뿐이다. 추구하는 목적이 영리인가 비영리인가에 따라서도 다르지만, 기업구조조정촉진법이나 상법에 따르면 영리 활동을 하지 않는 기업은 기업에 해당하지 않는다.

3. 법인과 기업의 관계

기업과 법인 간의 관계를 법인을 중심으로 정리하면 다음과 같이 공식화할 수 있다. '법인=비영리 법인(재단 법인+비영리 사단 법인)+영리 법인(기업)+공법인+지방자치단체.' 여기서 상법상 회사는 모두 영리 사단 법인이므로, 이런 조건인 한 기업은 법인과 일치한다(여기서 공공 기관, 금융 회사, 금융 업무를 하는 자 가운데 대통령령으로 정하는 자, 외국법에 따라 설립된 기업은 제외된다).

다른 한편 상법상 회사가 아니면서도 '그밖에 영리 활동을 하는 자'도 기업에 해당하는 한, 기업 개념은 법인 개념보다는 그 범위가 넓어진다. 영리 법인(영리 사단)에는 기업이 포함되지만, 기업에는 영리 법인(영리 사단=회사) 이외에도 '그밖에 영리 활동을 하는 자'도 포함하기 때문이다. 이 경우 '그밖에 영리 활동을 하는 자'는 법인의 형태로 존재하지는 않는다. 예컨대 소규모 음식점, 미용실, 세탁소 등이 법인 형태나 회사 형태로 인정되지 않더라도 기업에는 해당한다. 따라서 '그밖에 영리 활동을 하는 자'로서의 법인 형태(상법상 회사)가 아닌 인적 결합체로서의 비법인 단체나 개인 기업을 어떻게 취급해야 할 것인지가 문제될 수 있다.

비법인 단체나 개인 기업 형태의 '기업'의 소유 관계는 법인인 기업, 즉 상법상 회사와 다르다. 법인의 형태가 아니기 때문에—소유와 경영의 분리가 이뤄지지 않아 - 그 사업체의 소유권 및 그 사업체의 재산은 개인 사업주인 자연인의 소유가 된다. 1인 자영업자도 포함되므로 1인 사업주(1인 기업)도 여기에 해당한다. 하지만 1인 주식회사는 법인이므로 주주라는 자연인 외에 법인격을 가진 별도의 법인이 존재한다. 정리하면 다음과 같다. '기업=상법상 회사(법인=단체로서의 사단 법인+1인 주식회사)+그밖에 영리 활동을 하는 자(법인격 없는 단체+1인 사업주)+공기업(=공법인).'

법인인 기업(즉, 상법상의 회사)의 경우를 예로 들면, 어떤 기업이든 법인이 그 기업의 법적 주체가 된다. 이와 같이 기업은 법인을 배후 주체로 해 사회에서 활동하는 실체로 등장한다. '법인격 없는 단체'는 법인과 같이 법에 의해 인격이 부여돼 독자적 권리 능력을 가지고 있지 않다. 하지만 법인격 없는 단체도 형식상 법인으로 등기돼 있지 않을 뿐, 그 외에는 법인과 실체 관계가 동일하다. 예컨대 종중의 경우, 총유라는 형태로 독자적 재산이 존재하므로 그 점에 관해서는 독자적 주체성을 인정받을 수 있다.

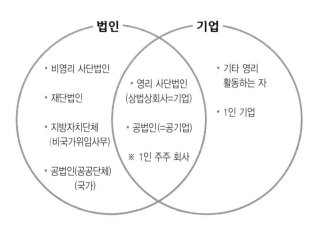

[표_ 기업과 법인의 관계]

4. 양벌 규정의 적용 대상

양벌 규정의 적용 대상은 앞서 설명한 '모든 종류의 법인' 이외에 '개인' 사업주도 포함하고 있다. 이 경우 개인 사업주는 법인이 아니라 자연인 개인을 말한다.[10] 이러한 개인 사업주는 영리 활동을 추구하는 것이 보통이지만, 1인 주주와 같이 독자적인 법인격을 가진 별도의 법인(기업=회사) 형태의 사업주는 아니다. 하지만 양벌 규정의 해석상 개인 사업주도 적어도 종업원은 있어야 한다. 따라서 1인 주식회사는 양벌 규정의 적용 대상이 되지만, 1인 사업장의 개인 사업주(즉, 비법인인 1인 기업)는 양벌 규정의 적용 대상이 되지 않는다.

이외에도 최근의 양벌 규정은 법인(및 개인 사업주)이 아닌 단체도 양벌 규정의 적용 대상으로 편입시킴으로써 그 수범자를 확대해가는 추세에 있다. 예컨대 "기타 단체도 포함한다"라는 규정을 통해서 종중이나, 노동조합, 후원회, 정당 등 법인격은 없는 단체도 포함시키고 있다. 이에 따르면 양벌 규정의 수범자는 다음과 같다. '양벌 규정의 수범자=법인 (모든 법인)+기타 단체(법인격 없는 단체)+개인 사업주(영리 활동을 추구함).'

여기서 공법인(=공기업)과 영리 사단 법인에 해당하는 회사(=기업)는 모두 법인에 포함되므로 양벌 규정의 가장 전형적인 적용 대상이 된다. 하지만 '회사가 아니면서 영리 활동하는 주체'로서의 기업은 양벌 규정의 개인 사업주에 포함되지도 않고 법인에도 해당하지 않는다. 따라서 이러한 기업에 형사 처벌이 요구된다면 이를 포함시키는 별도의 규정을 마련해야 한다. 마지막으로 1인 사업장의 사업주는 기업 개념에는 해당하지만, 양벌 규정의 적용 대상으로 명시돼 있지도 않고, 해석론상으로도 인정될 수 없다. 양벌 규정은 그 사업주 외에 적어도 단체를 이루면서 종업원이 존재할 것을 요구하고 있기 때문이다. 양벌 규정의 적용 대상을 그림으로 나타내보면 다음과 같다.

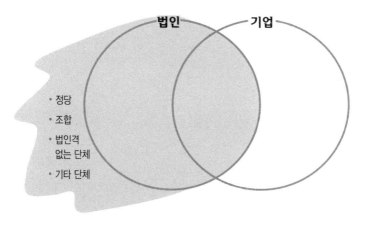

[표_ 양벌 규정의 적용 대상]

위의 그림에 의하면, 모든 법인이 무조건이 기업인 것도 아니고 기업이라고 해서 모두 법인인 것도 아니다. 하지만 기업과 법인이 공통적으로 접점을 이루고 있는 부분이 있다. 그것은 바로 '회사'이다, 회사는 영리 사단 '법인'으로서 '기업'이다. 이 책에서 초점을 넓은 의미의 '법인'에 맞추지 않고 '기업'에 맞추고 있는 것은 바로 이러한 차원의 기업, 즉 법인으로서 양벌 규정의 가장 전형적인 적용 대상이 되는 회사로서의 '기업'이 이미 사회적으로 크고 작은 사건의 중심에 서 있기 때문이다. 이처럼 기업에 형사 처벌을 해야 한다는 사회적 요구에 부응하기 위해서는 먼저 기업도 형법의 진정한 '주체'로 인정될 수 있는지 적극적으로 검토해야 한다. 그리고 무엇보다 기업의 행위 능력과 책임 능력을 '이론적으로' 근거 지워야 한다.

종래 형법은 본래적 주체인 자연인 외에 다른 존재를 새로운 형법 주체로 편입시킬 수 있는가의 문제를 놓고 양벌 규정을 기본 프레임으로 삼아 다음과 같이 물어왔다. "'법인'에게 행위 능력과 책임 능력을 인정할 수 있는가?" 하지만 이 책의 질문은 다음과 같다. "'기업'에게 행위 능력과 책임 능력을 인정할 수 있는가?" 얼핏 보면 두 질문은 같아 보인다. 하지만 전자는 이미 법에 의해 인격이 부여돼 최소한 법적 주체로 인정되는 법인을 대상으로 삼았지만, 후자는 아직 법적 주체로 인정되지도 않지만 회사와 마찬가지로 영리 활동 추구를 목적으로 삼는 인적 조직체로서 사회 내에 실재하는 사실상의 '기업'까지도 그 대상으로 삼는다. 전자의 질문은 양벌 규정을 출발점으로 삼고 있기에 양벌 규정의 프레임을 벗어나지 않는다. 하지만 후자의 질문은 양벌 규정이 아니라 형법을 출발점으로 삼아 기업을 양벌 규정의 프레임에서 벗어나게 하여 형법의 주체로 새롭게 편입시키려는 것을 목표로 삼는다.

하지만 기업과 법인은 여전히 접점을 가지고 있다. 현행 양벌 규정 하에서도 이미 형사 책임을 지고 있는 법인이자 기업인 '회사'가 그것이다. 따라서 이하에서는 기업이라는 용어와 법인이라는 용어를 병용해서 사용하기로 한다. 다만 기업과 법인은 사용되는 맥락을 고려해 하나는 괄호 방식으로 표기하기로 한다. 양벌 규정 속에서만 형사 책임을 지지 않고 장차 '형법' 속에서 형사 책임을 져야 할 존재로서 그 존재를 새로운 형법 주체로 편입시켜야 한다는 입법론적 차원에서는 '기업'이라는 용어를 앞세우고 법인은 괄호 속에 넣는다. 반면 이미 법인에 대한 형사 책임을 지우고 있는 양벌 규정이 자연인 외의 존재에 대해 형벌을 부과하고 있는 메커니즘을 해석론적 차원에서 규명하는 맥락에서는 여전히 '법인'이라는 용어를 앞세우고 기업은 괄호 속에 넣어 표기하기로 한다.

Ⅳ. 양벌 규정 속의 위반 행위

양벌 규정 속의 '위반 행위'란 양벌 규정을 포함하고 있는 5백여 개의 법률 속에 들어 있는 '가벌적 행위'를 의미한다. 위반 행위는 개별 단위 법률의 벌칙 조항 속에서 형벌이 부과돼 있는 행위이기 때문에, 형법적 의미에서는 형식적 의미의 범죄에 해당한다. 이러한 위반 행위의 주체는 자연인이다. 앞서 설명했듯이 이러한 위반 행위를 한 자연인에게 형벌을 부과하려면 형법 총칙 규정을 적용한다.

하지만 양벌 규정을 포함하고 있는 법률 속의 위반 행위들 모두가 법인 처벌로 연계되지는 않는다. 양벌 규정이 자연인 외에 법인도 처벌 가능한 것으로 특별히 '지시'하고 있는 위반 행위들에 대해서만 법인을 처벌하도록 규정하고 있기 때문이다. 법인 처벌과 연계되는 위반 행위의 예들은 주로 일정한 행정 목적을 달성하기 위해 국가 또는 국가 기관이 일정한 의무를 부과하고 있는 영역에서 형벌 부과 대상이 되고 있는 의무 위반 행위들, 경제 분야에서의 각종의 규제 위반 행위들, 환경 분야에서의 일정한 금지 행위들, 그밖에 도로 교통 영역의 위반 행위들 등 오늘날 체계적으로 정리하기 힘들 정도로 다양하게 증식되고 있다.[11]

분명한 것은 전통적인 형법전의 범죄 종류는 처음부터 양벌 규정의 위반 행위로 지시돼 있지 않다. 이 때문에 사기, 횡령, 배임, 배임 중재,

뇌물 공여, 입찰 방해, 업무상 과실치사상 등은 법인의 업무 관련 활동 속에서 범해질 수 있지만 기업(법인) 처벌이라는 결과와 연계될 수 없다. 형법전의 모든 범죄는 아니더라도 법인의 업무 관련성 속에서 범해질 수 있는 범죄의 종류들에 대해서는 법인 처벌의 대상 범죄에 포함시키는 것이 바람직하다는 견해가 끊임없이 등장하고 있는 것도 이 때문이다.

하지만 최근 법인 처벌의 근거 규정인 양벌 규정에서 지시되는 위반 행위로 새롭게 추가되는 위반 행위들을 보면 그 불법 내용의 속성상 형법전의 범죄와 위반 행위간의 간극을 식별하기 곤란할 정도로 바뀌고 있다. 「범죄 수익 은닉의 규제 및 처벌 등에 관한 법률」에서 "불법 수입을 은닉하거나 가장하는" 등과 같은 자금 세탁 행위, 「개인 정보 보호법」의 "이용자들로부터 수집한 개인 정보의 유출', 「아동·청소년의 성보호에 관한 법률」은 사회 복지 시설, 상담 기관, 또는 의료 기관 등의 종사자들의 아동·청소년 이용 음란물 제작·배포 등 행위, 성매매 관련 강요 행위, 그밖에 성매매 관련 위반 행위 등도 법인 처벌의 근거 규정인 양벌 규정에서 위반 행위로 지시되고 있다. 2016년 9월 28일부터 시행된 「부정 청탁 및 금품 등 수수의 금지에 관한 법률」은 양자 사이의 간극을 더욱 줄여가고 있는 현상을 보여주고 있다. 청탁 금지법상의 양벌 규정은 자연인 위반 행위와 양벌 규정에 의해 지시되는 위반 행위의 종류가 전통적으로 자연인에 대해서만 인정됐던 형법상의 범죄 종류(수뢰, 증뢰, 배임수증재죄의 부정 청탁 행위)와 특성상 다를 바 없기 때문이다. 이러한 변화는 오늘날 종래 형법전의 범죄 종류로 법인 처벌의 대상에서 제외됐던 범죄 행위와 법인 처벌의 대상이 돼왔던 위반 행위와의 본질적인 차이를 설명하기 어렵게 만든다. 형법전의 모든 범죄 종류에 대해 기업(법인)을 형사 처벌해야 한다는 주장도 점점 설득력을 얻어가고 있다.

앞에서 예시한 세월호 사건이나 가습기 살균제 사건처럼 사람의 생명과 신체에 중대한 위험을 초래한 결과에 적용하는 살인죄, 과실치사죄, 중상해죄 등의 범죄에 대해 기업(법인)을 형사 처벌하기 위해서, 뿐만 아니라 각종 관급 공사나 국가 주도 사업에 참가하기 위해 뇌물을 제공하고 그로 인해 막대한 이익을 챙기는 기업(법인)을 뇌물공여죄로 처벌하기 위해서는 기업(법인)도 자연인과 나란히 형법 주체로 인정하는 입법론상의 방향 전환을 도모하지 않으면 안 된다. 입법 기술상 형법전의 범죄 행위를 양벌 규정의 위반 행위로 계속해서 포함시키는 것 보다는 기업(법인)을 형법 주체로 삼는 방법이 훨씬 간단하고 법률 상호간의 이론상의 모순도 없앨 수 있는 확실한 방법이기 때문이다.

V. 양벌 규정 속의 위반 행위자와 사례 유형

1. 위반 행위자에 따른 범주화

양벌 규정의 적용을 통해 '법인'을 처벌할 경우, 법인 처벌은 자연인의 위반 행위를 전제로 이뤄진다. 이 경우 위반 행위를 한 자연인은 두 개의 범주로 나뉘어져 있다. 하나는 법인의 '대표자'이고, 다른 하나는 법인 또는 개인의 '사용인, 대리인 그 밖의 종업원'이다. 여기서 대표자는 법인을 대내외적으로 대표하는 자로서 최근 실질적 경영자까지도 포함되는 것으로 해석되고 있다.[12] 종업원의 경우도 그 범위가 확대되는 방향으로 해석되고 있다.[13] 양벌 규정은 대표자나 종업원 등 자연인이 위반 행위를 한 경우에만 그에 연계해 법인이 처벌될 수 있는 것으로 규정하고 있기 때문에, 위반 행위자의 범위가 넓어지면 넓어질수록 법인의 처벌 가능성은 그만큼 더 커진다.

이와 같이 위반 행위자를 범주화하고 있는 양벌 규정의 태도는 법인 구성원의 법인 내 '지위와 역할'을 고려한 결과로 보인다. 이러한 범주화는 법인 처벌을 위한 이론적 근거뿐 아니라 위반 행위에 대해 요구하는 요건, 그리고 더 나아가 법인 처벌을 위해 법인 자체에 대해 요구하는 요건을 각기 달리 해석하게 하는 기준을 제공한다. 이러한 범주화의 실익은 특히 양벌 규정의 단서 조항의 적용에 차이를 만들어낸다는 점에 있다.

대부분의 양벌 규정은 위반 행위자별로 범주화해 법인 처벌의 근거를 규정하고 있으면서, 이를 하나의 조항 속에 전단(대표자가 위반 행위를 한 경우)과 후단(종업원 등이 위반 행위를 한 경우)으로 구분해 규정하고 있다. 2007년 헌법재판소의 결정 이후 개정된 양벌 규정에서 책임주의 원칙의 관철을 위해 법인 처벌의 독자적 근거를 단서 조항의 형식이 양벌 규정 속에 새롭게 만들어졌다. 그런데 이 단서 조항은 위반 행위의 주체가 종업원 등인 경우에만 적용되고, 위반 행위의 주체가 대표자인 경우에는 적용되지 않는 것으로 해석된다. 이러한 적용상의 차이는 다시 위반 행위자별로 법인 처벌의 요건을 다르게 해석하는 결과로 이어지는 것이다.

　　그러나 건축법의 양벌 규정과 같이 일부 양벌 규정은 위반 행위자가 대표자인 경우와 종업원 등인 경우를 각기 별개의 조항으로 독립적으로 규정하면서 단서 조항도 각기 따로 두고 있다. 이러한 규정 형식에 따르면, 위반 행위자별로 법인 처벌의 요건이 동일해질 수 있다.

2. 위반 행위자별 요건의 차등화

앞서 살펴보았듯이 대부분의 양벌 규정은 '법인' 사업주에게 형벌을 부과함에 있어 위반 행위자가 대표자인 경우에는 단서 조항을 적용하지 않고, 위반 행위자가 종업원 등인 경우에만 단서 조항이 적용되는 것으로 규정하고 있다. 따라서 법인의 '대표자'가 위반 행위를 한 경우(이하 '대표자 등의 위반 행위 사례 유형'이라고 부르기로 한다)와 법인 또는 개인의 '대리인, 사용인, 기타 종업원'이 위반 행위를 한 경우(이하 '종업원 등의 위반 행위 사례 유형'이라고 부르기로 한다)에 따라 법인에 요구되는 형벌 부과 요건이 각기 달라진다.[14]

대표자 등의 위반 행위 사례 유형의 경우, 법인을 처벌하기 위해서는 대표자의 위반 행위가 '법인의 업무 관련적 행위'이기만 하면 족하다. 단서 조항이 적용되지 않는 결과, 법인에 대해서는 위반 행위자의 위반 행위의 저지와 관련한 상당한 주의와 감독 의무 위반 등 추가적인 요건은 요구되지 않는다. 다시 말해 대표자가 업무 관련적 위반 행위를 한 경우에는 법인에 대해 아무런 추가적인 처벌 요건도 필요 없이 법인이 처벌되는 것이다. 하지만 법인에 대해 별도의 처벌 요건을 요구하지 않는 대신 위반 행위를 한 대표자의 행위에 대해서는 까다로운 요건이 요구된다. 즉, 대표자의 위반 행위가 범죄 성립 요건(구성 요건 해당성, 위법성, 책임)을 모두 갖추어야 한다. 대표자의 위반 행위가 이러한 요건을 충족시켜야만 대표자의 '범죄'를 법인의 '범죄'로 평가할 수 있고, 그에 따라 법인에 대해서도 '형벌'을 부과할 수 있는 것으로 해석된다. 이와 같이 대표자의 위반 행위만을 근거로 법인을 형사 처벌할 수 있는 이론적 근거가 무엇인지에 대해서는 후술한다.

종업원 등의 위반 행위 사례 유형의 경우에도 법인을 처벌하기 위해서는 종업원 등이 법인의 업무 관련적 위반 행위를 했을 것이 요구되는 점은 대표자 등 위반 행위 사례 유형의 경우와 마찬가지다. 하지만 이 경우 양벌 규정은 전자의 경우와는 달리 법인을 처벌하기 위해 법인이 단서 조항의 추가적인 처벌 요건을 추가로 충족시킬 것을 요구한다. 이에 따르면 법인이 처벌되기 위해서는 종업원 등의 법인 업무 관련적 위반 행위만으로는 부족하고, 법인이 종업원 등의 위반 행위를 방지하기 위해 해당 업무에 관해 "상당한 주의와 감독을 게을리 해야" 한다.[15]

하지만 종업원 등의 위반 행위 사례 유형의 경우 해석상 분명하지 않은 점이 있다. 대표자의 위반 행위 사례 유형의 경우와 같이 종업원 등의 위반 행위가 범죄 성립 요건을 모두 충족해야 하는지가 논란이 될 수 있기 때문이다. 이 때문에 종업원 등의 위반 행위가 범죄 성립 요건 가운데 어느 요건까지 충족하면 되는지, 그리고 단서 조항이 요구하는 바, 법인이 상당한 주의와 감독을 게을리 함이 개인 형법의 범죄 성립 요건 가운데 어느 요건과 관계되는지에 관해 분명하게 정리될 필요가 있다.

그럼에도 불구하고 여기에서 확실하게 말할 수 있는 점이 한 가지 있다. '법인 자체'에 대해 요구되는 처벌 요건은 위반 행위자가 대표자인 경우와 종업원 등인 경우가 각기 다르다는 점이다. 다른 한편 '위반 행위를 한 자연인'에 대해 요구되는 요건의 경우 그 자연인이 대표자인 경우와 종업원 등인 경우 각기 다른지, 다르다면 어떻게 다른지에 대해서는 다음 절 양벌 규정의 본모습에서 설명한다.

제2절 양벌 규정의 본모습: 법인에 형벌을 부과하기 위한 실체 요건

앞서 살펴본 것처럼 '형법'은 형벌 부과 요건으로서 행위 주체의 행위가 있어야 하고, 그 행위가 형법이 규정하고 있는 범죄 성립 요건(불법과 책임)을 충족할 것을 요구하고 있다. 그러면서 형법은 이와 같은 형벌 부과 요건은 오직 자연인(사람)만 충족시킬 수 있고, 법인(기업)은 충족시킬 수 없는 것으로 보고 있다. 그럼에도 불구하고 양벌 규정은 법인(기업)에 대해 '형벌'을 부과해왔던바, 법인(기업)의 행위 능력 및 책임 능력 결여와 양벌 규정의 형벌 부과를 조화롭게 해석할 수 있는 방안은 없었다.

2007년 헌법재판소가 법인(기업)의 독자적 처벌 근거를 마련하고 있지 않은 양벌 규정이 위헌이라고 선언해 양벌 규정의 해석론과 입법론 전개에 새로운 전기가 마련됐다. 그 후 양벌 규정 개정을 통해 법인(기업)의 독자적 처벌 근거를 단서 조항에 마련했지만, 단서 조항에 표현된 법인의 독자적 처벌 근거의 범죄 체계론상의 지위와 관련한 논란은 여전히 미궁에 빠져 있는 상태이다. 뿐만 아니라 개정된 양벌 규정도 독자적 행위 능력이 없고 책임질 능력도 없는 법인에 대한 형벌 부과를 어떻게 이론적으로 근거 지우는가의 문제에 대해서는 한 치의 진전도 보여주고 있지 않다.

이하에서는 다음과 같은 물음에 답하면서 형법에서 행위 능력과 책임 능력이 존재하지 않는 것으로 판정받은 법인(기업)에 형벌을 부과하고 있는 양벌 규정의 본모습을 들여다보기로 한다. 첫째, 형법에서는 행위성조차 인정되지 않는 법인의 행위성 문제를 양벌 규정은 어떤 이론적 근거를 통해 해결하고 있는가?(이하 I) 둘째, 법인에 형벌을 부과하기 위한 실체 요건이 자연인에 대해 요구되는 형법의 범죄 성립 요건(불법과 책임)과 비교해보았을 때 평등 원칙에 위배되지 않을 정도로 양자가 상응성을 가지고 있는가?(이하 II) 셋째, 양벌 규정은 법인에 형벌을 부과하기 위해 기본적으로 어떤 콘셉트에 기초하고 있는가?(이하 III)

I. 법인의 행위성과 양벌 규정의 이론적 근거

자연인과 달리 행위할 수 없는 존재인 법인의 '행위성' 문제를 해결하기 위한 결정적인 단서는 양벌 규정이 법인 처벌을 위해 요구하고 있는 두 가지 전제 조건이 제공하고 있다. 하나는 법인 처벌을 위해 자연인의 위반 '행위'가 존재할 것을 전제로 삼아 그 위반 행위가 법인의 '업무'와 관련돼 있을 것을 요한다는 점이고(제1전제 조건), 다른 하나는 그 업무 관련적 위반 행위를 한 자연인이 법인 내에서 일정한 지위와 역할을 할 것을 요구한다는 점이다(제2전제 조건).

1. 제1전제 조건: 법인 업무 관련적 위반 행위의 존재

양벌 규정은 법인 처벌을 위해 자연인의 위반 행위가 존재해야 하고, 그 위반 행위가 '법인'의 '업무에 관한' 행위이어야 할 것을 요구한다. 물론 이러한 요구 조건은 과거부터 모든 양벌 규정 속에 규정돼 있던 것은 아니었다. 이 요건은 법인에 대한 형사 책임을 소극적으로 부정하기도 하고, 적극적으로 근거 지우기도 하는 양면성을 가지고 있다. 위반 행위에 법인의 업무 관련성이 인정되지 않으면, 실제로 위반 행위를 한 자연인 ─ 심지어 법인의 대표자의 행위일지라도 ─ 의 형사 책임만 인정될 뿐, 법인의 형사 책임으로 연결될 수가 없게 되기 때문이다. 뿐만 아니라 자연인의 위반 '행위'는 법인이 충족할 수 없는 '행위'를 매개해주는 의미가 인정될 수도 있다. 여기서 특히 위반 행위의 '업무 관련성'이라는 요건은 자연인의 행위를 곧 법인의 행위로 평가할 수 있게 해주는 의미를 가진다. 대법원이 업무 관련성이라는 요건을 해석하고 있는 내용을 보면, 위반 행위의 업무 관련성이라는 요건이 가지는 의미를 보다 분명히 이해할 수 있다.

> "신용정보의 이용 및 보호에 관한 법률 제34조에 법인을 처벌하기 위한 요건으로서 규정한 '법인의 업무에 관해' 행한 것으로 보기 위해서는 객관적으로 법인의 업무를 위해 하는 것으로 인정할 수 있는 행위가 있어야 하고, 주관적으로는 피용자 등이 법인의 업무를 위해 한다는 의사를 가지고 행위함을 요한다(밑줄은 필자에 의한 것임)."(대법원 1997.02.14. 선고 96도2699; 대법원 2006.6.15.선고2004도1639).

위 판시 내용에 따르면, 업무 관련성이 인정되려면 그 행위가 외부적 (객관적)으로 존재하는 것만으로 충분하지 않고, 행위자가 내부적(주관적)으로도 법인의 업무를 위해 한다는 의사를 가지는 행위여야 한다. 즉, 어떤 '자연인'의 행위가 객관적으로 '법인'의 업무를 위한 행위로 평가되고, 나아가 그 행위가 주관적으로도 법인의 업무를 위한다는 의사에 기한 것이라면, 일차적으로 자연인의 행위가 '법인'의 행위로 평가되는 계기가 될 수 있다. 하지만 이것만으로 자연인의 행위가 곧바로 법인의 행위로 연결될 수 있는 것은 아니다. 예컨대 객관적으로 A의 행위가 B를 위한 행위이고, 주관적으로 B를 위해 행위한다는 의사를 가지고 한 행위라도 그 행위는 여전히 A의 행위이지 B의 행위 그 자체가 되는 것은 아니다. A의 행위를 자신의 행위로 하려는 B의 의사가 없기 때문이다.

형법도 타인의 행위를 자신의 행위로 평가하려면, 타인의 행위를 자신의 행위로 하려는 의사가 있어야 한다고 규정하고 있다. 형법상 공동정범에 관한 규정(형법 제30조)이나 교사범에 관한 규정(형법 제31조 제1항)이 그러한 예에 해당한다. 예컨대 공동정범의 경우 전체 범행의 일부만을 담당한 A가 다른 일부 행위를 담당한 B의 행위를 자신의 것으로 하려는 의사를 가지고 있어야 할 것을 요구하고 이 점은 B도 마찬가지인데, 이러한 의미의 공동 가담의 의사가 인정돼야 A와 B가 각각 당해 범죄 행위의 '전체'를 '행위'한 것으로 평가하는 것이다. 이와 같이 A의 행위를 B의 행위로 그리고 B의 행위를 A의 행위로 평가하고, 결과적으로 각자가 행위 전체를 모두 한 것으로 평가하는 것을 행위의 '귀속'이라고 부를 수 있다.

　　이러한 관점에서 보면, 자연인 사이에 인정되는 형법의 귀속 원리가 자연인(A)과 법인(B) 사이에도 그대로 타당하다고 할 수는 없다. 관여자 모두가 주관적 의사를 가진 자연인 주체이고, 그 자연인은 모두 독자적으로 행위 능력을 가지고 있음을 전제로 삼고 있는 형법과는 달리, 양벌 규정은 독자적인 행위를 할 수 없는 법인을 수범자로 삼고 있기 때문에 타인의 행위를 귀속시키는 것 자체가 불가능하다.[16] 법인은 타인의 행위를 자신의 행위로 귀속시키기 위해 형법이 요구하는 주관적 요건이 없기 때문이다. 요컨대 양벌 규정을 통해 자연인의 업무 관련적 위반 행위를 법인의 행위로 평가(귀속)하는 일이 가능하려면, 자연인과 같이 주관적 심리적 요건을 충족시키지 못하는 법인의 '주관적 의사'를 대체할 만한 다른 추가적 실마리를 양벌 규정이 포함하고 있어야 할 것이다. 이러한 주관적 요건의 결여 상태를 양벌 규정이 보충해주고 있는가? 즉, 법인에게 결여돼 있는 주관적 의사를 대체할 만한 요소를 양벌 규정 속에서 찾아낼 수 있는가?

2. 제2전제 조건: 자연인의 법인 내 지위와 역할 관련성

양벌 규정의 내부 구조를 관찰해보면, 법인에게 결여된 주관적 의사를 대신할 만한 요소가 양벌 규정에 내장되어 있음을 알 수 있다. 양벌 규정은 업무 관련적 위반 행위를 하는 자연인 주체가 법인 내에서 일정한 지위와 역할을 가지고 있을 것을 요하는바, 이것이 바로 법인의 행위성 내지 귀속의 문제 해결을 위한 보충적 조건이다.

앞서 살펴보았듯이 양벌 규정은 위반 행위의 주체인 자연인을 두 가지로 범주화하고 있다. 하나는 법인의 '대표자'이고, 다른 하나는 법인의 '대리인, 사용인, 기타 종업원'이다.[17] 이와 같이 각기 다른 역할 및 지위로 매개된 위반 행위자들과 법인과의 관계성에 주목하면 법인의 행위성 문제가 해결될 실마리를 찾을 수 있다. 그 실마리는 바로 일정한 지위와 역할을 하는 자연인이 법인을 위해 행위하는 법인의 '기능 수행자'라는 점이다. 기능적 관점에서 보면, 일정한 기능 체계와 기능 수행자 간의 관계성 때문에 기능 수행자의 행위를 곧 기능 체계로 '귀속'시킬 수 있기 때문이다.

뿐만 아니라 양벌 규정은 자연인 위반 행위자가 법인 내에서 어떤 기능을 수행하는지에 따라 귀속의 '정도'에서도 중요한 차이를 인정하고 있다. 뒤에서 살펴보겠지만, 이와 같은 귀속 정도의 차이는 결국 양벌 규정에 기초돼 있는 법인 처벌을 위한 각기 다른 이론적 기초의 차이에 기인한다. 양벌 규정에서 법인 내 기능 수행자의 역할 및 지위에 따라 귀속 정도에 있어 어떤 차이가 있는 것인지를 확인하기 위해 먼저 양벌 규정의 이론적 기초를 밝혀보자.

3. 법인의 행위성 문제와 양벌 규정의 이론적 기초

1) 대표자의 위반 행위 사례 유형

가) 법인의 행위성에 관한 양벌 규정의 해석론

법인의 기능 수행자가 '대표자'라는 사실이 법인의 행위성 문제를 해결해주는 결정적인 단서가 되는 이유는 그 대표자의 역할과 지위 때문이다. 법인의 대표자는 법인의 의사를 형성해 그것을 실행에 옮기는 역할을 하고, 법인을 내부적으로는 물론 외부적으로도 대표할 수 있는 지위에 있다. 이와 같은 대표자와 법인의 관계성을 직시하면 법인이 존재론적으로 아무런 외부 행위를 하지 않았음에도 불구하고 대표자의 위반 행위에 터 잡아 마치 법인이 스스로 위반 행위를 한 것으로 평가할 수 있다. 이에 따라 대표자의 업무 관련적 위반 행위만을 요건으로 삼아 법인의 형사 책임을 인정하는 양벌 규정은 자연과학적·존재론적 방법론에 의해서는 해석될 수 없고, 평가적·규범주의적 방법론에 의해서만 해석될 수 있음을 알 수 있다. 즉, 양벌 규정은 자연인인 '대표자'(및 이사 기타 법인의 기관)의 행위가 법인 자체의 행위와 '동일시'된다고 설명하는, 이른바 동일시 이론Identification doctrine을 규범적 콘셉트로 삼고 있음을 알 수 있다.[18]

우리나라 대법원이나 헌법재판소도 양벌 규정의 적용과 해석에 있어서 이른바 대표자의 위반 행위 사례 유형의 경우 법인의 행위를 존재론적으로 확인하려고 하지 않고 법인의 대표자인 자연인의 행위가 곧 법인의 행위로 규범적으로 평가될 수 있음을 다음과 같이 설명하고 있다.

"법인은 기관을 통해 행위하므로 법인이 대표자를 선임한 이상 그의 행위로 인한 법률 효과는 법인에게 귀속돼야 하고, 법인 대표자의 범죄 행위에 대해는 법인 자신이 책임을 져야 하는바, 법인 '대표자'의 법규 위반 '행위'에 대한 법인의 책임은 '법인 자신'의 법규 위반 '행위'로 평가될 수 있는 행위(강조 및 밑줄은 필자에 의한 것임)에 대한 법인의 직접 책임(이다)."(헌법재판소 2010. 7. 29. 선고 2009헌가25 결정; 대법원 2010.9.30. 선고 2009도3876 판결).

이에 따르면 "법인이 기관(대표자)을 통해 행위한다"거나 "대표자의 법규 위반 행위는 법인 자신의 법규 위반 행위"로 평가될 수 있다는 표현은 곧 대표자의 위반 '행위'(범죄 행위)가 법인 자신의 위반 '행위'와 동일시되는 것임을 인정한다. 뿐만 아니라 동일시 이론에 기초해 대표자 행위의 법적 효과인 형벌(형사 책임)까지 법인에게 '귀속'시킨다는 것은 '행위' 귀속과 더불어 '불법' 귀속과 '책임' 귀속을 동시에 인정한다는 것을 의미한다. 더 나아가 헌법재판소와 대법원은 양벌 규정상 법인에 대한 형사 책임의 성격을 법인이 자연인의 위반 행위를 대신해 책임을 진다는 의미의 '대위' 책임이 아니라, 법인 자신의 행위를 근거로 한 직접적 '자기' 책임으로까지 인정하고 있다. 이 때문에 대표자가 위반 행위를 한 경우에는 — 뒤에서 살펴보겠지만 종업원 등이 위반 행위를 한 경우와는 달리 — 법인 자신의 추가적인 귀책사유 없이도 법인을 처벌하는 데 문제가 없고, 따라서 이 경우에는 단서 조항의 적용도 배제된다는 해석 태도로 귀결되고 있다.[19]

나) 동일시 이론에 대한 평가

양벌 규정의 해석론상 위반 행위를 한 자연인이 '법인의 대표자'인 경우, 그 대표자의 행위를 법인의 행위와 동일시하는 동일시 이론은 양벌 규정에 기초된 법인 처벌을 위한 이론이다. 동일시 이론은 대표자라는 기능 수행자의 역할과 지위를 고려해 행위 귀속뿐 아니라 불법 귀속과 책임 귀속까지도 근거 지우는 '강한 의미의 귀속'을 인정한다.

그럼에도 불구하고 우리나라 형법학계에서는 최근까지도 양벌 규정의 태도가 선진 입법에 비해 후진적이라는 인식하에, 동일시 이론에 기초한 영미법계 또는 대륙법계 국가의 입법례를 우리가 본받아야 할 모범 사례로 소개해왔다. 그러나 동일시 이론의 본산지로 평가되고 있는 영국은 1980년대에 들어서야 비로소 이른바 대위 책임설의 한계를 극복하기 위해 동일시 이론을 본격 동원하기 시작했다.[20] 대륙법계에 속하는 오스트리아에서도 2006년에야 비로소 동일시 이론의 유럽식 표현인 대표자 책임 법리나 귀속 법리를 기초로 하는 단체 책임법이 만들어졌다.[21]

이러한 견지에서 보면 우리나라에서 양벌 규정에 대한 자기 관찰이나 해석론이 얼마나 소홀히 전개됐는지를 알 수 있다. 우리나라에서 동일시 이론은 결코 "전통적 방식에서 탈피해, 기업·법인에게 직접 형사 책임을 묻는 방식으로 전환하기 위해 고려되는 이론적 패러다임"[22]도 아니고, "새로운 귀책 원리"[23]도 아니다. 동일시 이론은 우리나라에서 지금과 같은 형태의 양벌 규정이 경제법 영역에서 자리 잡기 시작한 1961년부터 지금까지 법인의 형사 책임의 이론적 기초로서 — 뿐만 아니라 1958년 2월 제정된 민법 제35조[24]의 법인에 대한 손해 배상 인정 요건의 배경 이론으로서 — 변함없이 인정돼 온 '아주 오래된' 배후 이론이다.

2) 종업원 등의 위반 행위 사례 유형

가) 법인의 행위성에 관한 양벌 규정의 해석론

법인 내 기능 수행자가 대표자인 경우와 달리 '종업원 등'인 경우에는 동일시 이론이 적용될 수 없다. 종업원 등은 법인의 의사를 형성하는 역할을 하는 것도 아니고, 법인을 대내외적으로 대표하는 지위에 있지도 않기 때문이다. 그러면 종업원 등의 위반 행위 사례 유형의 경우 법인의 행위성 문제는 어떤 이론을 통해 해결할 수 있는가?

과거 이 경우엔 해석론의 차원은 물론이고 입법론의 차원에서도 법인의 행위성 문제를 해결하려는 시도가 전면에 등장한 적은 없었다. 즉, 영미(또는 민법)의 '사용자 책임 법리'나 '대위 책임 이론'을 원용하면서 종업원 등의 위반 행위가 있으면 그 업무주인 '법인'에게 형벌을 부과하는 것으로 해석해왔지만,[25] 무과실 책임을 근거 지우는 이러한 이론들을 법인의 행위성 문제와 직접 결부시키지는 않았다.

한편 법인의 범죄 능력을 긍정하는 입장에서 법인의 행위 주체성도 당연히 인정하는 태도를 출발점으로 삼는 태도도 없지 않았다. 이에 따르면, 양벌 규정의 해석론으로도 법인의 행위성을 인정하면서 과실 책임설이나 부작위 감독 책임설 등의 태도를 취할 수 있다. 하지만 이러한 태도는 ─ 뒤에서 살펴보겠지만 민법학에서 전개된 법인 실재설과 법인 의제설의 대립을 기초로 삼고 있었을 뿐 ─ 법인의 범죄 능력을 긍정하는 '이론'적 근거는 여전히 제시하지 못했다. 이 때문에 법인의 행위성 문제는 여전히 만족할 만한 해결점을 찾지 못한 상태로 방치된 상태가 한동안 지속되었다.

법인의 '행위성' 문제를 돌파해나갈 단초가 마련된 것은 2007년 헌법재판소의 결정[26] 이후 이뤄진 양벌 규정의 개정을 통해서였다. 즉, '종업원 등의 위반 행위 사례 유형'의 경우 법인에 대한 형벌 부과 요건으로 자연인(종업원)의 업무 관련적 위반 행위 외에 '법인' 자체를 겨냥한 추가적인 처벌 근거가 단서 조항에 명문화됨으로써[27] 법인의 처벌 근거에 관한 논란을 어느 정도 해소되는 듯 보였다. 그러나 이로 인해 법인의 행위성 문제에 관한 새로운 논란의 불씨가 생겨났다. 논란의 불씨는 "법인이 그 위반 행위를 방지하기 위해 해당 업무에 관해 상당한 주의와 감독을 게을리 하지 않으면 벌하지 아니한다"라는 단서 조항의 표현뿐 아니라 대법원의 다음과 같은 해석 태도에서 찾을 수 있다.

> "이 경우 법인은 위반 행위가 발생한 그 업무와 관련해 '법인'이 상당한 주의 또는 관리·감독 의무를 게을리 한 과실로 인해 처벌(강조 및 밑줄은 필자에 의한 것임)되는 것이(다)."(대법원 2010. 4. 15. 선고 2009도9624 판결, 대법원 2010. 12. 9. 선고 2010도12069 판결 등).

대법원이 법인에게 상당한 주의 또는 관리 감독 의무를 게을리 한 '과실'을 요구하고 있음은 법인 처벌을 위해서는 법인이 최소한의 과실이라는 독자적 처벌 요건을 추가적으로 충족시켜야 함을 선언한 것이다. 하지만 이 요건의 형법적 의의는 여기에 그치지 않는다. 법인의 '행위성' 문제와 관련해서도 중요한 시사점을 제공해주고 있다. '법인'이 주의와 감독을 게을리 한다는 표현 속에는 법인이 스스로 과실 '행위'를 하거나 법인이 직접 잘못된 '행위'를 하는 존재임이 전제돼 있기 때문이다. 문제는 이러한 표현을 가지고 '법인'이 더 이상 자연인의 행위를 매개해 행위하거나 자연인을 통해 행위하는 존재가 아니라 스스로 행위 능력을 가진 독자적 행위 주체로 인정됐다고 해석할 수 있는가에 있다.[28] 만약 이러한 해석이 가능하다면, 법인의 행위성 논의에 새로운 국면 전환이 생긴 것으로 평가할 수 있을 것이다.[29]

그러나 법인의 독자적 행위 주체성을 인정하고 - 형법 역사상 가히 혁명적인 변화라고 평가할 정도로 중대한 - 입법적 변화를 도모한 것임을 인정하는 입법 자료나 이론적 근거는 어디서도 찾을 길이 없다. 이 때문에 입법자는 법문의 표현상 주어를 '법인'으로 내세우게 될 때 초래될 위와 같은 해석 가능성에 대한 진지한 고려는 물론이거니와 의식조차 하지 못한 것이 아닌가 하는 의문도 든다. 생각건대 양벌 규정의 단서 조항에 대한 해석론을 이렇게까지 급진적으로 해석하는 일은 더 큰 비판을 각오해야 할 것으로 여겨진다. 만약 개정된 양벌 규정을 통해 종업원 등이 위반 행위자인 경우 법인을 독자적 행위 주체로 인정하면서도, 대표자가 위반 행위자인 경우에는 여전히 법인의 독자적 행위 주체성을 부정하는 태도를 견지해야 한다면,[30] 양벌 규정이 본질을 달리하는 두 개의 법인을 동시에 갖고 있는 모순적인 법률임을 자인하는 셈이기 때문이다. 따라서 현행 양벌 규정의 '해석론상' 종업원 등이 위반 행위를 한 경우에 국한시켜 법인의 행위 능력을 긍정할 수는 없다.

그러나 현행 양벌 규정의 해석론상 법인의 독자적 행위 능력을 부정하더라도 '이론상' 또는 '입법론상' 법인의 독자적 행위 능력을 인정할 수 있는 가능성까지 부정해야 할 것은 아니다. 이 때문에 법인의 행위 능력을 인정하는 일을 이론적으로 근거 지울 수 있다면, 이를 기초로 삼아 법인 처벌을 위한 새로운 입법론을 전개할 수는 가능성은 여전히 존재한다.

나) 사용자 책임(대위 책임) 법리 및 개정된 양벌 규정에 대한 평가

종래의 양벌 규정에 영국식 대위 책임 법리vicarious liability[31]나 미국식 사용자 책임 법리respondent superior doctrine[32]가 법인 처벌을 위한 이론적 기초로 자리 잡고 있었다고 보는 데에는 무리가 없다. 하지만 이러한 이론들이 동일시 이론과 같이 행위 귀속 등을 근거 지울 수 있는 것으로 보는 데에는 한계가 있다. 이 이론들은 자연인 행위자와 법인 간에 존재하는 형식적 관계성을 토대로 삼아 법인 처벌을 근거 지우거나 법인을 처벌하는 모습을 결과론적으로 표현하고 있을 뿐이기 때문이다. 물론 실질적 관점에서 보면 사용자 책임 법리이나 대위 책임 법리도 — 정확한 귀속의 의미에 부합하지는 않지만 — 자연인의 위반 행위와 약한 의미의 연결 고리를 만들어주고 있기는 하다. 종업원 등의 위반 행위가 기본적으로 법인의 업무 관련성을 가지고 있고, 그 종업원 등이 법인 내에 일정한 기능 수행자로서의 역할과 지위는 가지고 있기 때문이다.

그러나 2007년 이후 단행된 양벌 규정의 개정은 동일시 이론의 적용 불가로 인한 행위 귀속의 이론적 근거 부재를 보완하기보다는 오히려 그와 반대 방향으로 나가는 입법 정책을 취했다고 볼 수 있다. 개정된 내용이 자연인의 위반 행위와 법인의 행위간의 약한 의미의 연결 고리를 보강하는 차원이 아니라 새로운 이론적 근거를 제시하려는 의미 차원을 보여주고 있기 때문이다. 즉, 앞서 언급했듯이 단서 조항에서 법인도 독자적인 잘못(상당한 주의와 감독 의무의 위반)을 범할 수 있다는 표현 방식을 사용함으로써 법인을 독자적인 행위 주체로 인정한다고 해석할 수 있는 여지를 제공하고 있기 때문이다. 다시 말해 단서 조항의 문맥상 법인이 주어로 등장시키고 있음은 마치 법인이 스스로 과실 행위 등 불법 행위를 저지를 수 있는 독자적 행위 주체로 인정될 수 있는 여지를 보여주고 있는 것이다.

이러한 관점에서 보면 단서 조항을 통해 종래의 동일시 이론을 채택하지 않으면 해결될 기미가 없었던 법인의 행위성 문제가 일거에 해결될 수 있을 것처럼 보이기도 한다. 단서 조항에서 법인이 스스로 잘못을 범해야 처벌할 수 있다고 규정하고 있음은 양벌 규정이 '독자적 조직 책임 이론Lehre von orginalen Organisationsverschulden'을 이론적 기초로 삼은 것으로 평가될 수도 있기 때문이다. 독자적 조직 책임 이론이란 기업의 책임은 기업 자체의 독자적 처벌 근거인 '조직상의 잘못'이나 '조직상의 결함'에 의해 근거 지워져야 한다는 이론이다.[33] 이러한 기업 책임 인정 방식은 양벌 규정의 단서 조항의 태도와 구조적 유사성을 보여주고 있다. 단서 조항은 대표자 등 자연인의 귀책사유(잘못)를 근거로 법인을 처벌하지 않고, '법인' 자신의 독자적 귀책사유(잘못)를 법인에 대한 처벌 근거로 요구하고 있기 때문이다.

단서 조항의 이러한 태도는 2002년 개정된 스위스 형법의 독자적 기업 책임 모델에도 상당 부분 접근해가는 측면도 있다. 스위스 형법은 직접 위반 행위를 한 자연인의 처벌 여부와 무관하게, '기업'의 조직상의 결함이 있거나 위반 행위를 방지하지 못한 점에 대해 '기업'이 조직상 요구되는 모든 조치를 취하지 못한 경우 그것을 근거로 삼아 '기업'의 형사 책임을 인정하기 때문이다.[34]

그러나 종업원 등의 위반 행위 사례 유형의 경우 우리나라 양벌 규정이 해석상 사용자 책임 법리를 넘어서 독자적 조직 책임 이론의 기초 위에 서 있다고 단정하기는 어렵다. 앞서 지적했듯이 본문은 동일시 이론에 기초하고 단서 조항은 독자적 조직 책임 이론에 기초한 것으로 해석한다면, 하나의 동일한 양벌 규정 속에 서로 본질을 달리하는 두 개의 법인을 인정하는 모순적 해석이 되기 때문이다. 외국에서도 법인(기업)의 형사 처벌이 동일시 이론에 기초하든지 독자적 조직 책임 이론에 입각해 있든지, 둘 중의 하나를 선택적으로 취하고 있을 뿐, 두 가지를 동시에 채택하고 있는 입법례는 보이지 않는다.

4. 양벌 규정의 태도 변화와 예고된 패러다임 변화

1) 양벌 규정의 중층 구조?

양벌 규정은 대표자 위반 행위 사례 유형의 경우 법인의 행위성 문제를 동일시 이론에 의거해 대표자의 행위를 법인의 행위로 귀속시킴으로써 해결한다. 법인의 대표자라는 지위와 역할이 법인의 기능 수행자 행위를 법인의 행위로 귀속시키는, 강한 의미의 귀속을 인정하고 있는 것이다. 이에 반해 종업원 등의 위반 행위 사례 유형의 경우 2007년 이전까지만 해도 양벌 규정 속에서 법인의 행위성 문제를 해결하기 위한 아무런 실마리가 존재하지 않았다.

하지만 2007년 이후 법인의 행위성 문제에 대해 새로운 해석을 가능케 하는 변수가 생겼다. 양벌 규정 단서 조항의 해석상 법인이 스스로 '행위'하는 주체임을 전제하는 것으로 볼 수도 있기 때문이다. 만약 이를 법인의 독자적 행위 주체성을 긍정하는 방향으로 입법론적 변화가 이뤄진 것이라고 가정한다면, 법인 처벌 측면에서 패러다임의 변화를 가져온 것으로도 평가할 수가 있다.

요컨대 대표자 위반 행위 사례 유형의 경우 양벌 규정은 동일시 이론에 기초한 법인 처벌 모델(이하에서는 이를 귀속 모델 또는 종속 모델[35]이라고 부르기로 한다)에 기초하고 있는 반면, 종업원 등의 위반 행위 사례 유형의 경우 양벌 규정은 사용자 책임 법리나 대위 책임 법리를 뛰어넘어 독자적 조직 책임 이론에 기초한 법인 처벌 모델(이하에서는 이를 독자적 행위 모델 또는 독립 모델[36]이라고 부르기로 한다)에 기초하고 있다고 평가할 수 있을 것이다.

이러한 중층 구조를 가진 양벌 규정은 연비 좋은 하이브리드식 자동차에 비유할 수 있을 것이다. 행위 귀속 모델과 독자적 행위 모델을 병존시키면 법인 처벌상의 형사 정책적 요청에 탄력적으로 대응할 수 있기 때문이다. 특히 동일시 이론에 기초한 귀속 모델을 그대로 유지할 때, 대표자의 위반 행위만 있으면 법인의 추가적 귀책사유를 요구하지 않고 법인을 형사 처벌할 수 있는 장점이 있다. 그러나 하이브리드식 모델을 유지하려면 동일시 이론에 기초한 귀속 방식의 형법 이론적 타당성과 헌법적 정당성을 근거 지워야 할 뿐 아니라 법인의 독자적 행위 능력을 근거 지우는 이론까지 찾아내야 하는데, 이러한 이중고로부터 벗어날 가능성 여부와는 상관없이 체계론상 하이브리드식 모델을 채택할 수는 없다.

　앞서 살펴보았듯이 현행 양벌 규정의 해석상으로는 양벌 규정이 중층 구조를 가지고 있다고 보기 어려운 이유는, 위반 행위의 주체가 누구인지에 따라―사례 유형별로―법인의 행위 주체성이나 독자적 행위 능력 인정 여부를 다르게 파악해야 하는 모순적 해석 태도를 수용할 수 없기 때문이다. 어떤 경우에는 독자적 행위 능력이 없다가도 어떤 경우에는 독자적 행위 능력이 인정되는 존재로 변신하는, 이른바 '카멜레온형' 법인을 상정하는 입법 방식은 이론적 통일성이라는 측면에서 치명적인 취약점을 가지고 있다. 종업원 등의 위반 행위 사례 유형의 경우 법인의 행위성 문제를 해석론상으로 봉합할 수 있을 것인지, 있다면 어떻게 봉합할 수 있을 것인지에 대해서는 뒤로 미루기로 하고, 이하에서는 단서 조항에서 불거져 나온 패러다임 변화의 가능성을 기초로 입법론상 전개될 수 있는 새로운 대안들만 스케치해두기로 한다.

2) 새로운 대안들

법인 처벌을 이론적으로 기초 지우는 일과 법인의 본질 규명 사이에 모순을 없앨 수 있는 한도 내에서 앞으로 개선 입법의 방향성은 다음과 같이 집약해볼 수 있다. 첫째, 법인의 독자적 행위 능력을 전면 부정하는 고전적 견해를 취하면서도 동일시 이론에 기초한 귀속 모델을 입법화하는 방안. 둘째, 동일시 이론을 전적으로 포기하고 이른바 독자적 행위 모델을 입법화하는 방안. 셋째, 법인의 독자적 행위 능력과 책임 능력을 긍정하면서도 여전히 귀속 방식을 동원하는 방안.

　첫 번째 방안을 취하여 귀속 방식에만 의존할 경우 법인 처벌을 위한 요건도 매우 간명해서 귀속을 가능케 하는 연결 고리(즉, 귀속 메커니즘)만 규정하는 것으로도 충분하다. 하지만 행위 능력과 책임 능력이 결여된 법인에게 동일시 이론에 기초한 귀속 방식에 따라 형사 책임을 부과하는 것은 형법 이론적으로 수용되기 어렵고, 헌법상 책임주의 원칙 및 평등 원칙과 충돌을 해소하기 어려운 문제점을 가지고 있다.

두 번째 방안은 법인(기업)이 자연인(인간)과 본질은 다르지만 의미 평가상 동일한 기능 주체이므로 형법전의 범죄 모두를 법인이 범할 수 있고, 따라서 형법 총칙상의 일반적 성립 요건 모두를 법인 처벌을 위해 적용할 수 있는 장점이 있다. 이 모델에 입각하기 위해서는 자연인의 형벌 부과 요건에 상응한 법인에 대한 형벌 부과 요건을 개념적으로 이론적으로 재구성하는 작업을 해야 하는 바, 이론적으로 근거 지우기 불가능한 지점과 조우하게 되는 한계에 부딪친다. 형법을 적용하려면 결국 형법 구성 요건의 실현 행위가 외부적으로 존재해야 하고, 심지어 ─간접정범의 경우에도─ 직접적으로 외부를 향한 법익 침해적 행위로 나아가는 존재가 있어야 하는데, 법인은 이러한 경우 자연인 행위자를 매개자로 해서만 외부 세계에 관여하기 때문이다. 이러한 경우 법인의 독자적 행위성을 의미론적으로 이해할 수 있다 하더라도 자연인의 직접적 행위와 법인의 행위와의 관계성을 고려해 그 직접적 행위를 법인의 행위로 귀속시킨다는 법 기술을 채택하지 않으면 안 된다.

여기에 바로 세 번째 방안의 강점이 존재한다. 세 번째 방안은 독자적 행위 모델과 귀속 모델의 중층 구조를 인정한다는 점에서는 현행 양벌 규정의 태도와 유사하지만, 동일시 이론에 기초한 귀속이 아니라 새로운 이론에 기초한 귀속을 인정한다는 점에서 현행 양벌 규정의 태도와 다르다. 동일시 이론에 근거한 귀속은 행위 능력과 책임 능력이 없는 법인에게 행위와 책임을 귀속시키지만, 새로운 '이론'에 근거한 귀속은 일정한 귀속 메커니즘의 존재를 근거로 삼아 자연인의 행위를 자체적인 행위 능력과 책임 능력이 있는 법인에게 귀속하는 점에서 차이가 있다. 특히 이 세 번째 방안은 ─후술하듯이─ 귀속 구조면에서 현행의 양벌 규정과 같이 '외부적·의제적 귀속'에 그치는 귀속 모델과는 달리, '내부적·실질적 귀속'을 인정할 수 있는 새로운 귀속 콘셉트에 기초하는 방안이다.

3) 이 책의 기본 구상

동일시 이론에 기초한 귀속 모델과 독자적 행위 모델을 병렬적으로 인정하는 현행의 양벌 규정의 태도를 유지할 것인가, 두 개의 모델 가운데 어느 하나를 양자택일할 것인가, 아니면 동일시 이론이 아닌 새로운 이론에 기초한 귀속 모델에 입각한 제3의 길을 택할 것인가의 갈림길에서 이 책은 세 번째 방안을 취하고자 한다. 이와 같은 입법적 결단을 내리기 위해 다양한 변수들을 체계적으로 정리하고 모든 대안들의 장단점을 비교 분석해보아야 하겠지만, 예고했듯이 이 책은 법인을 자연인과 나란히 새로운 형법 주체로 인정하는 이론을 찾아 나선다. 뿐만 아니라 법인의 독자적 행위 능력을 인정하는 새로운 이론을 찾아내어 이를 수용하더라도 기본적으로 귀속 콘셉트를 — 병렬적으로가 아니라 — 수직적·입체적으로 인정하고자 한다.[37]

법인의 독자적 행위 능력을 인정하려는 방향성은 이미 우리나라 헌법재판소가 — 비록 반대 의견에서 개진된 것이긴 하지만 — 양벌 규정이 대표자 위반 행위 사례 유형의 경우 대표자의 행위와 책임을 법인의 행위와 책임으로 귀속시켜서 이를 법인의 형사 책임의 근거로 삼으려는 다수 의견에 반대해 법인의 행위와 책임의 독자성을 다음과 같이 설명하고 있는 데서 드러난다.

"법인은 인적 구성원과 물적 구성 분자를 가지고 <u>구성원인 개인의 의사와는 독립된 일정한 방침과 목적</u>을 위해 자신의 명의로 사회적 기능을 하는 존재이므로, 특정 개인의 의사와 행위가 아닌 법인 고유의 독자적인 의사 결정 과정과 행위 방식에 의해 법인의 업무를 수행하도록 예정(밑줄은 필자에 의한 것임)돼 있다. 그러므로 법인의 책임은 형사상은 물론 민사상으로도 그 구성원인 개인의 책임과 엄격히 구별돼 판단되고 있다."(헌법재판소 2013. 10. 24., 2103헌가18).

동일시 이론에 기초해 그 구성원인 자연인의 행위와 귀책사유(잘못)를 법인의 행위와 책임으로 귀속시키는 책임 모델을 취하는 대신, 법인(기업)의 독자적인 행위와 귀책사유(잘못)를 근거로 삼는 행위 모델적 법인(기업)을 처벌하는 콘셉트를 입법화하려면, 무엇보다도 법인(기업)도 독자적 행위 능력을 가지고 있음을 근거 지울 수 있는 – 위 헌법재판소의 소수 견해의 선언적 주장을 근거 지울 수 있는 – 이론을 찾아내야 한다. 동일시 이론에 기초해 규범적인 '가정'이나 순수 '의제'의 방식을 통해 법인(기업)의 행위성 문제를 해결하지 않고, 납득할 수 있는 수준으로 기업(법인)의 독자적인 행위 주체성을 인정할 수 있는 이론이 있는가? 있다면 그것은 어떤 이론인가? 이러한 이론의 탐색은 양벌 규정을 통해 법인에 대한 형사 책임을 인정하는 현행 양벌 규정의 태도가 가지고 있는 문제점과 한계를 모두 파악한 후에 진행돼야 한다. 그 이전에 양벌 규정이 제시하고 있는 형벌 부과 요건과 형법이 자연인에게 요구하는 형벌 부과 요건에 대한 비교를 – 행위 요소에 이어 – 계속 진행해보자.

II. 법인의 불법 요소와 책임 요소

법인(기업)에 대해 형벌을 부과하고 있는 양벌 규정의 태도가 헌법상 정당화되려면 법인과 자연인이 형벌 앞에서 평등하게 취급돼야 한다. 종래의 형법학은 양벌 규정 속에서 법인 처벌을 위한 근거를 찾아내기 위해 다각도로 해석론을 전개했지만, 법인 처벌의 근거로 제시된 요소가 자연인의 경우에 형법이 요구하는 요건에 상응한 수준으로 평가돼 헌법상 자의적 차별 금지 원칙에 위배될 소지가 없는지에 대해서까지 생각하지는 못했다.

하지만 앞서 언급했듯이 2007년 헌법재판소 결정은 독자적인 행위주체성조차 인정되기 어려운 법인에게 형벌을 부과함에 있어 헌법상의 평등 요구에 기반한 상응성 요구를 '책임주의 원칙'의 관철이라는 이름으로 입법자를 압박했다. 이러한 압박의 영향으로 잇달아 단행된 양벌 규정 개정에서 법인의 독자적 귀책사유, 즉 법인의 '상당한 주의와 감독의무 위반'이라는 요건이 법인 처벌의 근거로 만들어졌다.

이제 이러한 법인 처벌의 근거를 가지고 ─ 앞서 행한 법인의 행위성 문제에 대한 조명에 이어 ─ 개인 형법의 도그마틱에서 정립된 범죄 성립 요건(불법과 책임)의 관점들을 조명해보아야 할 때가 됐다. 따라서 양벌 규정상 법인에 대해 요구되는 처벌 근거와 형법이 자연인의 행위에 대해 요구하는 형벌 부과 요건이 헌법상 평등 요구에 부합하는 상응성을 갖추고 있는지를 검토할 필요가 있다. 이를 위해 양벌 규정상의 법인 처벌 근거를 자연인에 대한 형벌 부과 요건인 '범죄 성립 요건'(불법과 책임)으로 치환해 평가해본다.

1. 법인의 불법

양벌 규정이 법인에 형벌을 부과하기 위해 자연인과 마찬가지로 법인에게 불법을 요구하고 있는가? 있다면 법인의 불법은 무엇인가? 이를 확인하는 출발점이자 종착점이 되는 것은 법인이 위반한 구성 요건을 찾는 일이다. 자연인에 대한 법 효과로서 형벌을 부과하는 데 기초가 되는 것이 바로 법률 '구성 요건'이기 때문이다. 하지만 양벌 규정은 자연인의 '위반 행위(구성 요건)'는 규정하고 있지만, 법인의 그것은 직접적으로 규정하고 있지 않다. 양벌 규정이 대표자 위반 행위 사례 유형과 종업원 등의 위반 행위 사례 유형의 경우 법인 처벌이 각기 다른 이론을 기초로 하고 있는 데 착안해 법인의 구성 요건적 불법을 규명함에 있어서도 사례 유형별 구분법을 유지하기로 한다.

1) 대표자 위반 행위 사례 유형의 경우

대표자 위반 행위 사례 유형의 경우 법인에 대한 형벌 부과 요건을 자연인에 대한 그것과 마찬가지로 불법과 책임 등으로 구분해 해석하려는 시도는 지금까지 없었다. 단지 법인 처벌 근거로서 무과실 책임설·과실 추정설·과실 책임설·부작위 감독 책임설 등이 대립해왔을 뿐이다. 그러나 무과실 책임설을 제외하고는 행위 능력조차 인정되지 않는 법인이 어떻게 행위자의 주관적·심리적 상태인 고의나 과실을 가질 수 있는지에 대한 근본적인 문제 제기 또한 없었다. 반면 대법원은 법인이 독자적으로 행위할 수 없는 주체라는 문제의식 하에 법인의 고의 또는 과실을 다음과 같이 설명하고 있다.

"법인 대표자의 범죄 행위에 대해 법인 자신이 책임을 져야 하는바, (중략) 대표자의 고의에 의한 위반 행위에 대해는 법인 자신의 고의에 의한 책임을, 대표자의 과실에 의한 위반 행위에 대해는 법인 자신의 과실에 의한 책임(밑줄 부분은 필자에 의한 강조임)을 지는 것이다."(헌법재판소 2010. 7. 29. 선고 2009헌가25 결정; 대법원2010.9.30.선고2009도3876판결).

위 설명에서 위반 행위를 한 대표자의 고의 또는 과실이 법인에게도 그대로 인정된다는 것은 기본적으로 양벌 규정이 귀속 콘셉트에 기초하고 있음을 말해준다. 이에 따르면 대표자 행위의 불법은 법인의 불법과 전적으로 동일한 불법이 된다. 즉, 대표자의 위반 행위가 고의 불법에 해당하면 법인도 고의 불법에 근거해 처벌되고, 대표자의 위반 행위가 과실 행위이면 법인도 과실 불법에 근거해 처벌된다는 것이다.

그러나 자연인과 같이 심리학적인 의식 체계를 갖추지 못한 법인에게 자연인의 의식적인 또는 의도적인 불법을 귀속시킨다는 식의 귀속은 법률상 '의제' 방식의 전형을 보여주고 있다.[38] 하지만 앞서 살펴보았듯이 대표자 위반 행위 사례 유형의 경우 법인의 처벌이 동일시 이론에 기초돼 있음을 인정하는 이상, 형식 논리로만 본다면 법인이 실현한 불법은 자연인 대표자의 위반 행위의 불법과 동일시되는 데 문제는 없다. 이와 같은 의제적 차원의 '귀속'에 따르면 대표자의 위반 행위에 불법이 긍정되면 법인의 불법도 긍정되고, 전자가 부정되면 후자도 부정된다.

2) 종업원 등의 위반 행위 사례 유형의 경우

종업원 등의 위반 행위 사례 유형의 경우 종래 대법원은 법인의 불법에 관해 양벌 규정의 특성에 맞게 유동적인 태도를 취해왔다. 즉, 종래의 양벌 규정에서 현행 양벌 규정의 단서 조항과 유사한 면책 조항을 두고 있었던 양벌 규정39과 면책 조항조차 두지 않았던 양벌 규정을 구분해 전자의 경우는 과실 추정설을 취하고, 후자의 경우는 무과실 책임설을 취하는 듯한 입장이었다.

학계는 대부분의 양벌 규정이 면책 사유마저 두고 있지 않고 있었던 터에 무과실 책임설을 취하는 듯한 대법원의 태도에 대해 행위 책임 원칙에 반한다는 점에 근거해 비판적 태도를 견지했다.40 그러나 행위조차 못하는 법인이 어떻게 불법(행위)을 실현할 수 있는지, 그리고 양벌 규정은 그러한 불법을 어떻게 근거 지우고 있는지를 밝히는 데 한걸음의 진척도 보이지 못했다. 법인의 불법 규명에 대한 문제의식 부재는 과실 추정설을 취해도 마찬가지였다. 행위 능력 없는 법인에게 추정된 과실을 어떻게 인정할 수 있는가에 대한 해명은 없었기 때문이다.

2007년 헌법재판소가 면책 조항조차 두고 있지 않은 양벌 규정에 대해 위헌 결정을 내림으로써 상황은 급변했다. 법인에게 형벌을 부과하기 위해서는 자연인인 종업원이 위반 행위를 하는 것만으로는 충분하지 않고 법인 자신에게 독자적인 귀책사유(잘못)가 추가적으로 있어야 한다는 것을 요구한 헌법재판소의 결정41 이후, 곧바로 입법적 후속 조치가 내려졌다. 즉, 양벌 규정 속에 '법인'만을 겨냥하는 처벌 근거가 만들어진 결과, 오늘날 모든 양벌 규정은 "다만, 법인이 자연인의 위반 행위를 방지하기 위해 해당 업무에 관해 상당한 주의와 감독을 게을리하지 아니한 경우"에는 법인을 처벌하지 아니한다는 형식의 단서 조항을 두게 됐다. 그리고 이 단서 조항에 표현된 법인에 대한 추가적 처벌 근거를 헌법재판소는 종래의 용어로 "선임 감독상의 주의 의무 위반"[42]으로 바꾸어 부르기도 했지만, 대법원은 "상당한 주의 또는 관리·감독 의무를 게을리 한 과실"[43]이라는 의미 평가를 하고 있다. 최근 헌법재판소는 이를 "비난의 근거가 되는 독자적인 책임"이라고 말하기도 한다.[44]

헌법재판소나 대법원 더 나아가 학계에서는 양벌 규정이 이와 같은 추가적 처벌 근거를 요구함으로써 법인 처벌이 비로소 책임주의 원칙에 위배되지 않게 되었다고 긍정적인 평가를 하였다.[45] 양벌 규정에 대한 문제 제기나 비판도 급격하게 수그러지는 듯했고, 종래의 해석론상의 논쟁도 일부 잠재워진 효과도 나타났다. 헌법재판소의 위헌 결정 및 개정된 양벌 규정의 태도가 법인 처벌의 실체 요건에 관한 종래의 양벌 규정의 불완전한 태도나 후진성을 일거에 해소시키는 의미 차원을 가진 것으로 보였기 때문이다. 사실상 개정 이전의 양벌 규정이 법인 처벌을 위해 요구하는 요건은 — 그 형식적인 문언만을 두고 보면 — 민사적 손해 배상 책임의 요건을 규정한 민법 제756조의 수준[46]에도 미치지 못한 것이었다.

이러한 맥락에서 보면 헌법재판소의 위헌 결정 및 그에 따라 양벌 규정의 개정이 단행되기 전에 법제처가 법인 처벌을 위한 실체 요건의 정비와 관련해 취한 태도는 양벌 규정의 수준을 오히려 퇴행시키는 것이었다고 할 수 있다. 당시 법제처는 일부 양벌 규정에서 그나마 존재하고 있었던 — 현행 단서 조항과 유사한 — 면책 조항마저도 불필요하다는 시각 하에 이를 삭제해나가야 할 것을 방침으로 정함으로써 법인 처벌의 후진성을 더욱 심화시키려고 했기 때문이었다.[47] 이러한 예는 법인의 형벌 부과 요건에 관한 도그마틱의 부재가 얼마나 심각하며, 도그마틱 없는 입법이 얼마나 잘못될 수 있는지를 짐작케 해준다.[48]

그러나 개정된 양벌 규정 하에서도 법인에 대한 형벌 부과 요건과 자연인에 대한 형벌 부과 요건의 '상응성' 요구를 둘러싼 논란은 여전히 잠재우기 어려운 것으로 보인다. 그 이유는 두 가지이다. 첫째, 개정된 양벌 규정을 따르더라도 행위 개념이 고의와 과실을 포괄하는 상위의 유개념이라는 관점에서 볼 때 법인의 행위성 문제는 어떻게 해결되어야 할 것인지에 관한 쟁점은 여전히 뒷전이기 때문이다. 둘째, 단서 조항에서 법인에게 요구되는 독자적 처벌 근거(상당한 주의와 감독 의무 위반)를 법인의 '불법' 요소로 규정한 것인지, 아니면 법인의 독자적 '책임' 요소로 규정한 것인지가 확실하지 않기 때문이다.

첫 번째 이유에 관해서는 앞서 법인의 행위성 문제와 관련해 논의를 전개했으므로 여기서는 생략한다. 두 번째 문제를 해결하기 위해서는 종래 법인의 처벌 근거와 관련해 단서 조항의 법인 처벌 근거를 일반적인 범죄 성립 요건의 관점에서 접근해야 할 필요가 있을 것이다. 종래 견해들의 주장을 이러한 관점에서 재평가해보면 다음과 같이 정리해볼 수 있다.

과실 책임설을 취해온 견해들은 '상당한 주의와 감독 의무 위반'을 법인의 독자적 불법 요소로 보는 전제 하에 있는 것 같다. 이러한 견해들은 다시 그 불법이 과실 불법만을 가리키는 것으로 보는 태도와 법인 처벌을 위해서는 최소한 법인의 과실이 있을 것을 요구하는 의미로 고의 불법도 당연히 포함되는 것으로 보는 태도[49]로 나뉜다. (부작위) 감독 책임설도 후자의 태도에 접근해 있다. 대법원은 앞서 살펴보았듯이 법인의 처벌 근거를 법인의 '과실'로 이해하는 전제 하에 있으므로 — 고전적 범죄 체계에 집착하지 않는 한 — 불법 요소로 이해하고 있는 듯하고, 헌법재판소도 — 비록 반대 의견의 표현이긴 하지만 — 이 요소를 과실 불법 요소로 파악하고 있는 듯하다.[50] 생각건대 단서 조항의 법인의 독자적 처벌 근거를 법인의 불법 요소로 해석할 것인지 책임 요소로 해석할 것인지는 헌법재판소가 양벌 규정에 대해 관철할 것을 요구하는 책임주의 원칙이 어떤 내용을 가지고 있는 것인지에 대한 평가에 따라 달라질 수도 있다. 이 때문에 결론은 양벌 규정과 책임주의 원칙과의 관계 설정을 분명히 한 다음에 내리기로 한다.

2. 법인의 책임

법인에 대한 형벌 부과 요건이 자연인에 대한 그것과 상응성을 유지해야 한다는 요구는 불법 요소뿐 아니라 책임 요소에 관해서도 관철돼야 한다. '책임 없이 형벌 없다'는 책임주의 원칙은 자연인에 대해서 뿐만 아니라 법인에 대해서도 요구돼야 하는 헌법상의 지위를 가지기 때문이다. 자연인의 책임에 상응한 법인의 책임을 규명함에 있어 관건이 되는 것은 양벌 규정이 법인에게 형벌을 부과함에 있어 헌법상의 책임주의 원칙을 관철시키고 있는가 하는 점이다. 여기서도 대표자 위반 행위 사례 유형과 종업원 등의 위반 행위 사례 유형의 경우 각기 다르게 답해질 수 있다.

1) 대표자의 위반 행위 사례 유형의 경우

직접 위반 행위를 하는 행위자가 대표자인 경우 양벌 규정의 이론적 기초로 자리 잡고 있는 동일시 이론은 법인의 책임을 근거 지우는 데도 적용된다. 이에 따르면 양벌 규정의 해석상 대표자의 업무 관련적 위반 행위만 있으면 법인에게 아무런 추가적인 처벌 근거가 없어도 법인을 처벌할 수 있게 된다. 헌법재판소와 대법원도 이와 같은 태도를 취한다.

"따라서 이 사건 법률 조항 중 법인의 대표자 관련 부분은 <u>대표자의 책임을 요건</u>으로 해 법인을 처벌하는 것이므로 위 양벌 규정에 근거한 형사 처벌이 <u>형벌의 자기 책임 원칙</u>(밑줄은 필자에 의한 것임)에 반해 헌법에 위배된다고 볼 수 없다."(헌법재판소 2010. 7. 29. 선고 2009헌가25 결정; 대법원 2010.9.30.선고2009도3876판결).

위 판시 내용에 의하면, 대표자의 책임 요소만 충족되면 법인에게 별도의 책임 요소를 추가적으로 요구함이 없이 법인을 처벌할 수 있다. 이를 가능하게 하는 것이 동일시 이론에 기초한 귀속 방식이다. 즉, 양벌 규정의 해석상 인정되는 귀속은 행위 귀속, 불법 귀속에 이어 '책임' 귀속에 대해서도 그대로 유지되고 있는 것이다. 대법원이나 헌법재판소는 이와 같이 책임 귀속 방법에 의해 법인을 처벌해도─구 양벌 규정 하에서의 종업원 등의 위반 행위 사례 유형의 경우와 같이─헌법상 책임주의 원칙에 반하지도 않는 것임을 거듭 확인해주고 있다.

하지만 불법뿐 아니라 책임까지도 '귀속'하는 이러한 책임 인정 방식이 형벌 부과의 요건인 책임 영역에서 인정될 수 있는지는 의문이다. 책임의 연대를 허용하는 민사 책임과는 달리 형사 책임 영역에서는 일신전속적 행위 책임을 전제로 하기 때문이다. 동일시 이론에 기초한 귀속 방식은 순수한 '의제'나 '허구'에 기반해 법인에게 형사 책임을 지우고 있을 뿐 아니라 책임의 전제 조건인 책임 능력조차 인정될 수 없는 법인에게 책임 귀속을 인정하고 있다. 책임 능력은 인정될 수 있지만 행위 사정상 책임 비난을 할 수 없는 특별한 사정이 있을 경우 책임 귀속과 책임 능력조차 없는 경우에 인정되는 책임 귀속은 그 성격이 판이하다. 이에 관해서는 양벌 규정의 문제점과 한계에 관한 절에서 별도로 다룬다.

2) 종업원 등의 위반 행위 사례 유형의 경우

가) 2007년 헌법재판소의 결정과 책임주의 원칙

위반 행위자가 법인의 종업원 등인 경우에는 동일시 이론이 적용되지 않기 때문에 책임 '귀속'조차도 이론적으로 근거 지우기 어렵다. 종업원 등과 법인간의 다른 관계, 즉 기능 수행자로서 법인의 업무 관련적 위반 행위를 했다는 점도 책임 귀속을 근거 지울 수 없다. 이 사례 유형의 경우 자연인의 '책임'과 법인의 '책임'과의 상응성 요구에 부합하기 위해 법인의 '책임'은 어떻게 근거 지워질 수 있는가?

법인의 독자적 책임을 근거 지우는 가장 간단한 방법은 단서 조항에 새롭게 규정된 '상당한 주의와 감독 의무 위반'을 법인의 독자적 '책임' 요소로 평가하는 해석 태도를 취하는 방법이다. 헌법재판소 결정문의 외양만 두고 보면, 양벌 규정에 새롭게 규정된 법인의 추가적 처벌 근거를 법인의 책임 요소로 파악할 가능성이 없지 않다. 헌법재판소가 종래의 양벌 규정에 대해 법인의 '책임' 유무를 묻지 않고 법인에 대해 형벌을 부과하는 것은 법인이 자신의 잘못이 아니라 '타인의 잘못'에 대해 책임지는 것이고, 이러한 태도는 헌법상의 '책임주의 원칙'에 반하는 것이라고 하면서 '책임'이라는 용어를 여러 차례 등장시키고 있기 때문이다. 뿐만 아니라 헌법재판소는 책임주의 원칙을 고수하기 위해 법인의 "독자적 책임"[51]이 요구된다고 하거나 법인에 대한 "책임 비난의 근거"라고 하면서 책임이라는 개념을 여기저기서 사용하고 있다. 만약 단서 조항의 내용이 법인의 독자적 책임 요소를 규정한 것으로 해석된다면, 단서 조항은 법인에 대한 일반적 책임 조각 사유를 명문화한 것으로 볼 수도 있다.

하지만 헌법재판소에 의해 언급되고 있는 '책임' 또는 '책임주의 원칙'이 등장하는 문맥이나 '상당한 주의와 감독 의무 위반'이라는 단서 조항이 만들어진 배경을 고려하면, 이와 같은 해석론을 수용하기는 어렵다. 먼저 헌법재판소의 결정문에서 표현돼 있는 법인의 독자적 책임은 범죄 체계론상 불법과 구별되는 형벌 근거 책임을 가리키는 것이 아니다. 이 점은 헌법재판소가 사용하고 있는 법인의 '책임'이 문맥상으로는 종업원이 야기한 법익 침해의 결과에 기여한 "잘못"(내지 귀책)을 법인의 "행위 반가치"[52]적 측면으로 이해하고 있는 데서 알 수 있다. 헌법재판소의 결정 내용을 좀 더 자세히 들여다보자.

> "일반적으로 범죄는 법질서에 의해 부정적으로 평가되는 행위(행위 반가치)와 그로 인한 부정적인 결과의 발생(결과 반가치)이라고 말할 수 있으나, <u>여기서 범죄를 구성하는 핵심적 징표이자 형벌을 통해 비난의 대상으로 삼는 것은 '법질서가 부정적으로 평가한 행위에 나아간 것', 즉 행위 반가치에 있다.</u> 만약 법질서가 부정적으로 평가한 결과가 발생하더라도 그러한 결과의 발생이 어느 누구의 잘못에 의한 것도 아니라면, 부정적인 결과가 발생했다는 이유만으로 누군가에게 형벌을 가할 수는 없다. (중략) 그러나 <u>법질서가 부정적으로 평가할 만한 행위를 하지 않은 자에 대해서 형벌을 부과할 수는 없다.</u> 왜냐하면 형벌의 본질은 비난 가능성인데, <u>비난받을 만한 행위를 하지 않은 자에 대한 비난이 정당화될 수 없음은 자명한 이치</u>(밑줄 및 강조는 필자에 의한 것임)이기 때문이다."(헌법재판소 2007. 11. 29. 2005헌가10)

헌법재판소가 말하고 있는 행위 반가치적 의미의 법인의 잘못(내지 귀책)은 책임 비난의 그 자체를 의미하는 것이 아니다. 헌법재판소가 책임주의 원칙을 설명하는 대목에서 다른 사람의 잘못이 아니라 법인 자신의 '비난받을 만한 행위'가 있어야 한다고 하는데, 이 경우 비난받을 만한 행위란 책임 비난 그 자체가 아니라 책임 비난의 '대상'인 불법 행위를 의미하는 것이기 때문이다. 요컨대 위 결정문들의 행간을 자세히 들여다보면 헌법재판소는 "책임"이라는 용어를 사용하고 있지만, 그 용례를 보면, 형벌 근거 책임의 의미가 아니라 책임 비난의 대상으로서의 불법을 의미하는 것으로 사용하고 있는 것으로 보인다.

단서 조항이 만들어진 배경을 보더라도 '상당한 주의와 감독 의무 위반'이라는 법인의 처벌 근거를 법인의 '책임'으로 해석하기는 어렵다. 주지하다시피 양벌 규정의 단서 조항은 행위성조차 근거 지우기가 어려운 법인을 '타인의 잘못'을 이유로 처벌하지 않기 위해 자연인의 위반 행위 외에 법인의 독자적 처벌 근거를 추가적으로 규정한다는 차원에서 마련된 것이다. 즉, 입법자는 이 단서 조항을 통해 법인도 자신의 잘못 (귀책 또는 넓은 의미에서의 '죄')이 없이는 처벌되지 않는다는 점을 표현한 것일 뿐이다. 이러한 관점에서 보면 2007년 헌법재판소의 결정 내용과 그 이후 개정된 양벌 규정은 '책임 없이 형벌 없다'는 의미의 진정한 의미의 책임주의 원칙이 아니라 '잘못(범죄) 없이 형벌 없다'는 차원의 책임 개별화 원칙을 구현하고 있을 뿐이라고 할 수 있다.

나) 책임 능력과 진정한 의미의 책임주의 원칙

법인의 '불법' 외에 법인의 '책임(형벌 근거 책임)'을 별도로 요구하지 않는다면, 자연인에 대한 형벌 부과 요건과의 비교 차원에서 상응성 요구에 정면으로 반한다. 뿐만 아니라 책임 비난이 책임 능력을 전제 조건으로 삼는 이상, 법인에 대한 형벌 부과가 진정한 의미의 책임주의 원칙과 조화를 이루려면, 법인의 책임 능력을 근거 지울 수 있어야 한다. 양벌 규정은 법인의 책임 능력을 인정하면서 법인에게 책임 비난을 가하고 있는가?

앞서 설명했듯이 책임 능력이란 어떤 행위 주체가 적법한 행위를 할 수 있었음에도 불구하고 불법 행위로 나갔다는 책임 비난을 하려면, 그 비난의 전제 조건으로 행위 주체가 스스로 행한 불법을 회피하고 적법한 행위로 나갈 수 있는 '가능성'을 의미한다. 여기서 불법 행위를 피하고 적법한 행위를 선택할 수 있는 가능성이 있다고 하기 위해서는 법과 불법을 판단하고 그에 따라 의사 결정을 할 수 있는 정신적인 '능력'까지 있어야 한다.

형법이 형벌 부과의 대상에 대해 법과 불법을 변별하고 스스로 의사 결정을 할 수 있는 책임 능력자로 국한시키는 이유는 형벌에 내포돼 있는 사회 윤리적 차원의 비난이 가진 '의미' 때문이다. 형벌은 다른 법 영역에서의 법 효과와는 달리 사회 윤리적 비난을 내포하고 있으므로, 최후 수단으로서만 투입될 것을 요구하는 등 엄격한 제한을 받아야 한다. 뿐만 아니라 그 형벌 부과 대상이 형벌에 내포된 사회 윤리적 비난의 의미를 이해할 수 있는 인격적 주체여야 한다. 형법이 인간(자연인)에게만 이러한 의미의 책임 능력을 요구하는 것도 이 때문이다. 전통적 의미에서 (형벌 근거 책임으로서의) 책임 개념이 인간의 의사 자유를 전제로 한 윤리적·도덕적 차원의 책임 개념을 기반으로 하고 있는 것도 바로 이 때문이다.

이렇게 '책임 능력' 있는 자가 불법을 선택한 데 대한 비난을 의미하는 형벌 근거 책임이 없으면, 형벌을 부과 받지 않는다는 의미 차원이 진정한 의미의 책임주의 원칙이다. 전통적으로 이러한 의미의 형벌 근거 책임은 의사 자유를 가진 인격적 주체인 인간만 가질 수 있으므로, 진정한 의미에서 책임주의 원칙은 '인간의 존엄성에서 도출'된다. 반면 2007년 헌법재판소 결정과 그와 취지를 같이 하는 그 이후의 결정 내용에 등장하는 책임주의는, '잘못이 없으면 책임을 지지 않는다'는 의미나 다수의 관여자가 있을 경우 타인의 잘못에 대해서는 책임지지 않는다는 의미 차원에서 말하는 책임 개별화 원칙 혹은 자기 책임 원칙을 지칭하고 있을 뿐이다. 이러한 의미의 책임주의 원칙은 불법(범죄)이 없으면 책임이 없다는 의미를 가지고 있기 때문에, '법치 국가의 원리 또는 죄형

법정주의에서 도출'되는 책임주의 원칙이다.[53]

그동안 형법 및 형법 이론학에서 확립된 태도는 진정한 의미의 책임 주의 원칙을 본령으로 삼아 법인에 대해서는 형벌을 부과하지 않았다. 법인은 민법상 불법 행위 능력도 인정되고 있고, 공법상 일정한 기본권 의 경우 기본권 주체로서의 지위가 인정돼 있으며, 일정한 범죄의 경우 범죄 피해자의 지위도 인정된다. 하지만 법인은 규범 위반이 가지는 사회 윤리적 차원의 의미 맥락을 이해할 수 없으므로 의사 자유를 기초로 한 전통적인 의미의 책임 비난이 가해질 수 없고, 따라서 형벌 부과 및 책임 비난의 전제 조건인 책임 능력이 인정될 수 없는 존재라는 것이 확립된 형법 이론학의 태도라고 할 수 있다. 자연인에게만 인정되는 책임 능력이 법인에게 인정될 수 없음은 법인을 형사 책임을 져야 할 주체로 인정하는 데 결정적인 걸림돌로 작용한다.

2007년 양벌 규정이 책임주의 원칙에 반한다는 이유로 위헌 결정을 내린 헌법재판소도 이러한 의미의 책임 능력이 법인에게 인정될 수 있는지에 대해서는 철저히 함구하고 있다. 개정된 양벌 규정도 법인에게 이러한 의미의 책임 능력을 인정하고 있는 것으로 해석될 만한 단초를 제공해주고 있지 않다. 양벌 규정의 본문과 단서 내용 그 어디에서도 인간의 존엄성에 뿌리를 가진 진정한 의미의 책임주의 원칙과 조화를 이룰 수 있는 요소를 찾기 어렵다. 그럼에도 불구하고 양벌 규정에서 지시되고 있는 수많은 위반 행위와 관련해서는 법인에게 형사 처벌의 문이 활짝 열려져 있다. 법인에게 '형벌'을 부과하고 있는 양벌 규정을 어떻게 해석하면 법인에게 책임 능력을 전제로 한 형벌 근거 '책임'을 근거 지울 수 있을까? 이 점을 근거 지우지 못한다면, 양벌 규정은 2007 년 이후 헌법재판소의 압박을 받아 입법적 개선을 이루었음에도 불구하고 여전히 위헌 시비에서 자유로울 수 없다.[54]

Ⅲ. 법인 처벌을 위한 양벌 규정의 기본 컨셉트와 해석상의 결론

1. 귀속 콘셉트적 구상

이상의 설명을 종합하면, 최근 양벌 규정의 단서 조항의 개정을 통해 법인에 대한 추가적인 처벌 근거를 규정한 것은 책임 능력을 전제로 한 진정한 의미의 책임주의 원칙을 구체화한 것이라고 말할 수 없다. 타인의 잘못을 근거로 해서가 아니라 법인 자신의 독자적 잘못을 근거로 해서만 법인에 형벌을 부과할 수 있다는 의미의 책임 개별화 원칙을 반영한 정도로 이해할 수 있을 뿐이다. 즉, 단서 조항의 법인 처벌 근거는 법인의 '책임' 요소가 아니라 '불법' 요소로 해석하는 것이 타당하다.

그러나 이렇게 해석하더라도 단서 조항상 법인의 불법이 종업원 등의 위반 행위의 불법과 구성 요건적으로 전혀 별개의 불법을 의미하는 것으로 해석할 수는 없다. 이유는 두 가지다. 첫째, 법인은 독자적인 행위 능력이 없는 존재이기 때문에 종업원 등의 위반 행위의 매개 없이는 불법 '행위'를 할 수 없기 때문이고, 둘째, 법인의 행위성 문제는 어떻게 든 해결하더라도 법인이 종업원 등의 위반 행위의 매개 없이는 구체적으로 어떤 구성 요건적 불법을 범한 것인지를 알 수 없기 때문이다.

이와 같은 사정을 고려하면, 결국 종업원 등의 위반 행위 사례 유형의 경우도 종업원 등의 위반 행위의 불법이 법인의 불법으로 귀속되는 것으로 보지 않을 수 없다. 즉, 종업원 등의 위반 행위 사례 유형의 경우도 대표자 위반 행위 사례 유형의 경우와 마찬가지로 행위 귀속과 불법 귀속을 받아들여야 하므로, 결국 양벌 규정은 전체적으로 '귀속' 콘셉트에 기초돼 있다고 말하지 않을 수 없다.

종업원 등의 위반 행위 사례 유형의 경우 이러한 의미의 귀속 콘셉트가 양벌 규정 속에 들어 있는 것으로 평가할 수 있게 하는 근거 역시 앞서 언급했듯이 양벌 규정이 규정하고 있는 법인 처벌을 위한 두 가지 단서에서 찾을 수 있다. 즉, 위반 행위를 하는 자연인 주체가 법인의 업무 관련적 위반 행위를 해야 할 뿐 아니라(제1전제 조건) 그 자연인 행위 주체가 법인의 기능 수행자로서 일정한 지위와 역할을 가져야 한다(제2전제 조건)는 것이 그것이다. 이에 따르면 양벌 규정은 그 기능 수행자가 대표자인 경우와 기타 종업원인 경우라는 내부적 지위와 역할의 차이를 반영해, 전자의 경우는 동일시 이론에 기초해 강한 귀속(책임까지 귀속!)을 인정하고, 후자의 경우는 약한 귀속(불법까지만 귀속!)을 인정하는 책임 구조로 이뤄져 있다고 평가할 수 있다.

2. 사례 유형별 법인의 형사 책임 인정 구조

1) 대표자 위반 행위 사례 유형의 경우

대법원은 양벌 규정을 해석함에 있어 단서 조항은 종업원 등의 위반 행위 사례 유형의 경우에만 적용되고, 대표자 위반 행위 사례 유형의 경우에는 적용되지 않는다고 한다. 이에 따르면 대표자 위반 행위 사례 유형의 경우 약한 귀속이 아니라 강한 귀속이 인정되는 것이므로 법인의 형사 책임을 인정하기 위해서는 대표자의 위반 행위가 그 자체로 범죄 성립 요건 중 어느 하나라도 결격되지 않아야 할 것이 요구된다.

2006년 오스트리아 단체 책임법에서는 기업 결정권자의 위반 행위와 관련해 이러한 요건이 명문화돼 있다(제3조 제2항). 즉, 결정권자의 행위가 구성 요건에 해당하고 위법하고 책임이 있을 것을 법인 처벌의 전제 조건으로 규정하고 있는 것이다.[55]

이와 같은 귀속 콘셉트에 따른 법인 처벌 모델은 – 공범의 경우 사용되는 용어에 따르면 – 종속 모델[56]로 분류할 수 있다. 특히 대표자 위반 행위 사례 유형의 경우 법인의 형사 책임이 대표자의 범죄 성립 요건(불법과 책임)에 전적으로 종속되기 때문에 그 종속의 정도 측면에서 '극단 종속 형식'과 유사한 것으로 평가할 수 있다. 대표자 위반 행위 사례 유형의 경우 법인의 형사 책임을 근거 지우는 요소를 도해화하면 아래와 같다.

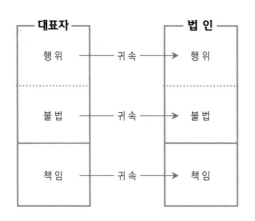

[표_대표자 위반 행위 사례 유형]

2) 종업원 등의 위반 행위 사례 유형의 경우

종업원 등의 위반 행위 사례 유형의 경우 동일시 이론이 적용될 수 없어서 종업원 등의 위반 행위의 불법만 귀속되는 약한 의미의 귀속이 인정될 뿐이지만, 기본적으로 '귀속' 콘셉트를 기초로 하는 점에 있어서는 대표자 위반 행위 사례 유형의 경우와 다를 바 없다. 그러나 종업원 등의 위반 행위의 불법이 법인의 불법과 전적으로 동일한 불법이 되는 것은 아니라는 점에서는 대표자 위반 행위 사례 유형의 경우와 다르다. 단서 조항의 해석상 상당한 주의와 감독 의무 위반을 내용으로 하는 법인의 독자적 불법도 인정되기 때문이다. 따라서 종업원 등의 위반 행위 사례 유형의 경우 종업원 등의 위반 행위가 귀속된 종속적 불법과 법인의 독자적 불법의 결합이 법인의 불법을 구성한다.

이 사례 유형의 경우 법인의 불법을 종속적 불법과 독자적 불법이 결합된 것으로 해석할 수 있음은 단서 조항의 문언에도 이미 반영돼 있다. 법인의 독자적 불법에 해당하는 내용인 상당한 주의와 감독 의무가 종업원 등의 위반 행위의 방지를 내용으로 하고 있기 때문에, 법인의 의무 위반과 그 의무 위반의 결과인 종업원 등의 위반 행위의 결합이 법인의 불법을 구성하는 것이다. 요컨대 이 사례 유형의 경우 법인의 불법은 다음과 같이 구조화할 수 있다. 법인의 주의와 감독 의무 위반은 법인의 행위 불법(행위 반가치)이고, 종업원 등의 위반 행위는 법인의 결과 불법(결과 반가치)에 해당하는 것이다. 이러한 구조에 따르면, 법인의 행위 불법은 법인의 독자적 불법이지만, 종업원의 위반 행위의 불법(결과 불법)에 종속돼 있는 '종속'적 불법이 된다. 종속적 불법의 특성상 ─ 뒤에서 양벌 규정의 법적 성격에서 살펴보겠지만 ─ 종업원 등의 위반 행위의 불법과 법인의 불법은 구성 요건적으로 일치된다. 이와 같은 차원의 종속적 불법과 독자적 불법의 결합이 만들어내는 법인의 처

벌 근거는 그 구조상 공범의 처벌 근거에서 혼합적 야기설에서 말하는 처벌 근거와 유사하다.[57]

이와 같은 혼합적 불법 구조에 기초해 법인을 처벌하기 위해서는 종업원 등의 행위가 적어도 구성 요건에 해당하고 위법한 행위(불법)일 것이 요구된다. 이에 따르면 종업원 등의 위반 행위가 책임이 조각되는 경우라도 종업원의 종속적 불법과 법인의 독자적 불법을 기초로 삼아 법인의 불법이 근거 지워질 수 있다. 이러한 맥락에서 보면 종업원 등의 위반 행위 사례 유형의 경우 종업원 등의 불법이 법인의 불법으로 귀속되기 때문에 기본적으로 종속 모델로 분류될 수 있지만, 법인 처벌을 위해 종업원 등의 책임까지 요구하지 않고 불법까지만 요구하기 때문에, 그 종속의 정도는 '제한 종속 형식'과 유사한 것으로 평가할 수 있다.

그러나 종업원 등의 위반 행위 사례 유형의 경우 양벌 규정의 해석론을 통해 책임 귀속까지는 인정되기 어렵기 때문에 법인의 책임을 근거 지우는 일이 난항에 부딪친다. 법인의 책임을 근거 지우려면 법인의 책임 능력 및 그에 기초한 법인에 대한 책임 비난을 별도로 근거 지워야 하는데, 양벌 규정의 법인 처벌 근거를 법인의 불법으로 해석하는 한, 이러한 근거 지움이 불가능하기 때문이다. 앞서 언급했듯이 양벌 규정의 해석론상 책임주의 원칙을 운운했던 헌법재판소도 법인의 책임 능력 및 그에 기초한 법인에 대한 책임 비난의 가능성까지는 근거 지우고 있지 못하다. 이와 같이 양벌 규정의 해석론상 법인의 책임 구조를 근거 지우는 일이 성공하지 못하고 있는 결정적인 이유는 형법상의 형벌 근거 책임이 의사 자유에 기초한 전통적인 책임 개념을 기초로 삼고 있기 때문이다. 종업원 등 위반 행위 사례 유형의 경우 법인의 형사 책임을 근거 지우는 요소를 도해화하면 아래와 같다.

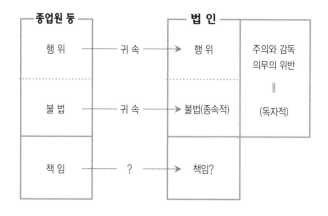

[표_종업원 등 위반 행위 사례 유형]

　이 때문에 법인의 책임을 근거 지우려면 의사 자유에 기초한 자연주의적 존재론적 의미의 책임 개념을 넘어서도 의사 자유에 기초하지 않은 새로운 책임 개념을 재구성할 수 있는지가 탐구돼야 한다. 형법 이론학에서는 의사 자유에 기초하지 않은 새로운 책임 개념을 구성하려는 시도가 일찍부터 있어왔다.[58] 따라서 양벌 규정의 해석상으로도 법인의 책임을 근거 지우기 위해서는 다음과 같은 물음에 답할 수 있어야 한다. 형법상의 – 의사 자유에 기초한 – 전통적인 책임 개념과 결별한 새로운 책임 개념을 전제로 하고 있다고 볼 수 있는가? 즉, 양벌 규정이 법인에 대해 형벌을 부과하기 위해 자연인과 동일하지 않은 새로운 책임 개념을 인정하고 있다고 할 수 있는가? 있다면 어떤 새로운 책임 개념을 인정하고 있다고 할 수 있는가?

　생각건대 현행 양벌 규정 하에서는 자연인에게 인정될 책임 개념과 다른 새로운 책임 개념을 법인에게 독자적으로 인정하고 있다고 해석하기 어려울 것으로 보인다. 왜냐하면 동일시 이론이 기초돼 있는 대표자 위반 행위 사례 유형의 경우에는 법인의 책임 자체도 자연인의 책임을 귀속 받아 인정하고 있기 때문에 종업원 등의 위반 행위 사례 유형의 경우에 국한해서만 법인에게 자연인의 책임과 다른 차원의 책임 개념을 인정하고 있다고 보는 것은 그 자체로 체계 모순에 빠지기 때문이다. 인간과 나란히 법인을 형법 주체로 인정할 수 있는 새로운 기초 '이론' 을 찾는 것을 주된 목표로 삼는 이 책이 어떤 책임 개념을 출발점으로 삼아 법인의 책임 능력을 긍정하고 그에 기초해 법인에게 인정될 책임 비난을 근거 지울 수 있는지에 대해서는 후술한다.

3. 단서 조항의 도그마틱적 의의

앞에서 설명한 바와 같이 양벌 규정의 단서 조항은 법인의 행위 반가치 적 불법을 근거 지우는 것으로 해석할 수 있다. 이에 따르면 단서 조항 의 도그마틱적 의의는 다음과 같다.

1) 단순한 면책 조항이 아닌 처벌 근거 조항

종래 양벌 규정의 단서 조항에 관해 실무[59]는 이 조항을 법인에게 적용 될 단순한 면책 조항이나 과실 추정설에 근거한 입증 책임의 전환을 도 모하는 규정으로 해석했다.[60] 현행 양벌 규정의 단서 조항과 관련해서 도 이러한 해석 태도를 따르는 견해[61]가 없지 않다. 하지만 현행 단서 조항을 이렇게 해석해서는 안 된다. 그 이유는 두 가지이다.

첫째, 현행 양벌 규정은 종래의 양벌 규정과 달리 단서의 존부뿐 아 니라 그 내용도 차이가 난다. 예컨대 종래의 단서 조항은 처분을 받거 나 피해를 보상한 때 감면을 규정한 경우(구 방문 판매 등에 관한 법률 제57 조 제2항)나 위반 행위를 방지할 방도가 없을 경우 등에 대해 감면하는 경우(관세법 제281조) 등 현행 단서 조항과 내용적으로 차이가 있었다. 현행 양벌 규정과 내용적으로 유사한 양벌 규정도 있었지만,[62] 그 구체적인 문언은 달랐다. 둘째, 현행 양벌 규정 하의 단서 조항의 탄생 배경을 보면, 단서 조항을 입증 책임의 전환 규정으로 해석하기는 더욱 곤란하다. 헌법재판소의 위헌 결정에 의해 마련된 단서 조항은 책임주의 원칙을 관철시킨다는 명목 하에 법인 처벌을 위한 독자적 처벌 근거를 규정한다는 취지에서 만들어졌다.

이러한 취지에 따르면, 단서 조항은 법인에 대한 단순한 면책이나 입증 책임의 전환 규정이 아니라 형사 처벌의 법적 근거를 공식화하고 있는 것으로 보아야 한다. 즉, 현행 양벌 규정은 법인에 대한 형벌 부과를 위해 법인의 불법 요소로 해석될 수 있는 감독 의무 위반을 단서 조항에 명기한 것인바, 이러한 감독 의무 위반은 범죄 성립 요건의 일종이므로 검사에 의해 적극적으로 입증돼야 하고, 이를 입증하지 못할 경우 법원은 법인에 대해 형사 책임을 물을 수 없게 된다. 최근 대법원도 현행 양벌 규정의 단서 조항이 입증 책임의 전환 규정이 아님을 분명히 밝히면서 법인이 주의 감독 의무를 게을리 했음을 검사가 입증해야 하는 것임을 확인해주고 있다.[63]

2) 소극적 표현을 통한 법인 처벌을 위한 필요조건

현행 양벌 규정의 단서 조항이 법인의 주의 감독 의무 위반이라는 불법 요건을 법인 처벌을 위한 적극적인 요건으로 규정하지 않고, '~ 없으면 벌하지 아니한다'는 형식으로 규정하고 있음은 입법 기술상 중요한 의미를 가지고 있다. 즉, 어떤 요건이 충족되지 않을 것을 조건으로 처벌하지 않는다는 형식은 그 요건을 법인 불가벌의 소극적인 요건으로 규정하고 있는 것이지, 그 요건이 단순한 면책 조항이 아님을 의미하는 것이다. 이 점은 대부분의 형법전의 가벌성 요건도 원칙적으로 '~ 없으면 벌하지 아니한다'고 소극적으로 표현돼 있음에서도 알 수 있다.

이러한 관점에서 보면, 양벌 규정의 단서 조항의 문언에 따르면 법인을 고의범으로는 처벌할 수 없고 과실범으로만 처벌될 수 있을 뿐이라고 해석하면서 입법자의 실책 운운하는 견해[64]는 가벌성 요건을 적극적으로 규정하는 입법 기술과 소극적으로 규정하는 입법 기술의 차이를 간과하고 있다. 현행 양벌 규정의 단서 조항의 소극적인 규정 형식에 한계가 있다고 하면서, 직접적이고 적극적인 형태로 법인의 책임 근거를 구성 요건에 설정하는 방안이 검토돼야 한다는 견해[65] 역시 소극적 표현 형식의 의의를 과소평가한 것으로 보인다. 양벌 규정의 단서 조항의 법인 처벌 방식이 법인에게 요구된 어떤 의무나 책무를 법인이 적극적으로 다하지 못했을 때 법인을 처벌한다는 식으로 규정하지 않고, 일정한 의무나 책무를 다했으면(즉, '정상의 주의와 감독을 게을리 하지 않았을 경우') 가벌성이 탈락된다는 식으로 소극적으로 규정한 것은 그 의무나 책무가 가벌성 요건의 필요조건일 뿐 충분조건은 아님을 선언하는 의미를 가지고 있기 때문이다.[66]

3) 단서 조항에 포섭 가능한 행위

단서 조항이 법인 처벌 근거를 소극적으로 표현한 것으로 이해한다면, 단서 조항에 포섭될 수 있는 법인의 행위는 과실에 국한되지 않는다. 최소한 과실이라도 없으면 법인을 처벌할 수 없음을 선언하고 있는 것일 뿐이다. 이러한 점에서 보면 대법원과 헌법재판소가 법인의 형사 책임을 과실범으로 이해 – 했거나 – 할 수 있는 여지를 주고 있긴 해도,[67] 양벌 규정의 입법자는 법인을 고의범으로도 처벌할 수 있는 가능성을 열어둔 것으로 이해할 수 있다. 즉, 법인이 종업원의 위반 행위가 범해지는 것을 알고 일부러 저지하지 않거나 그에 동조한 경우든, 아니면 종업원의 위반 행위가 범해지는 것을 모르는 상태에서 이를 저지하지 못한 것이든 상관없이 그 요구된 주의 및 감독을 다하지 못한 점을 법인 처벌의 근거로 삼고 있기 때문이다. 이에 따르면 양벌 규정은 법인의 과실을 넘어서 고의까지 포섭할 수 있음은 물론, 법인의 부작위뿐 아니라 작위도 포섭할 수 있게 된다.

다른 한편 만약 단서 조항의 '주의 감독 의무 위반' 자체를 법인의 유일하고도 독자적 불법으로 해석한다면, 법인의 불법은 종업원에 의한 결과 반가치적 위반 행위적 불법과 무관하게 오직 '의무 위반'적 불법에 국한되게 된다. 이에 따르면 법인은 주의 의무 위반죄(과실범) 또는 의무에 위반해 종업원의 위반 행위를 방지하지 못한 죄(진정부작위범)로만 처벌되는데 그칠 것이다. 이와 같이 법인의 불법이 순수 과실범 내지 진정부작위범의 불법에 그친다면, 법인에 부과될 법정형도 대표자나 종업원 등의 위반 행위자에게 적용될 법정형보다 훨씬 가벼운 법정형을 예정해 두어야 할 것이다.

그러나 현행의 양벌 규정은 ─ 경우에 따라 법인에 대한 법정형을 가중하고 있는 경우도 있지만 ─ 원칙적으로 법인에 대한 법정형을 종업원이나 대표자에 대해 부과될 것으로 예정돼 있는 법정형과 동일하게 규정하고 있다. 법인의 법정형과 자연인에게 적용될 법정형을 동일한 것으로 규정하고 있는 양벌 규정의 태도는 위반 행위의 불법과 법인의 불법이 원칙적으로 구성 요건적으로 다르지 않음을 인정하고 있는 태도라고 할 수 있고, 위반 행위를 한 자연인과 마찬가지로 법인도 고의범으로 처벌 가능함을 출발점으로 삼고 있다고 평가할 수 있다.[68]

제3절 양벌 규정의 법적 성격과 법인 처벌 모델

지금까지 자연인에 대한 형벌 부과 요건(행위·불법·책임)과의 상응성이라는 관점에서 양벌 규정에 규정된 법인에 대한 형벌 부과 요건을 분석해보았다. 이를 통해 다음과 같은 두 가지 사실을 확인할 수 있었다. 첫째, 법인의 행위와 불법에 관한 한, 양벌 규정은 기본적으로 위반 행위자의 행위와 불법을 법인에게 귀속시키는 귀속 콘셉트를 공통의 법적 프레임으로 삼고 있다. 둘째, 상응성 요구에 관한 한, 현행 양벌 규정은 법인 처벌을 위해 법인의 독자적 불법을 단서 조항에 규정함으로써 종래의 양벌 규정에 비해 상당한 진척을 보여주고 있다.

양벌 규정의 귀속 콘셉트성 확인을 통해 우리는 법인에 적용할 적용 법조와 관련해 중요한 실무상의 결론을 얻을 수 있게 된다. 즉, 법인의 불법과 종업원 등의 위반 행위의 불법이 구성 요건적으로 일치하게 된다는 결론이다. 그러나 이와 정반대되는 해석도 가능하고, 실제로 그러한 해석론을 전개하는 주장도 없지 않다. 앞서 살펴보았듯이 특히 종업원 등의 위반 행위 사례 유형의 경우 양벌 규정의 해석론상 법인의 불법을 종업원의 위반 행위의 불법과 전적으로 무관한 독자적 '과실 불법' 또는 '진정부작위 불법'으로 보는 태도가 그러하다. 이에 따르면 법인의 불법과 종업원 등의 위반 행위의 불법이 구성 요건적으로 서로 달라진다. 즉, 종업원 등의 행위의 불법이 고의이든 과실이든 법인은 언제나 과실범으로만 처벌되고, 종업원 등의 행위가 작위범을 구성하더라도 범인은 언제나 진정부작위범이 된다고 하게 된다. 이와 같이 양벌 규정에 대한 상반된 해석론은 양벌 규정의 기능 및 법적 성격을 전혀 다르게 파악하게 한다.

이하에서는 ― 종래 학계와 실무에서 ― 양벌 규정의 해석론상 등한시됐던 두 가지 쟁점을 정리한다. 먼저 양벌 규정의 법인 처벌의 근거로서 제공하고 있는 두 가지 서로 다른 정보, 즉 자연인의 위반 행위와 관련한 정보와 법인 자체에 대해 요구되는 정보를 기초로 삼아 양벌 규정의 법적 성격을 규명한다(이하 I). 이를 기초로 삼아 양벌 규정상 위반 행위의 불법과 법인의 불법이 어느 정도 상호 의존적인 것인지를 확인함으로써, 양벌 규정이 어떤 법인 처벌 모델에 입각하고 있는지를 진단해본다(이하 II).

I. 양벌 규정의 법적 성격

1. 양벌 규정의 법적 성격의 의의와 논의의 실마리

1) 양벌 규정의 기능과 법적 성격

양벌 규정의 본문상의 '자연인의 위반 행위'와 단서 조항의 '법인의 상당한 주의와 감독 의무 위반'(이하 '감독 의무 위반')의 관계는 어떻게 이해할수 있는가? 먼저 자연인의 위반 행위가 법인 처벌의 근거로 결정적인 의미가 있고, 법인의 감독 의무 위반은 부차적인 의미밖에 없는 것으로 해석할 수 있다. 이러한 해석은 양벌 규정이 법인 처벌을 위해 기본적으로 귀속 콘셉트에 따르고 있다는 해석과 궤를 같이 한다. 이러한 해석에 따르면 법인 처벌에 있어서 양벌 규정이 자연인의 위반 행위의 불법을 법인의 불법으로 '귀속'시키는 기능을 하는 것이 된다. 양벌 규정의 기능을 이렇게 이해하면 결국 양벌 규정에 대해서 '귀속 규범으로서의 성격'이 부연된다.[69]

이와 달리 자연인의 위반 행위가 아니라 법인의 감독 의무 위반이 법인 처벌에서 결정적인 의미를 가지는 것으로 해석할 수도 있다. 이에 따르면 자연인의 위반 행위는 법인 처벌을 위한 단순한 연결 고리나 계기로서의 의미만 가질 뿐이고, 법인은 자신의 감독 의무 위반을 근거로 삼아 비로소 처벌되는 것이 된다. 감독 의무 위반이 독자적이고도 유일한 법인 처벌 근거라고 보는 해석 태도를 취하게 되면, 결국 법인 처벌의 근거를 규정하고 있는 양벌 규정은 자연인의 위반 행위와는 무관하게 법인에게 적용될 구성 요건을 새롭게 창설하는 기능을 하는 것이라고 할 수 있다. 이에 따르면 결국 양벌 규정에 대해 법인에게 적용될 '구성 요건을 창설하는 규범으로서의 성격'을 부여할 수 있게 된다.

2) 양벌 규정의 법적 성격 규명의 실익

양벌 규정이 어떤 법적 성격을 가진 것으로 해석되는가에 따라 법인에 대해 형사 책임을 인정하는 법적 근거나 기준이 전혀 달라진다. 먼저 양벌 규정이 '귀속 규범'적 성격을 가지는 것으로 해석된다면, 법인 처벌의 근거나 기준은 자연인의 위반 행위가 된다. 반면 양벌 규정의 법적 성격이 '구성 요건 창설 규범'적 성격을 가지는 것으로 해석된다면, 법인 처벌은 양벌 규정이 정하는 바에 따라 독자적으로 정해지게 된다. 전자의 해석 태도에 따르면 양벌 규정의 법인 처벌 요건은 자연인의 위반 행위를 법인에게 귀속시킨다는 귀속 조건으로만 이해된다. 반면 후자의 해석 태도에 따르면 양벌 규정의 법인 처벌 요건을 법인의 행위성뿐 아니라 법인의 독자적인 불법을 근거 지우는 요소로 이해할 수 있다.

양벌 규정의 법적 성격을 어떻게 파악할 것인지에 따라 법인 처벌과 관련해 실무적 차원에서 제기될 수 있는 많은 법적 쟁점의 결론도 달라진다. 법인에게 인정되는 구성 요건적 불법이 달라지기 때문이다. 우선 공소장과 형사 판결문상에 기재돼야 할 적용 법조가 달라진다. 뿐만 아니라 자연인의 위반 행위가 미수에 그친 경우에는 법인도 미수범으로 처벌될 수밖에 없다고 할 수도 있고, 법인은 위반 행위의 미수 기수와 무관하게 독자적으로 기수로 처벌된다고 할 수도 있다. 나아가 법인에게 적용될 법정형(벌금형)을 위반 행위를 한 자연인에게 적용될 법정형과 동일한 것으로 규정하고 있는 양벌 규정의 태도가 타당한 것인지도 양벌 규정의 법적 성격을 어떻게 파악할 것인지에 따라 다르게 평가될 수 있다. 양벌 규정의 법적 성격의 차이는 절차법적으로 법인에게 적용될 공소 시효 기간도 달리 파악하게 한다.

3) 논의의 실마리

그럼에도 불구하고 지금까지 우리나라의 실무는 법인에게 어떤 구성 요건이 적용되는지에 대해 명시적으로 밝히지도 않은 채, 법인의 처벌에 관한 실체법적 절차법적 쟁점들을 해결해오고 있다. 형법 이론학에서도 이러한 실무의 모호한 태도에 대해 아무런 지적을 하고 있지 않다. 양벌 규정의 법적 성격이라는 제목의 문헌이 드물게 등장하기도 했지만, 법인에게 적용될 구성 요건 규명과 결부된 양벌 규정의 법적 성격에 관한 차원의 문제 제기는 전혀 없었다. 무과실 책임설 또는 과실 책임설 등 법인 처벌의 근거에 관한 논의 상황을 소개하고 그에 대한 태도 표명에 그쳤을 뿐이었다.

그러나 2007년 헌법재판소의 결정 및 그에 따른 양벌 규정의 단서 조항에 대한 개정이 이뤄진 이후 양벌 규정의 법적 성격 규명은 더 이상 간과돼서는 안 될 해석론상의 과제가 됐다. 예컨대 감독 의무 위반을 법인의 '독자적' 불법 요소로 이해한다면, 양벌 규정은 자연인의 위반 행위의 불법과 무관하게 법인의 독자적 과실 불법이나 진정부작위 불법을 창설하는 규범으로서 자리매김돼야 한다. 반면 법인에게 별도로 감독 의무 위반이 요구되지만, 자연인의 위반 행위의 불법이 여전히 법인의 불법으로 귀속되는 것으로 해석하는 한, 양벌 규정의 법적 성격은 귀속 규범으로 파악돼야 한다.

2. 양벌 규정의 법적 성격에 관한 해석론

앞서 법인의 불법과 책임 요소와 관련한 결론에서 확인했듯이 감독 의무 위반의 범죄 체계론상의 지위가 법인에게 인정될 구성 요건적 불법에 영향을 미치고, 이는 다시 양벌 규정의 법적 성격 규명과 직접적으로 관련된다. 하지만 양벌 규정의 법적 성격은 이것만으로 규명되지 않는다. 앞서 언급했듯이 단서 조항에서 법인에 대한 처벌 근거로 새롭게 들어온 '감독 의무 위반'은 종업원 등의 위반 행위 사례 유형에 대해서만 요구되고, 대표자 위반 행위 사례 유형에 대해서는 요구되지 않는 것으로 해석되고 있기 때문이다. 이와 같이 양벌 규정이 법인 처벌을 위해 사례 유형별로 각기 다른 실체 요건을 요구하고 있기 때문에 그 법적 성격도 사례 유형별로 구분해 평가해야 한다.

1) 대표자 위반 행위 사례 유형을 규정하고 있는 부분

양벌 규정의 이 부분은 동일시 이론을 기초로 삼아 해석되기 때문에, 자연인의 위반 행위의 불법과 책임이 모두 법인에게 귀속되고, 따라서 위반 행위의 주체인 대표자가 실현한 불법과 법인이 실현한 불법이 '구성 요건'적으로 일치한다는 결론이 도출된다. 이와 같은 법인 처벌의 구조는 협의의 공범의 경우 정범이 실현한 구성 요건이 공범자에게 그대로 종속되는 것과 유사한 구조를 가진다. 형벌 확장 사유인 공범 규정이 ― 공범 종속성 중 제한 종속 형식설에 따를 때 ― 정범의 불법을 공범에게 '종속'시키는 기능을 하듯이 양벌 규정도 대표자가 실현한 불법을 일정한 요건 하에 법인에게 귀속시키는 기능을 하는 것이다.

물론 양벌 규정의 귀속 규범성과 공범의 귀속 규범성이 구조적이거나 규범적인 차원에서 유사성을 가지지만 다른 점도 있다. 예컨대 공범에 관한 규정은 책임 개별화 원칙에 따라 책임까지 귀속시키지 않지만, 양벌 규정은 대표자가 실현한 책임까지도 법인의 책임으로 귀속시킨다. 뿐만 아니라 공범 성립을 위해서는 정범의 불법에 대한 고의가 있어야 하지만, 양벌 규정의 적용상 법인 처벌을 위해서는 법인에게 고의는 물론이고 과실도 요하지 않는다. 요컨대 대표자 위반 행위 사례 유형을 규정하고 있는 양벌 규정의 전단 부분은 법인의 독자적 불법이나 독자적 책임을 요구하지 않을 뿐 아니라 대표자의 위반 행위의 불법과 책임을 모두 법인에게 귀속시키는 근거로 기능한다. 따라서 이 부분에 관한 한, 양벌 규정은 법인 처벌을 위한 '귀속 규범적 성격'을 가지는 것으로 이해할 수 있다.

2) 종업원 등의 위반 행위 사례 유형을 규정하고 있는 부분

가) 2007년 이전

학계는 법인의 불법이 종업원 등의 위반 행위의 구성 요건적 불법과 어떤 관계에 있는 것인지에 대한 문제의식 자체가 없었다. 현실 사례와 직접 결부시켜 양벌 규정의 해석론을 전개하지 않았기 때문에, 양벌 규정의 기능이나 법적 성격에 관한 관심도 없었다. 이와 달리 실무에서는 현실적인 법 적용의 문제에 봉착해 양벌 규정의 법적 성격에 관한 태도의 일단을 — 간접적으로나마 — 드러냈다. 당시 대법원은 자연인의 위반 행위가 친고죄에 해당하는 경우, 양벌 규정의 해석상 자연인의 위반 행위와 법인의 불법과의 관계를 다음과 같이 밝혔다.

"고소는 범죄의 피해자 또는 그와 일정한 관계가 있는 고소권자가 수사 기관에 대해 범죄 사실을 신고해 범인의 처벌을 구하는 의사 표시이므로, 고소인은 범죄 사실을 특정해 신고하면 족하고, 범인이 누구인지 나아가 범인 중 처벌을 구하는 자가 누구인지를 적시할 필요도 없는 바, 저작권법 제103조의 양벌 규정은 직접 위법 행위를 한 자 이외에 아무런 조건이나 면책 조항 없이 그 업무의 주체 등을 당연하게 처벌하도록 돼 있는 규정으로서 <u>당해 위법 행위와 별개의 범죄를 규정한 것이라고는 할 수 없으므로</u>(밑줄은 필자에 의한 것임), 친고죄의 경우에 있어서도 행위자의 범죄에 대한 고소가 있으면 족하고, 나아가 양벌 규정에 의해 처벌받는 자에 대해 별도의 고소를 요한다고 할 수는 없다."(대법원 1996. 3. 12. 선고 94도2423 판결).

대법원은 위 판시 내용에서 종업원의 위반 행위에 대해 고소가 있으면 법인 등에 대해 별도의 고소가 없어도 된다는 결론을 내리고 있다. 대법원은 이러한 결론을 양벌 규정이 자연인에 의해 범해진 위반 행위(위의 당해 위법 행위)와 법인의 범죄가 동일한 범죄로 취급되는 것이라는 확인을 통해 뒷받침하고 있다. 바로 여기에 당시 대법원이 양벌 규정의 법적 성격을 어떻게 파악하고 있는지 추론할 수 있게 해주는 단서가 있다. 법인이 범한 불법(범죄)이 자연인의 위반 행위와 별개의 것이 아니라고 말하고 있는 대목에서 양자의 불법이 구성 요건적으로 일치하는 것임을 인정하고 있다고 볼 수 있기 때문이다. 이 점은 양벌 규정을 통해 법인에 대한 '독자적 구성 요건'이 창설되는 것이 아님을 확인해주는 단서가 된다. 달리 말하면, 대법원은 양벌 규정의 법적 성격을 종업원의 위반 행위의 불법을 법인의 불법으로 인정하기 위한 '귀속 규범'으로 보고 있는 것이다.

종래 면책 조항조차 규정돼 있지 않았던 배경 하에서는 양벌 규정의 해석상 양벌 규정의 귀속 규범성을 인정할 수는 있다. 하지만 그 법적 성격에 대한 해석론의 당부는 차치하고서라도 위와 같은 대법원의 최종 결론이 타당한지에 대해서는 여전히 의문이 남는다.

즉 절차법적인 소추 조건까지 양벌 규정을 통해 자연인의 조건이 법인에게 귀속되는 것이라고 말할 수 있을지가 의문인 것이다. 친고죄의 경우 형사 처벌을 위한 절차법적 요건인 고소 제기가 처벌이 이뤄지는 각 주체별로 별도로 있어야 하는바, 자연인과 법인이 법적으로 독자적인 인격적 주체인 이상 고소도 인격체별로 별도로 제기돼야 할 것이기 때문이다. 따라서 법인에게 별도의 고소 제기가 요구되지 않는다고 하려면 공범자 중 일인에 대한 고소의 효력이 다른 공범자에게도 미친다는 것과 유사한 소송법적인 규정(주관적 고소 불가분 원칙)이 자연인과 법인 간에도 인정된다는 별도의 규정이 있어야 할 것이다. 실체법적 요건이 아닌 절차법적인 요건까지 법인에게 귀속시킨다는 점을 양벌 규정은 명시하고 있지 않기 때문이다.

나) 2007년 이후

하지만 2007년 헌법재판소에 의해 요구된—종업원 등의 위반 행위 사례 유형의 경우—법인 처벌을 위한 추가적 요건이 반영되기 전의 양벌 규정(이하 구 양벌 규정이라 부른다)의 경우와는 달리, 2007년 이후 단서 조항에 법인 처벌을 위한 추가적 요건이 일괄적으로 새롭게 규정된 양벌 규정(이하 현행 양벌 규정이라 부른다)에 대한 법적 성격은 달리 해석될 가능성이 있다. 현행의 양벌 규정을 적용하고 있는 다음의 판결 내용을 보자.

"저작권법 제140조 본문에서는 저작 재산권 침해로 인한 같은 법 제136조 제1항의 죄를 친고죄로 규정하면서, 같은 법 제140조 단서 제1호에서 영리를 위해 상습적으로 위와 같은 범행을 한 경우에는 고소가 없어도 공소를 제기할 수 있다고 규정하고 있는데, 같은 법 제140조 단서 제1호가 규정한 '상습적으로'라고 함은 반복해 저작권 침해 행위를 하는 습벽으로서 행위자의 속성을 말하고, 이러한 습벽 유무를 판단할 때에는 동종 전과가 중요한 판단 자료가 되나 범행의 횟수, 수단과 방법, 동기 등 제반 사정을 참작해 저작권 침해 행위를 하는 습벽이 인정되는 경우에는 상습성을 인정해야 한다. 한편 같은 법 제141조의 양벌 규정을 적용할 때에는 <u>행위자인 법인의 대표자나 법인 또는 개인의 대리인·사용인 그 밖의 종업원의 위와 같은 습벽 유무에 따라 친고죄 해당 여부를 판단해야 한다</u>(밑줄은 필자에 의한 것임)." (대법원 2011.9.8.선고2010도14475판결[70]).

위 판결은 원래는 친고죄에 해당하지만 상습성이 인정되면 비친고죄로 바뀌는 구성 요건의 경우 자연인에게 상습성이 인정되면 법인에게도 —상습성의 인정 여부와 무관하게 그리고 법인의 상습성 여부를 판단 가능 여부와 무관하게— 그 바뀐 비친고죄의 구성 요건이 적용되는 것임을 인정하고 있다. 이에 따르면 상습성이 인정되는 자연인에게 적용될 구성 요건이 법인에 대해서도 적용되는 것이다. 친고죄를 비친고죄로 만드는 상습성의 법적 효력이 법인에게도 그대로 인정될 수 있음을 선언한 이 판결은 그 법적 근거를 어디에서 구하고 있는가? 법인 처벌과 관련해서는 양벌 규정 외에는 다른 법적 근거가 없으므로 대법원도 당연히 양벌 규정을 근거로 삼지 않을 수 없을 것이다. 하지만 양벌 규정 어디에도 대표자와 법인 간에 적용될 구성 요건의 변환 효과를 명문화하고 있는 부분은 존재하지 않는다.

양벌 규정의 귀속 규범적 성격을 전제로 하면 이러한 근거 지움이 가능한가? 일단은 그렇다고 말할 수 있다. 법인과 자연인에게 적용될 구성 요건적 불법의 일치성이 인정되는 한, 자연인에게 적용될 구성 요건을 법인에게도 그대로 적용하는 것이 귀속 규범설의 이론적 귀결이기 때문이다. 위 판결에서 문제된 사안은 양벌 규정의 법적 성격이 귀속 규범이라는 점에 이견이 없는 경우, 즉 위반 행위의 자연인 주체가 대표자인 경우이므로 그 결론에 대해서도 이견이 있을 수 없다. 하지만 양벌 규정의 법적 성격에 관한 대법원의 태도를 보다 정밀하게 들여다보기 위해서는 대법원이 위반 행위의 자연인 주체가 대표자가 아니라 종업원 등인 경우에도 위와 같은 결론을 그대로 유지할 것인지를 확인해야 한다.

만약 대법원이 구 양벌 규정 하에서와 같이 현행 양벌 규정 하에서 ─종업원 등의 위반 행위 사례 유형에 대해서도─ 양벌 규정의 귀속 규범성을 긍정한다면, 자연인의 불법과 법인의 불법이 구성 요건적으로 일치하는 것이므로, 위와 같은 결론은 그대로 유지될 수 있을 것이다.[71] 위반 행위자가 대표자 이외 종업원 등인 경우까지 법인에게 적용될 구성 요건 변환 효과를 인정하고 있는 위 대법원 판시 내용도 원칙적으로 이 점을 긍정하고 있는 듯하다. 위 판시 내용에 의하면 ─사안의 해결과 관련해서가 아니라 일반론적인 판단 기준과 관련해─ 법인에게 적용될 구성 요건이 친고죄인지 아닌지 여부는 "행위자인 법인의 대표자나 법인 또는 개인의 대리인·사용인 그 밖의 종업원의 위와 같은 습벽 유무"가 기준이 되는 것이라고 하는바, 여기에는 법인에게 적용될 구성 요건은 위반 행위를 한 자연인에게 적용될 구성 요건이 기준이 되는 것이라는 논리가 바탕에 깔려 있기 때문이다.

다시 말하면 위 판시 내용에서 대법원은 위반 행위의 자연인 주체가 대표자인 경우와 그 밖의 종업원인 경우 차별 없이 위반 행위를 한 자연인에게 적용될 구성 요건을 기준으로 삼아 그것이 그대로 법인에게도 적용된다고 한다. 요컨대 위 판시 내용을 가지고 미뤄 짐작하면 대법원은 현행 양벌 규정 하에서도 사례 유형별로 차등 없이 ─적어도 불법 귀속은 인정하고 있으므로─ '귀속 규범적 성격'을 출발점으로 삼고 있는 것으로 평가할 수 있다.

다) 귀속 콘셉트와 귀속 범위의 차이

2007년 이후 개정된 현행 양벌 규정의 해석상 종업원 등이 위반 행위를 한 경우를 규정한 양벌 규정 부분에 대해서도 양벌 규정의 귀속 규범적 성격을 인정하지 않을 수 없는 이유로 다음의 두 가지 이유를 들수 있다.

첫째, 종업원 등의 위반 행위가 법인에게 '귀속'되는 것으로 보지 않으면, 법인의 행위성 문제를 해결할 수 없다. 양벌 규정의 체계 일관성을 유지하기 위해서 해석론상 부득이 하게 종업원 등의 위반 행위 사례 유형의 경우에도 법인의 행위 주체성은 부정할 수밖에 없고, 법인의 행위 주체성이 부정되는 한, 귀속 방식이 필연적으로 동원되지 않으면 안되는 것이다. 동일시 이론이 기초돼 있지 않은 종업원 등의 위반 행위사례 유형의 경우에도 기본적으로 불법은 귀속한다는 차원에서 '약한의미의 귀속'을 인정해야 하는 것은 바로 이 때문이다. 둘째, 단서 조항의 해석상 종업원 등의 위반 행위에 드러난 결과 불법과 법인의 감독의무 위반이라는 독자적 행위 불법을 결합시키기 위해서는 기본적으로귀속 콘셉트에 따르지 않으면 안 된다. 공범 종속성의 원칙과 같이 종업원 등의 위반 행위의 불법을 종속시키지 않는다면 법인에게 적용될구성 요건을 확정할 수 없게 되기 때문이다.

그러나 양벌 규정의 종업원 위반 행위 사례 유형을 규정하고 있는부분은 대표자 위반 행위 사례 유형을 규정하고 있는 부분과는 달리 책임 귀속까지는 인정되기는 어렵다. 따라서 대표자 위반 행위 사례 유형의 경우와 마찬가지로 '진정한' 귀속 규범적 성격을 가진 것이라고 말수 없다. 뿐만 아니라 종업원 등의 위반 행위 사례 유형의 경우 법인의불법은-대표자 위반 행위 사례 유형의 경우와 마찬가지로-종업원의위반 행위의 불법과 구성 요건적으로는 일치되기는 하지만, 그 불법의양에 있어서는-대표자 위반 행위 사례 유형의 경우와 달리-등가 관계가 부정된다. 종업원 등의 위반 행위 사례 유형의 경우는 법인의 불법이 종업원 등의 위반 행위의 불법만으로 구성되지 않고, 감독 의무 위반이라는 법인 자체의 불법이 추가되기 때문이다.

이러한 점을 고려하면, 종업원 등의 위반 행위 사례 유형의 경우 양벌 규정은 '부진정' 귀속 규범이라고 할 수 있다. 그러나 귀속 콘셉트에 따르는 한, 어떤 경우이든 — 종업원 등의 위반 행위가 법인의 불법과 내적 연관성을 가지는 것을 인정해야 하므로 — 종업원의 위반 행위를 법인 처벌을 위한 '단순한 결과' 내지 '객관적 처벌 조건'만으로 취급해서는 안 된다. 앞에서 언급했듯이 종업원 등의 위반 행위가 법인 처벌에 있어서 수행하는 중요한 기능은 법인에게 적용될 '구성 요건'을 매개해 주는 기능을 수행해야 하기 때문이다.

3. 양벌 규정의 법적 성격과 법인 처벌에 미치는 영향

양벌 규정의 법적 성격을 '귀속' 규범으로 해석하는 한, 위반 행위를 한 자연인에 대해 적용되는 구성 요건이 그대로 법인에게 적용되는 것으로 보아야 하는 데는 사례 유형별로 차이가 없다. 이에 따르면 법인에 대한 처벌과 관련된 실체법적 효과와 일부 절차법적 효과가 자연인의 위반 행위 구성 요건의 '기준'에 따라 달라진다. 이하에서는 양벌 규정의 법적 성격을 귀속 규범으로 보게 될 경우 법인 처벌에 어떤 영향을 미치는지 법인에 적용될 '법정형'에 국한해 구체적으로 살펴본 후, 나머지 다른 쟁점에 대해서는 개괄적인 수준에서 정리해보기로 한다.

1) 귀속 규범적 성격의 도그마틱적 의의

양벌 규정이 법인에게만 적용될 새로운 구성 요건(행위 규범)을 창설하는 근거 규정이 아니라 자연인의 위반 행위의 불법과 책임을 법인에게 귀속시켜주는 근거 규정이라면, 실체법적 요건과 절차법적 요건이 모두 자연인의 위반 행위를 기준으로 결정된다. 법인이 범한 불법이 자연인이 범한 불법과 동일한 것이 되므로, 자연인이 고의범이면 법인도 고의범으로, 자연인이 과실범이면 법인도 과실범으로 처벌된다. 뿐만 아니라 법인이 미수범으로 처벌될 것인지 기수범으로 처벌될 것인지도 자연인의 위반 행위가 미수인지 기수인지에 따라 결정된다.

더 나아가 가담 형태의 문제도 자연인의 위반 행위를 기준으로 삼아 해결할 수 있다. 예컨대 만약 A법인의 종업원 갑의 위반 행위에 B법인의 종업원 을이 공범 또는 공동정범으로 가담한 경우 자연인 갑과 을 사이에 공범 또는 공동정범 관계가 성립되면, A법인과 B법인 간에도 공범 또는 공동정범이 인정될 수 있게 된다.[72] 공소시효 역시 자연인의 위반 행위에 대한 공소시효가 기준이 된다. 따라서 자연인에 대한 공소시효가 완료되면 법인에 대한 공소시효도 완료된다. 뿐만 아니라 자연인에 대한 위반 행위가 친고죄에 해당하면, 법인에 적용될 구성 요건도 친고죄에 해당하게 된다. 다만 이 경우 위반 행위를 한 자연인의 친고죄 범죄에 대한 고소가 있으면 법인에 대한 고소는 별도로 제기되지 않아도 무방한지는 별개 차원의 문제이다.[73]

2) 양벌 규정의 법적 성격과 법인에 대한 법정형의 문제

가) 불법과 법정형의 관계

양벌 규정의 법적 성격은 법인에 대해 적용될 법정형에 결정적인 영향을 미칠 수 있다. 법인에 대해 부과될 법정형이 종업원의 위반 행위의 불법의 양을 기준으로 해야 할 것인지, 아니면 법인의 독자적 불법의 양을 기준으로 할 것인지는 결국 양벌 규정의 법적 성격이 결정하기 때문이다. 물론 거꾸로 양벌 규정에 반영된 법인에 대한 법정형을 양벌 규정의 법적 성격에 관한 해석론적 결론을 도출할 논거의 하나로 삼을 수는 있다. 왜냐하면 도그마틱적으로 볼 때 법정형의 크기에 영향을 미치는 것은 불법의 크기인데, 만약 양벌 규정이 법인에 대한 법정형을 자연인의 위반 행위의 법정형과 동일하게 예정하고 있다면, 이를 근거로 삼아 법인에 대한 법정형을 결정하는 기준이 자연인의 위반 행위이고, 따라서 양벌 규정은 귀속 규범적 성격을 가진 것이라고 추론할 수 있기 때문이다.

하지만 양벌 규정의 법적 성격은 양벌 규정이 법인의 형사 처벌을 위해 어떤 실체 요건을 어떤 방식으로 규율하고 있는지에 따라 달라지는 것이지 법 효과인 법정형이 거꾸로 양벌 규정의 법적 성격을 구속하지는 못한다. 이 때문에 양벌 규정이 법적 성격을 띠는지에 따라 논리적으로 법인에 대한 법정형이 결정되는 것이지 거꾸로 법정형을 가지고 양벌 규정의 법적 성격이 결정되는 것이 아니다.

따라서 법인에 적용될 법정형의 문제에 대한 바람직한 접근 태도를 취하려면, '현행 양벌 규정이 그 법적 성격에 부합하도록 법인에 부과될 법정형을 정해두고 있는가'라는 물음을 묻는 것이 제격일 것이다. 하지만 법인에 대한 법정형의 차등화 또는 법정형의 상향 조정을 주장하는 최근의 입법론이 보여주고 있는 태도는 이와 다르다. 사례 유형별 차이를 염두에 두고 있지 않을 뿐 아니라 불법과 법정형의 상관관계라는 도그마틱적 기준을 제시함 없이 순수하게 형사 정책적 필요성에만 근거하고 있기 때문이다. 이러한 태도는 도그마틱 없는 형사 정책이 가지는 맹목성의 위험을 고려하면 바람직한 태도가 아니다. 이하에서는 양벌 규정의 법적 성격이 사례 유형별로 다르게 파악될 수 있음을 고려해 그 법적 성격과 법정형의 상관관계도 사례 유형별로 나누어 평가해보기로 한다.

나) 양별 규정의 태도
a) 사례 유형별 법정형의 동등화와 차별화

앞서 살펴본 바에 따르면 대표자 위반 행위 사례 유형의 경우 양별 규정의 법적 성격을 이른바 '진정' 귀속 규범으로 파악하는 데 이견이 있을 수 없다. 2007년을 전후로 양별 규정의 성격이 달라진 바도 없다. 이에 따르면 대표자에 대한 법정형과 법인에 대한 법정형은 동등하게 규정돼야 한다.

하지만 종업원 등의 위반 행위 사례 유형의 경우 2007년 이후 법인에 대한 추가적 처벌 근거를 양별 규정에 규정함으로써 양별 규정의 법적 성격을 다르게 파악할 수 있는 계기가 생겼다. 앞에서 결론내린 바와 같이 단서 조항의 해석상 법인의 불법을 혼합적 불법 개념으로 파악하고, 그에 따라 양별 규정의 법적 성격을 '부진정' 귀속 규범으로 이해하면 법인의 불법과 종업원의 불법의 양이 일치되지 않을 수 있다. 법인의 불법은 종업원의 불법과 형식적인 구성 요건의 측면에서는 일치하지만, 감독 의무 위반이라는 법인의 독자적 불법이 추가되므로 양자의 법정형이 그 양적인 측면에서 달라질 수 있기 때문이다.

법인은 법인의 업무 관련적 행위를 하는 종업원 등의 기능 수행을 감독해 그 불법을 방지해야 의무를 가지고 있을 뿐 아니라 그 불법을 예방해야 할 사회적 책무도 가지고 있다. 법인에게 이러한 사회적 책무가 인정되는 이유는 업무 관련적 행위를 하는 종업원의 위반 행위를 통해 생기는 이익의 최종적인 귀속 주체가 법인이기 때문이다. 이와 같이 법인은 종업원에 비해 강화된 불법을 실현하는 법 주체라고 본다면, 정범에 비해 약화된 불법을 실현하는 공범에 비해 법정형의 2분의 1을 감경하는 공범의 경우와는 반대로, 법인에 대해서는 법정형의 가중을 얼마든지 근거 지을 수 있다.[74]

b) 실무와 최근의 입법 경향에 대한 평가

만약 — 종업원 등의 위반 행위 사례 유형의 경우 일부 학설과 실무의 태도와 같이 — 양벌 규정의 법적 성격을 법인에게 적용될 과실범의 구성 요건을 창설하는 규범으로 인정한다면, 과실범에 불과한 법인의 법정형을 자연인 위반 행위의 법정형에 비해 오히려 심각하게 하향 조정해야 할 것이다. 그러나 이러한 방향은 법인에 대한 법정형을 자연인에 대한 법정형과 동일하다고 규정하고 있는 대부분의 양벌 규정의 태도와도 부합하지 않을 뿐 아니라, 법인에 대한 법정형을 상향 조정하고 있는 최근의 몇몇 양벌 규정의 태도와도 정면으로 배치된다. 뿐만 아니라 이러한 태도는 기업 범죄에 대한 예방 차원 및 기업의 사회적 책임의 중대성을 고려해 법인에 대한 법정형을 상향 조정하자는 형사 정책적 요청에도 부응하기 어렵다.

법인에 대한 법정형을 상향 조정하고 있는 최근의 양벌 규정은 양벌 규정의 법적 성격과 법정형의 상관관계에 관한 도그마틱을 제대로 반영하고 있는가? 최근 법정형을 상향 조정하고 있는 양벌 규정은 위반 행위의 주체가 누구인지와 무관하게 일괄적으로 법정형을 상향 조정하고 있다.[75] 따라서 이러한 태도 역시 대표자가 위반 행위의 주체인 경우와 종업원 등이 위반 행위의 주체인 경우 양벌 규정의 법적 성격이 달라질 뿐 아니라 그에 따라 불법의 동등성과 차별성이 인정될 수 있음을 고려하지 못한 태도라고 할 수 있다.

c) 양벌 규정의 법적 성격을 반영한 법정형의 모습

사례 유형별로 양벌 규정의 법적 성격을 달리 파악하면 법인에 대한 법정형도 그에 따라 다르게 규정돼야 한다. 특히 양벌 규정의 법적 성격에 따라 법인에 의해 실현된 불법이 달라지는 것임을 반영하려면 종업원 등의 위반 행위 사례 유형의 경우에만 법인에 대한 법정형을 상향 조정해 종업원 등에 대한 법정형과 차별화하고, 대표자가 위반 행위를 한 경우에는 법인에 대한 법정형과 대표자에 대한 법정형을 동등하게 규정하는 원칙론을 유지해야 할 것이다.[76] 그러나 앞서 설명했듯이 법인이 이익귀속 주체로서 기본적으로 불법을 방지하고 예방해야 할 사회적 책무를 가지고 있음을 근거로 삼아 법인에게 독자적 불법이 추가적으로 인정되는 것으로 해석되거나 개선 입법이 이뤄진다면 대표자 위반 행위 사례 유형의 경우에도 법인에 대한 법정형 가중을 인정할 수도 있을 것이다.

II. 법인 처벌을 위한 다양한 입법 모델과 양벌 규정의 입법 모델

양벌 규정의 법적 성격은 양벌 규정이 법인 처벌을 자연인의 위반 행위에 어느 정도 의존(종속)시키고 있는지를 가늠케 한다. 대표자 위반 행위 사례 유형의 경우와 같이 진정 귀속 규범적 성격이 인정되면 법인 처벌은 자연인의 위반 행위에 전적으로 의존(종속)하므로 자연인의 위반 행위가 범죄 성립의 모든 요소를 충족시키지 못한 경우 법인을 처벌할 수 없게 된다. 종업원 등의 위반 행위 사례 유형의 경우를 부진정 귀속 규범으로 해석한다면, 위반 행위가 최소한 위법성까지는 인정돼야 법인 처벌이 가능해진다. 반면 양벌 규정의 법적 성격을 구성 요건 창설 규범으로 본다면, 위반 행위가 범죄 성립의 요건을 모두 갖출 필요는 없고, 법인은 자신의 독자적 불법과 책임에 근거해 처벌받는다.

양벌 규정의 법적 성격에 관한 해석론적 결론은 양벌 규정의 적용 차원을 넘어 장차 입법자가 법인 처벌을 위한 새로운 규범을 만들 경우 중요한 입법적 지침을 제공해주기도 한다. 법인 처벌을 위해 위반 행위에 요구되는 실체 요건과 법인에 요구되는 실체 요건의 상호 의존 관계에 대해 결단 내리고, 그 각각의 요건을 구체적으로 어떻게 규정해야 할 것인지에 관한 구체성 있는 입법 구상의 기초가 되기 때문이다. 이하에서는 입법자가 이러한 구상을 하는 데 먼저 ─ 현행의 양벌 규정의 해석과 무관하게 – 일반적인 차원에서 법인 처벌을 위해 어떤 입법 모델을 상정해볼 수 있는지 스케치 한 후, 우리나라 양벌 규정이 어떤 입법 모델에 입각하고 있는지, 장차 어떤 입법 모델을 가지고 법인 처벌을 위한 규범 내용을 구상하는 것이 바람직한지를 가늠해본다.

1. 법인 처벌을 위한 입법 모델 일반론

1) 원형으로서의 극단 종속 모델과 순수 독립 모델

입법자가 법인을 형사 처벌하기 위한 근거 규정을 만드는 데 자연인의 위반 행위를 법인에게 귀속시키는 입법 모델을 취하면, 그러한 형벌 법규는 진정 귀속 규범적 성격을 가지게 된다. 귀속 규범적 성격을 가지는 형벌 법규는 자연인의 위반 행위를 법인에게 귀속시키기 위한 귀속 조건 외에 법인에 대한 실체 요건을 아무것도 요구할 필요가 없다. 하지만 그 대신에 자연인의 위반 행위는 구성 요건에 해당하고 위법하고 책임 있는 행위가 될 것이라는 높은 질적 수준을 요구할 수밖에 없게 된다. 위반 행위에 대해 요구되는 모든 요건을 법인에게 귀속시키는 입법 모델은 법인 처벌이 자연인의 위반 행위에 전적으로 '종속'되는 방식을 띠게 되므로, 이를 '극단 종속 모델'이라고 부를 수 있다(진정 귀속 규범설=극단 종속 모델).

반면 법인 처벌을 근거 지우는 형벌 법규가 법인에 적용될 독자적인 구성 요건을 만들어주는 입법 모델을 취하게 되면, 그러한 형벌 법규는 구성 요건 창설 규범적 성격을 가지게 된다. 구성 요건 창설적 성격을 가지는 형벌 법규는 법인 처벌을 자연인의 위반 행위에 의존시키거나 자연인의 위반 행위를 법인에게 귀속시키지 않는다. 그 대신에 법인 처벌을 근거 지우기 위해서는 법인에 대한 실체 요건을 자연인에 형벌을 부과할 경우와 전적인 상응성을 유지하도록 정밀하게 만들어야 한다. 이러한 형벌 법규는 법인 처벌을 자연인의 위반 행위와 전적으로 '독립'시켜 법인에 대한 처벌 요건만을 근거로 삼아 법인을 처벌하는 방식에 따르게 되므로, 이를 '극단 독립 모델'이라고 부를 수 있다(구성 요건 창설 규범설=극단 독립 모델).

종속 모델적 입법 방식을 취하면서도 법인 처벌을 자연인의 위반 행위에 어느 정도로 종속시킬 것인지에 따라 위반 행위에 요구되는 요건과 법인에 요구되는 요건을 각기 다르게 규정할 수도 있다. 반면에 독립 모델적 입법 방식을 취하면서도 법인에 요구되는 요건을 자연인의 위반 행위와 어느 정도로 독립시킬 것인지에 따라 법인 처벌의 요건을 다르게 규정할 수도 있다. 이와 같이 극단 종속 모델과 극단 독립 모델의 사이에 존재할 수 있는 다양한 스펙트럼에 따라 다음과 같은 변형 모델에 입각한 법인 처벌 규정들이 만들어질 수도 있다.

2) 종속 모델과 독립 모델의 변형 형태

자연인의 위반 행위와 법인에 대한 독자적 처벌 요건을 결합해 법인 처벌을 근거 지울 수 있다. 이러한 결합 방식은 기본적으로 자연인의 위반 행위를 매개로 삼으면서도 법인에 추가적 처벌 요건을 요구하는 입법 형식으로 만들어진다. 이 경우 법인에 요구되는 추가적 처벌 요건의 법적 지위를 어떻게 설정하느냐에 따라 그리고 법인 처벌을 자연인의 위반 행위에 어느 정도로 종속시키는가에 따라 법인을 처벌하는 규범의 성격과 처벌 모델이 달라진다.

가) 추가적 처벌 근거를 법인의 책임 요소로 만드는 경우

먼저 법인 처벌을 위한 추가적 요건을 법인의 불법 요소가 아니라 법인의 독자적 책임 비난을 근거 지우는 요소로 만들 수 있다. 이에 따르면 법인 처벌을 위해서는 법인의 불법을 근거 지워야 하는바, 이 경우 자연인의 위반 행위의 불법을 매개로 삼아 법인의 불법을 근거 지우는 입법 방식을 취할 수 있다. 이러한 입법 방식은 결국 법인 처벌을 근거 지우기 위해서는 자연인의 위반 행위가 책임까지 인정될 필요는 없지만 적어도 불법 요소까지는 충족해야 할 것을 요구한다. 이에 따르면 책임은 자연인의 책임과 법인의 책임이 각각 독자적 요소에 의해 근거 지워지지만 불법은 자연인의 위반 행위의 불법을 법인의 불법에 종속시켜야 한다. 이러한 규정 방식은 법인의 불법과 책임 모두 자연인의 위반 행위의 불법과 책임에 종속하는 극단 종속 모델과 달리 자연인의 위반 행위의 불법만 법인에게 종속되므로 '제한 종속 모델'이라고 할 수 있다.

나) 추가적 처벌 근거를 법인의 불법 요소로 만드는 경우

법인 처벌을 위한 추가적 요건을 법인의 책임 요소가 아니라 법인의 '불법' 요소로 만들 수 있다. 이러한 입법 방식은 법인의 불법의 독자성 정도에 따라 법인 처벌 모델을 기본적으로 종속 모델의 변형 형태로 설계할 수도 있고, 독립 모델의 변형 형태로 설계할 수도 있다.

먼저 법인에 대한 추가적 처벌 근거를 법인의 유일한 불법 요소로 인정하지 않는 입법 방식을 취할 수 있다. 이러한 방식은 기본적으로 법인의 불법은 자연인의 위반 행위를 매개로 삼아 거기에 종속시키면서도 추가적인 불법을 그와 결합시켜 혼합적 불법으로 만든다. 이렇게 되면 법인의 불법을 구성하는 것은 기본적으로 자연인의 위반 행위의 불법이므로 자연인의 위반 행위의 불법과 법인의 불법이 구성 요건적으로

일치되고, 여기서 법인의 독자적 불법은 이 일치되는 구성 요건 속에서 불법을 가중시키는 근거로 삼을 수 있다. 따라서 이러한 입법 방식에 따른 법인 처벌 규정은 기본적으로 귀속 규범적 성격을 띠게 된다. 이러한 토대 위에서 만들어지는 법인 처벌 규범은 법인의 불법이 종속적 불법과 독자적 불법이 혼합적으로 구성되므로, '혼합적 제한 종속 모델'이라고 할 수 있다.

다음으로 법인 처벌을 위한 추가적 요건을 법인의 '독자적' 불법 요소로 삼아 이 요소만 가지고 법인의 불법을 구성하는 입법 방식을 취할 수도 있다. 이러한 방식에 따라 법인 처벌을 근거 지우는 형벌 법규는 – 앞의 종속 모델의 변형 형태와는 달리 – 법인에 적용될 새로운 구성 요건을 근거 지우는 창설적 기능을 하게 된다. 이러한 입법 방식은 법인의 불법을 기본적으로 자연인의 위반 행위의 불법과 독립시키고 있으므로 자연인의 위반 행위와 독립해 법인 처벌을 가능하게 한다. 이 경우 법인 처벌이 자연인의 위반 행위와 어느 정도 독립적으로 이뤄지게 할 것인지는 자연인의 위반 행위의 질적 요건이나 법적 지위를 어떻게 설정할 것인지에 따라 달라진다. 자연인의 위반 행위가 범죄 성립 요건을 갖출 것을 요구하지 않는다는 점에서는 극단 독립 모델과 같지만, 그 위반 행위가 존재할 필요조차 없을 것을 요구하는 극단 모델과 달리 적어도 자연인의 위반 행위가 존재할 것을 요구하는 규범을 만들 수 있다. 이에 따르면 위반 행위에 대해서는 법인 처벌을 위한 '단순한 결과'나 '객관적 처벌 조건'으로서의 지위는 부여된다. 따라서 이러한 입법 방식을 '수정된 독립 모델'이라고 부를 수 있다.

법인 처벌을 위한 다양한 입법 모델의 종속성과 독립성의 정도는 다음과 같다.

행위 불법 책임 | 행위 불법 책임 | 행위 불법 책임 | 위반행위 (객관적 처벌 조건) | ← 자연인

책임 | 불법 책임 | 법인 처벌 요건 | 법인 처벌 요건 | ← 법 인

① 극단 종속　② 제한 종속 모델　③ 혼합적 제한 종속 모델　④ 수정 독립　⑤ 순수 독립 모델

← 종속성 —————————————— 독립성 →

2. 양벌 규정이 입각하고 있는 입법 모델

현행 양벌 규정의 입법 모델은 위의 다섯 가지 입법 모델 가운데 어느 모델에 입각하고 있는가? 양벌 규정의 법적 성격에 대한 해석론을 전개할 경우와 마찬가지로 양벌 규정의 처벌 모델을 평가함에 있어서도 사례 유형별로 나누어 살펴보자.

1) 대표자 위반 행위 사례 유형의 경우

대표자 위반 행위 사례 유형의 경우 양벌 규정이 '극단 종속 모델'에 입각해 있음은 의문의 여지가 없다. 법인에 요구되는 추가적 처벌 요건을 전혀 규정하고 있지 않고, 오직 자연인의 위반 행위에 종속돼 법인에 형벌이 부과된다. 이 경우 자연인 위반 행위는 구성 요건에 해당하며, 위법하고 책임이 인정돼야 한다.

2) 종업원 등의 위반 행위 사례 유형의 경우

종업원 등의 위반 행위 사례 유형의 경우 어떤 입법 모델을 취하고 있는지는 단정적으로 말하기 어렵다. 양벌 규정의 법적 성격을 어떻게 이해할 것인지, 그리고 종업원의 위반 행위에 어느 정도의 질적 수준을 요구하는 것으로 해석할 것인지에 따라 법인의 처벌 모델도 다르게 파악될 수 있다.

2007년 이전 대법원의 태도를 보면, 양벌 규정에 대해 한편으로는 극단 독립 모델에 입각해 있는 것으로 해석하는 것 같으면서도, 또 다른 한편으로는 수정된 독립 모델로 파악하고 있는 것 같기도 하다. 비록 '법인' 영업주는 아니긴 하지만 '개인' 영업주에 대한 형사 처벌을 위해 종업원의 위반 행위에의 의존성을 거의 인정하고 있지 않기 때문이다.

> "양벌 규정에 의한 영업주의 처벌은 금지 위반 행위자인 종업원의 처벌에 종속하는 것이 아니라 독립해 그 자신의 종업원에 대한 선임 감독상의 과실로 인해 처벌되는 것이므로 영업주의 위 과실 책임을 묻는 경우 금지 위반 행위자인 종업원에게 구성 요건상의 자격이 없다고 (밑줄은 필자에 의한 것임) 하더라도 영업주의 범죄 성립에는 아무런 지장이 없다."(대법원 1987.11.10. 선고 87도1213 판결).

위 판시 내용에서 대법원은 종업원에게 구성 요건 해당성이 인정되지 않더라도 영업주의 범죄 성립에 지장이 없다고 하고 있다. 이후에도 대법원은 앞서 선고된 대법원 판시 내용을 그대로 인용하면서 "양벌 규정에 의한 영업주의 처벌은 … 종업원의 범죄 성립이나 처벌이 영업주 처벌의 전제 조건이 될 필요는 없다"[77]고 했다. 위 판시 내용들이 업무주가 법인인 경우가 아니라 개인인 경우이기는 하지만, 대법원이 이를 이유로 삼아 법인과 종업원과의 관계에서는 다른 해석 태도로 나아갈 것 같지는 않다. 개인 업무주와 법인 업무주에 대한 형사 처벌의 요건에서도 차이를 두지 않는 것이 실무의 취지라고 평가할 수 있기 때문이다. 그러나 위와 같은 판시 내용을 두고 일부 견해[78]가 평가하듯이, 우리나라 구 양벌 규정이 법인 처벌을 위해서는 종업원의 처벌이 전제될 것을 요구하지 않는 독립 모델에 입각한 것이라고 할 수 있는지는 단언하기 어렵다.

우선 양벌 규정의 문언은 물론이고 대법원 판결에 따르더라도 양벌 규정을 앞서 제시한 극단 독립 모델에 입각한 것으로 해석할 수는 없다. 업무주 처벌을 위해서 종업원의 위반 행위 그 자체는 존재해야 하기 때문이다. 즉, 업무주 처벌을 위해 종업원의 '처벌'을 전제할 필요는 없지만 종업원 '행위의 존재'까지 전제하지 않는 것은 아니다. 법인 처벌을 위한 최소한의 요건으로서 종업원 등의 위반 행위의 존재를 인정하고 있는 것이라면, 종업원 등의 위반 행위가 법인 처벌을 위한 '단순한 결과'나 '객관적 처벌 조건'으로 파악되고 있다고 말할 수 있다. 이에 따르면 대법원은 양벌 규정상 법인 처벌이 이른바 수정된 독립 모델에 입각해 있다고 평가할 수 있다.

양벌 규정이 극단 독립 모델에 입각해 있는 것으로 평가하기 어려운 또 다른 이유는 양벌 규정의 법적 성격을 구성 요건 창설 규범으로 보기 어렵기 때문이다. 얼핏 보면 대법원이 업무주에 적용될 구성 요건과 종업원 행위자에 적용될 구성 요건이 일치할 필요가 없음을 인정하고 있는 것처럼 보이기 때문에 구성 요건 창설 규범설을 취하고 있는 것으로 평가될 여지가 없지 않다. 위 판시 내용에서 대법원은 업무주에 적용될 구성 요건을 설명하면서 "영업주는 독립해 그 자신의 종업원에 대한 선임 감독상의 과실로 인해 처벌되는 것이므로 영업주의 위 과실 책임을 묻는 경우"라고 함으로써 종업원 등의 불법과 업무주의 불법이 독립된 것임을 인정하는 듯하기 때문이다.

하지만 위 인용된 대법원의 판시 내용상 종업원에게 '구성 요건상의 자격이 없더라도'라는 부분에 집중하면 양벌 규정의 독립 모델성 여부와는 전혀 다른 차원의 해석론을 전개할 수 있다. '구성 요건상의 자격' 운운은 종업원의 행위가 일반적으로 고의 또는 과실과 같은 구성 요건 요소를 충족시키지 못하는 경우를 말하는 것이 아니라, 오히려 양벌 규정에서 지시된 위반 행위가 업무주만을 주체로 하는 경우 종업원에게는 업무주라는 신분이 없기 때문에 종업원을 처벌할 수 없는 경우를 의미한다. 따라서 위 대법원 판시 내용은 양벌 규정이 법인 처벌 모델로서 종속 모델과 대비되는 독립 모델에 입각해 있음을 선언한 것이 아니라, 주체 적격이 결여된 종업원 등에 대한 처벌의 공백 상태를 메우기 위해 양벌 규정을 역적용해 업무주에게 신분적 요소가 있는 한, 그 종업원에게 신분적 요소가 없더라도 그 자체로 업무주를 처벌하기 위해 양벌 규정을 적용할 수 있음을 판시하고 있을 뿐이다. 이러한 맥락에서 위 대법원 판시의 취지를 읽어내면 양벌 규정이 독립 모델에 입각해 있음을 암시하는 것이 아니라 종속 모델에 입각한 양벌 규정의 한계를 극복하기 위해 양벌 규정에게 '수범자 확대 기능'까지 인정하고 있음을 알 수 있다.

마지막으로 양벌 규정이 독립 모델에 입각해 있는 것으로 이해하는 태도는 고의범에 해당하는 종업원의 위반 행위의 법정형과 법인에 대한 법정형을 원칙적으로 동일하게 인정하고 있는 양벌 규정의 태도와도 조화되기 어렵다. 법정형의 동일성은 불법의 동일성을 전제로 하기 때문이다. 양벌 규정의 독립 모델성을 주장할 수 없는 결정적인 이유는 법인에게 독자적인 행위 능력을 인정할 수 없는 출발점에 서는 한, 법인이 스스로 불법 행위를 할 수 없고 종업원을 매개로 행위할 수밖에 없다는 점에 있다. 즉, 법인의 불법은 기본적으로 종업원의 위반 행위를 매개로 삼아 그 불법에 종속한다고 하지 않을 수 없다. 이에 따르면 종업원 등의 위반 행위가 법인 처벌을 위한 단순한 결과나 객관적 처벌 조건에 불과한 것으로 이해해서도 안 된다. 앞서 살펴보았듯이 단서 조항의 해석상 종업원 등의 위반 행위는 법인에게 적용될 구성 요건을 매개하는 중요한 의미를 가지고 있기 때문이다.

위와 같은 다양한 관점을 고려할 때 종업원 등의 위반 행위 사례 유형의 경우에도 양벌 규정은 기본적으로는 (법인의 불법을 혼합적 불법 개념으로 파악하는) 귀속 규범적 기능을 수행하고 있다고 보지 않을 수 없고, 이를 출발점으로 삼으면 종업원 등의 위반 행위 사례 유형을 규정하고 있는 부분의 양벌 규정은 독립 모델이 아니라 이른바 혼합적 종속 모델에 입각한 것으로 이해하는 것이 바람직하다.

제4절 양벌 규정의 해석론 요약과 양벌 규정의 의의에 대한 평가

I. 양벌 규정의 해석론

지금까지 양벌 규정의 해석론을 통해 법인의 형사 책임을 근거 지우기 위해 법인의 행위성은 어떻게 근거 지워질 수 있는지, 법인에 대한 형벌 부과 요건이 자연인에 대한 그것과 어느 정도 상응성을 유지하고 있는지, 더 나아가 양벌 규정의 법적 성격과 양벌 규정이 입각하고 있는 법인 처벌 모델을 어떻게 파악할 수 있는지를 검토해보았다.

이와 같은 해석론은 양벌 규정 속에 들어 있는 법인 처벌 근거에 관한 체계화의 시도이자, 양벌 규정의 적용 메커니즘의 해명하기 위한 시도라고 할 수 있다. 하지만 이러한 시도는 어디까지나 양벌 규정의 현재 상태에 대한 관찰과 묘사에 불과하다. 양벌 규정에서 규정하고 있는 법인에 대한 형벌 부과 요건과 법인 처벌 메커니즘에 대해 관찰하고 묘사한 바를 요약하면 다음과 같다.

1. 양벌 규정의 이론적 기초

양벌 규정은 자연인의 위반 행위를 전제로 법인의 형사 책임을 근거 지우는 데 법인 기능 수행자의 법인 내 지위와 역할에 따라 서로 다른 두 개의 사례 유형을 구분하면서, 각기 서로 다른 이론적 배경 하에서 법인에 대한 형벌 부과 요건을 규정하고 있다.

대표자 위반 행위 사례 유형의 경우는 대표자의 행위가 곧 법인의 행위라고 보는 동일시 이론을 기초로 한다. 이에 따르면 대표자의 업무 관련적 위반 행위의 불법과 책임이 그대로 법인의 불법과 책임으로 귀속될 수 있게 된다. 이로써 양벌 규정은 법인에 대한 형벌 부과 요건으로 하여금 자연인에게 형벌을 부과하기 위한 수준과 상응성을 유지하게 된다. 반면 종업원 등의 위반 행위 사례 유형의 경우에는 종업원 등의 행위가 법인의 행위와 동일시될 수 없으므로 종업원 등의 위반 행위의 불법과 책임을 법인의 불법과 책임으로 귀속시킬 수 있는 이론적 기초가 부재한다. 이 때문에 2007년 이후부터 양벌 규정은 ─ 특히 법인에 대한 형벌 부과 요건을 자연인의 범죄 성립 요건과 상응하게 하려는 취지와 책임주의 원칙의 관철 요구를 반영해 ─ 법인의 '감독 의무 위반'을 종업원의 위반 행위 외에 법인의 '감독 의무 위반'을 추가적 처벌 근거로 규정하게 됐다.

2. 법인의 행위성 문제와 감독 의무 위반의 체계적 지위

양벌 규정 속에 새롭게 편입된 법인의 감독 의무 위반이라는 요소 때문에, 양벌 규정이 법인을 독자적인 행위 능력자로 취급한 것인지를 둘러싸고 새로운 논란의 여지가 생겼다. 뿐만 아니라 법인의 감독 의무 위반이 – 자연인에 대한 범죄 성립 요건의 언어로 표현할 때 – 법인의 불법 요소에 해당하는지 아니면 법인의 책임 요소에 해당하는지가 양벌 규정의 해석론상 새로운 쟁점으로 떠올랐다. 학계는 두 가지 쟁점을 아직 본격적으로 논의하고 있지는 않다.

법인의 행위성 문제와 관련해서는 양벌 규정이 종업원 등의 위반 행위 사례 유형의 경우에만 법인의 행위 주체성을 인정한 태도를 보인 것으로 해석하기는 어렵다. 대표자 위반 행위 사례의 경우에는 동일시 이론이 기초돼 있기 때문에 법인은 여전히 독자적 행위 주체성이 없고 대표자의 행위를 매개로 삼아 그의 행위를 법인의 행위로 귀속시키고 있을 뿐인데, 동일한 양벌 규정 속에서 위반 행위의 주체가 누구인지에 따라 법인의 독자적 행위 능력 여하가 달라지는 것으로 해석할 수는 없기 때문이다.

단서 조항의 감독 의무 위반의 범죄 체계론상의 지위와 관련해서는 이를 법인의 책임 요소가 아니라 불법 요소라고 해석하는 것이 바람직하다는 결론을 내릴 수 있다. 감독 의무 위반을 법인의 처벌 근거로 양벌 규정 속에 편입한 배경부터가 이러한 해석론을 뒷받침해준다. 헌법재판소가 법인이 처벌되기 위해서는 법인 스스로의 잘못(내지 귀책)이 있어야 하고, 이와 같이 타인의 잘못이 아니라 자신의 잘못을 근거로 처벌돼야 책임주의 원칙과 조화될 수 있다고 했는데, 여기서 법인 자신의 잘못(혹은 귀책)은 법인의 책임이 아니라 불법을 의미하는 것으로 해석하는 것이 바람직하다.

이에 따르면 양벌 규정의 헌법 합치성의 근거로 거론되고 있는 책임주의 원칙도 인간의 존엄성을 기초로 한 진정한 의미의 책임주의 원칙이 아니라 스스로 잘못(불법)을 범하지 않은 한 책임을 지우지 못한다는 의미의 책임 개별화 원칙을 관철시키려는 의미에 불과하다. 양벌 규정의 내용을 보더라도 단서 조항의 감독 의무 위반을 법인의 책임이 아니라 법인의 불법으로 이해하는 것이 타당하다. 양벌 규정은 법인에게 책임을 인정하기 위해 책임 비난의 전제 조건에 해당하는 책임 능력이 법인에게 인정될 수 있는지에 대해서는 한마디도 언급하지 못한 것으로 평가된다.

3. 법인의 불법 구조 및 형사 책임 인정을 위한 기본 컨셉트

양벌 규정의 단서 조항에 법인 처벌의 근거로서 자리 잡은 감독 의무 위반을 법인의 불법 요소로 이해하면, 단서 조항의 해석상 법인의 불법 구조는 다음과 같이 파악할 수 있다. 즉, 종업원의 위반 행위가 법인의 결과 반가치(종속적 불법)로 되고, 종업원의 위반 행위의 방지와 관련한 법인의 감독 의무 위반이 법인의 행위 반가치(독자적 불법)로 돼 법인의 불법은 양자가 결합된다. 이와 같은 구조를 가진 법인의 불법은 - 공범 종속성을 기초로 한 공범의 처벌 근거에 관한 이론인 혼합적 야기설의 불법 구조와 유사하게 - 혼합적 불법을 구성하게 된다.

　법인의 불법이 종업원의 위반 행위의 불법과 구성 요건적으로 별개의 것이 아닌 한 법인 처벌을 위해서는 - 대표자 위반 행위 사례 유형의 경우는 물론이고, 종업원 등의 위반 행위 사례 유형의 경우에도 - 법인의 불법이 종업원의 위반 행위의 불법에 종속된다는 것은 양벌 규정이 법인에게 형사 책임을 인정함에 있어 기본적으로 귀속 컨셉트에 기초하고 있음을 말해준다.

　그러나 귀속 콘셉트라도 사례 유형별로 귀속의 구체적 내용은 다르다. 대표자 위반 행위 사례 유형의 경우에는 동일시 이론에 기초한 '강한 귀속'을 인정하지만, 종업원 등의 위반 행위 사례 유형의 경우에도 업무 관련적 위반 행위를 하는 자연인이 법인 내에서 기능 수행자로서의 역할과 지위에 기초해 '약한 귀속'이 인정된다. 이에 따르면 종업원 등의 위반 행위 사례 유형의 경우 법인에 대해 형벌을 부과하기 위해서는 종업원의 위반 행위가 책임까지 충족시킬 필요는 없지만 최소한 불법까지는 충족시켜야 한다. 반면 대표자 위반 행위 사례 유형의 경우는 대표자의 위반 행위의 책임까지 법인에게 귀속되는 것이므로 법인에 대해 형벌을 부과하기 위해서는 대표자의 위반 행위가 불법만 충족시키는 것으로는 부족하고 책임까지 충족시켜야 한다.

4. 양벌 규정의 법적 성격과 처벌 모델

단서 조항의 법인의 감독 의무 위반의 범죄 체계론상의 지위, 이 요건과 자연인의 위반 행위에 대해 요구되는 실체 요건과의 의존(종속) 관계, 그리고 결정적으로 양벌 규정의 기본 콘셉트가 귀속 방식에 따라 법인의 불법을 근거 지우고 있음을 고려하면, 양벌 규정의 법적 프레임이 법인을 처벌하는 데 어떤 기능을 담당하는지를 알 수 있고, 이는 양벌 규정의 법적 성격을 판가름해준다.

먼저 대표자 위반 행위 사례를 규정한 부분은 '진정' 귀속 규범적 성격을 가지는 것이 분명하다. 대법원도 암묵적으로는 이러한 태도를 전제하고 있는 것으로 보인다. 하지만 종업원 등의 위반 행위 사례를 규정한 부분은 그 결론을 얻기에 어려움이 있었다. 대법원과 일부 학설은 법인의 불법을 과실 불법으로만 이해하는 듯한 뉘앙스를 풍기고 있어 구성 요건 창설의 규범적 성격을 전제로 삼고 있는 것처럼 보인다. 하지만 현행의 양벌 규정을 체계적으로 해석하고 특히 법인에게 적용될 구성 요건을 확정하는 일을 실무적으로 분명히 하기 위해서는 종업원 등의 위반 행위 사례 유형을 규정하고 있는 부분도 귀속 규범적 성격을 인정하는 것이 타당할 것으로 보인다. 물론 이 부분의 귀속 규범적 성격은 대표자 위반 행위 사례 유형을 규정한 부분과는 달리 그 귀속의 방법과 정도가 달라 이를 '부진정' 귀속 규범적 성격으로 분류할 수 있다.

양벌 규정이 자연인의 위반 행위의 불법을 법인에게 귀속하는 귀속 규범적 성격을 가지는 것으로 해석되는 한, 기본적으로 자연인의 위반 행위의 불법에 법인의 불법이 종속된다는 종속 모델에 기초돼 있다고 말할 수 있다. 하지만 대표자 위반 행위 사례 유형의 경우와 종업원 등의 위반 행위 사례 유형의 경우 그 귀속 방법과 정도가 달랐듯이 처벌 모델과 관련해서도 종속 방법과 종속 정도에서 차이가 있다.

전자의 경우는 대표자의 처벌에 법인의 처벌이 전적으로 종속하지만 후자의 경우는 종업원의 종속적 불법에 법인의 독자적 불법이 혼합되는 점에서 차이가 있다. 물론 후자의 경우 양벌 규정의 구성 요건 창설 규범적 성격을 인정하는 듯한 대법원과 일부 학설에서는 이에 따라 법인 처벌도 독립 모델로 평가할 여지도 없지 않다. 하지만 이러한 해석론은 법인을 독자적 행위 주체로 인정하지 않는 대법원의 태도와 조화될 수 없다. 법인의 행위성과 불법은 여전히 자연인의 위반 행위와 그 위반 행위의 불법성에 의존하고 그로부터 귀속 받지 않으면 안 되기 때문이다. 따라서 종업원 등의 위반 행위 사례 유형의 경우도 양벌 규정은 기본적으로 종속 모델에 입각해 있다고 해석하는 것이 타당하다. 물론 이 사례 유형의 경우 대표자의 위반 행위의 책임까지 종속시키는 극단 종속 모델과는 달리 종업원의 위반 행위의 불법만 종속시키는 제한적 종속 모델로 분류될 수 있다.

Ⅱ. 양벌 규정의 도그마틱 수준에 대한 평가

법인 처벌의 실체 요건을 새롭게 추가하고 있는 양벌 규정은 ─ 종업원 등의 위반 행위 사례 유형의 경우에 국한돼 있긴 하지만 ─ 법인 처벌을 위해 법인의 독자적 불법 요소를 요구함으로써 양벌 규정 도그마틱의 수준을 한 단계 격상시킨 것으로 평가할 수 있다. 법인에게 독자적 처벌 근거까지 요구함으로써 책임주의 원칙의 한 측면인 법치 국가 원칙에 내재된 행위 책임 원칙이나 책임 개별화 원칙을 고려하는 수준까지 발전시키고 있기 때문이다. 이와 같은 양벌 규정의 태도와 잠재력에 대해서는 다음과 같은 평가를 내릴 수 있다.

1. 양벌 규정의 이론적 기초에 대한 평가

양벌 규정에는 법인 처벌을 위한 이론적 기초로 영국의 동일시 이론뿐 아니라 영미의 사용자 책임 법리나 대위 책임 법리도 이미 채택돼 있다. 뿐만 아니라 양벌 규정의 단서 조항이 법인에 대한 형벌 부과를 위해 법인의 독자적 귀책사유를 요구하고 있음은 독일의 독자적 조직 책임 이론이나 스위스의 독자적 기업 책임 모델의 태도에도 접근해 있다. 이러한 점을 고려한다면, 앞에서 검토해보았듯이 우리나라의 양벌 규정과 이 규정 체계에서 만들어진 도그마틱의 수준은 우리가 모범적 모델로 비교하고 있는 외국 입법의 이론적 배경과 도그마틱의 수준과 크게 차이가 없는 것으로 평가할 수 있다.

그럼에도 불구하고 국내 학자들의 외국의 법인(기업) 처벌 모델에 대한 동경으로 이어져온 것은 양벌 규정이 출발점으로 삼고 있는 법인 처벌의 이론적 기초에 관한 정확한 자리매김을 소홀히해왔기 때문이다. 즉, 양벌 규정 그 자체에 대한 해석론을 체계적으로 전개함이 없이 외국의 입법론을 소개하는 데 치중하면서 영국의 동일시 이론이나 영미의 사용자 책임 법리(또는 대위 책임 이론) 또는 독일의 독자적 조직 책임 이론 및 스위스의 독자적 기업 책임 모델이 마치 새로운 이론인 양 취급해온 것이다. 이러한 측면은 우리나라의 많은 분야에서 보이는 자기 부정이자 자기 비하적 태도의 일단을 보여주는 것이라고 할 수도 있다.

양벌 규정의 입법 수준이 저평가되고 있는 이유는 어디에 있는가? 추측하기로는 우리나라의 형법 해석학에 결정적인 영향을 미치는 독일의 법인에 대한 행위 규범과 제재 규범이 우리나라의 양벌 규정과 근본적으로 다르다는 점에 기인하는 바 크다. 여기에 독일 형법학의 주류가 법인에 대한 형사 책임을 인정하려는 시도를 여전히 경원시하고 있다는 점도 한몫을 더한다. 통상적으로 우리나라의 형법학계에서 전개되고 있는 형법 도그마틱 영역의 논의 주제가 독일 형법학계에서의 그것에 상응해서 이뤄져온 것을 고려하면, 이와 같은 사정 때문에 기업 처벌에 관한 형법 이론 분야에서 마땅히 기댈 언덕이 없게 된 사정을 만든 것 같다.

2. 양벌 규정의 입법 수준에 대한 평가

물론 양벌 규정이 법인을 처벌하기 위해 제시하고 법적 요건을 내용적으로 자세히 들어가면 독일의 독자적 조직 책임 이론이나 스위스의 독자적 기업 책임 모델의 수준과는 분명 차이가 있고, 그 차이는 무시해도 좋을 정도로 사소하지 않다. 양벌 규정은 법인의 불법을 기술할 경우 위반 행위의 방지와 관련한 주의와 감독을 게을리 함이라는 표현처럼 개인 차원의 의무 위반을 행위로 묘사하는 데 그치고 있다. 반면에 독자적 조직 책임 이론이나 독자적 기업 책임 모델에서는 기업의 조직화나 운영과 같은 '경영상의 잘못'이나 조직상 결함처럼 '시스템 불법' 등 단체나 조직 자체의 불법을 묘사하고 있기 때문이다. 뿐만 아니라 그 법인 처벌이 이뤄지고 있는 대상 범죄의 범위도 양벌 규정의 태도와는 달리 형법범에까지 확대하고 있는 외국 입법례가 많다.

하지만 행위 주체성 문제에 대해서만 말하자면, 스위스 형법을 제외하고는 거명되고 있는 외국 입법례 가운데 기업(법인)을 직접 행위하는 주체로 표현하고 있는 입법례는 드물다. 구성원의 위반 행위를 방지하거나 저지하기 위해 기울여야 할 주의 감독 의무 위반에 관한 규정을 두고 있는 입법례 가운데서도 그 의무와 의무 위반의 주체를 '법인'으로 규정하고 있는 경우가 드문 것이다. 특히 오스트리아 단체 책임법이나 최근 독일의 기업 형법 초안에서는 그 위반 행위를 하는 구성원의 감독자와 법인의 대표자로부터 권한을 위임 받은 자연인 주체인 의사 결정 권자의 의무와 그 의무 위반을 규정하고 있을 뿐이다. 양벌 규정에서 자연인이 아닌 '법인'을 의무와 의무 위반의 주체로 표현하고 있음은 법인이 독자적 행위 주체로 인정되는 것임을 의도적으로 표현한 것으로 볼 수 있을지가 관심의 대상이 되는 것도 이 때문이다.

양벌 규정의 입법자가 의무 위반의 주체를 '법인'이라고 명시한 것이

다른 입법례와의 차별화를 기하기 위한 의도적 표현이라고 할 수 있는가? 현재로선 법인의 독자적 행위 주체성이라는 의미 맥락을 충분히 이해하고 그 점이 기업 형법에서 어떤 의미 차원을 가지는 것인지를 알면서 선택적으로 그러한 표현을 한 것으로 인정할 만한 자료는 없다.

3. 양벌 규정이 규정하고 있는 법인에 대한 형벌 부과 요건에 대한 평가

현행 양벌 규정의 태도를 상응성 요구라는 관점에서 평가해보자. 양벌 규정은 형벌 앞에서 자연인과 법인을 평등하게 취급하라는 헌법적인 요구와 조화를 이루고 있다고 말할 수 있는가? 그러한 평등 요구의 실현을 위해서는 원칙적으로 '인간'(자연인)에게만 적용돼왔던 전통적 의미의 책임 개념과 진정한 의미의 책임주의 원칙을 법인에게도 요구하고 있어야 할 것이다. 그러나 현행의 양벌 규정의 해석상 법인에 대해 인간의 의사 자유를 전제로 하는 윤리·도덕적 의미 맥락을 가진 책임 요소를 법인에 대해 요구하고 있다고 보기 어렵다.

　진정한 의미의 책임주의 원칙이 '인간'의 존엄성에서 나오는 원칙이고 기본적으로 '자연인'을 겨냥해서 구상된 원칙이라면, 이를 '법인'에게 요구하는 것은 그 자체로 불가능한 일이기 때문이다. 이러한 점에서 본다면 2007년 헌법재판소의 위헌 선언 이후 개정된 양벌 규정이 책임주의 원칙과 조화를 이루게 됐다는 평가도 절반만 맞고 절반은 틀리다.[79] 왜냐하면 법인은 종업원의 잘못으로 책임을 지는 것이 아니라 법인 자신에게도 잘못이 있어야 책임을 질 수 있다는 말은—법치 국가 원칙 내지 죄형법정주의원칙에서 나오는—책임 개별화적 의미의 책임주의 원칙에 관한 레토릭일 뿐—인간의 존엄과 가치에서 도출되는—진정한 의미의 책임주의 원칙, 즉 책임 능력자만 책임질 수 있다는 의미의 책임주의 원칙까지 의미하는 것은 아니기 때문이다. 이러한 점을 고려하면 개정된 양벌 규정이 단서 조항으로 보강됐다고 하더라도 진정한 의미의 책임주의 원칙과 여전히 조화를 이루지 못하고 있다고 보지 않을 수 없다.

4. 개선 입법 요구의 수용 정도에 대한 평가

귀속 컨셉트에 기초되고 있는 현행의 양벌 규정에 따르면 편리하고 간편한 방식으로 법인 처벌을 할 수 있다. 법인 처벌을 위해 자연인의 위반 행위의 범죄 성립 요건에 크게 의존하므로 법인 자신의 독자적 불법과 책임을 근거 지울 필요가 없거나(대표자 위반 행위 사례 유형의 경우!), 감독 의무 위반이라는 법인의 독자적 불법만 인정되기만 하면 충분(종업원 등 위반 행위 사례 유형의 경우!)하기 때문이다. 하지만 기본적으로 귀속 규범적 성격을 가진 양벌 규정이 종속 모델에 입각해서 법인을 처벌하고 있는 것으로 파악되는 한, 법인 처벌의 유일한 근거 규정인 양벌 규정은 형사 정책적으로는 물론이고 정의의 관점에서도 만족스럽지 않다.

최근 양벌 규정의 종속 모델적 처벌 방식이 가지는 한계를 넘어서기 위해 독립 모델적 처벌 방식으로 전환해야 한다는 주장이 꾸준히 제기되고 있다. 이미 그러한 처벌 모델을 입법화한 외국의 입법례도 있다. 하지만 법인의 형사 처벌을 진정한 독립 모델에 입각한 형벌 법규로 만들기 위해서는 법인의 독자적 행위 주체성을 인정하기 위한 이론이 뒷받침돼야 할 뿐 아니라 법인의 독자적 불법과 책임을 근거 지워야 할 입법론적 과제를 해결해야 한다. 종속 모델의 문제점과 독립 모델에 기초될 이론적 과제가 무엇인지를 파악해 입법론적 방안을 내놓기 전에 양벌 규정이 법인 처벌을 근거 지움에 있어 어떤 문제점을 가지고 있고, 기업 처벌을 통해 달성하려는 형사 정책적 과제와 사회정의의 요청을 실현하는 데 어떤 한계가 있는지를 살펴보자.

제 3 장

기업 처벌에 관한 현행법체계의 문제점과 한계

기업 처벌과 미래의 형법

2007년 헌법재판소에 의해 책임주의 원칙에 위배된다는 이유로 위헌 판정을 받기 전, 수백 개의 양벌 규정은 거의 반세기 동안이나 위헌적인 방법으로 기업(법인)에 대해 형벌을 부과해왔다. 그 이후 개정된 양벌 규정도 책임 능력을 전제한 진정한 의미의 책임주의 원칙을 관철시킬 수 있는지에 대해서는 여전히 의문이 말끔하게 해소돼 있지 않다. 양벌 규정에 대한 나름대로의 충실한 해석론을 전개해보아도 양벌 규정이 기업(법인)에게 형벌을 부과하기 위해 어떤 요건을 요구하고 있는지를 명쾌하게 해석되기 어렵다. 무엇보다 양벌 규정이 기업(법인)의 형사 책임을 인정하기 위한 본래적 목표 달성에 부합하도록 충실하게 설계된 규범에 따라 만들어진 것인지에 대해서는 여전히 강한 의문이 남는다.

양벌 규정에 따를 경우 전통적인 형법범에 관한 한 법인 처벌이 차단되기 때문에 기업(법인) 처벌에서 간과할 수 없는 사각 지대가 생긴다. 사회와 개인에 대해 재앙적 수준의 폐해를 끼치면서도 막대한 이익의 귀속 주체인 법인인 기업을 형사 처벌할 수 없고, 기업 종사자들, 특히 하위직 종사자들에 대한 처벌에 그치는 것은 정의의 요청에 대한 크나큰 외면이다. 뿐만 아니라 양벌 규정은 기업에 대한 형벌 효과로서 그 불법에 상응한 벌금형을 부과하지 못하기 때문에 예방적 법익 보호 기능은 물론이고 억압적 기능조차 못하고 있어서 형사 정책적 요청에도 부합하지 못한다.

양벌 규정이 가지고 있는 수많은 문제점과 한계는 양벌 규정이 마치 용이 되지 못한 이무기처럼 미완의 형법임을 말해주는 듯하다. 이 장에서는 양벌 규정에 대한 개선 입법을 마련하기 위한 전 단계 작업으로서 우선 현행 양벌 규정에 내재해 있는 문제점과 한계를 진단하고 평가한다.[1]

제1절 형법 도그마틱적 차원의 문제점

I. 법인에 대한 형벌 부과 요건과 관련한 문제점

지금까지 살펴본 바에 의하면 양벌 규정이 법인에 대해 형사 책임을 인정하는 기본 콘셉트는 '귀속' 방식이다. 양벌 규정에 프로그램화된 귀속 방식은 위반 행위를 한 자연인 주체의 법인 내 역할과 지위에 따라 그 귀속의 범위 내지 정도를 다르게 인정하고 있다. 하지만 양벌 규정에 기초된 것과 같은 귀속 방식은 귀속의 합리성이라는 관점에서 또는 형법 이론적 관점에서 볼 때 어떤 대상에게 형사 책임을 부담시키는 법적 장치로서 무비판적으로 수용될 수 있을 만큼 아무런 문제가 없는 것이 아니다. 이하에서는 행위 귀속, 불법 귀속, 그리고 책임 귀속의 측면으로 나누어 양벌 규정에서 인정되고 있는 귀속 방식에 어떤 문제점이 있는지를 살펴본다.

1. 행위 귀속과 관련한 문제점

형법은 형벌 부과를 위해 원칙적으로 '행위' 귀속을 인정하고 있지만, 형법이 인정하는 행위 귀속은 모두 자연인 상호간의 행위 귀속이고, 귀속주체와 귀속 대상 모두에게 기본적으로 귀속 능력(즉, 행위 능력과 책임능력)을 요구하고 있다.[2] 하지만 양벌 규정이 형벌을 부과하기 위해 사용하고 있는 행위 '귀속' 방법은 행위 능력(과 책임 능력)이 부정되는 법인을 귀속 대상으로 삼고 있다. 대표자 위반 행위 사례 유형의 경우 동일시 이론이 귀속을 가능하게 하는 이론적 근거로 동원되고 있지만, 자연인과 법인 간에도 동일시 이론에 근거한 행위 귀속을 인정할 수 있는지는 의문이다. 상호적인 의사를 교환하는 자연인 간의 행위 귀속이 아닌 자연인과 법인간의 행위 귀속의 경우에는 법인에게 이러한 주관적 의사를 형성할 수 없어서 귀속을 온전히 근거 지우기는 어렵기 때문이다.[3]

종업원 등의 위반 행위 사례 유형의 경우는 동일시 이론이 적용될 수 있는 영역도 아니므로 행위 귀속의 이론적 근거부터 박약하다. 물론 2007년 이후 개정된 양벌 규정의 단서 조항을 통해 법인이 스스로 행위할 수 있는 행위 주체로 해석할 여지가 생기긴 했다. 만약 이와 같은 해석이 가능하다면 귀속 방식 자체를 원용할 필요도 없으므로 행위 귀속의 이론적 근거 부재는 아무런 문제가 되지 않을 수도 있다. 하지만 앞서 살펴보았듯이 서로 본질을 달리하는 두 개의 법인을 인정하는 모순을 인정하지 않는 한 단서 조항에 대한 이러한 해석 태도를 취하기는 어렵다. 양벌 규정 체계의 전체적 관점에서 보면 이와 같은 모순의 문제성은 행위 귀속의 이론적 근거의 부재보다 오히려 더 크다고 할 수 있다.

따라서 이러한 모순에 빠지지 않기 위해 종업원 등의 위반 행위 사례 유형의 경우 '법인의 기능 수행자'라는 귀속 조건만 반영돼 약한 의미의 귀속만 인정할 수밖에 없음을 앞서 설명했다. 하지만 이러한 해석 태도를 취하더라도 자연인 간의 행위 귀속의 경우 요구되는 주관적 의사의 상호성을 자연인과 법인 간에는 인정할 수 없다는 점은 대표자 위반 행위 사례 유형의 경우와 다를 바 없다.

다른 한편 형법이 행위 귀속을 위해 귀속 대상에게 요구하는 행위 능력은 그 귀속 대상자가 직접적으로 행위로 나갈 것까지 요구하는 것은 아니다. 따라서 귀속 대상이 직접 행위를 수행하지 않았더라도 행위할 '능력'(=가능성)이 있으면 행위 귀속은 가능하다. 그러나 행위 능력(=가능성) 없음에도 불구하고 형사 책임을 지우기 위해 행위 귀속을 인정하는 것도 "당위는 가능을 전제로 한다"는 법 명제 또는 "불가능을 의무(강제) 지울 수 없다"는 법 원칙에 정면으로 반한다.4 만약 이를 무시한다면, 자연인의 행위를 나무나 바위에게도 귀속시키고, 그 나무나 바위에게도 자연인의 행위를 통해 야기된 외부 세계의 변화라는 효과를 귀속시키는 일도 가능하다고 해야 할 것이다.

요컨대 귀속 대상인 법인의 독자적 행위 능력을 부정하는 태도를 취하는 전제 하에서 보면, 양벌 규정에는 ─ 동일시 이론에 기초하고 있는 대표자 위반 행위 사례 유형의 경우는 물론이고, 종업원 등의 위반 행위 사례 유형의 경우에도 ─ '귀속' 방식을 사용할 수 있는 전제 조건이 미비하다고 하지 않을 수 없다. 양벌 규정에는 법인 내 기능 수행자라는 귀속 메커니즘이 프로그램화돼 있긴 하다. 그러나 양벌 규정은 법인의 행위 능력의 부정을 출발점으로 삼고 있기 때문에 행위 귀속 자체가 형법에서 인정될 귀속 수준에 미달돼 있다고 평가하지 않을 수 없다. 형법에서 요구하는 행위 귀속의 수준에 도달하려면, 그 귀속 대상인 법인이 단순히 법인격을 부여받아 소극적인 보호의 객체가 되는 것으로는 부족하다. 법인도 행위 능력을 가진 적극적인 행위 주체임을 근거 지우지 않으면 안 되는 이유가 바로 여기에 있다.

2. 불법 귀속과 관련한 문제점

형법에서 형벌 부과 요건인 불법은 실체 개념으로서 불법 '행위'를 가리킨다. 이 때문에 법인에게 형벌을 부과함에 있어 법인의 '불법'을 근거 지우는 일은 '행위' 귀속과 밀접하게 결부돼 있다. 따라서 동일시 이론이라는 행위 귀속의 근거를 가진 대표자 위반 행위 사례 유형의 경우 '불법' 귀속은 적어도 '논리적'인 관점에서는 그 자체로 문제될 것이 없다. 이에 따르면 대표자의 행위가 과실이면 법인에게도 그 과실 불법이 귀속되고, 대표자의 행위가 고의이면 법인에게도 고의 불법이 귀속된다는 점을 인정할 수 있다. 실무도 이 점을 인정한다.[5] 하지만 앞서 언급했듯이 행위 능력이 부정되는 법인을 귀속 대상으로 삼아 대표자의 불법을 법인에게 귀속시킬 수 있다고 볼 수 있는지에 대해 긍정적인 답변을 할 수 있으려면 법인의 행위 능력을 근거 지우지 않고는 불가능하다.

동일시 이론이 적용될 수 없는 종업원 등의 위반 행위 사례 유형의 경우 '법인 내 기능 수행자'라는 귀속 메커니즘을 기초로 삼은 귀속 콘셉트를 인정하는 해석 태도를 취하더라도 근본적인 의문은 여전히 해소되기 어렵다. 종업원 등의 위반 행위의 불법을 법인에게 귀속시킨다는 차원의 약한 의미의 불법 귀속을 인정한다고 하더라도 행위 능력이 부정되는 법인의 귀속 대상 부적격성 문제는 여전히 극복할 수 없기 때문이다. 즉, 법인을 독자적 행위 능력자로 인정하지 않는 이상 직접적 위반 행위자의 불법 행위를 그 법인에게 귀속시키는 것은 원천적으로 불가능한 것이다.

형벌을 부과하기 위해 '귀속'이라는 법 이론적 기법을 사용할 경우에는 원칙적으로 행위할 가능성(=능력)을 가지고 있는 행위 주체가 현실적으로 그 행위로 나가지 않았을 경우를 전제로 한다. 그러나 형벌의 부과 대상을 확장하기 위해 행위할 수 있는 가능성조차 없는 대상에게까지 귀속을 인정한다면 형벌의 무한 확장을 초래할 수 있다. 형법은 이 때문에 형벌을 부과하는 목적에 부합하는 합목적적인 '귀속 메커니즘'만 인정하는 것이다. 법인 처벌을 위해서 이와 같은 합목적적인 '귀속'을 인정하려면 그 선결 조건으로 법인에게 행위 능력이 있음을 근거 지우지 않으면 안 되는 이유도 여기에 있다.

3. 책임 귀속과 관련한 문제점

형법상 '책임'은 귀속 방식의 사용이 원천적으로 봉쇄돼 있는 범죄 성립 요건이다. 형법상 책임은 헌법상의 책임 개별화 원칙에 따라 철저하게 일신전속적인 것으로 인정돼야 하기 때문이다. 그럼에도 불구하고 앞서 살펴보았듯이 실무에서는 대표자 위반 행위 사례 유형의 경우 동일시 이론을 기초한 귀속 방식을 인정하고 있어서 책임주의 원칙과의 조화 문제는 여전히 미해결의 상태로 남아 있다.[6]

뿐만 아니라 동일시 이론에 기초한 책임 귀속은 자세히 보면, 사실은 과거 극복됐다는 '책임 전가'가 여전히 인정되고 있다고 비판될 수 있다. 예컨대 법인이 대표자의 잘못을 – 동일시 이론에 기초해 – 법적으로 법인 자신의 잘못으로 인정해야 한다면, 이미 그 잘못은 법인의 잘못이 된 것이므로 그것이 동시에 대표자의 잘못이 될 수 없는바, 이러한 경우 법인과 대표자를 모두 처벌하는 양벌 규정은 결국 법인의 책임을 다시 대표자에게 전가시키고 있음을 인정하는 셈인 것이다.[7] 자연인과 법인 간의 책임 귀속을 형법 이론상 인정하기 어려운 가장 주된 이유는 행위 귀속의 경우와 마찬가지로 책임 귀속의 경우에도 귀속 대상인 법인에게 귀속 능력(행위 능력 및 책임 능력)이 인정됨을 이론적으로 근거 지우지 못하고 있기 때문이다.

책임이 귀속 비친화적인 형벌 부과 요건이라는 점은 종업원 등의 위반 행위 사례 유형의 경우에도 마찬가지로 타당하다. 종업원 등의 위반 행위 사례 유형의 경우 법인에게 요구하고 있는 감독 의무 위반이라는 추가적 처벌 근거를 법인의 독자적 책임 요소로 이해한다면, 문제 많은 귀속 방식을 통하지 않고서도 법인의 책임을 근거 지울 수는 있을 것이다. 하지만 앞서 살펴보았듯이 양벌 규정의 단서 조항의 추가적 처벌 근거는 법인의 독자적 불법 요소로 해석하는 것이 타당하고, 이를 법인의 책임 요소로 이해하기는 어렵기 때문이다.

뿐만 아니라 단서 조항의 법인의 처벌 근거가 법인의 책임을 소극적으로 규정한 것으로 평가하더라도 이것만 근거로 삼아 법인에게 책임 비난을 가하기는 어렵다. 법인에게 책임 비난을 가할 수 있으려면 법인이 스스로 법과 불법을 판별해 불법 행위를 피하고 법을 선택할 수 있는 가능성을 전제로 하는바, 이와 같이 의사 자유를 전제로 한 책임 능력은 자연인에게만 인정된다는 것이 형법 도그마틱의 출발점이기 때문이다.[8] 여기서도 법인의 책임 능력을 적극적으로 근거 지우지 않고서는 책임 귀속의 방식으로도 법인에게 형벌을 부과할 수 없는 것임을 거듭 확인할 수 있다.

물론 형법 이론상 책임은 비난 가능성이라는 의미의 규범적 책임 개념을 출발점으로 삼는다면, 책임 귀속이 가능하다고 볼 수 있는 여지도 있다. 규범적 책임 개념은 책임은 행위자의 내부적 심리 속에 존재하는 것이 아니라 외부에서 책임 비난의 대상자에게 '부과'되는 것임을 인정하기 때문이다. 이러한 맥락에서 형법상 책임 개념은 다른 어떤 형법 도그마틱의 개념보다 적극적으로 규범화의 길을 걸어왔다. 의사 자유가 규범적으로 가정된 것임을 전제로 일반인(평균인)의 타 행위 가능성을 책임 비난의 기준으로 삼는 사회적 책임 개념, 예방적 책임 개념 또는 기능적 책임 개념 등 다양한 규범적 책임 개념이 주장됐다.

그러나 규범적 책임 개념의 이름하에 인정되고 있는 다양한 책임 귀속도 원칙적으로 '자연인과 자연인'간의 책임 귀속을 의미할 뿐 '자연인과 법인'간의 책임 귀속을 의미하는 것은 아니다. '법인'은 귀속 방식을 통하더라도 - 앞에서 살펴보았지만 독자적 행위 능력조차 부정되고 - 책임 비난의 전제 조건인 책임 능력을 가지고 있지 않기 때문이다. 책임질 가능성(=능력)조차 없는 자에게 책임을 귀속시키는 것은 '불가능을 의무(강제)지울 수 없다'는 법 원칙상 수용되기 어렵다. 오늘날 책임 능력이라 용어가 귀속 능력이라는 용어와 동의어로 사용되고 있음은 이러한 관점을 개념화하고 있는 것이라고 볼 수도 있다. 요컨대 법인에게 책임 능력이 있음을 근거 지우지 못하는 한, 법인에게 형벌을 부과하는 어떤 법률도 정당화되기 어렵다.

II. 양벌 규정의 법적 성격 및 처벌 모델과 관련된 문제점과 한계

양벌 규정은 귀속 콘셉트를 기본으로 삼아 법인에게 형벌을 부과하고 있지만, 양벌 규정의 귀속과 귀속 조건에 관해 제공하고 있는 정보 내용은 빈약하고 불명확하다. 단서 조항의 추가적인 처벌 근거인 '상당한 주의 감독 의무 위반'과 관련한 해석론상의 논란은 법인에 대한 형벌 부과 요건 및 법인에게 적용될 구성 요건적 불법을 확정하는 데 어려움을 더해주고 있다. 이 점은 양벌 규정의 법적 성격은 물론이고 양벌 규정이 어떤 입법 모델에 기초하여 법인을 처벌하고 있는지도 파악하기 어렵게 만든다. 이로 인해 양벌 규정을 적용하여 법인 처벌을 근거 지우고 있는 형사 판결문이 마치 해독하지 않으면 읽을 수 없는 블랙박스와 같은 수준이 되어 있다.

1. 법적 성격과 관련된 문제점

앞서 설명했듯이 종업원 등의 위반 행위 사례 유형을 규정한 양벌 규정의 후단 부분은 양벌 규정의 법적 성격을 둘러싸고 귀속 규범설과 구성 요건 창설 규범설 간에 해석상 논란의 여지가 크다. 이러한 논란의 여지는 – 애당초 학계에서는 해석론상의 쟁점으로조차 부각되지 않고 있지만 – 양벌 규정 자체에 그 법적 성격 규명을 위한 충분한 정보 내용이 제공돼 있지 않은 탓 때문이다.

뿐만 아니라 양벌 규정에 정해진 법인에 대한 법정형을 보면 양벌 규정의 법적 성격 규명을 위한 해석학적 노력을 무색케 할 만큼 일관성이 없다. 예컨대 법인의 불법을 과실 불법으로 보는 태도를 취하면, 법인에게 적용될 법정형은 종업원에게 적용될 그것에 비해 훨씬 낮아야 할 것이다. 하지만 현행 양벌 규정은 양자에게 적용될 법정형의 동등성 원칙에 입각하고 있다.9 이와 같은 동등성 원칙은 양벌 규정의 귀속 규범적 성격과 조화될 수 있지만, 최근 법인에게 적용될 법정형이 위반 행위자의 그것에 비해 높게 만들어지고 있는 양벌 규정이 증가 추세10에 있는바, 이는 다시 귀속 규범적 성격과 배치된다.

더 나아가 양벌 규정은 예컨대 자연인에게는 자유형만 규정하고, 법인에게는 벌금형만을 규정하는 방식을 취함으로써11 그 형종부터 자연인과 법인에게 달리 규정되는 경우도 적지 않다.12 이와 같이 법인에 대한 법정형의 차등화 또는 법정형의 상향 조정을 주장하는 최근 학계의 주장이나 양벌 규정 자체의 변화 추세는 모두 양벌 규정의 법적 성격과 무관하게 전개되고 있는 듯하다.13 이는 형사 정책적 요청에만 부합하기 위해 불법과 법정형의 상관관계에 관한 도그마틱을 충실하게 반영하고 있지 못하다는 증좌이다.

양벌 규정의 입법론에서 도그마틱 없는 맹목적 형사 정책적 요구가 반영되고 있는 것이라는 비판을 피해가려면 법인에 대한 법정형이 양벌 규정의 법적 성격과 조화될 수 있도록 조정돼야 할 것이다.14 이를 위해서는 법인에게 적용될 행위 규범(구성 요건)이 무엇인지 가시화되도록 해야 할 뿐 아니라 양벌 규정의 법적 성격과 법정형 규율 체계의 상관관계가 모순 관계에 빠지지 않도록 양벌 규정의 정보 내용이 보충되고 수정돼야 하는 입법적 개선 작업이 불가피한 것으로 보인다.

2. 입법 모델의 모호성과 법인 처벌의 한계

양벌 규정의 법적 성격 규명의 어려움은 법인 처벌이 자연인의 위반 행위에 종속(내지 의존)돼 있는 것인지, 만약 그렇다면 그 종속(내지 의존)은 어느 정도인지를 파악할 수 없게 만든다. 이와 같은 불확실성은 양벌 규정이 종속 모델에 입각해 법인을 처벌하고 있는지, 아니면 독립 모델에 입각해 법인을 처벌하고 있는지 평가하기 어렵게 만든다. 어느 쪽으로 보든 법인 처벌을 근거 지움에 있어 자연인이 범한 위반 행위가 형법상의 범죄 성립 요건을 어느 정도로 충족되어야 하는지가 분명하지도 않고 이에 관한 해석론도 전개되고 있지 않다. 뿐만 아니라 어떻게 해석하더라도 양벌 규정이 제공하고 있는 정보 수준상 무리수를 사용하지 않고는 체계 정합적인 결론을 도출하기가 어렵다. 이러한 상황은 법인 처벌의 사각 지대를 어디에서 어떻게 막을 것인지를 제대로 가늠하기 어렵게 만들고 있다.

1) 종속 모델의 한계

양벌 규정의 전단 부분, 즉 대표자 위반 행위 사례 유형이 규정돼 있는 부분은 법인 처벌이 극단 종속 모델에 입각해 이뤄지는 것으로 해석되기 때문에 대표자의 위반 행위가 구성 요건 해당성, 위법성, 책임이라는 범죄 성립 요건 중 어느 하나만 결격되면 법인 처벌이 원천적으로 불가능진다. 이와 같은 극단 종속 모델 하에서는 법인 처벌을 위해 양벌 규정의 숫자를 양적으로 늘리거나 위반 행위의 적용 대상을 아무리 확대하더라도 법인 처벌의 공백은 여전히 크게 남게 된다. 예컨대 살인죄나 과실치사죄를 기업의 형사 책임을 인정하는 범죄 종류에 포함시킨다고 하더라도 종속 모델의 프레임 속에서 위반 행위를 한 자연인의 범죄 성립 요건 입증에 실패할 경우 기업 처벌은 요원해진다. 영국에서 '기업 과실치사죄 및 살인법'이 제정된 것도 극단 종속 모델의 이론적 배경인 동일시 이론의 한계 때문이었다.

이와 같은 한계는 종업원 등의 위반 행위 사례 유형이 규정돼 있는 양벌 규정의 후단 부분과 관련해서도 다르지 않다. 이 부분을 제한 종속 모델에 입각한 것으로 해석할 경우, 위반 행위를 하는 종업원 등의 행위가 불법 요소를 충족시키지 않으면 법인의 불법은 귀속적 방법을 동원하더라도 근거 지울 수 없게 되기 때문이다. 미국에서 기업 종업원이 위반 행위에 대한 고의를 가지고 있지 않아도 법인의 불법을 용이하게 근거 지우기 위해 이른바 집합적 인식 이론[15]을 활용하고 있음도 이러한 한계를 극복하기 위함이다.

오늘날 규모가 크고 복잡한 기업 내부에서 다양한 이유에서 구성원의 책임 소재가 밝혀지기 어려운 경우 종속 모델의 한계는 더욱 커진다. 업무의 분업화로 인한 책임 전가적 태도, 고도의 복잡성과 결부돼 있는 업무의 상호 연관성, 권한 위임에 따르는 탈중앙화로 인한 책임의 분산 등이 종속 모델의 한계를 증폭시킨다. 이른바 '조직화된 무책임 사례'의 경우 기업을 처벌의 무풍지대에 방치하는 점은 종속 모델의 결정적인 한계로 꼽힐 수 있다. 기업 상층부의 조직적 개입이 있거나 기업의 인사 시스템이나 경영 시스템 자체에 책임 소재가 있음에도 불구하고, 자연인의 위반 행위 자체가 드러나지 않거나 위반 행위의 불법을 입증하기 어려운 경우 기업 자체에 형사 책임을 지울 수 없기 때문이다.[16] 최근 하청 기업에서 벌어진 산업 재해 사건처럼 이른바 '위험의 외주화'로 불리고 있는 근로자 사망 사건에 대해 원청 기업은 물론이고 하청 기업에 대해서도 형사 책임을 묻는 일이 좌초되고 있음도 바로 종속 모델의 한계에 기인하는 바가 크다.

2) 독립 모델로 해석할 가능성?

2007년 이후 개정된 양벌 규정의 법인 처벌 모델을—특히 종업원 등의 위반 행위 사례 유형의 경우—독립 모델 또는 수정된 독립 모델로 해석할 여지가 생겼다. 독립 모델 하에서는 위반 행위를 한 종업원 등이 처벌되지 않는 경우에도 법인을 처벌할 수 있고, 수정된 독립 모델 하에서는 종업원 등의 위반 행위가 '객관적 처벌 조건'으로서 존재하기만 해도 법인을 처벌할 수 있다. 이러한 해석론을 통해 이른바 '조직화된 무책임 사례'로 분류되는 법인에 대한 형사 처벌의 흠결을 어느 정도 메울 수도 있다.

그러나 종업원 등의 위반 행위 사례 유형을 규정한 양벌 규정의 후단 부분과 단서 조항이 독립 모델적 입법 방식이라고 해석할 수 있는지, 그리고 실제로 실무가 그렇게 해석하고 있는지는 속단하기 어렵다.[17] 뿐만 아니라 법인의 행위 능력과 책임 능력을 부정하는 출발점에 서면서도 양벌 규정이 독립 모델에 입각해 있는 것이라고 할 수 있는지도 의문이다.[18]

독자적 조직 책임 이론의 관점에서 양벌 규정을 해석한다고 하더라도 이 이론이 가지고 있는 근본적인 문제점, 즉 법인의 행위 능력의 문제를 해결하지 않고서는 그러한 해석이 불가능하다.[19] 무엇보다도 독자적 조직 책임 이론에 의거해 양벌 규정의 독립 모델성을 인정하더라도 책임 능력을 인정할 수 없는 법인에게 형벌을 부과하고 있다는 근본적인 비판을 면하기는 어려울 것으로 보인다.[20]

제2절 현행법체계 및 양벌 규정 체계 자체의 문제점과 한계

I. 법인 처벌에 관한 이중성과 관련된 문제점

현행법체계 하에서 법인은 양벌 규정에서 지시된(특정된) 위반 행위와 관련해서만 형사 처벌될 뿐, 형법전의 범죄와 관련해서는 형사 처벌의 대상이 될 수 없다. 법인이 양벌 규정에 근거해서만 처벌되는 것이라면, 법인 처벌을 위한 실체 요건은 오로지 양벌 규정에만 규정해야 한다. 물론 이러한 규율 방식에 따를 경우 양벌 규정에 과부하가 걸릴 수 있다. 그러나 양벌 규정의 입법자는 이른바 귀속 콘셉트를 통해 일반적 범죄 성립 요건을 규정한 형법 총칙 규정조차 적용을 배제시킴으로써 과부화를 피해가고 있다. 양벌 규정이 법인에 대해 '형벌'을 법효과로 부여하고 있는 법률 규정임에도 불구하고, 이 법률 규정을 진정한 의미의 '형법'이라고 말할 수 있는지에 대해 의문이 생기는 것도 이 때문이다.

1. 형법 총칙 규정의 적용 배제와 관련된 문제점

양벌 규정이 형법 총칙의 적용을 받지 않는 예외적인 형벌 법규인 이상, 자연인 개인을 겨냥한 형벌 부과 요건은 애당초 법인에게 적용될 수 없다.[21] 따라서 법인에 대한 형벌 부과 요건에 대해 구체적인 내용을 양벌 규정 속에 별도로 마련해 두지 않으면 안 된다.[22] 그러나 대표자 위반 행위 사례 유형의 경우에는 이에 관한 사항을 양벌 규정 속에 별도로 규정할 필요는 없다. 양벌 규정이 귀속 규범적 기능을 하는 한, 형법 총칙의 적용을 받는 대표자의 위반 행위가 범죄 성립 요건을 충족시키면 그 범죄 성립 요건이 법인에게 그대로 귀속되기 때문이다.[23]

그러나 애당초 양벌 규정을 통한 귀속 방식이 동원될 수 없는 경우에는 법인을 어떻게 취급할 것인지는 여전히 문제가 된다. 예컨대 대법원은 법인의 이사 기타 대표자가 위반 행위를 한 후 자수한 경우에는 자수 감경에 관한 "형법 제52조 제1항의 규정을 적용해 법인에 대한 형을 감경할 수 있다"고 한다.[24] 귀속 방식에 따르면 대표자의 위반 행위의 불법과 책임은 법인에게 귀속되지만, 대표자의 자수(행위)까지도 법인에게 귀속돼 법인에게 자수의 법 효과가 인정될 수 있는가? 생각건대 자수 감경의 효과는 사건 단위가 기준이 되는 것이 아니라 인 단위가 기준이다. 예컨대 공범자가 자수하면 다른 공범자에게는 자수 감경의 효과가 미칠 수 없다. 법인은 자연인과 같이 자수 자체를 할 수가 없기 때문에 법인에게 자수할 것을 요건으로 만들기도 어렵다. 그럼에도 불구하고 '양벌 규정'의 적용 영역인 법인에 대한 형사 책임 문제를 '형법 총칙'의 규정의 적용을 통해 해결하고 있는 대법원의 태도는 무엇을 근거로 하고 있는지 설명할 길이 없다.

다른 한편 종업원 등의 위반 행위 사례 유형의 경우는 약한 의미의 귀속밖에 인정되지 않기 때문에 법인에 대한 형사 책임을 근거 지움에 있어 형법 총칙 규정의 부재를 메워야 할 영역이 더 넓어진다. 즉, 양벌 규정이 자체적으로 법인 처벌을 위한 실체 요건을 구체적으로 규정해야 할 경우의 수가 그만큼 더 많아지는 것이다. 개정된 양벌 규정이 종업원 등의 위반 행위 사례 유형의 경우에만 적용될 수 있는 법인의 독자적 처벌 근거(감독 의무 위반)를 규정한 것도 이러한 맥락에서의 보완이다. 그러나 상응성 요구의 관점에서 볼 때 이것만으로는 충분하지 않다.[25]

법인 처벌을 위한 근거 규정인 양벌 규정에 대해 형법 총칙 규정의 적용이 배제됨으로써 법인에 대한 형벌 부과 요건이 보완될 필요가 있는 경우의 수로 중지 미수범의 경우를 생각해보자. 예컨대 종업원 등이 자의에 의해 위반 행위를 중지하면 형법 총칙에서 중지 미수범의 규정이 예정하고 있는 법 효과가 법인에 대해서도 미칠 수 있는지가 문제된다. '자의성'의 체계적 지위가 책임 관계적 요소라면 불법 귀속까지만 허용하는 프레임 하에서는 법인에게 중지 미수범의 효과가 인정될 수 없을 것이다. 따라서 종업원의 자의성과 그 법 효과를 법인에게도 인정할 수 있는 법적 근거를 양벌 규정 속에 별도로 마련해야 할 필요가 있다.

양벌 규정을 통해서만 해결될 수 없는 문제는 한두 가지가 아니다. 종업원의 위반 행위가 신분범이고 종업원만 신분자인 경우가 특히 그러하다. 신분 관계가 없는 법인에 대해서 형법 총칙 제33조를 적용하지 않고서 공범 및 공동정범의 성립이 어떻게 근거 지워지는지가 문제될 수 있기 때문이다. 뿐만 아니라 종업원의 위반 행위와 관련한 죄수 및 경합 관계는 법인에 대해서는 어떤 의미가 있는 것인지 등도 문제될 수 있다.

양벌 규정이 극단적 귀속 규범이 아닌 한, 형법 총칙의 규정을 대신해서 법인의 형사 책임을 규율할 수 있는 독자적 규율 체계를 만들어야 할 것이다. 양벌 규정을 그냥 두면 불완전 형벌 부과 요건으로 법인을 형사 처벌하는 상태를 방치하는 결과가 되고, 양벌 규정이 형법 총칙과 유사하게 개별 사례를 모두 포섭하려면 결국 양벌 규정에 과부하를 걸어 규범의 일반성·추상성을 포기하게 되고 말 것이다. 뒤에서 살펴보겠지만, 이러한 한계를 극복하기 위한 방법은 법인도 자연인과 나란히 형법 주체로 편입시켜 형법 총칙의 규정을 적용받도록 하는 방법이 합리적이라고 하지 않을 수 없다.

2. 법인 처벌의 범위가 제한돼 있음으로 인한 한계

현행법체계 내에서 법인 처벌은 양벌 규정에서 지시된(특정된) 일정한 위반 행위에 대해서만 법인을 처벌하고, 형법전의 범죄에 대해서는 법인 처벌을 일체 허용하지 않는 이원적 체계를 유지하고 있다. 이 체계가 유지되려면, 양벌 규정에 의해 규율될 위반 행위와 형법전에 규정된 일반 범죄 행위를 구별하기 위한 설득력 있는 기준이 제시돼야 할 것이다. 하지만 지금까지 그러한 기준이 제시된 적은 없다. 더욱이 최근의 양벌 규정에 특정되고 있는 위반 행위의 종류를 보면 그러한 기준이 있을 것 같지도 않다.

종래 양벌 규정에 의해 지시되는 위반 행위는 행정명령 위반이나 의무 위반적 행위, 경제 분야나 조세 분야, 환경 분야에서의 위반 행위가 주를 이뤄왔다. 하지만 최근 양벌 규정에서 지시되고 있는 위반 행위를 살펴보면, 순수하게 행정명령 위반이나 의무 위반만을 불법 내용으로 삼지 않는 행위 태양도 점차 포함되고 있다.[26] 과실치사죄와 관련해서도 법인을 처벌하는 산업안전보건법의 규정은 말할 것도 없고, 아동복지법상의 다양한 아동 학대 행위들, 아청법상의 성매매 관련 행위들, 그리고 최근에는 청탁 금지법상의 부정 청탁과 금품 수수 등의 행위들처럼 전통적으로 자연인에 의해서만 범해질 것으로 예정된 행위들에 대해서도 법인을 처벌하고 있기 때문이다. 뿐만 아니라 경제 형법의 영역에서 취급되는 조세 범죄나 환경 범죄와 같은 양벌 규정상의 위반 행위 역시 그 불법 내용이나 구조면에서 일반 형법범과 본질적인 차이를 발견하기 어렵다.

이러한 맥락에서 보면 양벌 규정이 지시하고 있는 위반 행위 속에 형법의 일반 형사범을 포함시키지 말아야 할 납득할 만한 이유를 제시하지 않는 한, 양벌 규정 체계와 형법체계가 서로 독립적으로 양립하는 일이 더 이상 정당화되기 어렵다. 다시 말해 법인에 대한 형사 처벌이 가능한 양벌 규정상의 위반 행위와 법인에 대한 형사 처벌이 불가능한 형법전의 범죄 행위의 경계가 사실상 허물어져가고 있는 상황에서 이원적 체계에 대해 근본적인 의문이 제기되는 것이다. 자연범과 법정범의 구별 또는 고전적 형법의 영역과 행정 형법의 영역간의 구별이 상대화되고 있음을 감안하더라도 이원적 체계는 이제 한계에 도달해 있음을 보여준다.

이러한 이원적 처벌 체계가 초래하는 가장 중요한 문제점은 기업에 대한 처벌의 필요성이 점점 커져가는 영역에 때맞춰 양벌 규정이 만들어지지 않는 한, 기업 관련 법익 침해에 대한 실효성 있는 형사 정책적 대응이 불가능하다는 점이다. 이러한 점은 최근 재건축 비리, 의약품 리베이트, 납품 비리 등 기업의 구조적 비리가 반복되는 영역의 경우 특히 두드러졌다. 예컨대 건설 업체나 시행사에서 재건축 조합과 공무원을 상대로 조직적으로 금품을 제공할 경우 해당 건설 업체나 시행사의 임직원들은 뇌물공여죄로 처벌될 수 있지만, 건설 업체나 시행사 자체는 처벌되지 않는다. 이러한 처벌의 불비는 청탁 금지법상 양벌 규정을 둠으로써 상당 부분 커버될 수 있지만, 금품 수수나 부정 청탁 이외의 영역에서 기업은 여전히 처벌의 무풍지대에 있다. 뿐만 아니라 예컨

기업의 초상_ 오늘날 기업은 떳떳한가

대 한국수자원공사 등에 불량 부품을 납품한 사례의 경우 사회적으로 큰 물의가 빚어졌고, 원전 사고와 관련해서는 장래의 위험성과 불안감이 최고조에 달하고 있음에도 불구하고 납품 회사의 임직원에 대해서는 사문서 위조나 사기 등으로 형사 처벌이 가능한 것과 별개로 납품 기업 자체에 대해서는 처벌이 불가능하다.

처벌의 사각 지대를 더 이상 방치할 수 없을 정도라는 점을 알게 하는 대표적인 입법 불비 사례는 국제간의 비교를 통해서 더욱 명백하게 드러나고 있다. 경제협력개발기구의 「국제 상거래에서 외국 공무원에 대한 뇌물 제공 행위를 방지하기 위한 협약」은 뇌물 제공 행위에 대한 형사 처벌을 자연인 뿐 아니라 기업에 대해서도 당연히 인정하고 있다. 이 협약에 따라 우리나라에서 만들어진 「국제 상거래에 있어서 외국 공무원에 대한 뇌물 방지법」은 양벌 규정(제4조)을 두고 있어서 국내 기업이 외국 공무원에게 뇌물을 제공한 경우에는 해당 기업에 대한 형사 처벌이 가능하다. 그러나 해당 기업이 '국내' 공무원에게 뇌물을 제공한 경우에는 처벌 규정이 없어서 해당 법인을 처벌할 수 없게 되는 기이한 상황이 연출되고 있다.

이와 같이 뇌물 공여 · 배임수증재 · 입찰 방해 등의 경우 법인 자체를 처벌하기 위한 별도의 양벌 규정이 마련돼 있지 않다면 위반 행위를 한 자연인만 처벌될 뿐 법인에 대해서는 처벌이 근본적으로 불가능하다. 하지만 자연인이 범하지 않으면 처벌될 수 없는 행위의 종류들과 법인 등 단체에 의해서도 범해질 수 있는 행위의 종류들을 구별할 수 있는 기준이 없다면, 법인 처벌과 관련한 이중잣대 체계는 더 이상 정당화되기 어렵다. 이러한 관점에서 보면 기업에 양벌 규정의 프레임 대신 형법의 프레임을 적용하도록 하지 않으면 안 될 적기適期가 도래한 것처럼 보인다.

Ⅱ. 양벌 규정의 수범자와 관련된 문제점

양벌 규정은 '법인'뿐 아니라 – 영업주로서 – 자연인 '개인'도 형벌 부과 대상으로 삼고 있다. 최근에는 – 모든 양벌 규정이 그런 것은 아니지만 – 법인 외에 '법인격 없는 단체', '단체', 경우에 따라 '조합'이나 '정당'까지 양벌 규정의 수범자로 추가되고 있다. 이로써 양벌 규정은 본질이 서로 이질적인 수범자를 병존적으로 규정하고 있다. 이로 인해 초래될 수 있는 문제점은 해석론적 차원을 넘어 형사 정책적인 차원에 이르기까지 다양하다.

1. '개인' 업무주와 양벌 규정

양벌 규정에 규정된 법인 처벌을 위한 형벌 부과 요건은 형법이 자연인을 처벌하기 위한 형벌 부과 요건에 비해 현격하게 완화된 요건이다. 하지만 양벌 규정에서 원칙적인 수범자인 '법인'과 나란히 규정돼 있는 '개인'은 그 자체로 자연인이다. 조직체(단체)인 법인에 대한 맞춤형 형벌 부과 요건을 종업원 등을 고용하고 있는 자연인 '개인'에 대해서도 적용하도록 하고 있는 이유는 무엇인가? 명시적인 입법 이유는 없지만, 그 기원은 1932년 제정된 일본의 자본 도피법의 규율 방식으로 거슬러

올라간다.[27]

 법인이 아닌 자연인 개인에 대한 형사 책임을 지우기 위해서는 원칙적으로 형법 총칙상의 임의의 공범 규정(형법 제30조 이하)이 요구하는 요건을 적용해야 한다. 양벌 규정이 개인 영업주 처벌을 형법의 임의적 공범 규정을 통한 처벌 방식에 맡기지 않고, 법인 처벌을 겨냥한 양벌 규정이 '손쉬운 처벌'의 길을 택한 것은 민사적 '사용자 책임'의 법리를 형사 책임의 영역으로 그대로 옮겨놓은 것에 불과하다고 할 수 있다. 범죄 주체성이 인정되지 않는 법인을 처벌하기 위한 양벌 규정상의 특별한 형벌 부과 요건을 납득할 만한 이유를 제시하지 않고 자연인 개인에 대해서까지 적용하는 것은 헌법상의 자의 금지(평등 원칙)에 반할 수도 있다.

 이러한 의문은 2007년 이후 개인 영업주의 처벌이 더 이상 종업원의 타자 책임(타인의 잘못)에 근거하지 않고 영업주의 자기 책임(자기의 잘못)에 근거하는 것임을 분명히 한 개선 입법에 의하더라도 쉽게 해소되지 않는다. 종업원도 자연인이고 영업주도 자연인이라면, 자연인과 자연인 간의 형사 책임을 위해 마련돼 있는 형법의 공범 규정의 적용을 배제해야 할 특단의 이유가 없기 때문이다. 굳이 그 실익이 있는 경우를 찾아본다면, 개인 영업주가 운용하는 사업체가 아직 법인의 지위를 가지고 있지 않은 경우 형사 책임을 부담시킬 독자적 주체를 특정할 수 있는 현실적 가능성을 담보하기 위한 것이라고 말할 수 있을 것이다.

 아직 법인으로 등록되지 않은 일정한 규모의 사업체의 종업원이 사업체의 업무 관련적 위반 행위를 한 경우 종업원에 대한 형사 책임의 인정을 넘어 그 사업체에게도 형사 책임을 지워야 할 형사 정책적 필요성은 분명히 존재한다. 종업원을 고용하고 있으면서 종업원이 행한 업무 관련적 위반 행위의 이익 주체로서 그 사업체의 실질적 소유주-개인 영업주-를 수범자로 삼아 그에게 벌금형을 부과하는 태도가 목적

합리적일 수는 있다. 하지만 이러한 목적 합리성이 모든 법적 논리를 설명할 수 있는 것은 아니다.

이와 같이 양벌 규정의 수범자로서 법인뿐 아니라 개인 영업주를 나란히 규정함으로써 그 수범자의 특성이라는 측면에서 불균형과 혼선을 피하려면 형벌을 부과 받을 수 있는 주체의 법적 지위에 부합하도록 수범자를 표기하든지, 아니면 위반 행위와 관계되는 개인 이외의 '조직체나 단체'의 특성을 반영해 수범자를 표기하든지 어느 쪽이든 일관성 있는 태도를 취해야 할 것이다.

2. '법인격 없는 단체', '단체' 등과 양벌 규정

종래 양벌 규정은 자연인 이외의 수범자로서 모든 조직체나 단체가 아니라 법에 의해 인격이 부여된 '법인'만을 수범자로 규정하고 있었다. 하지만 최근 '법인'이 아닌 다양한 조직체나 단체를 수범자로 규정하고 있는 양벌 규정들이 다양하게 생기고 있다. "법인(단체를 포함한다)"라는 형식[28]이 가장 많이 발견되지만, 그 외에 "법인·단체"와 같이 법인에 단체를 수평적으로 병기함으로써 수범자를 확대하고 있는 형식[29]의 양벌 규정이 대표적이다. 뿐만 아니라 "법인이 아닌 사단 또는 재단으로서 대표자 또는 관리인이 있는 것을 포함한다"와 같이 법인 이외에 대표자 또는 관리인이 있는 '법인 아닌 사단 또는 재단'을 포함시키고 있는 형식,[30] 정당이나 회사를 예로 들면서 "그 밖의 법인·단체"를 수범자로 규정하고 있는 형식,[31] 더 나아가 아무런 예시 없이 "법인이나 그밖의 단체"라고 규정하고 있는 형식[32] 등도 생겨나고 있다.

이와 같이 양벌 규정의 수범자로 법인 외에 '단체'를 추가하는 태도는 종래의 양벌 규정이 '법인'만을 수범자로 한정하고 있어서 죄형법정주의 원칙상 법인격 없는 단체의 경우 처벌할 필요성이 있는 경우에도 이를 처벌하지 못하는 경우가 많았던 한계[33]를 극복하기 위한 의도로 보인다. 하지만 "법인(단체를 포함한다)"와 같은 표기 방식은 개념이 지닌 의미 내용의 광협을 적절하게 반영하지도 못한 것처럼 보인다. 왜냐하면 단체란 법인격 있는 단체(즉, 법인)와 법인격 없는 단체 등 모든 단체를 포함하는 상위 개념으로 사용될 수 있는바, 위와 같은 표기 방식은 오히려 하위 개념인 법인이 상위 개념인 단체를 포괄하는 유개념으로 오인될 우려가 있기 때문이다.

그러나 보다 근본적인 문제점은 법인 이외의 '단체'를 새로운 수범자로 형식상 양벌 규정 속에 편입시키게 된 실질적 기준이 무엇인지 여전히 알기 어렵다는 점에 있다. 때문에 어떤 '단체' 또는 '그 밖의 단체'가 양벌 규정의 수범자로 될 수 있는지와 관련해 새로운 해석상의 논란이 끊이지 않을 우려가 있다. 이러한 문제점을 해결하려면 법인의 본질적 특성을 기반으로 삼아 양벌 규정상 법인 이외에 새로운 수범자로 편입시킬 수 있는 실질적 기준을 확보하는 일이 우선이다. 그렇지 않으면 개인 형법과 대척점에 있는 단체 형법이나 단체 책임을 구상하기 위한 기획 아래 만들어진 양벌 규정이 그 수범자를 무한 확대함으로써 형사 정책적 필요성만 좇아갈 뿐 내용적으로 정당화되기 어렵다는 비판을 면하기 어렵다.[34]

3. 업무주 아닌 자연인 위반 행위자에 대한 처벌상의 한계

양벌 규정을 포함하고 있는 개별 단위 법률이 업무주(법인 업무주 또는 개인 업무주)에게만 일정한 의무를 부과하고 그 의무 위반에 대해 형사 처벌을 인정하고 있는 경우가 있다. 이러한 경우에는 직접 행위로 나아간 자연인(특히 종업원 등)은 의무 주체로서의 업무주라는 신분을 가지고 있지 않기 때문에 그 개별 단위 법률에 의하더라도 위반 행위가 성립하지 않고, 따라서 애당초 형사 처벌의 대상이 되지 않는다. 이렇게 신분적 지위를 결여한 자연인 위반 행위자를 처벌할 수 없다면, 위반 행위를 직접 하지 않은 의무 주체자인 법인 업무주도 형사 처벌할 수 없게 된다. 양벌 규정은 '법인'에 대한 형사 처벌은 자연인의 '위반 행위'를 전제로 해야 하는데, 그 자연인은 의무의 주체가 아닌바, 법인 처벌을 위한 양벌 규정의 전제 조건을 충족할 수 없기 때문이다.

법인 영업주의 경우 양벌 규정은 형법 총칙 규정의 적용도 배제하기 때문에 공범에 관한 형법 규정이나 공범과 신분에 관한 형법 규정도 적용될 수 없다. 설령 형법 총칙의 규정을 적용할 수 있다고 가정하더라도 이 경우는 적용 대상이 아니다. 형법 제33조는 본문의 경우 신분자의 행위에 신분 없는 자가 가담한 경우를 전제로 하고 있어서 신분 없는 종업원의 행위에 신분 있는 법인 영업주가 가담한 사례에 대해서는 적용될 수 없기 때문이다.

앞서 언급했듯이 대법원은 이러한 경우 의무 주체가 아닌 종업원 등에 대해서도 양벌 규정을 적용함으로써 처벌의 사각 지대를 없애가고 있다. 즉, 대법원은 종업원 등을 처벌함으로써 우회적으로 법인(또는 개인 영업주)의 처벌도 가능하다는 결론을 얻어내고 있는 것이다.[35] 이와 같은 대법원의 해석 태도는 법인 처벌을 위한 양벌 규정의 구상과는 정반대 방향의 논리를 전개하고 있다. 양벌 규정은 자연인이 범한 위반 행위를 전제로 삼아 그 위반 행위의 처벌 요건을 법인에게 귀속시킴으로써 법인을 처벌하는 귀속 콘셉트로 돼 있지만, 대법원은 그 반대 방향의 논리, 즉 의무 주체인 법인을 처벌하기 위한 필요성을 앞세워 업무주인 법인의 의무 주체적 지위를 자연인 행위자에게 귀속시키는 '역' 귀속 콘셉트를 동원하고 있는 것이다. 이는 법인 처벌(가능성이나 필요성)

을 선취해 자연인 위반 행위를 처벌하고 그로써 다시 법인 처벌의 결론을 얻어내는 태도로서, 자연인의 위반 행위를 전제로 삼아 법인을 처벌하고 있는 양벌 규정에 대한 명백한 유추 적용이므로 죄형법정주의에 반한다.

이는 또한 양벌 규정의 수범자를 자연인 위반 행위자까지 임의로 확대시키는 태도이도 하다. 양벌 규정 속에는 신분 없는 위반 행위자를 처벌할 수 있는 근거도 없고, 위반 행위를 전제로 삼지 않고서 법인을 처벌할 수 있는 근거도 없기 때문이다. 자연인 위반 행위자는 양벌 규정을 포함하고 있는 개별 단위 법률의 벌칙 조항 및 그에 적용될 형법 총칙의 규정을 통해서만 처벌될 수 있다. 하지만 앞서 살펴보았듯이 공범과 신분에 관한 형법 총칙의 규정은 위반 행위를 한 비신분자에 대해 법인의 신분을 종속시킬 수도 없다.

근본적인 해결을 위해서는 법인을 형법 주체로 편입시킴으로써 형법 총칙의 형벌 부과 요건을 적용할 수 있게 하는 동시에 독일 형법 제14조와 같은 대리인 처벌 규정도 총칙 규정에 별도로 두는 방안이 가장 현실적인 대안으로 부상한다.

Ⅲ. 규율 내용의 복잡성과 포섭될 사례 범주의 제한

양벌 규정은 하나의 조문 속에 위반 행위 주체의 법인 내 지위에 따라 '법인'에 대한 형벌 부과 요건을 달리하고 있다. 하지만 이러한 요건상의 차이를 양벌 규정의 본문과 단서의 문언을 통해 한눈에 파악하기란 쉽지 않다. 뿐만 아니라 양벌 규정은 법인의 형사 책임이 문제되는 다양한 사례 관계를 모두 포섭할 수 없는 한계를 가지고 있다.

1. 규율 내용의 복잡성

양벌 규정의 문언은 위반 행위자의 법인 내 지위와 역할에 따라 두 개의 사례 유형으로 양분화하고 있음을 분명하게 읽을 수 없도록 만들어져 있다. "법인의 대표자나 법인 또는 개인의 사용인, 대리인, 기타 종업원"이라는 주체에 관한 기술 부분에 위반 행위자가 '대표자'인 경우와 '기타 종업원'인 경우가 한꺼번에 규정돼 있기 때문이다. 이러한 난독상은 법인 처벌을 위해 법인에게 추가적으로 요구되는 처벌 근거를 규정한 단서 조항에서도 그대로 이어지고 있다. 단서 부분의 주체에 관한 기술이 "법인"으로 돼 있지 않고 "법인 또는 개인"으로 돼 있기 때문에 본문과의 관계상 위반 행위자가 '대표자'인 경우에는 단서 조항이 적용되지 않고, 위반 행위자가 '기타 종업원'인 경우에만 단서 조항이 적용되는 것으로 해석되는데, 문장 구조상 이러한 연결 관계를 한눈에 파악하기란 불가능에 가깝다.[36]

2. 포섭 가능한 사례의 불충분성

양벌 규정은 법인 내 지휘 감독 관계와 그에 따른 구성원의 업무 활동을 '법인-대표자', '법인-종업원 등'이라는 양자 관계만으로 포착하고 있다. 하지만 단순한 관계 설정은 고도로 분업화된 법인의 내부 구조와 의사 결정 구조, 그리고 그에 따른 다양한 형태의 업무 지시 및 법익 침해 양태를 모두 포섭하기 어렵다. 실제로 법인의 의사 결정 구조 및 그 의사가 실행되는 과정을 보면 대표자가 직접 법인의 업무와 관련된 행위를 하는 경우보다는 대표자나 이사회가 중간급 관리 감독직에 있는 자에게 그 권한을 위임하고 이 중간급 관리 감독자가 다시 업무 지휘나 명령을 통해 하위직 종사자(종업원 등)에게 실행 행위를 하는 경우가 대부분이기 때문이다.

이때 하위직 종사자(종업원 등)의 위반 행위를 전제로 삼았더라도 법인의 형사 책임을 인정하기 어려운 경우가 생긴다. 법인과 하위직 종사자의 중간에 위치하는 위임자나 감독자의 직접적 감독 책임을 근거로 삼으면, 이러한 직접적 감독자의 책임과 법인의 형사 책임이 차단되는 결과가 생기기 때문이다. 단서 조항의 해석상 하위직 종사자의 위반 행위에 중간급 관리 감독자의 고의 또는 과실이 개입되면, 법인의 상당한 주의와 감독 의무 위반이 부정된다고 하지 않을 수 없기 때문이다. 특히 이와 같이 중간 관리자의 책임이 법인의 책임으로까지 이어지는 것을 차단시키는 규범 구조는 「산업안전보건법」의 가장 큰 맹점이 되고 있다.[37]

제3절 양벌 규정의 제재 수단의 문제점과 한계

양벌 규정이 법인에 대해 예정해두고 있는 벌금형의 액수는 법인에 의한 법익 침해를 예방할 수 있는 효과적인 수단이 될 수 없다는 지적이 많다. 뿐만 아니라 자연인과 법인에 대한 벌금형의 법정형 체계가 일관성을 잃어가고 있어 형상 정책적 요구에 답할 수 있는 도그마틱의 부재도 눈에 띤다. 무엇보다도 양벌 규정은 법인에 대해 부과할 수 있는 제재의 종류를 벌금형 하나에만 국한시키고 있어, 예방적 법익 보호의 수단으로서 동원할 수 있는 제재의 종류를 늘이지 않으면 형사 제재 영역에서 자연인에 대한 형사 제재와의 상응성 요구에 부합할 수 없다.

I. 벌금형의 실효성과 관련한 문제점

1. 벌금형 자체와 관련한 문제점

법인에 대해 부과될 벌금액의 상한은 원칙적으로 위반 행위를 한 자연인에 대해 부과될 벌금액의 상한과 동일하다. 그러나 법인의 자산 수준이나 법인이 당해 범죄를 통해 얻었거나 얻게 될 수익의 수준과 비교할 때 법인에 대해 예정된 벌금 액수가 일반 예방적 효과를 기대하기 어렵다는 인식이 팽배해 있다. 이러한 인식은 기업의 경우 그 정도의 벌금 액수는 기업 이윤을 증대하기 위해 필수적으로 지출해야 하는 비용 정도로만 생각하는 분위기를 반전시키기에는 턱없이 부족하다는 지적으로 이어지고 있다.[38] 이러한 문제점과 한계를 극복하기 위해 법인에 대한 벌금액의 상한을 상향 조정하려는 요구가 지배적이다.

하지만 앞에서 살펴보았듯이 법인에 대한 법정형의 크기는 법인의 불법의 크기에 비례해야 하는바, 도그마틱적으로 법인의 불법을 과실범으로 보는 해석 태도를 취한다면, 법인에 대한 벌금액은 오히려 하향 조정하는 것이 타당할지도 모른다. 이러한 도그마틱상의 문제점을 해결하기 위해서는 양벌 규정의 해석론의 물줄기를 바꾸지 않으면 안 된다. 이를 위해서는 현행의 법인 처벌의 입법 모델을 변화시키지 않으면 안 될 정도의 근본적인 변화를 수반해야 한다.

2. 벌금형의 법정형 체계의 혼란

법정형의 정도가 불법의 정도와 비례 관계에 있다는 형법 도그마틱을 생각하면 법정형의 체계의 정합성을 판단하기가 쉽지 않다. 위반 행위를 한 자연인에 대해서는 징역형도 예정돼 있지만, 양벌 규정은 법인에게 벌금형만을 부과하도록 돼 있기도 하고, 법인 등에 대한 벌금액의 상한을 위반 행위를 한 자연인에 비해 상향 조정하고 있는 양벌 규정도 증가 추세에 있기 때문이다.

이와 같은 양벌 규정의 법정형 체계는 현행 양벌 규정의 법적 성격을 규명하는 일에 아무런 도움을 주지 못한다. 자연인 위반 행위의 불법(및 법정형)과 법인의 불법(및 법정형)이 동일하다는 점은 양벌 규정의 법적 성격을 귀속 규범적 성격으로 파악하게 하는 단서의 하나가 될 수 있다. 그러나 양벌 규정이 양자의 형종과 형량을 달리 규정하고 있다는 점은 양벌 규정의 법적 성격을 파악하는 일을 어렵게 만든다. 즉, 현행 양벌 규정의 규율 내용으로써 양벌 규정의 법적 성격과 법정형 규율 체계의 상관관계를 매끄럽게 설명하기 어렵기 때문에 법인에 대한 법정형 체계에 대폭적인 손질을 가하지 않으면 안 될 것이다.

Ⅱ. 효과적인 범죄 예방 수단의 미비

1. 제재 종류의 단일성

현행 양벌 규정은 법인에 대해 벌금형만 규정하고 있기 때문에 합리적인 형사 정책적 효과를 기대하기에 역부족인 것을 부인하기 어렵다. 특히 법인에 대한 벌금형은 미납 시 이를 강제할 다른 수단이 없어 그 실효성을 담보하는 데에도 한계가 있다. 이 때문에 법인 관련 범죄의 예방을 위해 제재 수단을 다양화할 것이 요구된다. 특히 종래 자연인에 대한 예방적 수단으로 인정돼온 보호 관찰 등 각종 개선 명령을 부과하는 방안을 위시해 법인 관련 범죄 예방 목적을 달성하기에 적합한 수단을 모색할 것이 요구되고 있다. 기업의 대한 유죄판결문의 공표, 관급 공사 등에 대한 입찰 자격 제한, 기업에 대한 해산 명령 등이 도입할 필요성이 있는 제재의 목록에 포함될 수 있다. 무엇보다도 법인에 대해서는 형법 총칙의 몰수·추징에 관한 규정도 적용될 수 없으므로 양벌 규정을 통해 법인에 대한 형사 처벌이 이루어지더라도 몰수·추징이 부가될 수 없는 경우가 많다. 범죄 수익 등에 대한 몰수·추징 규정을 담고 있는 특별법의 경우에도 법인에 대한 범죄 수익 박탈이 가능하다는 명문의 규정이 마련되어 있지 않은 경우도 많다.

2. 준법 감시인 제도의 한계

기업의 업무와 관련해 준법 경영을 유도하기 위해 마련된 준법 감시인 제도 내지 법 준수 프로그램Compliance program도 기업 관련 범죄의 예방이라는 본연의 과제 수행을 하지 못하기는 마찬가지다. 준법 감시인 제도는 이미 발생한 위반 행위 또는 위반 행위를 예방하기 위한 기업 자율적 대응 체계로서 우리나라에서는 2000년 10월부터 금융 기관에 대해 준법 지원인 제도라는 이름하에 도입된 후, 전체 기업 영역으로 확산되고 있다. 하지만 준법 감시인 제도의 운영과 역할이 실질적이지 않고 형식적인 수준에 불과하다는 평가가 지배적이다. 뿐만 아니라 기업이 관련 위반 행위에 대한 자체 조사, 관련 임직원의 징계, 더 나아가 위반 행위 관련 증거의 확보 등 법 집행 기관에 협력적인 조치를 취하는 효과적인 대응 체계를 갖추고 이러한 법 준수 프로그램을 도입한 기업에 대한 인센티브도 마련되어 있지 않다. 이러한 맥락에서 기업이 운영하는 자체 준법 감시 프로그램을 기업이 스스로 위반 행위 방지를 위한 체계적인 조처로 보고 법인에 대한 면책 효과를 부여하는 방안이 주장되고 있다. 이와 같은 면책적 효과의 법제화는 법인이 스스로 형사 책임을 피해가기 위해 조직적인 증거 인멸이나 허위 진술 등 법 집행 기관에 대한 방어 전략을 구사할 가능성을 사전에 봉쇄하는 의미를 가질 수 있다.

하지만 준법 감시 프로그램과 법인에 대한 면책 효과와 연계시키는 방안은 기업의 자율 규제라는 차원에서 마련된 준법 감시 프로그램의 본래적 기능과 조화를 이루기가 어렵다. 기업 관련 범죄가 발생했다는 사실이 이미 자율 규제의 실패를 의미하는 것이고, 이에 대해서는 타율 규제, 즉 형법적 통제가 이뤄져야 하기 때문이다. 준법 감시 프로그램은 기업적 차원에서 이뤄지는 일반적 예방적 수단일 뿐이므로 구체적으로 발생한 위반 행위에 대해서는 형사법적 차원에서 마련한 대응 수단이 부과돼야 하는 것이다.

영미 법제 하에서도 준법 감시 프로그램이 기업에 대한 형사 처벌의 면제와 연계돼 있는 것은 아니다.[39] 처벌의 수월성과 처벌 요건의 강화 사이에 균형을 맞추기 위한 방책이란 명목으로, 평상시 준법 감시 프로그램이 갖추어져 있다는 이유로 폭넓은 면책의 효과를 부여하게 된다면, 자연인과 달리 기업에 대해서만 특혜를 준다는 비판으로부터 자유로울 수 없다.[40] 이는 법인에 의한 사회적 폐해를 예방하려는 형사 정책적 요구와 법인에 대한 정당한 비난이라는 정의의 요청을 만족시키는 기업 형법의 모습이 아니기 때문이다.

제4절 양벌 규정의 체계 내적 개선 방안과 그 한계

이상과 같이 양벌 규정이 가지고 있는 한계를 극복하면서 형법 이론적 차원에서 제기될 수 있는 문제점을 해결할 수 있는 방안은 다양하게 전개될 수 있다. 그 가운데 먼저 법인을 형법 주체로 인정하지 않는 현행법의 이원적 체계를 그대로 유지하는 방향으로 나가는 방안을 생각해볼 수 있다. 앞에서 살펴보았듯이 현행 양벌 규정의 입법 모델은 동일시 이론에 기초한 종속 모델과 독자적 조직 책임 이론에 근접한 수정된 독립 모델을 혼합한 — 하이브리드식 — 입법 모델이라고 평가할 수 있다. 이하에서는 현행 양벌 규정의 혼합적 입법 모델을 유지하면서 형법 이론적 차원의 문제점과 한계를 극복할 수 있는 방안(이하에서는 '체계 내적 개선 방안'이라 한다)과 법인을 형법 주체로 새롭게 편입시킴으로써 자연인과 법인 처벌의 일원적 체계로 패러다임을 전환시키는 방안(이하에서는 '체계 외적 개선 방안'이라 한다)을 차례로 검토해보기로 한다.

I. 양벌 규정의 체계 내적 개선 방안

1. 동일시 이론의 범위를 확장하는 개선 방안과 그 문제점

가장 먼저 현행 양벌 규정이 입각하고 있는 혼합 모델을 동일시 이론에 기초된 귀속 모델로 재편하는 개선 방안을 생각해볼 수 있다. 동일시 이론에 기초한 극단 종속 모델에 입각하면 법인 처벌을 위해 법인 자체에 요구되는 법적 요건을 가장 간명하게 만들 수가 있기 때문이다. 이에 따르면 법인 처벌을 위해 자연인의 위반 행위만 존재하면, 동일시 이론에 기초해 자연인 위반 행위의 범죄 성립 요건이 모두 법인에게 귀속되므로 법인을 위한 추가적인 처벌 근거를 별도로 만들 필요가 없다. 법인에 대한 형벌 부과 요건이 모두 귀속되는 한도 내에서 상응성 요구도 자동적으로 충족될 수 있다.

물론 이 경우 동일시 이론에 기초한 귀속 방법을 사용하기 위해 법인의 행위와 동일시할 수 있는 행위를 하는 매개자의 범위를 확장할 필요가 있다. 이를 위해서는 법인의 대표자뿐 아니라 그 밖의 대표자나 이사회로부터 권한을 위임 받은 관리 감독자 등도 대표자의 범주에 포함시킬 수 있다. 즉, 위반 행위의 주체로서 대표자의 범주를 확장해 의사 결정권자의 위임 또는 명령을 받아 다시 종업원 등 하위직 종사자를 통해 업무를 수행하게 하는 경우 그러한 중간 관리자도 대표자의 범위 속에 포함시킬 수 있는 입법상의 변화를 도모해야 한다. 이렇게 돼야 법인의 '기능 수행자'라는 행위 귀속 조건에 기초해 종업원 등의 행위도 귀속의 연결 고리 속으로 들어와 결국 최고 상층부인 대표자의 행위로 귀속되고, 대표자의 행위는 최종적으로 법인의 행위로 귀속될 수 있게 되기 때문이다.

다시 말해 '법인－대표자－중간 관리자－종업원 등'이라는 연결 고리 내에 있는 어느 행위자의 위반 행위라도 최종적으로 법인에게 귀속될 수 있기 때문에 양벌 규정에 포섭될 수 있는 사례 범위를 확장시킬 수 도 있다. 이렇게 되면 양벌 규정은 공통적으로 동일시 이론에 기초한 두 가지 사례 유형, 즉 대표자의 위반 행위－법인의 형사 책임이라는 2주체 관계 사례와 '하위직 종사자의 위반 행위－그 위반 행위를 방지 하지 못한 관리 감독자 등의 잘못－법인의 형사 책임'이라는 3주체 관 계 사례를 규율하게 될 것이다.

이와 같이 동일시 이론이 적용되는 사례 범주를 확장하면 현행 양벌 규정은 두 가지 서로 다른 차원에서 법인의 형사 책임을 인정할 수 있 게 된다. 즉 하나는 기존의 대표자 위반 행위 사례 유형을 그대로 유지 하여 '대표자→법인' 2자간 귀속을 인정하고, 다른 하나는 '종업원→중 간 관리자 등→법인' 3자간 귀속을 인정하는 것이다. 3자간 귀속을 인 정하기 위해서는 현행 양벌 규정의 단서 조항에 해당하는 내용을 다음 과 같이 수정할 수 있을 것이다. 즉, "종업원 등 법인 업무 종사자의 업무 관련적 위반 행위에 대해 이사회나 대표자로부터 권한을 위임 받 은 관리직 등에 있는 자가 그 위반 행위를 방지하기 위해 요구되는 필 요한 조치로 다하지 아니한 경우에는 위반 행위자, 중간 관리자 등 대 표자를 벌하는 외에 법인도 처벌한다"는 식의 새로운 규정을 두는 방식 이다. 이에 따르면 중간 관리자 등의 고의 또는 과실이 있으면, 그의 고의 또는 과실 때문에 법인에 대한 형사 책임이 차단되는 것이 아니라 오히려 그 중간 관리자의 고의 또는 과실이 법인의 고의 또는 과실로 귀속되는 구조가 만들어질 수 있는 것이다.

이와 같은 양벌 규정상의 귀속 모델을 '확장적 종속 모델'의 형태로 재정립하면 양벌 규정 속에 법인 처벌을 위해 자연인의 위반 행위가 충족시켜야 할 요건 및 그 요건과 법인 처벌 근거의 상호 의존성 정도 등을 정확하게 파악할 수 있게 되고, 이는 결국 양벌 규정의 해석을 통해서도 법인에 대해 적용될 구성 요건적 불법을 쉽게 확정할 수 있게 된다.

하지만 이 모델의 장점은 곧 이 모델의 단점이 된다. 동일시 이론이 가지고 있는 문제점과 한계를 그대로 떠안게 되기 때문이다. 특히 이러한 개선 방안은 법인의 행위성 문제와 관련해 서로 본질이 다른 두 개의 법인을 인정한다는 비판을 피해갈 수는 있지만, 일신 전속적인 '책임'까지 귀속의 방법으로 해결할 수 있는가는 여전히 문제로 남는다. 민사 책임의 영역에서는 몰라도 형사 책임의 영역에서 귀속의 방법은 허구에 기초한 것이므로 법인에 대한 형벌 부과를 위해 정당화될 수 없다는 비판을 면하기 어렵다.

뿐만 아니라 대표자의 위반 행위가 범죄 성립 요건 가운데 어느 하나만 결격돼도 법인을 처벌할 수 없다는 종속 모델의 문제점도 극복하기 어렵다. 즉, 법인 자체의 잘못된 인사 조치나 조직상의 결함이 법익 침해적 결과와 직접적 결부돼 있을 경우라도 대표자의 형사 책임을 근거 지울 수 없으면 법인도 처벌할 수 없기 때문에 조직화된 무책임 사례에 대응할 수 없는 한계가 있다. 따라서 이 모델은 결정적으로 정의의 요청에 반한다.

나아가 동일시 이론에 기초를 두고 양벌 규정의 귀속 규범적 성격을 부각시키는 양벌 규정의 체계 내적 개선만으로는 여전히 광역화돼 있는 처벌의 무풍지대를 없앨 수는 없다. 자연인에게 적용되는 형법의 금지

목록에는 개입할 수 없어 법인에 대한 형사 처벌의 필요성에 합당하게 응답하지 못하고 처벌의 사각 지대를 없애지 못하기 때문이다.

최근 양벌 규정 속에 형법범적 성격을 가지는 위반 행위들이 편입되고 있고, 그 결과 양벌 규정의 위반 행위와 형법범 양자 간의 경계조차도 희미해져가고 있기는 하지만, 양벌 규정 속의 위반 행위의 종류를 추가하는 단편적인 개선만으로 역부족이다. 뿐만 아니라 이러한 미봉책으로 양 영역 간 경계 확정의 기준이 모호해짐에 따라 새로운 문제점도 만들어지고 있다. 즉, 형사 처벌에 있어서 예측 가능성과 법적 안정성 그리고 형평성 등이라는 포기해서는 안 될 이념들이 형사 정책적 가치 결단에 있어서 후순위로 밀려나는 결과가 만들어지는 것이다.

2. 독립 모델성을 강화하는 개선 방안과 그 문제점

양벌 규정의 귀속 모델의 한계를 극복하기 위해 독자적 조직 책임 이론에 기초한 독립 모델적 성격을 보다 강화하는 개선 방안을 채택할 수도 있다. 독립 모델은 자연인의 범죄 성립 요건이 모두 구비되지 않아도 법인의 독자적 불법을 근거로 삼아 법인을 처벌할 수 있게 되기 때문에 귀속 모델의 한계를 상당 부분 극복하게 해준다. 특히 독립 모델은 종속 모델의 결정적인 한계로 치부됐던 조직화된 무책임 사례에 대한 합리적인 대응 방안으로서 정의의 요청에 한걸음 더 다가설 수 있게 해주기 때문이다.

물론 이 모델의 장점을 극대화시키기 위해서는 법인의 독자적 불법을 과실 불법이나 부작위(특히 진정부작위적 작위 의무 위반)만으로 왜소화시켜서는 안 된다. 법인의 독자적 처벌 근거를 과실 불법만으로 구성한다면 고의 불법 등을 포섭해 법인에 대한 처벌의 강도를 높여 예방 효과를 극대화하려는 최근의 형사 정책적 요청까지도 부응하기 어렵게 되기 때문이다. 뿐만 아니라 이러한 독립 모델을 — 물론 이론적으로 아직 근거 지워지지도 않았지만 — 법인의 독자적 행위 주체성을 인정하는 전제 하에서 귀속 콘셉트에 근거한 극단적 종속 모델과 결합시켜서도 안 된다. 종속 모델과 독립 모델을 결합시키면 법인 처벌을 위한 형벌 법규에서 본질이 다른 서로 다른 두 개의 법인을 인정하는 모순 관계를 인정하게 되기 때문이다.

이러한 모순에 빠지기 않기 위해서는 앞서 설명했듯이 법인의 독자적 행위 주체성은 부정하면서도 법인의 '기능 관련성'이라는 귀속 메커니즘을 기초로 삼아 법인의 독자적 불법을 인정하는 방안을 생각해볼 수 있다. 여기에서 행위 귀속과 불법 귀속을 인정하면 독립 모델적 성격은 일부 후퇴하지만, 앞에서 예를 든 귀속 모델의 장점들을 그대로 이 모델의 장점들로 승계할 수 있으므로 양벌 규정의 잠재력을 그만큼 더 키울 수 있다.

이와 같은 변형 독립 모델 하에서도 — 엄격하게 말하면 독립 모델이라기보다는 제한적 종속 모델이라고 부르는 편이 나을 것이다 — 불법 귀속은 여전히 인정된다. 따라서 전체적으로 보면 기본적으로 귀속 콘셉트에 기초해 법인에 대한 형벌 부과 요건을 규정하는 입법 방식은 여전히 유지된다. 그러나 위반 행위자가 대표자가 아닌 한 동일시 이론이 적용되지 않기 때문에 책임 귀속이라는 강한 의미의 귀속은 여전히 부정된다.

그러나 이러한 변형 독립 모델 하에서는 법인의 책임을 어떻게 근거지울 수 있는지가 여전히 문제될 수 있다. 독자적 조직 책임 이론 하에서는 — 뒤에서 살펴보겠지만 — 이 이론에서 말하는 독자적 조직 책임이 법인의 불법을 말하는 것인지 책임을 말하는 것인지가 불분명하기 때문이다. 이를 분명히 하기 위해서는 법인의 독자적 조직 책임 이론에 기초하면서도 현행 양벌 규정에 대한 해석론과 같이 법인의 독자적 처벌 근거를 법인의 불법 요소로 근거 지울 수 있는 내용으로 규정하는 대신에 법인의 책임을 근거 지우는 내용으로 새롭게 규정할 수 있을 것이다. 그러나 이렇게 되면 위반 행위자의 불법과 법인의 불법은 질적 구성 요건적 측면뿐 아니라 양적으로도 동일한 것이 되기 때문에 법인에 대한 법정형을 상향 조정하려는 형사 정책적 요구에 부응할 수 없는 문제점을 떠안게 된다.

3. 혼합 모델의 장점과 한계

확장적 종속 모델과 변형 독립 모델을 결합하는 제3의 개선 방안은 어떠한가? 이러한 방식의 혼합 모델 하에서는 어느 한 모델의 단점이 동시에 혼합 모델의 단점도 된다. 혼합 모델은 양 모델의 단점을 모두 가지게 되므로 혼합 모델 자체의 장점마저도 퇴색되고 만다. 뿐만 아니라 혼합 모델은 결국 자연인 위반 행위자의 법인 내 지위와 역할에 따라 귀속의 정도를 달리한다. 따라서 위반 행위자가 누구인가에 따라 법인 처벌의 요건과 최종 법 효과가 달라지는 결과가 되는데, 이러한 차별화를 인정할 합리적인 근거가 약하다.

이 때문에 극단적 종속 모델과 변형 독립 모델을 결합하는 방식 대신 어느 하나의 모델을 선택해 단점을 최소화하는 방법으로 양벌 규정 체계 내적인 개선을 도모할 수 있다. 예컨대 극단 종속 모델도 개선해 나가면 결국 앞에서 보았듯이 대표자를 기점으로 한 의사 결정 구조 하에서 위임이나 명령을 통해 하위직 법인 종사자에게로 귀속의 연결 고리를 확장할 수 있다.

4. 소결

앞에서 구상해본 체계 내적 개선 방안들에는 치유될 수 없는 치명적인 결함이 있다. 법인 처벌이 귀속 콘셉트에 이뤄지는 한, 그리고 이 귀속이 적어도 행위 귀속부터 시작되는 한, 귀속 대상인 법인의 행위 능력을 긍정하지 않으면 불법 귀속이든 책임 귀속이든 귀속이 형법적으로 정당화될 수 없다는 점이다. 이는 책임 귀속만을 따로 떼놓고 보더라도 마찬가지다. 귀속 대상인 법인에게 책임 능력을 부정하면서 책임을 귀속시킬 수 없는 것이다. 결국 체계 내적 개선 방안은 행위 능력(=가능성)과 책임 능력(=가능성)을 인정할 수 없는 법인에게 행위와 책임을 귀속시키고 있는바, 이러한 귀속은 가능을 전제로 해야 할 당위가, 그리고 당위를 규정해야 할 규범이 불가능을 규범화하고 있다는 비판에서 벗어날 길이 없다. 법인에게 형벌을 부과하기 위한 귀속의 전제 조건을 충족시킬 수 없는 한계를 가지고 있다.

이와 같이 행위 능력(=가능성)과 책임 능력(=가능성) 없는 법인에게 형사 책임을 부담시키는 법 규범은 순수 귀속 모델이나 수정된 독립 모델에 입각하든, 아니면 양자를 결합시킨 혼합 모델에 입각해 있든, 진정한 의미의 '형법'이라고 말할 수 없다. 법인을 진정하게 형법 주체로 인정하지 않으면서 형벌만 부과하고 있기 때문이다.

Ⅱ. 양벌 규정의 체계 외적 개선 방안과 방법론의 전환

1. 양벌 규정 체계의 한계 극복을 위한 선결 조건

양벌 규정을 아무리 개선해도 그 체계 내적 개선 방안만으로는 마치 용이 되지 못한 이무기처럼 미완의 형법 상태에 머무를 수밖에 없는 한계가 있다. 양벌 규정을 기본적으로 완전한 의미의 형법이 아니라 미완의 형법으로 평가할 수밖에 없는 이유는 많다. 결정적인 이유는 양벌 규정이 수범자로 삼아 형벌 부과의 대상으로 규정한 기업(법인)이 '형법'의 주체로 인정돼 있지 않다는 점이다. 형법은 인간(자연인)만 행위 능력과 책임 능력이 있는 형법 주체로 인정해 인간에게만 형벌을 부과하고 있기 때문이다. 기업(법인)은 형법 주체가 아니기 때문에 기업(법인)에 대해서는 형법이 적용될 수 없고 오직 양벌 규정만 적용될 뿐인데, 이 양벌 규정에 규정된 형벌 부과 요건은 형법이 규정하고 있는 형벌 부과 요건의 수준에 미치지도 못한다. 양벌 규정이 가지고 있는 다양한 문제점과 한계가 양벌 규정을 불완전 형법으로 만드는 모든 이유가 여기에 뿌리를 두고 있다. 동일시 이론도 민사적인 손해 배상을 넘어 형사 책임을 인정할 수 있는 귀속 조건을 이론적으로 근거 지울 수 없는 한계를 가지고 있다. 뿐만 아니라 직접 행위자가 법인 내 기능 수행자라는 귀속 콘셉트도 그것만으로는 법인의 형사 책임을 근거 지울 수 없다.

따라서 양벌 규정의 문제점과 한계를 극복하는 정공법은 기업(법인)을 인간(자연인)과 나란히 형법 주체로 인정하는 것이다. 이에 따라 형법의 형벌 부과 요건을 기업(법인)에게도 그대로 적용할 수 있게 만든다면, 기업(법인) 처벌상의 문제점과 한계도 저절로 사라지게 된다. 기업(법인)에 대한 형사 처벌을 미완의 형법 또는 불완전 형법일 뿐인 양벌 규정이 아니라 진정한 의미의 '형법'에 따르게 하기 위해 기업(법인)을 형법 주체로 인정하려면 어떻게 해야 하는가? 법인에게 부정돼온 행위 능력과 책임 능력을 어떻게 근거 지움으로써 양벌 규정의 근본적인 한계를 극복할 수 있는가?

2. 존재론적 방법론의 한계

그 한계를 극복하기 위한 첫 출발은 자연인과 법인이 본질적으로 동일하지 않은 주체라는 전통적인 생각에서 탈피하는 사고의 전환을 도모해야 한다. 이러한 전통적인 생각은 '단체는 범죄를 범할 수 없다'는 법 격언에 압축적으로 표현되어 있다. 법인은 행위 능력과 책임 능력이 없으므로 범죄의 주체가 될 수 없다는 것이 극복할 수 없는 도그마가 된 것도 로마법 시대부터 굳어져온 위 법 격언에서 영향을 받은 것이라고 할 수 있다.

　　전통적인 사고방식은 심리학적 의식을 가지고 있어서 행위 능력이 있고, 법과 불법을 판단할 능력과 그 판단에 따라 행위 결정을 할 수 있어서 책임 능력이 있는 자연인과 단순한 조직적 결합체로서 이러한 능력이 없는 법인을 본질적으로 동일하지 않게 파악하는 존재론적 방법론에 기초하고 있다. 이러한 존재론적 방법론에 기초하면, 자연인과 동일한 실체와 본질을 가진 존재는 이 세상에 존재하지 않기 때문에 법인에게 형벌을 부과하기 위해 - 형법이 요구하는 행위와 책임과 같은 형벌 부과 요건을 맞추려면 - 법 기술적으로 자연인의 행위와 책임을 법인에게 '귀속'시키는 방법을 동원하는 것이 현실적이다. 현행 양벌 규정이 '귀속' 콘셉트에 기초하게 된 것도 바로 이러한 맥락에서 이해될 수 있다. 이와 같이 대상의 본질적 특성을 출발점으로 삼는 존재론적 방법론은 사람(자연인)과 본질을 달리하는 어떤 대상도 사람으로 의인화하는 입법을 시도할 수 없다고 한다. 만약 형법이 형법의 주체에 관한 한, '사람'의 본질적 특성과 무관하게 어떤 임의의 대상도 의인화할 수 있다고 한다면, 형법은 그 끝 가는 데를 모를 만큼 미궁 속으로 빠지고 말기 때문이라고 한다. 따라서 개념에 있는 본질적 내용을 입법자가 뛰어넘을 수 없는 한계선으로 인정하는 존재론적 방법론을 고수한다면, 자연인 외에 어떤 존재도 형법'인'이 될 수 없는 것이다. 이에 따르면 주체의 변화에 관한 한 형법의 진화는 양벌 규정의 수준에서 더 이상 발전하지 않을 것이다. 그러나 적어도 형법의 진화를 현재 상태에서 그치지 않게만 하려면 존재론적 방법론에서 벗어나야 할 필요가 있다.

3. 방법론의 전환의 이론적 기초

형법은 외부 세계의 대상을 무분별하게 받아들임으로써 내적 질서를 모두 파괴되는 결과를 초래할 것인가, 아니면 외부 세계의 자극을 수용하지도 않고 외부 세계의 변화에 대응하지도 않은 상태에 머물러 있을 것인가? 어느 쪽이든 바람직하지 못한 것은 분명하다. 형법이 - 후술하겠지만 - 자기 생산적 사회적 체계라면, 형법은 외부 환계에 개방적이기는 하지만, 자기 준거적으로 작동상의 폐쇄성을 유지한다. 형법이 자기 생산적 사회적 체계라면, 자기 관찰과 타자 관찰을 통해 결과물로 사회의 변화와 시간과 계속 접촉하면서 자기 생산적 재생산을 거듭하면서 존속한다.

여기서 우리는 기업을 새로운 형법 주체로 편입시킬 수 있는가를 묻는 질문에서 새로운 방법론적 출발점에 서게 된다. 그것은 다름 아닌 자기 생산적 체계 이론이 기초하고 있는 '작동적 구성주의 방법론'이다. 작동적 구성주의 방법론은 존재론적 방법론과 결별하면서 사회적으로 실재하는 현실을 무시하지 않되, 그 현실의 객관적 실재를 있는 그대로 인정하지 않는 대신, 그 현실을 일정한 목적에 따라 재구성하는 방법론을 출발점으로 삼는다.

자기 생산적 체계 이론인 작동적 구성주의의 방법론에 따를 때 형법의 주체를 자연인 외에 법인에게까지 확장하느냐 마느냐는 입법자의 결단이 아니라 형법 그 자체에 달려 있다. 형법이 자기 생산적 체계로서 법인을 형법 주체로 수용하는가의 여부에 대해 자기 준거적으로 결단을 내린다면 형법 속에 형법 주체로 인정돼온 본래적 형법 주체가 가지고 있는 본질 내용을 무시해서는 안된다. 형법이 어떤 존재를 형법'인'으로서 자연인과 나란히 그리고 대등하게 형법 주체로 편입하려면 원래 자기 안에 형법 주체로 인정하고 있었던 자연인의 본질적 특성을 자기 준거의 기준으로 삼아야 한다는 것이다.

이에 따르면 새로운 주체로 고려 대상이 되는 법인도 자연인과 같이 사회적으로 실재하는 실체를 가지고 자연인이 행위하듯 나름의 '행위'를 해야 한다. 뿐만 아니라 자연인이 책임질 수 있는 능력을 가진 거처럼 스스로 자율적 행위를 하고, 그에 대해 성찰적으로 책임질 수 있는 능력을 구비하고 있어야 한다. 법인의 형법 주체성에 관한 논의도 바로 이러한 맥락에서 법인이 인간 아닌 존재이면서 인간에 비견될 수 있는 사회적 실체와 능력을 가지고 규범적으로 의인화될 수 있는 존재인지 묻는 질문이 그 출발점이 돼야 한다.[41]

이러한 능력과 실체를 가지지 않은 존재에게 형벌을 부과하는 것은 인간에 대해서만 형벌을 부과하기 위해 형법 이론학이 쌓아올린 범죄 성립 요건의 금자탑을 남용하는 것일 뿐 아니라 인간의 인격성에 대한 비하일 수도 있다. 사회적으로 실재하지 않고 행위할 '가능성'도 없는 존재에게 금지 규범과 명령 규범을 만들어 행위(작위와 부작위)할 의무를 부과할 수 없거니와, 자기 행위에 따라 형벌을 통한 책임을 부담할 '가능성'도 없는 자에게 형벌을 강제하는 것은 '불가능'을 요구할 수는 없다는 법 원칙에 반한다.

만약 법인이 전 법률적 행위 능력과 책임 능력을 가진 사회적 실체로서, 인간과의 본질 동일성은 부정되지만 기능 동일성이 인정된다면, 법률은 이 사회적 실체를 의인화해 자연인과 나란히 독자적 '형법 주체'로 인정하는 패러다임의 전환이 일어난다. 이에 따르면 형법의 변방에서 일반적 범죄 성립 요건인 형법 총칙 규정의 적용조차 배제한 채, 양벌 규정이라는 형식에 의거해 법인을 처벌하는 입법 방식과 작별을 고할 수 있다. 이러한 방향의 개선 입법은 법인을 양벌 규정 체계를 벗어나게 해 형법전의 체계 속으로 들어오게 만든다. 즉, 행위 능력과 책임 능력이 인정되는 법인을 상정하고 이 법인에 형벌을 부과한다면, 이러한 법인은 자연인과 동등한 수준에서 형법의 주체가 되고, 일반적 범죄 성립 요건에 관한 형법 총칙 규정의 적용을 받을 수 있게 된다. 또한 형법범에 대해서까지 법인 처벌이 가능해진다.

이렇게 법인에 형벌을 부과하는 — 이를 위해 형법 총칙의 규정을 적용할 수 있는 '플랫폼' 형식의 — 법률 규정이 있다면, 그 법률은 진정한 의미의 형법이 될 수 있다. 하지만 이러한 패러다임의 전환을 이끄는 이론, 즉 법인의 독자적 형법 주체성을 근거 지우고 이를 형사 입법에 반영하려는 어떠한 시도도 이론적으로 성공하지 못했다. 이제 성공을 약속해주는 '이론' 속으로 들어가 보자.

제 4 장

기업(법인)의 형법 주체성 인정을 위한 이론적 기초

이제 우리는 먼 길을 돌고 돌아 이 책의 첫머리에서 다룬 핵심적인 물음으로 다시 돌아왔다. 기업(법인)도 인간(자연인)처럼 행위 능력과 책임 능력이 인정될 수 있는가? 있다면 그것을 근거 지울 수 있는 이론은 무엇인가? 종래의 형법학은 이 질문에 답하는 데 긍정설과 부정설로 나뉘어 오랫동안 대립해왔다. 하지만 어느 한쪽도 결정적인 해답을 제시하지 못한 채 공전을 거듭하고 있다. 법인에 형벌을 부과하는 양벌 규정이 존재하고 있어도 양자의 대립은 여전히 형법 이론상의 의미를 잃지 않고 있다.

이 장에서는 법인(기업)의 행위 능력과 책임 능력을 근거 지움으로써 그 형법 주체성을 긍정할 수 있는 '이론' 찾기를 시도한다. 먼저 법인의 범죄 능력 긍정설과 부정설이 원용하고 있는 법인 본질론에 관한 종래의 이론(법인 실재설과 법인 의제설)에 잠시 시선을 돌린다. 이러한 이론들이 법인의 본질에 접근하기 위해 동원하고 있는 인식론(방법론)이 가지고 있는 한계가 무엇인지를 확인하기 위해서다(제1절). 그리고 나서 새로운 인식론(방법론)을 출발점으로 삼고 있는 루만의 체계 이론적 관점을 정리하면서 법인의 형법 주체성 또는 기업의 형법 주체성을 인정할 수 있는 이론적 교두보를 확보하기로 한다(제2절).

제1절 법인의 사회적 실체와 법인 본질론의 한계

'법인'은 이미 법적으로 법인격이 부여돼 있는 어떤 대상을 일컫는 전문 용어로서, 민법에 의해 법인격을 부여받아 민법 주체로 인정돼 있다. 기업도 영리 사단 법인에 해당하는 하는 한, 이미 상법 주체로 인정돼 있다. 그러나 사법상 주체 인정 요건과 형법상 주체 인정 요건은 다르다. 형법 주체가 지는 형사 책임은 사법상의 주체가 지는 민사 책임과는 달리 사회 윤리적 비난을 내포한 형벌이라는 제재를 부과 받기 때문이다. 이 때문에 형법은 형법 주체의 인정 요건을 강화해 행위 능력과 책임 능력을 모두 갖출 것을 요구하고 있는 것이다.

그러나 법인의 형법 주체성 인정 여부를 둘러싼 논의와 관련해 그동안 간과해온 중요한 쟁점이 있다. 법인이 사회적으로 실재하는 실체성을 갖추어야 한다는 요건이 그것이다. 이하에서는 종래의 법인 본질론(법인 의제설과 법인 실재설)은 물론이고, 오늘날 조직주의적 집단주의의 접근 방법 또는 집합주의적 접근 방법 등을 통해 법인의 본질을 파악하려는 태도가 법인의 사회적 실체가 무엇인지를 규명하는 데 실패했음을 밝히면서 방법론의 전환을 도모할 필요가 있음을 확인한다.

I. 형법 주체의 사회적 실체성과 형법상 전 법률적·사회적 행위 개념

1. 형법 주체가 사회적으로 실재해야 하는 이유

어떤 존재의 '사회적 실체성'이 그 존재의 형법 주체성 인정에 요구되는 필요불가결한 전제 조건이 돼야 하는 이유는 무엇인가? 만약 이 요건을 전제 조건으로 삼지 않으면 형벌 부과의 대상은 임의로 확장돼 사회적으로 실재하지 않는 존재에 대해서까지 형법 주체가 될 수 있기 때문이다. 이러한 확장을 허용할 수 없음은 자명하다. 허깨비나 유령에게 형벌을 부과할 수 없기 때문이다. 이 점은 후술하게 될 개념 구성의 방법론과 관련해 순수 규범주의적 태도를 배격해야 하는 이유가 된다.

그럼에도 불구하고 종래 형법학에서 형법 주체의 사회적 실체성 문제가 논의의 전면에 등장하지 않았던 이유도 형법이 인정해온 형법 주체가 인간이었기 때문이다. '인간'이 사회적으로 실재하는 실체를 가지고 있음에는 의문이 없다. 이 때문에 종래 형법학에서는 주체의 사회적 실체성보다는 그 주체에게 형벌을 부과하기 위한 전제 조건으로 요구되는 인간의 '행위'가 외부성이나 실재성을 갖추어야 하는가의 질문으로 논의의 초점이 이동돼 있었다.

2. 전 법률적·사회적 행위 개념과의 관계

형법상 '행위'의 외부성 또는 실재성 여부와 관련해 형법학에서는 크게 두 가지 견해가 대립해왔다. 하나는 형법상 '행위'는 법률상 또는 형법의 구성 요건상 행위로 규정되기만 하면 족하다는 입장이고,[1] 다른 하나는 형법상 '행위'가 '법률적(=구성 요건적)' 행위로 인정되기 이전에 이미 '사회적으로' 실재하는 행위, 즉 전前 법률적으로 실체를 가지고 실재하는 행위이어야 한다는 입장이다.

전자에 따르면 무엇이든지 국가 목적이나 법률 목적에 부합하기만 하면 행위로 보아 형벌을 부과할 수 있다. 외부적으로 표출되지 않은 내부의 생각(사념)만으로는 처벌할 수 없다는 형법 이론의 마지노선마저도 간단히 무시해버릴 수 있다. 그러나 형법 이론상 전 법률적 구성 요건적 행위 개념을 부정하는 태도는 순수 규범주의적 형법학 방법론에 입각한 것으로 수용하기 어렵다. 형법학이 형법에 의한 국가 형벌권의 행사가 시민의 자유를 과도하게 제한하지 않으려는 보장적 과제의 수행을 위해 전 법률적 행위 개념을 내세운 이념적 의의를 퇴색시켜버릴 위험이 다분하기 때문이다. 이러한 맥락에서 인간이 행위 주체인 이상 인간의 행위성에 관한 한 형법학에서는 전 법률적 의미의 행위 개념을 인정하는 입장이 절대적 우위에 있게 됐다. 그러나 형법학에서는 인간으로 의인화돼 법에 의해 인격이 부여되고 '법인'으로 불리고 있을 뿐인 조직체로서의 단체나 집단은 여전히 이와 같은 전 법률적 의미의 행위를 할 수 없는 것으로 인정해왔다.

오늘날 법인도 형법상 행위 능력, 즉 전 법률적 의미의 행위를 할 수 있는지에 관한 논의가 새로운 물살을 타고 있는 상황에서 논의의 초점은 보다 앞으로 이동해 본래적 물음으로 돌아가야 한다. 즉, 단체나 집단이 전 법률적 의미의 행위를 할 수 있는지 묻기 전에 그 단체나 집단이 개별 인간과 같이 사회적으로 실재하는 실체성을 가지고 있는지를 물어야 하는 것이다.

심리적 의식뿐 아니라 외부적 신체도 가진 인간에게는 당연시됐던 실체성은 조직체나 단체에 불과한 법인에게는 결코 당연한 문제가 아니다. 만약 집단이나 단체가 사회적으로 실재하는 실체가 아니라면 전 법률적 의미의 행위 개념도 더 이상 요구할 수 없게 된다. 이와 같은 맥락에서 보면 법인의 행위 능력 문제와 법인의 사회적 실체성 문제는 동전의 앞뒤 면과 같은 관계에 있다. 법인 본질론에서 법인의 사회적 실체성 문제를 피해가서는 안될 이유도 여기에 있다.

Ⅱ. 종래의 법인 본질론의 한계

1. 법인 의제설과 법인 실재설의 내용

법인으로 지칭되는 존재가 사회적으로 실재하는 '실체'를 가지고 있는지는 일찍부터 법인 본질론에서 다뤄진 중요한 쟁점이었다. 법인 본질론은 오랜 전통을 가지고 있다. 19세기 주관적 권리 개념을 둘러싼 논의에서 시작해 기에르케의 법인 실재론과 사비니의 법인 의제설의 대립에서 그 정점을 찍은 후, 지금까지 계속[2]되고 있다. 하지만 기에르케의 법인 실재설과 사비니의 법인 의제설은 단체나 법인의 본질을 설명하는 데 사실상 내용적으로 차이를 보이지 않는다.

기에르케는 자신의 조합 이론에서 발전시킨 테제, 즉 조합은 실재하는 '총체인'이라는 테제를 설명하면서 그 실체성을 다음과 같이 압축된 표현으로 의인화해 그리고 있다. 즉, "조합은 — 어린아이나 광인처럼 — 타인을 통한 대리를 필요로 하는 죽은 개념물이 아니라 그 자체로서 의사를 가지고 행위하는 살아있는 존재(이다)."[3] 하지만 기에르케는 한편으로는 그 사고의 출발점을 "사회적 생활의 현실"에 두고서 조합을 살아있는 존재라고 말하고 있지만, 다른 한편으로는 조합 또는 단체 그 자체가 아니라 그 "기관Organ"의 행위에 초점을 맞춰 이를 책임이 귀속되는 법인과 연결시키고 있다.[4]

이 때문에 그의 이론에 대한 당시의 평가에 따르면, 법인은 현실적인 존재이고 인간과 비교할 만한 존재이며 그래서 불법 행위 능력이 있지만, 불법 행위 능력을 긍정하는 데 중심이 되는 의사는 법인을 구성하는 구성원으로 돌아가 전체 구성원의 총체적 결단이나 조직에 의해 부름을 받은 기관의 결단에 불과하다는 것이다.[5] 법인과 기관과의 이와 같은 관계 설정 때문에 오늘날 기에르케의 법인 실재설은 고전적인 동일시 이론의 초석을 놓은 것으로 평가되기도 한다.[6] 뿐만 아니라 기에르케의 사고는 — 뒤에서 설명하겠지만 — 유기체설적 전체주의적 시각을 견지하고 있는 것으로 평가될 수도 있다. 그에 따르면 우주universitas는 그것을 구성하는 개개 분자singuli와 전적으로 절연돼 있다고 하면서도 전체는 그 전체를 이루는 부분의 총합으로 구성돼 있는 것으로 보는 듯하기 때문이다.[7]

반면 사비니는 처음부터 법인을 실재하는 존재로 파악하지 않고 철저하게 관념적인 존재나 법률적 허구fictione juris로 파악했다. 이 점은 사비니가 법인을 "재산을 처분할 수 있는 능력을 가진 인위적으로 가정된 주체"로 표현한 점에서 극명하게 드러난다. 이러한 사비니의 생각은 법에 현실적으로 존재하는 것은 "도덕적인 존재인 모든 인간에 내재된 자유를 위해" 존재하는 것이라는 점에서 출발하고 있다. 이를 기초로 삼아 사비니는 주체가 "인위적인, 단순한 허구를 통해 가정된 주체로 확장"될 수 있지만 그러한 확장은 오직 "법률적 목적"을 위해서만 가능하다고 한다.[8] 사비니의 이러한 생각에서 '법률적 허구'란 자연적 사태의 법 효과를 실정 법률을 통해 타자에게 배분(할당)하는 것에 불과한 것이기 때문에 그러한 타자가 사실상 실재하는 존재인지에 대해서는 더 이상 다투어질 수 없다고 이해되고 있다.[9]

2. 법인 의제설과 법인 실재설의 한계

문제는 법인 의제설은 물론이고 법인 실재론도 법인의 본질을 경험 과학적으로 입증된 어떤 객관적 사실로 파악하고 있는 것이 아니라는 점에 있다. 사비니는 이 점을 스스로 인정했지만, 기에르케도 다를 바 없다. 기에르케가 법인을 "육체적-정신적 생명체"라고 말하고 있지만, 이는 관찰 가능한 사실에 근거를 둔 것이 아니라 은유적 표현을 사용한 것에 불과하기 때문이다. 어느 입장이든 모두 '법인'을 다루고는 있지만, 그 법인을 형벌 부과의 대상으로 삼아 자연인에 비견되는 사회적 실체로서 취급하고 있는 것이 아니므로 입증될 수도 없고 논박될 수도 없는 것이다. 법인 의제설이든 법인 실재설이든 법인의 본질을 법률상 '인人의 자격(인격)'을 부여하기 위한 정당화 사유로서 설명하고 있을 뿐이기 때문이다. 기에르케는 법적 개념으로서의 '법인'을 사회적 삶의 현실의 부분적 단면을 나타내는 일종의 추상으로 보고 있는 반면, 사비니는 오직 인간에게만 주체성을 부여하고 인격을 부여한다는 전제 하에 일정한 목적과 필요에 따라 '의제'된 법인에게도 인격을 부여함으로써 인의 확장을 도모하고 있는 것이다.

기에르케와 사비니의 견해에 차이가 있는 부분은 법인의 기관을 통한 대표성에 대한 생각을 – 실재적 존재 또는 허구에 관한 각자의 생각에 맞춰 – 서로 다르게 해석하고 있다는 점 뿐이다. 즉, 기에르케는 "법인은 그 기관의 잘못을 인정(승인)해야만 한다"고 함으로써 기관의 잘못을 법인 자신의 의사 능력 및 행위 능력의 탓으로 생각하고, 사비니는 대표성의 규칙, 즉 법인을 대표하는 기관의 행위를 법인의 행위로 의제하고 있다는 점에 차이가 있을 뿐이다. 이러한 관점에서 보면 오늘날 어느 입장도 포착 가능한 현실과 관련돼 있는 관련 객체, 즉 법인으로 지칭되는 그 무엇의 사회적 실체에 대해서는 한걸음도 접근

하지 못한 채 순수 법률적 '구성' 차원에 머물러 있을 뿐이라고 평가할
수 있다.[10]

Ⅲ. 법인의 본질을 파악하는 두 가지 접근 태도

1. 조직주의적 – 집단주의적 접근 태도

최소한 사고 방식에 관한 한, 오늘날 법인의 본질을 파악하는 데 법인을 그 구성 분자와 별개로 사회적으로 실재하는 독자적 실체로 파악하려는 태도에 첫걸음을 뗀 것은 기에르케의 공적이라고 할 수 있다. 이는 그가 '단체인Verbandperson'이라는 개념을 사용한 점 때문이라고 할 수 있다. 오늘날에는 이 단체인의 개념을 순화시켜, 객관적 정신, 즉 넓은 의미에서 문화적 실체의 초개인적 연속성으로 파악하는 견해들이 모두 이러한 접근 태도를 계승하고 있다. 예컨대 "특별한 객관적 정신의 효과 센터"로 파악하는 견해(리트너), 사회 심리학적인 관점에서 "집단의식"에 주어져 있는 법인의 사회 경험적 현실(실재)로 이해하는 견해(비에커), "사회적 형상물"의 무정한 실재를 "관념적 총체"라는 사고 형상으로 변화시키고 있는 견해(플루메) 등이 여기에 해당한다.[11]

하지만 기에르케식의 집단주의적이고 조직주의적인 은유로서 단체인 또는 그와 유사한 변형 개념을 사용하는 사고방식에는 치명적인 결함이 있다. 이러한 결함은 기본적으로 단체를 "인간을 구성 분자로 삼는 전체 조직"으로 생각하고 있다는 점에서 비롯된다. 즉, 인간을 단체의 구성 요소로 보게 되면, 인간이 구성 요소가 아닌 시설, 재단 또는

1인 회사 등을 설명할 수 없게 되는 문제점이 생긴다.

하지만 이와 같은 단체의 범주 축소보다 더욱 심각하고 근본적인 문제점이 있다. 그것은 인간을 단체의 구성 요소로서 인정하면서 동시에 단체의 독자적 실재성을 인정하게 되면, 이미 극복된 지 오래된 전체주의적 유기체설의 태도가 초래될 위험성이 있다는 점이다. 개개인을 결합해 그 개인을 뛰어넘은 새로운 전체인으로서의 주체나 초개인이라는 집단 단위를 인정하는 태도는 그러한 '전체인이나 초인간'을 위해 그 구성 분자인 개개인을 수단으로 도구화하는 일을 막을 수 없게 된다. 조직주의적-집단주의적 접근법에 대해 전체주의적 사고 모델이라는 비판이 가해지고 있는 것도 이 때문이다. 이러한 접근 태도에서는 개인과 기업(단체)의 관계를 다음과 같이 본다.

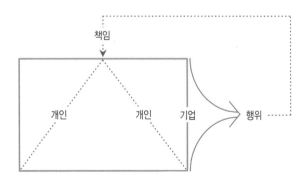

[표_조직주의적 집단주의(전체주의)]

2. 방법론적 개인주의의 접근 태도

전체주의적 접근 방식에 대한 반감과 반성 때문에 오늘날 전체가 아닌 그 구성 분자로서의 개인에 초점을 맞추려는 태도가 여전히 우세를 보이고 있다. 이 때문에 오늘날 법인의 사회적 실체에 접근하는 데 지배적인 방식은 단체나 법인을 책임 있는 주체로 고려하기는 하되, 그 출발점과 연결 고리를 개인의 영역에서 찾으려는, 이른바 '방법론적 개인주의'다. 이러한 입장은 '집단주의적collective' 접근 방법이 아니라 '집합주의적aggregative' 접근 방법으로도 명명되고 있다.[12] 이에 의하면 예컨대 기업의 경우 기업 자체를 주된 행위자로 취급하면서도 개인 주주들, 특히 기업의 관리자나 경영자들 각각의 작위 또는 부작위 및 그러한 개별 주체들의 심리적 요소까지 고려해야 한다고 한다.[13]

하지만 방법론적 개인주의의 접근 태도를 취하더라도 법인의 사회적 실체를 법인이 수행하고 있는 현실적 기능과 그에 대한 사회적 인식을 반영하는 일에는 여전히 한계가 있다. 방법론적 개인주의의 시각은 단체를 개별 구성원의 행위의 총합으로 보는 태도를 여전히 유지하는 결과, 기업(법인)을 "구체적인 이익 추구의 사회적 단면"으로만 파악하기 때문이다. "인간이 최종 단위이고, 경제는 수많은 개인 행위의 복합체"로 보는 이러한 태도는 기업을 특히 거래 비용을 절감하기 위해 "계약의 망"을 수단으로 삼아 조직화된 "재원 풀"로 이뤄진 제도의 일종으로 본다. 오늘날 기업(법인)과 같은 집단 표지를 개인 간 네트워크를 부르는 "약칭" 또는 "단순한 언어적 상징"으로만 파악하는 태도는 모두가 방법론적 개인주의의 접근 방식에 기초하고 있다.[14]

방법론적 개인주의는 오늘날 기업이 사회에서 수행하고 있는 역할과 지위를 충분히 고려하고 있지 못한 접근 방식이라고 하지 않을 수 없다. 이러한 접근 방식을 고수한다면 '사회적인 것'의 독자적인 역동성이나 '전체적인 것'의 독자적 의미가 다시 공중 분해되고 말기 때문이다. 모든 것이 개인의 행위 속으로 휘발(소실)되기 때문에 기업이나 단체를 진정한 의미의 독자적 '행위 주체'로 등장시킬 수 없게 된다. 왜냐하면 개인의 행위를 최종 단위로 파악한다면, 기업이나 단체는 이익을 최대

화하는 개인들에 의해 단순히 그 개인들의 목표를 달성하기 위한 수단
에 불과해지기 때문이다. 이러한 접근 태도에서는 개인과 기업(단체)의
관계를 다음과 같이 본다.

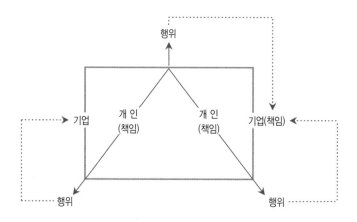

[표_ 집합주의(방법론적 개인주의)]

Ⅳ. 법인의 본질을 이해하는 두 가지 인식론적 태도

1. 존재론적 방법론

종래 법인 본질론은 물론이고 법인을 그 구성 분자로부터 독립된 사회적 실체로 인정하려는 접근 태도인 조직주의적-집단주의나 방법론적 개인주의 모두 공통의 인식론을 출발점으로 삼고 있다. 존재론적 인식론이 그것이다. 독일 관념주의 철학의 전통을 이어받은 종래의 존재론적 인식론에 따르면 외부 세계에 객관적 실체를 가지고 존재하는 존재자가 아니면 사회적 실체성을 긍정 받을 수 없게 된다.

이러한 인식론을 출발점으로 삼으면 추상적인 법인격을 가진 법인의 사회적 실체는 인정되기 어렵고, 오히려 법인 내에 실재하고 있는 인간(개인) 또는 기관만 사회적 실체를 가지고 있는 것으로 귀결될 수밖에 없다. 이러한 존재론적 인식을 기초로 한 형법 이론이 오직 자연인(인간)만을 행위 주체와 형법 주체로 인정하는 고전적 형법의 기초가 됐다. 고전적 형법 이론에 따르면 법인은 인간처럼 호흡하지 않고 피와 살도 가지고 있지 않을 뿐 아니라 의식도 가지고 있지 않기 때문에 인간과 본질적으로 동일성이 인정되지 않아 인간과 대등하게 형법상의 '주체'로 인정되는 것이 근본적으로 불가능하다.

그러나 형법학에서는 이런 존재론적 개념 이해 방식에 대해 오래전부터 강력한 도전이 있어왔다. 뒤에서 살펴볼 신칸트학파의 규범주의적 방법론이 그 도전 행렬의 선두에 섰다. 형법 이론학에서는 규범주의적 방법론에 영향을 받아 종래 형법의 많은 구성 요건 요소들을 더 이상 오감에 의해 인식될 수 있는 기술적 요소로 이해하지 않고, 오히려 사회적·법적 의미 평가의 결과물인 규범적 요소로 이해하기 시작한지 오래다.

심지어 살인죄의 객체인 '사람'조차도 우리의 오감이 아니라 사회적·법적인 의미를 평가한 규범적 개념으로 파악한다. 사람의 종기終期와 관련한 뇌사설과 심장사설의 대립은 이미 사람도 규범적 평가, 즉 사회적·법적인 관점에서의 의미 부여의 산물임을 의미하는 사회의 변화상을 보여주고 있다. 종래 자연과학적으로 그 존재 증명이 요구됐던 인과 관계 개념도 '상당성' 내지 '개연성' 또는 '객관적 귀속'이라는 차원에서 평가의 대상이 된지 오래다. 심리학적인 기초를 통해 해석됐던 '고의' 개념조차도 규범적 평가의 대상이 돼 주관적 귀속이라는 차원에서 이해되고 있음은 오늘날 형법상의 모든 개념이 더 이상 순수하게 존재론적 방법론에 의해 해석될 수 없음을 말해준다.

형법상 '행위' 개념과 '책임' 개념도 이와 같은 규범화의 행렬에 동참하고 있음은 췌언을 요하지 않는다. 사람(자연인)외에 기업(법인)을 새로운 형법 '주체'로 편입시킬 수 있을지의 문제는 형법 '주체' 개념도 이와 같은 차원의 규범화 대열 속에 포함시킬 수 있는가라는 물음에 답해야 하는 의미 지평을 가지고 있다.

2. 규범주의적 – 구성주의적 방법론

형법의 '주체' 개념을 존재론적 인식론의 방법론을 통해 해석하지 않고 규범주의적-구성주의적 방법론을 통해 해석하려는 태도는 이미 오래전에 등장했다. 이 방법은 형법상 '주체'를 여기 또는 저기 외부 세계에 존재하는 존재로 국한하지 않고, 규범적으로 (재)'구성'되는 차원의 개념으로 이해하는 입장이다. 이 입장의 대표 주자인 라드부르흐에 따르면, "모든 '인'은 육체적 인이든 법인이든 법질서의 창조물이다."[15] 켈젠 역시 '인'은 "이와 같은 법적 의무와 주관적 권리이다. '인'은 이러한 단위를 의인화(인격화)한 것에 불과하다"[16]고 했다. 이로부터 자연인과 법인은 동일선상의 현실적 지위 또는 허구적(의제) 지위를 가지고 있다는 결론이 나온다. 즉, "조직은 개인과 마찬가지로 현실적 행위자(작용자)이거나 허구적(의제적) 행위자이다"라는 태도가 견지되는 것이다.[17]

법체계 차원에서는 법체계 자신의 인적 구상물만 존재한다고 강조하면서 법체계에 '법인'밖에 존재하지 않는다고 강조하는 이러한 사고의 흐름은 특히 신칸트학파의 법 이론에서 기원한다. 이런 신칸트학파류의 규범적-구성주의적 태도는 어떤 대상이라도 인식하는 주체의 시각을 통해 구성될 뿐이라고 한다. 이렇게 대상을 법체계의 목적을 달성하기 위해 대상을 규범적으로 창조해내는 태도를 형법학에서는 순수 규범주의적 방법론이라 부른다. 이러한 방법론은 모든 대상을 인식자(관찰자)의 시각을 통해 비로소 규정되는 구성물로 본다는 점에서, 대상의 어떤 속성들을 그 주체가 마음대로 결정하게 하는 순수 의제적 구성주의의 태도를 표방하게 된다. 사회학에서는 대상의 구성을 위해 대상을 평가하는 주체와 구성된 객체를 구별한다는 점에서 주체와 객체의 구분을 전제로 하는 '분석적' 구성주의의 방법론이라고 부른다.[18]

순수 규범주의적 방법론은 존재론적 방법론과는 달리 어떤 대상의 변함 없는 객관적 본질 내용에 의존하지 않고, 그 대상을 평가하는 주체의 목적에 따라 자유로운 평가를 내리게 한다. 그러나 법 주체가 합목적적인 관점에서 만들어지는 순수 이론상의 구상물일 뿐이고 사회적으로 실재하지 않는다면, 그 법 주체가 전 법률적 사회적 행위를 할 수 없을 뿐 아니라 자신의 행위에 책임질 능력(가능성)이 없음에도 불구하고 책임을 지우는 결과를 받아들여야 한다. 즉, 아무런 입법적 한계를 설정하지 않고 입법 정책적 결단만을 통해 법인을 형법 주체로 의제하여 형벌을 부과할 수 있다면 평가하는 주체의 결단에 의해 심지어 나무나 돌도 형법 주체로 편입할 가능성을 인정해야 한다. 이러한 태도는 '불가능한 것에 대해서도 의무적 당위 요구를 할 수 없다'는 형법 원칙에 반하기 때문에 수용하기 어렵다. 현행 형법은 주체 개념을 존재론적 방법론에 따라 이해하므로 실체 없는 법인의 형법 주체성을 부정하는 반면, 현행 양벌 규정은 주체 개념을 순수 규범주의적 방법론에 따라 '구성'하고 있으므로 실체 없는 법인을 귀속 내지 의제의 방법으로 형법 주체로 인정하고 있는 것으로 이해된다.

순수 규범주의적 방법론이 귀속의 방법으로 형법 주체 개념을 확장하는 일은 평가하는 주체와 평가의 대상인 객체에 대한 이분법적인 구분이 전제된 전통적인 인식론을 출발점으로 삼고 있다. 그러나 만약 관찰자 역시 관찰하는 세계에 참여하고 있음을 인정함으로써 주체와 객체의 이분법을 받아들이지 않는 새로운 인식론의 관점에서 볼 때, 세계를 초월하는 주체로서의 관찰자라는 관념을 인정하는 전통적인 인식론의 입장은 받아들이기 어렵다.[19]

V. 법인의 실체 파악을 위한 방법론적 전환의 필요성

종래의 법인 본질론은 법인으로 지칭되는 것을 사회적으로 실재하는 실체로 파악하지 못한 한계가 있었다. 개인을 법인(단체)의 구성 분자로 보는 전제 하에 그 법인의 사회적 독자성을 인정하려는 집합주의적 태도를 취하더라도 법인의 독자적 사회적 실체에 접근하지 못하기는 마찬가지다. 방법론적 개인주의가 취하는 환원주의에 빠져서 그 법인의 사회적 역동성을 담아내지 못하기 때문이다. 법인을 초개인적 '단체인'으로 보려는 태도는 유기체설적 집단주의를 표방하게 되고 전체를 위해 개인을 수단화하는 전체주의적 태도라는 비판에서 자유롭지 못하다.

인식론적으로 관점에서 보더라도 종래의 존재론적 방법론은 추상적 법인격을 부여받고 있을 뿐인 법인을 객관적으로 실재하는 사회적 실체성을 가진 형법 주체로 인정하기 어렵다. 그렇다고 해서 규범주의적·구성주의적 방법론에 따라 법인을 독자적 주체로 인정하는 태도를 취하기도 어렵다. 이 방법론은 오직 합목적적인 견지에서 사회적 실체가 없는 대상에 대해서도 국가 형벌권을 행사할 수 있으므로 입법자의 자의를 막을 한계를 설정하고 있지 않기 때문이다.

법인(단체)의 사회적 자기 역동성을 담아낼 뿐 아니라 법인(단체)의 사회적·독자적 실체성을 부정하지 않는 방법은 없는가? 방법론적 개인주의가 만들어내는 환원주의에 빠지지 않으면서 동시에 전체주의적 유

니클라스 루만 Niklas Luhmann

기체설이 보여주는 집단주의 신화로부터 벗어나는 방법은 없는가? 뿐만 아니라 존재론적 방법론으로부터 탈피하면서도 순수 규범주의적 방법론으로 돌아감이 없이 법인이나 기업 등 집단 표지로 지칭되는 것들의 사회적 실체를 인정하면서 그것의 독자적 행위 주체성을 인정할 수 있는 방법은 없는가?

생각건대 이 문제를 해결하는 방법론과 그 기초는 루만의 자기 생산적 체계 이론이 제공해줄 수 있다. 후술하겠지만 그의 체계 이론은 존재하는 현실에 대한 있는 그대로의 모사가 아니라 현실을 (재)구성하는 구성주의적 방법론을 출발점으로 삼기 때문에, 존재론적 방법론(구체적 체계 이론)과는 그 노선을 달리한다. 뿐만 아니라 현실에 관한 진술이 단지 구성일 뿐이라고 하지 않고 '체계'가 외부 세계에 실재하는 실체를 가지고 있다는 점을 출발점으로 삼고 있기 때문에, 순수 규범주의적 방법론(분석적 체계 이론)과도 거리를 둔다. 특히 루만의 체계 이론은 사회적 체계가 오직 커뮤니케이션으로 이뤄져 있음을 인정하기 때문에 구체적인 인간을 체계의 구성 요소에서 배제함으로써 사회적 체계가 그 구성 요소로부터 독립된 독자성을 가진 것임을 인정한다.

만약 법인(기업)을 루만의 체계 이론이 말하는 사회적 체계의 일종으로 볼 수 있다면, 법인(기업)은 사회적 실재성과 역동성을 인정받으면서 개인의 총합이 아닌 독자성을 부여받을 수 있게 된다. 이와 같이 루만의 체계 이론에 따르면 방법론적 개인주의와 조직주의적 집단주의의 시각 '저편'에서 법인의 사회적 실체를 규명할 수도 있다. 이와 같은 방법론의 전환을 도모하기 위해 절을 바꾸어 루만의 체계 이론이 어떤 인식방법론을 출발점으로 삼고 있는지를 살펴보기로 한다.

제2절 루만의 체계 이론의 방법론적 출발점과 자기 생산적 체계 이론

니클라스 루만Niklas Luhmann의 체계 이론Systemtheorie은 사회적 체계를 자기 관찰과 자기 기술을 하며 자기 준거적으로 자기 생산을 하는 사회적 실체를 가진 기능 체계로 파악하기 때문에 존재론적 방법론이나 순수 규범주의적 방법론을 출발점으로 삼지 않는다. 뿐만 아니라 루만의 체계 이론은 인간을 사회적 체계의 구성 요소로 보지 않으면서도 사회적으로 기능하는 독자적 주체로 인정하기 때문에 방법론적 개인주의뿐 아니라 조직주의적 – 진단주의와도 거리를 둔다.

앞서 언급했듯이 기업(법인)을 체계 이론에서 말하는 사회적 체계로 볼 수 있다면 이에 기초하여 종래의 법인 본질론의 한계 및 그 이후의 법인의 사회적 실체를 규명하려는 다양한 인식론의 한계를 극복하고, 기업(법인)을 새로운 형법 '주체'로 형법전에 편입시킬 수 있는 교두보를 확보할 수 있게 된다.

이하에서는 루만의 체계 이론이 어떻게 기업(법인)을 형법 주체로 인정할 수 있는 이론적 기초로 원용될 수 있는지에 관한 구체적 확인 작업에 들어가기 전에, 먼저 루만의 체계 이론이 출발점으로 삼고 있는 독자적 인식론, 즉 '작동적 구성주의'라는 패러다임에 관해 간략하게 설명한다(이하 Ⅰ). 이는 기업(법인)이 어떻게 능동적(독자적) '행위 주체'가 될 수 있고, 나아가 책임 능력이 인정되는 '형법 주체'가 될 수 있는지 판단하는 단초이기 때문이다.

다음으로 작동적 구성주의에 대한 이해를 돕기 위해 루만의 체계 이론의 기본 개념을 몇 가지 소개한 뒤(이하 Ⅱ), 체계 이론에서 사회적 체계가 어떻게 사회적 행위 능력을 가진 독자적 행위 주체가 될 수 있는지와 관련하여 사회적 체계의 행위 구조를 들여다 보기로 한다(이하 Ⅲ).

마지막으로 기업을 사회적 체계로 구분하고 이를 새로운 형법 '주체'로 편입시키기 위해 루만이 사회적 체계의 대표적인 종류로 분류하는 조직과 법의 특징을 살펴본다. 조직은 법인의 사회적 실체로서 자기 관찰(1차 관찰)과 관련돼 있고, 법은 그러한 조직에 대한 타자 관찰(2차 관찰)과 관련돼 있기 때문이다(이하 Ⅳ).

I. 루만의 체계 이론의 방법론적(인식론적) 출발점

1. 작동적 구성주의의 의의

'작동적 구성주의operativer Konstruktivismus'가 전통적인 인식론(앞에서 언급한 자연주의적-존재론적 방법론 등)과 다른 점은 현실에 대한 철저한 탈존재론화를 인정한다는 점에 있다.[20] 즉, 현실은 '저기' 외부적으로 객관적으로 존재하는 실제가 아니라 '구성'될 뿐이라고 한다. 체계 이론적 용어로 말하면, 체계가 스스로 자신을 구성한다고 말할 수 있다. 바로 이 때문에 작동적 구성주의는 생물체, 인간, 기계, 더 나아가 개인과 개인 간의 단순 상호 작용뿐 아니라 일정한 규모의 조직체도 그 구조와 기능 면에서 동일하게 파악될 수 있는 '구성적' 존재, 즉 '자기 생산적 체계 autopoietische Systeme'로 파악한다.[21]

따라서 구성주의적인 자기 생산적 체계 이론의 관점에서 보면, 예컨대 어떤 '조직'체에 대해 말할 때 그 조직체의 일정한 특성을 밝힌 후에 이 특성이 인간에게는 존재하지 않는다고 하거나, 그 반대로 인간의 어떤 특성을 밝힌 다음 조직체에는 그러한 특성을 인정하지 않는 태도를 취해서는 안 된다. 만약 조직체와 인간이 구조적으로 동일하지 않다고 한다면, 이는 자기 생산적 체계 이론의 범위 내에서 그리고 그 기초가 되는 인식 이론, 즉 작동적 구성주의 이론을 일관되게 따르지 못하는 태도이다.[22] 뒤에서 살펴보겠지만 한때 법인의 범죄 능력 긍정설을 취했었다가 최근 법인의 범죄 능력 부정설로 돌아선 형법 이론가들(야콥스와 쉬네만)의 태도 변화도 바로 작동적 구성주의의 방법론을 철저하게 따르지 못한 데 기인한다.

루만의 작동적 구성주의는 외부 세계(대상)에 대한 진술이 단지 구성일 뿐이라고 주장하는 분석적 구성주의(앞에서 언급한 순수 규범주의적 방법론)와 달리, 외부 세계(대상)가 실재하는 것을 부정하지 않는다. 루만의 체계 이론은 현실 안에 체계들이 존재하는 것을 출발점으로 삼아, "실재하는 세계 안에 실재하는 체계의 분석"을 목표로 삼고 있기 때문이다.[23]

루만의 구성주의를 '작동적' 구성주의라고 부르는 이유는 현실의 '관찰'이 바로 심리 체계와 사회적 체계의 '작동'을 말하는 것이기 때문이다.[24] 루만의 작동적 구성주의는 세계의 실재성에 의문을 표시하는 것이 아니라, 세계와 인식 사이의 모사 관계만을 의문시할 뿐이다. 그에 의하면 인식은 모사가 아니라 현실의 관찰일 뿐이라는 의미에서 구성물이라고 한다.

2. 작동적 구성주의 하에서 관찰 개념

작동적 구성주의의 관점에서 볼 때 관찰은 대상에 대한 '구별'을 의미한다. 그리고 여기서 관찰이 대상을 구별하는 방법은 일반적인 관찰 방법과 다르다. 즉, 외부 현실에서 이미 존재하는 구별을 관찰하는 것이 아니라 관찰자의 관찰에 의해 비로소 구별이 생겨난다고 한다. 이러한 의미에서 루만은 "모든 현실은 구별을 통해 구성돼야 한다. 그러므로 구성물로 유지된다"[25]고 말한다. 이에 따르면 우리는 결코 진술로 모사된

현실과 관계를 가질 수 없고, 언제나 관찰자에 의해 '구성'된 현실과 관계를 맺을 수 있을 뿐이다.[26]

이처럼 세계의 어떤 것도 직접적 인식을 통해 접근할 수 없고, 모든 것은 오로지 관찰자의 관점에서만 파악될 수 있다고 생각하는 루만의 작동적 구성주의는 주체와 객체를 분리하는 출발점을 가진 종래의 인식론이나 존재론과 차원을 달리한다. 세계가 이러저러한 특징을 가지고 '있다'라고 주장할 수 없고, "관찰자, 즉 의식 또는 세계가 이러저러한 특징을 가지고 있다는 주장"이 존재할 뿐이다.[27]

루만은 관찰 개념을 통해 작동적 구성주의와 전통적인 존재론적 인식론과의 차이를 다음과 같이 설명한다. "만일 관찰자, 즉 화자나 무엇인가를 무엇인가에 귀속시키는 자를 끌어들이면 … 존재론을 상대화하게 된다. 실제로 우리가 무엇인가를 말하고자 하면 반드시 관찰자에 대한 사고를 함께 끌어들이지 않을 수 없다. 다시 말해 우리는 관찰자를 관찰하고, 관찰자를 명시하고 체계 준거를 표시해야 한다. 그래야 세계에 대한 어떤 언명을 말할 수 있다. 이러한 이론적 문턱을 통과한 만큼 이제 대상을 더 이상 순진하고 단순하게 처리할 수 없게 된다."[28] 루만이 전통적인 인식론인 주체와 객체를 구별하는 방법론에서 벗어나고 있는 것도 이와 같이 "체계가 수행하는 작동과 이 작동에 대한 관찰(관찰은 작동하는 체계에 의해 이뤄질 수 있고, 다른 체계에 의해 이뤄질 수도 있다[29])을 구별"[30]하고 있기 때문이다.

이와 같이 루만이 말하는 관찰은 작동이고, 작동은 다시 '구별'을 의미한다. 구별을 출발점으로 삼는 루만의 체계 이론은 동일성이 아니라 차이에서 시작한다. 이 때문에 루만의 체계 이론을 관찰 이론적, 구별 이론적, 차이 이론적 이론이라고 한다.[31] 요컨대 루만이 출발점으로 삼고 있는 작동적 구성주의에 의하면 모든 인식의 모색은 구별에서 시작하므로, 외부적으로 존재하는 현실은 오로지 구별을 통해 인식되고 기술될 수 있다. 그리고 구별은 현실에 그대로 '존재'하는 것이 아니라 관찰자로부터 세계에 덧붙여지는 것이므로 모든 현실 기술은 '구성'이다.

이러한 구성주의적 방식에 의하면 "자신의 체계 속에서 외부 세계를 있는 그대로 묘사하려는 어떠한 시도도 감행"해서는 안 된다.[32] 작동적 구성주의의 관점에서 보면 형법 체계가 형법 주체인 인간을 있는 그대로 묘사한 후 기업(법인)을 형법 주체에서 배척하고 있음을 철저히 존재론적 인식론에 기초하고 있음을 의미한다.

II. 체계 이론에서 체계 개념과 사회적 체계의 작동 방식

1. 체계 개념

루만의 체계 이론이 시작하는 '구별'은 체계System와 환계Umwelt에 대한 구별이다.[33] 루만은 체계를 "조직된 복잡성"으로 이해하고 표현한다. 여기서 조직된 복잡성은 "질서의 선별"을 통해 "작동"한다. 이에 따르면 체계의 활동은 조직하고, 선별하고, 작동하는 것이다. 여기서 작동은 체계의 최종 요소[34]로서, 체계의 유지 존속을 위해 없어서는 안 되는 활동, 즉 "체계가 자신을 생산하고 재생산할 때 취하는 활동"[35]을 의미한다.

루만에 의하면 체계는 생물학적 체계, 심리적 체계 그리고 사회적 체계로 대별된다. 생물학적 체계는 살아있는 유기체와 세포와 신경 세포와 면역 체계를 뜻하고, 심리적 체계는 인간의 의식을 뜻한다. 사회적 체계에는 정치와 경제, 법, 조직 등이 있는 것으로 분류한다.[36]

루만은 체계가 그 종류에 따라 다른 작동을 한다고 본다. 즉, 미생물과 같은 생물학적 체계의 작동은 생존, 심리 체계인 인간의 작동은 인지와 사고 같은 의식의 처리, 사회적 체계의 작동은 커뮤니케이션이다.[37] 그의 이론에 따르면, 이와 같은 모든 체계 유형에 동일하게 적용되는 핵심 원칙은 체계/환계의 차이와 자기 생산이다. 즉, 체계가 되려면 첫째, 체계/환계의 차이를 만들어내어야 하고, 둘째, 자기 생산을 할 수 있어야 한다. 체계의 핵심적인 두 가지 조건을 차례로 설명하면 다음과 같다.

2. 체계/환계의 차이

먼저 체계/환계의 차이를 만드는 체계의 작동에 관해 알아보자. 루만에 의하면 환계는 체계를 둘러싸고 있는 체계 이외의 다른 모든 것이다. 환계는 자연 환경과 같이 고정된 단위가 아니라 특정한 체계와 관련해서만 존재하면서 체계마다 하나씩 정의되며, 체계의 고유한 작동에 힘입어 규정되고 실재하는 체계의 외부 세계이다. 이와 같이 "물리적·화학적·유기적·심리적 실재들"로서의 환계는 "전제된 복잡성의 토대"를 형성하는 것으로, 체계의 전제이자 체계/환계의 전제들로서 루만이 논증을 시작하는 지점이다.[38]

　체계/환계의 차이가 체계 이론에서 핵심인 이유는 세계에 대한 진술은 오로지 환계에 대한 체계의 진술을 통해서만 만들 수 있기 때문이다. 루만은 "체계 이론의 일차적 대상은 대상으로서의 체계 그 자체가 아니라, 체계와 환계의 차이라는 점이다"[39]라고 말한다. "체계는 작동하면서 환계와의 차이를 만들어낸다. 체계는 내부의 면은 체계이고, 외부의 면은 환계라는 두 개의 측면을 가진 형식을 만들어낸다."[40] "모든 체계에는 그 체계의 환계가 상호적인 체계/환계 관계로 착종돼 있는 복잡한 구조로서 주어져 있다."[41] 따라서 "체계/환계의 차이는 존재론적인 차이가 아니다. … 양자의 차이는 실재하는 어떤 전체를 두 개의 부분 단면으로 분할해 이쪽은 체계이고 다른 쪽은 환계라고 하지 않는다. 양쪽 중에 어느 것인지는 절대적이지 않고, 오히려 체계 상대적일 뿐이다. 그러나 양쪽의 차이는 객관적으로 실재한다."[42]

루만에 의하면, 체계는 작동하면서 그를 통해 환계와의 차이를 만들어내며 존재하지만, 그 작동만으로는 존속할 수 없다. 루만은 체계가 작동 외에 '관찰'을 한다고 보는데, 이 관찰이 바로 "구별과 지칭"을 의미한다고 한다.[43] 루만에 의하면 관찰에서도 체계와 환계의 차이가 나타나는 바, 관찰의 경우 이러한 차이는 체계가 자신의 외부 경계를 한번 더 자신에게 복제하고, 이 경계를 자신의 전체적 구별, 전체적 지칭을 위한 기본 범주로서 내적으로 사용한다고 한다. 이때 체계와 환계 사이의 경계가 체계 안으로 복제되는 것을 루만은 재투입 re-entry라고 한다.[44] 루만은 "그러므로 체계는 먼저 작동해야 하고, 그 작동을 계속해야 한다. 즉, 예를 들어 생존하거나 커뮤니케이션을 할 수 있어야 한다. 그러고 나서야 이러한 방식으로 만들어진 차이를 내적으로 구별로서 사용할 수 있고, 그로써 그 구별을 자기 자신의 관찰의 도식으로 사용할 수 있다"[45]고 정리한다.

　　루만은 체계와 환계의 차이, 즉 체계의 외부 경계가 체계에 의해 체계 안에 복제되며, 이것이 근본적인 관찰 범주로 사용되는 것은 체계 안에 복잡성을 구축하기 위한 첫 번째 단계라고 한다. 그리고 체계가 할 수 있는 바, 구별과 관찰, 인식과 기술의 모든 가능성들은 이 첫 번째 단계에 의해 규정돼 있다. 이것이 모든 인식은 구성이라는 주장에 대한 논리적인 설명이 된다. 왜냐하면 체계/환계의 차이는 체계 밖의 세계에서 존재론적으로 미리 주어져 있는 경계로서 존재하는 것이 아니라 바로 체계 자신이 만들어내기 때문이다.[46]

　　이와 같이 루만은 체계/환계의 차이에 따라 이뤄지는 근본적인 구별을 "자기 준거/타자 준거"라고 부른다. 그에 의하면, "모든 인식이 자기 준거와 타자 준거의 구별을 근거로 삼아 얻어져야 하는 것이라면, 동시에 모든 인식이 (그리고 그 인식과 함께 모든 실재가) '구성'이라는 점이 타당하다. 왜냐하면 자기 준거와 타자 준거의 이 구별은 체계의 환계에는 존재할 수 없으며(그곳에서 무엇이 자신이며 무엇이 타자일 수 있을까!), 오로지 체계 자체에만 존재할 수 있기 때문이다"[47]라고 한다.[48]

루만은 자기 관찰이 사회적 체계에서 텍스트로 이뤄지는 경우를 자기 기술이라고 한다.[49] 즉, "자기 관찰은 … 체계 안에서 체계에 향해진 작동으로, 그리고 자기 기술은 그에 해당하는 텍스트의 작성으로 이해한다."[50] 이와 같이 루만은 모든 사회적 차원 그리고 더 나아가 전체 사회에 의해서도 자기 관찰과 자기 기술이 이뤄진다고 하는데,[51] 후술하겠지만 이는 – 체계의 성찰 능력과 함께 – 사회적 체계인 기업(법인)의 행위 능력과 책임 능력을 긍정할 수 있는 토대가 될 수 있다.

3. 체계의 자기 생산 방식과 연계 능력

루만은 체계 이론이 "자기 생산적 체계에 관한 이론이며", "자기 생산적이며 자기 준거적으로 작동상 폐쇄적인 체계의 이론"[52]이라고 한다. 여기서 "자기 생산autopoiesis"이란 "체계의 구성 요소들로부터 체계의 구성 요소들을 스스로 생산하고 재생산함"을 말한다.[53] 이를 다른 말로 "자기 자신을 통한 체계의 생산"[54] 또는 "체계는 자기 스스로를 생산한다"[55]라고 표현하기도 한다.

루만은 자기 생산의 이러한 의미는 생물학적 체계에서 가장 잘 설명[56]될 수 있다고 하면서도, 비생물학적인 체계, 즉 심리 체계나 사회적 체계에 대해서도 이 개념을 전용한다.[57] 심리 체계를 예를 들면, 의식 과정 역시 자신에게서 발생하고 바로 그 의식 안에서만 배타적으로 자신을 재생산하며, 사회적 체계의 경우 커뮤니케이션은 커뮤니케이션 과정 안에서만 발생하며 후속 커뮤니케이션을 실행한다고 한다. 그러나 자기 생산은 모든 체계에서 그리고 체계 자체에 의해 진행되지만, 환경는 함께 작동할 수 없다. 루만은 이를 다음과 같이 설명한다. "환계는 체계의 재생산에 참여할 수 없다. 환계는 재생산에 유익하게 작용할 수 없다. 환계는 재생산에 파괴적으로만 작용할 수 있을 뿐이다."[58]

루만에 의하면, 체계의 자기 생산의 근본 작동은 계속해서 작동하지 않으면 체계가 존재하지 않는 방식으로 작동한다. 루만은 체계가 후속 작동들이 연계될 수 있도록 작동하는 것을 체계의 "연계 능력"이라고 한다. "지속적인 자기 재생산의 필연성, 그것은 사멸하는 부분들을 단순히 대체 조달하는 정도를 훨씬 뛰어넘는 것이며, 환계와의 관계를 지시하는 것으로도 설명된 것이 아니다. 적응이 문제가 아니다. 재료 교환이 중요한 것도 아니다. 중요한 것은 자율에 대한 독특한 강제이다. 자율에 대한 강제가 만들어지는 조건은 다음과 같다. 체계를 구성하는 순간의 요소들이 연계 능력을 … 갖추지 아니하고 그렇게 재생산하지 않는다면, 체계는 모든, 즉 훨씬 더 유리한 환계에서도 존재를 중지할 것이다."[59]

루만은 이와 같은 연계 능력을 보장하기 위해 자기 생산 체계들이 결과를 고려해 자신의 작동을 통제하고 적절한 구조를 구축해야 하는바, 이러한 연계 능력의 보장 조건들은 이전과 이후를 구별할 수 있는, 즉 기억과 같은 어떤 것을 형성하는 "자기 준거"의 특별한 형식이라고 한다. 루만은 이전과 이후를 구별할 수 있는 체계의 이 능력을 체계의 "성찰성"이라고 부르면서[60] 이렇게 설명한다. "자기 생산 체계는 자신의 구조를 환계로부터 완성품으로 관계할 수 없다. 체계는 자신의 고유한 작동을 통해 자신의 구조를 구축하고, 그것을 기억하거나 잊어야 한다."[61] 이러한 성찰 능력 또는 기억 능력은 의식이 있어야 존재하는 것이 아니기 때문에 자연인과 같이 심리 체계를 가지고 있지 않은 사회적 체계에 대해서도 이러한 능력이 인정될 수 있다. 이러한 능력은 앞서 설명했듯이 자기 관찰 및 자기 기술 능력과 함께 기업(법인)의 형법 주체성을 긍정하는 근거가 될 수 있다.

루만은 자기 생산 개념을 생물학적 체계에서 사회의 모든 체계들에 전용하기 위한 매개 이론으로서 진화 이론을 차용하고 있다. 루만에 의하면 출발점은 생물학적 체계였지만, 심리 체계와 사회적 체계가 공진화coevolution했다고 한다.[62] 진화 과정에서 체계들은 계속해서 분화를 거쳤는데, 루만은 이 분화의 배후에 존재하는 법칙성 역시 다음과 같이 체계/환경의 차이로 설명한다. "체계와 환경의 차이만이 진화를 가능하게 한다. 달리 말하자면 어떤 체계도 자기 스스로 진화할 수 없다. 환경이 항상 체계와 달리 변하지 않는다면, 진화는 '최적의 적응' 상태에서 급속한 종말에 이를 것이다."[63] 이는 환경이 체계 내의 긴장과 (분화에의) 자극을 만들어줌으로써 체계가 계속해서 분화되는 것, 즉 진화를 거치는 것임을 말해준다.

루만은 체계가 자기 준거적 선별을 통해 다양하게 분화되는 것이 체계/환경의 차이를 통한 것임을 다음과 같이 표현한다. "구조가 이렇게 자기 선별을 한 결과로서 종의 다양성, 개인의 다양성, 사회적 체계의 다양성이 나타난다. 이 모든 다양한 종류의 체계들은 그때그때 매우 단순하게 기술할 수 있는 자기 생산적 근본 작동에 기초를 둔다."[64] 앞서 설명했듯이 생물학적 체계의 근본 작동은 생명이고, 심리 체계의 근본 작동은 의식, 그리고 사회적 체계의 근본 작동은 커뮤니케이션으로 이뤄져 있다.

4. 작동상 폐쇄성과 구조적 개방성, 그리고 구조적 연동

여기서 체계가 변화하는 환경으로부터 긴장과 자극을 받아 분화를 계속하면서도 환경에 의해서가 아니라 체계 자체에 의해 자기 생산을 한다는 것, 즉 체계가 타자 준거적이 아니라 자기 준거적으로 생산과 재생산을 한다는 것은 무엇을 의미하는가? 그것은 체계가 인과적으로는 환계에 개방돼 있지만, 환계와 구별되면서 작동하고 모든 작동과 분화에서 오로지 이미 실행된 고유한 작동과 선별과 분화에만 연계할 수 있음을 의미한다.[65] 이 점에 관해 루만은 체계는 "환계 개방적"이면서도 "작동상 폐쇄적"이라고 말한다.[66] 즉, 체계는 개방적인 측면과 폐쇄적인 측면을 동시에 가지고 있다는 것이다.

루만은 체계가 "작동상 폐쇄적"이라는 것의 의미에 대해, "폐쇄성으로 열역학적인 완결성이 아니라 작동상의 폐쇄성만을, 즉 자신의 작동들을 자신의 작동들의 결과들을 통해 재귀적으로 성립시키는 것"[67]이라고 말한다. 그리고 바로 이와 같은 작동상의 폐쇄성이 체계의 "자기 조직"과 "자기 생산"의 기초가 된다고 한다.[68] 즉, 작동상 폐쇄성을 가진 체계 내에서는 오로지 자기 고유한 작동만 있을 수 있기 때문에, 체계의 자기 조직은 "체계의 고유한 작동을 통한 구조의 생산"을 의미하는 것이고, 체계의 자기 생산이란 — 앞서 언급했듯이 — "체계에서 앞으로 이뤄지는 작동들이 가능할 수 있도록 출발점이 되는 상태가 바로 동일한 체계의 작동을 통해 결정됨"을 의미하는 것이다.[69]

다른 한편으로 루만은 환계 개방적이라는 말의 의미를 체계가 열역학적으로 많은 다른 자극 가능성과 영향력 행사 가능성을 통해 환계와 연결돼 있음을 의미하는 것으로 설명한다.[70] 이와 같은 연결을 통해 체계와 환계 사이에서는 끊임없이 상호 영향이 오고가거나 교란이 일어난다. 루만은 체계와 환계가 그 경계 지역에서 지속적인 관계를 형성하는 것을 — 마뚜라나의 이론에서 등장하는 — "구조적 연동 strukturelle Kopplung"이라는 개념을 빌려 설명한다. 루만은 구조적 연동이 이뤄지는 영역 내에서만 체계와 환계 사이에서 작용하는 인과성이 가능하다는 마뚜라나의 설명으로부터 "구조적 연동과 체계의 자율성 및 자기 생산이 양립할 수 있음"을 인정한다.[71] 이와 같은 구조적 연동 개념을 통해 기업 종사자인 개인(환계)의 행위와 상호 의존 관계에 있으면서도 그와 양립하는 기업(체계)의 독자적 행위 및 기업의 행위 주체성을 근거 지울 수 있다. 이에 관해서는 후술한다.

5. 체계 이론에서 인간

루만의 체계 이론에서 '인간'은 어떤 특정 종류의 체계로 분류되지 않는다. 여러 체계 유형에 관여돼 있는 체계들의 복합체로 이해되고 있다. 인간의 육체는 생물학적 체계이며, 인간의 의식은 심리적 체계이며, 인간의 행위는 사회적 체계의 구성단위가 될 수 있다고 한다. 하지만 이 모두를 통합하는 체계 유형은 존재하지 않는다고 한다. 루만은 육체와 정신을 가진 인간이 외부적으로 존재하는 것은 사실이지만, 인간이 체계의 구성 요소도 아니고 인간과 인간 사이의 관계도 체계가 아니라고 본다. 이와 같이 루만의 체계 이론에서 체계 개념의 정의 속에서는 인간이 포함돼 있지 않다. 체계와 환계의 차이(구별) 이론으로서의 루만의 체계 이론은 인간을 체계의 구성 요소가 아니라 "체계의 환계"로 본다.[72] 당연한 귀결이다.

이러한 점에서 루만의 체계 이론에 따라 기업(법인)을 사회적 체계의 일종으로 보고, 이에 기초해 기업의 독자적 행위 능력을 인정한다면, '방법론적 개인주의'가 가지는 문제점을 극복할 수 있게 된다. 앞서 설명했듯이 방법론적 개인주의는 단체나 조직의 행위(및 책임)를 인간(개인)의 행위(및 책임)로 환원시키는 것이므로, 사회적 체계의 일종인 조직체나 집단의 독자적 행위를 부정하거나 독자적이고 사회적인 역동성을 가진 독자적 주체임을 무시하게 된다. 그러나 루만의 체계 이론에 의하면, 인간은 체계의 요소가 아니므로 기업의 행위를 인간의 행위로 환원하지 않고 그 역도 인정하지 않는다.

뿐만 아니라 루만의 체계 이론에 따르면 독자적으로 행위하고 책임을 지는 단체나 조직체가 인간(개인)을 초월해 '전체인'이나 '초개인'으로 존재한다는 의미 차원을 실현시키려는 조직주의적 집단주의의 출발점과도 거리를 둘 수 있다. 루만의 체계 이론은 인간을 체계 이론의 분석 단위로 보지 않는 동시에, 인간을 체계의 구성 부분으로 보지 않음을 의미하는 것일 뿐, 인간의 존재 자체를 거부하거나 무시하지는 않기 때문이다. 이러한 맥락에서 보면 루만의 체계 이론은 — 흔히 오해되고 있듯이 — 인간(개인) 없는 이론이 아니라 인간의 독자성을 더욱 부각시킬 수 있고, 체계의 환계 속에서 극단적 개인주의가 성립할 수 있는 가능성을 제공하고 있다.[73]

Ⅲ. 사회적 체계와 그 행위 구조

1. 사회적 체계의 구성 요소: 커뮤니케이션

루만의 체계 이론은 현실 안에 체계들이 실재하는 것을 출발점으로 삼아, 일반적 체계 이론을 기초한 후, 이 이론의 개념 도구를 가지고 사회적 체계soziale System를 하위 체계로 가지는 전체로서의 사회Gesellschaft를 관찰하고 조사한다. 따라서 루만의 자기 생산적 체계 이론에서 사용하고 있는 모든 개념과 설명은 '사회적 체계'에 대해서도 그대로 타당하다. 루만에 의하면 모든 체계가 자신의 고유한 작동 방식을 가지듯이 사회적 체계도 본질적인 작동 방식은 '커뮤니케이션'을 통한다.[74] 루만에 의하면, 커뮤니케이션 개념은 세 가지 선별, 즉 정보의 선별, 통보의 선별, 그리고 이해의 선별로 구성되며, 이들은 서로 밀접하게 결부돼 있다.[75] 이러한 요소들의 도움으로 문자에 의해 생기는 통보와 이해 사이의 시공간적 분리가 정합적으로kongruent 포착되는데, 여기에서 중계 메타포가 정보에 의해 파괴돼 커뮤니케이션이 '창발적' 현상이 되는바 ─ 구성주의적 관점에서 말하면 ─ 커뮤니케이션이 '구성'되는 것이다. 다시 말해 사회에서는 이러한 창발을 통해 하위의 사회적 체계가 구성되는 것이다.

    루만은 일시적 만남의 순간적 교제를 위시해 정당, 방송사, 신문사 등과 같은 조직들, 그리고 매스미디어와 경제, 정치, 예술과 학문, 그리고 '법'도 사회적 체계에 해당하는바, 이 모든 것들은 그 관여자들의 사회적 접촉으로 이뤄져 있다고 보며, 이러한 사회적 접촉을 "상호 작용"이라 부른다. 루만이 보건대 모든 조직들과 상호 작용 그리고 전체로서의 사회가 모두 사회적 체계인 이유는 그것들이 모두 커뮤니케이션으로 이뤄져 있기 때문이다.[76] 즉, "사적인 종류든 그렇지 않은 종류든, 아무리 작은 규모의 만남이라도 커뮤니케이션이 일어나는 한 그것은 사회의 수행"[77]으로서 "모든 가능한 접촉을 고려한 총체로서의 사회에 이르기까지 모든 사회적 접촉은 체계"[78]로 파악된다.

사회적 체계가 커뮤니케이션의 형식으로 작동한다는 점을 루만은 다음과 같이 강조한다. "자신의 요소들을 생산하고 그 요소들로 구성되는 사회적 체계의 기저를 이루는 절차는 오직 커뮤니케이션밖에 없다."[79] 즉 사회적 체계는 인간의 신체와 뇌로 이루어져 있는 것이 아니라 단지 커뮤니케이션의 네트워크라는 것이다. 이는 커뮤니케이션이 발생하면 언제나 사회적 체계이고, 커뮤니케이션이 아니면 사회적 체계는 존재하지 않는다는 의미로서, 사회적 체계 개념과 커뮤니케이션 개념이 거의 동의어임을 뜻한다.[80] 루만은 커뮤니케이션은 사회적 체계의 최종 요소이며 더 분해할 수 없다고 본다. 즉, 사회적 체계는 작동 차원에서는 커뮤니케이션 외에 다른 작동을 하지 않기 때문에, 커뮤니케이션은 "하나의 사회적 체계의 가장 작은 단위이다."[81]

이와 같이 사회적 체계가 커뮤니케이션이라는 의미, 즉 커뮤니케이션 외에 사회적 체계를 구성하는 다른 요소나 실체가 존재하지 않는다는 것은 사회적 체계가 인간의 육체와 두뇌로 구성되지 않는다는 것을 의미한다.[82] 앞에서 강조했듯이 루만의 자기 생산적 체계 이론은 "인간을 (사회 자체의 부분으로 보지 않고) 사회의 환계의 부분으로 간주한다."[83] 루만에 의하면 사회가 인간으로 구성돼 있다고 생각하는 것은 과거의 잘못된 사회 모델이다. 루만은 만약 사회가 인간으로 구성돼 있다는 생각을 출발점으로 삼을 경우, 예컨대 누군가 이발을 한다면 그는 사회에서 무엇인가를 잘라내고 있는 것이라고 말해야 한다고 비꼬기도 한다.[84]

2. 인간의 의식 체계와 사회적 체계의 구조적 결합 관계

위와 같은 루만의 자기 생산적 체계 이론에 의하면, 인간의 의식도 사회적 체계의 구성 요소가 아니다. 인간의 의식은 심리 체계라는 다른 유형의 체계에 속하며 사회적 체계의 환경에 지나지 않는다. 루만은 체계/환경 차이에 따른 구분법에 따라 사회적인 것과 심리적인 것을 근본적으로 구별한다. 그래서 "의식 체계와 커뮤니케이션 체계(사회적 체계)는 엄격하게 구별돼야 한다."[85] 그는 "우리는 무엇보다 사회적 체계의 비심리학적 특성을 강조해야 한다"[86]면서 심리 체계와 사회적 체계를 혼합 그리고 인지와 커뮤니케이션의 혼합을 근본적으로 반대한다.

그러나 앞서 언급했듯이 작동적 폐쇄성과 환경 개방성을 동시에 가지고 있는 체계의 특성에 의하면 사회적 체계와 심리 체계는 각자 고유의 자기 생산에 따라 작동하면서도 환경 개방성에 따라 상호 영향을 주고받는다. 루만에 의하면 의식 체계는 ─ 두뇌와 신경 세포와 '구조적으로 연동'돼 ─ 세계를 감관으로 인지하는 반면, 사회적 체계는 인지가 없으면 물리적 환경에서 결코 어떤 것도 경험할 수 없다. 다시 말해 루만도 사회적 체계의 외부 세계 인지는 인간(개인)의 의식을 통해서만 이뤄진다는 점을 강조하고 있는 것이다.

이상의 설명에 따르면 심리 체계(의식)와 사회적 체계(커뮤니케이션)는 각각 서로의 '구성 요소'는 될 수 없지만, 각자에 대해 절대적인 '전제 조건'이자 체계와 환계로서 서로 구조적으로 결합되거나 연동돼 있다. 양자의 구조적 연동 또는 결합에 대해 루만은 이렇게 말한다. "모든 커뮤니케이션은 의식과 구조적으로 결합돼 있다. 의식 없이 커뮤니케이션은 불가능하다. 커뮤니케이션은 총체적으로 (모든 작동에서) 의식에 의존해 있다."[87] "커뮤니케이션은 오로지 의식 체계와 지속적인 구조적 연동에 힘입어 성립한다. 커뮤니케이션을 통한 커뮤니케이션의 지속적 재생산은 자기 생산을 스스로 특화하고, 고유한 관계망에서 조건화하며, 그것은 항상 그때그때 심리 체계에게 불현듯 떠오른다."[88]

나아가 루만은 커뮤니케이션을 통해 커뮤니케이션을 지속적으로 재생산하는 사회적 체계와 심리적 의식 체계의 밀접한 구조적 연동성 또는 구조적 결합을 "상호 침투"라고 부른다.[89] 루만에 의하면 이러한 상호 침투는 의미와 언어를 통해 가능해진다. 사회적 체계와 심리 체계의 "공진화는 심리 체계와 사회적 체계 양자가 사용하는 공동의 획득물을 만들어냈다. …그것은 '의미'이다."[90] "쉽게 알 수 있는 바와 같이, 의식 체계들과 커뮤니케이션 체계들 사이의 규칙적인 구조적 결합은 언어를 통해 가능해진다."[91]

루만에 의하면 두 가지 자기 생산적 작동 방식, 즉 심리 체계의 의식과 사회적 체계의 커뮤니케이션은 '의미'를 구성하는 것이라는 점에서 생물학적 자기 생산적 재생산 방식과 구별된다. 심리 체계와 사회적 체계가 '의미'를 수단으로 삼아 작동한다는 체계 이론의 관점은 뒤에서 살펴보겠지만, 기업이 하는 '의미의 표현'과 기업의 독자적 행위를 의미론적으로 해석할 수 있게 해준다. 즉, 체계 이론에서의 의미론을 가지고 기업의 형사 책임에 관한 형법적 논의에서 '의미의 표현'으로서의 기업의 행위의 범죄성을 근거지울 수 있게 된다.

3. 개인의 행위와 커뮤니케이션

앞서 살펴보았듯이 루만에 의하면 사회적 '체계 그 자체'의 행위는 심리학적 의식을 통해 행위하는 것이 아니라 커뮤니케이션을 통해 행위한다. 즉, 심리 체계인 개인은 의식을 통해 행위하는 반면, 사회적 체계의 행위는 커뮤니케이션인 것이다. 그러나 유념해야 할 것은 루만도 사회적 체계가 하는 커뮤니케이션은 인간의 의식 작용이 없으면 불가능함을 인정하고 있다는 점이다. 다시 말해 루만도 전통적인 의미의 행위 능력을 가진 것은 오직 심리 체계인 인간일 뿐임을 부정하지는 않는 것이다.

루만은 이렇게 설명한다. "커뮤니케이션은 듣거나 보거나 느끼지 못한다. 커뮤니케이션은 지각 능력도 갖고 있지 않다 … 우리는 커뮤니케이션이 오로지 의식을 통해서만 영향을 받을 뿐 소리의 진동 현상이나 문자의 시각적 기호 자체에 의해서는 영향을 받지 않은 구조를 갖고 살아간다."[92] 모든 커뮤니케이션은 "심리적으로 선 구매된 것만 처리할 수 있다."[93] 즉, 의식은 외부 세계와 사회적 체계 사이를 매개해준다. "커뮤니케이션되는 모든 것은 커뮤니케이션 체계의 환계 속에 있는 의식의 여과 장치를 거쳐 이뤄진다. 이러한 의미에서 커뮤니케이션은 완벽하게 의식에 의존하며, 동시에 의식을 완벽하게 배제한다. 의식 자체는 결코 커뮤니케이션이 아니다."[94]

이와 같이 사회적 체계는 인간의 의식만으로 커뮤니케이션(즉, 사회적 체계의 행위)을 하는 것이 아니라, 체계의 환계인 인간의 의식 작용을 매개로 삼아 외부 세계와의 접촉을 통해 ― 인간의 의식 작용만으로는 할 수 없는 ― 커뮤니케이션을 수행한다. 루만은 이를 다음과 같은 비유로 설명한다. "커뮤니케이션은 전면적으로 의식에 의존하며, 의식은 다시 전면적으로 뇌에 의존한다. 뇌는 다시 유기체가 살아있을 것을 필요로 한다. 뇌는 유기체가 죽은 이후에도 몇 초간 더 유지된다. 또한 설령 유기체가 다시 살게 되더라도 뇌의 작동이 멈추기도 한다." 루만은 이와 같이 환계(인간의 의식)와 구조적으로 연동돼 작동하는 시퀀스적 체계의 구조를 "작동적 관점에서 완벽하게 자율적이면서 동시에 완벽하게 의존하는 매우 기이한 직교성"[95]이라고 설명한다. 여기에 사회적 체계의 행위(커뮤니케이션)와 심리 체계인 인간의 행위의 "전면적 의존성과 전면적 독립성의 동시성"[96]이 존재하는 것이다.

4. 행위 귀속과 귀속 메커니즘

이와 같은 사회적 체계의 행위와 심리 체계의 의식 사이의 '구조적 결합이나 연동'이 만들어내는 직교성으로부터 사회적 체계의 행위가 어떤 구조로 이뤄져 있는지 알 수 있다. 루만에 의하면 "사회는 오직 의식을 거쳐서만 환계와 연결되고, 따라서 사회적 커뮤니케이션에 대한 물리학적, 화학적, 또는 순수한 생물학적 작용은 있을 수 없다."[97] 즉, 양자의 구조적 결합이나 연동이 없으면, 의식도 커뮤니케이션도 존재할 수 없는 것이다.

이러한 관점에서 보면 루만의 체계 이론은 사회적 체계의 행위(커뮤니케이션)와 심리 체계인 개인의 행위는 "구분될 수는 있지만 분리될 수 없(다)"는 태도를 견지하게 된다.[98] 하지만 자기 준거적 사회적 체계의 관점에서 보면 결정적인 요소는 심리 체계의 행위가 아니라 사회적 체계의 커뮤니케이션 과정이다.[99] 루만이 사회적 체계가 개인의 '행위'로 구성돼 있고 사회성을 행위의 특별한 형식으로만 파악하는 행위 이론적 착안점과는 거리를 두고 있고 까닭도 이 때문이다.

루만에 의하면 개인Person은 커뮤니케이션 참여자로서 행위하는 것이지만 커뮤니케이션 자체를 하는 것은 아니다. 커뮤니케이션은 개별 인간의 행위로 구성되지도 않는다는 의미다. 루만은 이를 다음과 같이 요약하고 있다. "따라서 우리는 사회적 체계가 무엇으로 구성돼 있는가 라는 질문에 대해 다음과 같이 이중적으로 답한다. 즉, 사회는 한편으로 는 커뮤니케이션으로 구성되고, 다른 한편으로는 커뮤니케이션의 행위 귀속으로 구성된다. … 커뮤니케이션은 자기 구성의 기본적 단위이다. 행위는 사회적 체계의 자기 관찰과 자기 기술의 기본적 단위이다."[100]

요컨대 루만의 체계 이론에 의하면, 외부 세계와의 관계에서 이뤄지 는 직접적인 행위는 심리 체계인 개인이지만, 사회적 체계는 그 체계 내에서 일정한 역할을 하는 개인의 행위를 귀속 받는다. 즉, 사회적 체계 내에서 활동하는 심리 체계인 개인의 행위도 외부적 결과를 귀속 받 지만, 사회적 체계 자체는 다시 개인의 행위를 귀속 받는 것이다. 즉, 개인과 사회적 체계는 결국 서로 다른 귀속 조건을 전제로 하는 '귀속의 서로 다른 형태'인 것이다.[101]

독일의 형법학자 야콥스가 루만의 체계 이론에서 착안해 애당초 법 인의 행위 능력과 책임 능력을 긍정했던 견해를 바꾸어 인간과 같이 '의 식' 작용을 할 수 없는 법인의 행위 능력을 부정하는 성급한 결론으로 나아가고 만 것은 위와 같은 루만의 체계 이론을 끝까지 따라가지 못한 결과이다. 의식 없이는 행위 능력(가능성)이 있을 수 없다는 이해 방식 은 심리 체계와 사회적 체계가 가진 '구조적 연동'을 염두에 두지 않는 태도이다. 야콥스의 태도는 사회적 체계의 독자적 자기 생산과 사회적 체계의 작동 방식인 커뮤니케이션의 행위 구조를 간과함으로써 자기 생 산적 체계 이론의 근본을 부정하는 태도이다.

작동적 구성주의의 관점에서 보면, 사회적 체계가 존재론적 의미의 행위(인식과 지각)를 하지 못한다고 해서 그 사회적 체계가 수행하는 독 자적인 행위(즉, 커뮤니케이션)까지 부정해서는 안 된다. 루만이 "커뮤니케이션은 오로지 의식의 도움으로 의식을 거쳐서만 이뤄지지만 커뮤니케이션이 결코 의식으로서 작동하지는 않는다"[102]고 강조하고 있는 것도 이 때문이다. 작동적 구성주의적 관점에서는 개인과 사회적 체계(기업)의 관계를 다음과 같이 본다.

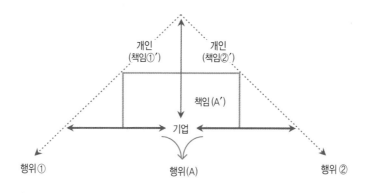

[표_체계 이론]

IV. 사회적 체계: 조직과 법

1. 자율적 체계로서의 조직

루만의 체계 이론은 경영 연구에서의 '자기 조직화 이론'을 발전시켜 조직Organisation도 자기 생산적 체계라고 본다.[103] 루만에게 이 조직은 — 다른 모든 사회적 체계와 마찬가지로 — 커뮤니케이션으로 이뤄져 있다. 이 경우 어떤 커뮤니케이션이라도 커뮤니케이션이기만 하다면, 그것이 조직을 구성하는 것이 아니라, 조직 그 자체에 고유한 커뮤니케이션을 필요로 한다. 루만에 의하면 조직을 구성하는 조직 고유의 커뮤니케이션은 결정Entscheidung이라는 커뮤니케이션이다. 즉, 조직은 결정을 통해 그 자신의 결정을 생산해내고 재생산해내며 자신의 결정들을 만들어 낸다.[104]

　루만의 체계 이론은 조직 역시 체계 일반에서 말하듯 자기 준거성과 타자 준거성의 구분을 통해 자신의 환계와 구분돼야 한다고 말한다. 이러한 구분은 조직 체계가 '관심을 가지고 다뤄야 할 사태'와 '간과할 수 있는 사태'를 구분해주는 이른바 '결정의 전제'들에 의해 이뤄진다.[105] 루만에 의하면 결정의 전제들은 조직의 자기 생산과 재생산이 기능적으로 작동하도록 하기 위해 결정의 과정과 결정이 내려지는 순간마다 모든 것을 새롭게 캐물어갈 필요가 없게 만들어준다. 결정을 위한 수많은 정보들을 일정한 포맷으로 환원해둠으로써 — 즉, 이미 결정이 내려져 있기 때문에 — 외부 세계의 모든 자극에 대해 조직체가 관심을 가지고 다뤄야 할 사태인지를 새롭게 결정내릴 필요가 없게 해주며, 어떻게 결정이 내려지는지에 대해서는 — 체계 내재적인 결정 프로그램들을 통해 — 구체화되는 것이기 때문이다. 이처럼 결정의 전제들과 결정 프로그램들이 조직 체계가 내부적으로 가지고 있는 항구적인 결정의 압박을 경감시켜주는바, 체계 이론은 이를 조직 체계가 그 환계 속에서 계속 유지되기 위해 필요로 하는 전략으로 본다.[106]

루만의 체계 이론에 의하면, 이와 같이 조직은 결정의 전제들에 의해 작동하는 것이므로 구체적인 구성원 개인들로부터 독립성을 확보한다.[107] 이로써 조직은 시간이 경과돼도 그대로 유지되고 그 스스로를 통해야만 변경될 수 있는 일정한 정체성을 가지게 된다.[108] 루만은 이와 같은 맥락을 가진 사회적 체계의 결정이 "합리적인 결정이라는 신화"로 정착됐고, 이러한 신화에 매달리는 것이 무엇보다도 조직과 사회를 진정시키는 데 기여한다고 한다. 왜냐하면 조직은 원래 목표 지향적으로 외부와 커뮤니케이션하기 위해 만들어진 것이기 때문이다. 루만은 조직이 이러한 목표에 도달하기 위해 노력하고 있다고 할 수 있으려면 그 조직의 결정이 합리적인 것으로 입증돼야 한다고 본다.[109]

루만의 체계 이론에 의하면, 조직은 결정 프로그램을 기초로 삼아 조직의 결정의 전제들에 대해 결정을 내리거나 반대로 결정의 전제들에 의거해 결정 프로그램들에 대해 결정을 내릴 경우 — 조직 이론에서 "조직의 인지 또는 조직의 학습이라고 말하는 — 성찰 과정이 시작된다고 한다.[110] 그러나 앞서 언급했듯이 사회적 체계의 행위(커뮤니케이션)가 심리적 의식 작용을 하는 개인의 행위와 구별되듯이, 이러한 조직의 인지는 개인적 차원의 인식과 엄격하게 구별된다고 본다.[111]

또한 루만은 '결정 불가능한 결정의 전제들'의 복합체를 기업 내에서 일정한 효력을 가지는 기업 문화로 정의하고 있다.[112] 이와 같은 결정 불가능한 결정의 전제들(즉, 기업 문화)은 한편으로는 특정 개인으로 환원될 수 없을 뿐 아니라, 또 다른 한편으로는 그 효력(즉, 기업 문화의 효력)이 법 규범의 효력을 위태롭게 할 적격성도 가지고 있다고 한다.[113] 때문에 최근 형법학에서는 이와 같은 차원의 기업 문화 개념을 가지고 기업의 책임 개념을 형법적으로 '구성'하는 착안점으로 삼고 있는 견해들이 다수 생겨나게 됐다. 기업 문화를 기업 책임에 결부시키려는 다양한 태도에 대한 평가는 뒤로 미루기로 한다.

2. 자기 생산적 체계로서의 법

루만의 체계 이론은 '법'도 사회 속에서 일정한 기능을 수행하기 위해 분화되고 있는 사회적 체계로 간주한다. 체계 이론에서 자기 생산적 체계로 관찰되는 법체계가 수행하는 기능은 "규범적 기대의 안정화"이다.[114] 루만은 법을 "항사실적 기대의 안정화"[115]로 정의하고 있는데, 이에 따르면 법은 기대를 실추시키는 사실에 대항해 그 기대가 옳고 기대 실추는 잘못이라는 점을 확증하는 기능을 한다.

　체계 이론에 의하면, 사회의 기능 분화는 일정한 부호code에 의해 이뤄지며, 이 부호에 의해 어떤 커뮤니케이션은 체계에 속하고(자기 준거적) 어떤 커뮤니케이션은 그 체계의 환계에 속하는지(타자 준거적)가 결정된다. 법체계는 법/불법이라는 이항적 부호화에 의해 이뤄지는데,[116] 법은 자기 준거적이고(체계), 불법은 타자 준거적이 된다(환계). 이에 따르면 모든 법적인 커뮤니케이션은 또 다른 법적인 커뮤니케이션과 연결된다. 즉, 법적인 것과 법적인 것이 자기 준거적으로 커뮤니케이션함으로써 불법적인 것은 배제하고 법은 자기 재생산되는 것이다.

루만의 체계 이론에 의하면, 법체계도 사회적 체계인 이상 작동상 폐쇄성을 가진다.[117] 여기서 폐쇄적이라는 말은 법체계가 완결돼 있음을 의미하는 것이 아니다. 체계의 폐쇄성이 의미하는 바는 모든 '법적인' 커뮤니케이션이 또 다른 법적인 커뮤니케이션에 결합된다는 것이지 정치적인, 과학적인, 종교적인 또는 경제적인 커뮤니케이션에 연결되는 것이 아니라는 의미이다. 이와 같은 폐쇄성은 체계들이 각기 다른 부호를 가지고 있음에서 비롯되는 당연한 귀결이다.

또한 루만의 체계 이론에 의하면, 사회적 체계인 법체계는 작동상 폐쇄적이면서 동시에 환계 개방적이다. 이 경우 개방적이라는 의미는 환계가 그 체계에게 에너지 — 정보가 아님 — 를 공급해준다는 점에서 개방적이다. 이 때문에 법체계는 법체계의 환계와 구조적으로 연동돼 있고,[118] 이 구조적인 연동은 법체계에 자극을 주고 활성화되며, 법체계는 자신의 구조와 역사에 의해 결정되는 자신만의 정보들을 (재)생산해내고, 이로써 법체계는 시간적 불변성과 적응 능력의 문제를 해결하여, 일반적으로 인정되는 사회적 가치 판단으로부터 고립되지 않을 수 있게 된다.[119]

이와 같이 루만에 의해 자기 생산적 체계로 분류되고 있는 법체계는 인간의 의식과 다른 자기 자신의 고유한 인지를 작동시킨다는 의미에서, 스스로 자기 관찰과 자기 기술을 하는 '성찰적 주체'로 파악된다. 이와 같은 법체계가 가지는 현대적 의의를 꼽는다면, 법체계가 '인식하는 주체epistemisches Subjekt'로서 관찰돼야 한다는 점을 들 수 있다.[120] 이로부터 법체계가 — 예컨대 심리 체계인 의식, 고유하게 부호화된 다른 기능 체계의 커뮤니케이션, 조직 체계의 결정과 마찬가지로 — 환계로부터 아무런 정보도 그 안으로 유입시켜 넣지 않는다는 결론이 나온다. 즉, 법체계는 자신의 환계로부터 자극과 고무를 얻는 개방적 체계이면서도 자기 준거적으로 작동하는 폐쇄성을 가진 '자율적 체계'인 것이다. 후술하겠지만, 자율적 체계인 법체계가 어떤 대상에게 법인격을 부여해 종국적으로 형법의 주체로 편입시킬 수 있는지도 환계 개방적 이면서도 폐쇄성을 가진 법체계의 자기 준거적 작동에 달려 있는 것이 지 존재론적 인식론에 기초한 외부 현실의 모사에 달려 있는 것이 아 니다.

제 5 장

체계 이론적 관점에서 본 기업과 기업의 형법 주체성

기업 처벌과 미래의 형법

루만의 체계 이론에 의하면, 커뮤니케이션으로 작동하는 사회적 체계는 의식 작용을 통해 행위하는 심리 체계에 구조적으로 연동돼 전면적 의존성과 전면적 독자성을 가지고 자기 자신의 행위를 수행한다. 뿐만 아니라 특히 '조직 체계'와 같이 독자적인 성찰 능력을 가지고 합리적으로 자기 결정을 내릴 수 있고, '법체계'와 같이 자기 준거적인 자율적인 재생산을 수행한다. 만약 '기업'을 이와 같은 의미의 자기 생산적 사회적 체계의 일종으로 볼 수 있다면, 우리는 이로써 기업(법인)의 형법 주체성을 근거 지울 수 있게 된다.

이 장에서는 이와 같이 체계 이론적 인식 틀을 기초로 삼아 이 책의 핵심 주제인 기업도 사회적으로 실재하면서 행위 능력과 책임 능력을 가진 형법 주체가 될 수 있음을 근거 지우고자 한다. 이를 위해, 먼저 '기업의 본질' 내지 법인의 사회적 실체를 규명하고, 그 사회적 실체가 법률적으로 의인화될 수 있는 전제 조건이 무엇인지를 살펴본다(제1절). 다음으로 기업이 법인격을 부여받아 '법' 주체로 인정될 수 있는지 검토하기 위해 체계 이론적 관점에서 기업의 특성과 기업의 구성 요소 및 기업의 행위 구조를 분석한 후(제2절), 기업의 형법 주체성을 인정하기 위한 요건으로서 기업의 행위 능력(제3절), 기업의 '책임 능력'을 어떻게 근거 지울 수 있는지 검토한다(제4절).

제1절 체계 이론적 관점에서 본 기업의 본질과 법인의 사회적 실체

루만의 체계 이론에 관한 저작은 구체적으로 '기업'(법인)의 지위에 대해서까지 나아가지는 않았다. 하지만 루만은 '조직'의 일반적인 특징과 경제 체계의 특수성이라는 두 가지 측면을 다루었다. 따라서 이로부터 나오는 인식 틀을 기업에 적용할 수 있는지 검토하면 기업도 루만이 말하는 사회적 체계의 하나로 파악될 수 있는지 알 수 있게 된다. 이에 대한 검토 전에 먼저 기업이 사회적으로 실재하는 실체를 가진 것인가 하는 물음에 답하기로 한다.

I. 기업의 본질과 법인의 사회적 실체

1. 기업의 본질과 기업의 사회적 실체

루만의 체계 이론에 의하면, '사회적 체계'는 '1차적 관찰'의 대상이 돼 '구성'되기 전에 먼저 1차적 '현실'로 실재해야 한다. 이 점은 앞서 살펴 보았듯이 분석적 구성주의의 방법론(순수 규범주의적 방법론) 대신 구성적 작동주의를 방법론으로 채택하고 있는 루만의 체계 이론의 출발점이기 도 하다. 구성주의적 방법론은 실체도 없는 아무것이나 '구성'하는 것이 아니라, 실재하는 '사회적 현실'만 구성의 대상으로 삼기 때문이다.

따라서 기업도 사회적 체계가 되려면 사회 속에 실재하는 존재이어 야 한다. 하지만 현실 속에 실재하는 기업이 단순히 건물 등의 일정한 공간 또는 목적 재산과 같은 자연적 사실을 의미하는 것은 아닐 뿐더러 기업의 내부 구성원 다수만을 가리키는 것도 아니다. 기업이란 사회 경 제적 기능과 역할 맥락 속에서 일정한 목적을 추구하는 '그 무엇'이다. 문제는 이와 같은 '그 무엇'이 과연 무엇인가에 달려 있다. 어떤 대상이 든 그에 대한 학문적 접근은 그 본질을 향한 접근을 의미한다. 기업의 경우도 마찬가지이다. 기업의 본질이란 무엇인가?

앞서 살펴보았듯이 기업에 관한 법률상(구조 조정 촉진법)의 정의에 따르면, 기업이란 '상법상의 회사 기타 영리 활동을 하는 자'이다. 여기에는 '상법상의 회사'가 기업의 예로서 예시되어 있다. 이에 따르면 상법상의 회사는 모두 영리 법인으로 분류되므로 기업의 본질은 '법인'이라고 말할 수 있다. 그러나 위 기업의 법적 정의는 상법상 회사(즉, 법인)이 아니더라도 '영리 활동'을 하는 자를 기업으로 규정하고 있다. 이에 따르면 영리 '법인'이 아니더라도 영리 활동을 하면 기업이 될 수 있으므로 기업의 본질적 요소는 '영리 활동을 하는 자'에 있는 것처럼 보인다. 하지만 이 정의에 따르더라도 영리 활동의 규모나 영리 활동의 주체 적격이 제한돼 있지 않기 때문에 '영리 활동을 하는 자'로서 기업의 범위 확정은 사실상 어렵다. 다른 한편 「기업구조조정법」의 적용 대상은 아니지만, 기업의 종류로 공기업도 존재하는바, 이 공기업은 모두 특수 법인으로서 법인(즉, 공법인)으로 되어 있다. 이에 따르면 기업은 세 가지 범주로 나눌 수 있다. 즉 영리 법인, 공법인, 비법인으로 영리 활동을 추구하는 자가 그것이다.

이러한 세 범주의 기업의 공통의 특징을 찾아 그 본질을 규명하기는 어려우므로 전체로서의 기업의 본질론은 제쳐두기로 한다. 그 대신에 현행 양벌 규정의 공통의 수범자가 되는 '기업=법인'이라는 관점에서, 그리고 체계 이론적 관점에서 기업이 사회적 실체를 가진 '사회적 체계'에 해당하는지에 초점을 맞추면 다음과 같이 말할 수 있다. 법인은 법률에 의해 인격을 부여받은 '결과'의 표현이므로 법률이 '인'으로서의 지위를 부여하는 대상의 전 법률적·사회적 상태는 기업의 사회적 실체와 공통의 접점을 가진다.

이에 따르면 기업의 사회적 실체는 '법인'의 '사회적' 실체 문제와 동전의 앞뒤 면과 같은 관계에 있다고 할 수 있다. 상법상의 회사가 아니면서 '기타 영리 활동을 하는 자'가 장차 의인화돼 '법인'이 될 수 있는지를 평가함에 있어서도 결정적인 물음은 바로 법인에게 전 법률적·사회적 실체가 있는지, 있다면 그것은 무엇인가라는 질문이 제기된다.

2. 체계 이론적 관점에서 본 법인의 사회적 실체

법인에는 사단(인적 결합체)과 재단(목적 재산) 그리고 특수 법인(즉, 공법인)이 있다. 모든 법인에 공통되는 법인의 속성은 무엇인가? 법인은 사람의 집합인 사단社團이든 재산의 집합인 재단財團이든 '단체성'이나 '집단성'을 가지고 있고, 특히 기업인 법인도 사단이자 회사로서 역시 '단체성'이나 '집단성'이라는 공통의 속성을 가지고 있다. 따라서 기업의 전 법률적 사회적 실체를 규명해나가는 데 이처럼 모든 법인(기업)이 가지고 있는 공통의 속성인 단체성이나 집단성을 논의의 중심에 올려놓을 필요가 있다. 이러한 맥락에서 이뤄진 법인의 사회적 실체에 관한 논의는 크게 체계 이론 이전과 체계 이론 이후로 구분될 수 있다.

1) 체계 이론 이전

앞서 설명했듯이 종래 19세기 독일의 사법 이론에서 시작됐던 법인 본질론을 필두로 법인의 사회적 실체를 규명하려는 많은 시도들이 있었다. 하지만 어떤 시도도 성공하지 못했다. 법인 본질론 가운데 법인 의제설은 오직 인간만 사회적으로 행위할 수 있는 주체로 인정하고, 법인은 일정한 목적을 위해 의제된 존재나 순수 관념적 형상으로만 이해했기 때문에 법인의 사회적 실체에 한걸음도 접근하지 못했다. '단체인'이라는 단위를 내세우면서 '인간을 구성 분자로 하는 전체 유기체'로 본 기에르케식 법인 실재설도 단체인을 인간으로부터 독립된 실체로 파악하는 데 성공하지 못했다. 오늘날 단체를 구성원의 총합으로 보는 조직주의적-집단주의적 접근 방법 역시 유기체설적 전체주의로 비판받으면서 법인의 사회적 실체 규명에 실패한 것으로 평가되고 있다. 구성원 개인과는 구별되는 단체나 집단을 독자적으로 책임 있는 주체로 내세우면서도 그 출발점을 개인의 영역에서 찾으려는 방법론적 개인주의의 접근 방법 역시 단체나 집단의 사회적 실체 규명에 성공하지 못한 것으로 평가된다. 방법론적 개인주의가 인간을 최종 단위로 보고 있는 한, 단체 내지 집단적인 것의 독자성을 밝히지 못하고 있기 때문이다.

2) 체계 이론적 출발점

그러나 앞서 언급했듯이 루만의 체계 이론에 따르면 개인주의와 집단주의 대립 구도의 저편에서 법인의 사회적 실체를 규명할 수 있게 된다. 개인의 행위를 집단(또는 단체)의 행위로 보거나 집단의 행위를 개인의 행위로 환원하는 방법론적 개인주의의 환원주의에 빠지지 않게 되기 때문이다.

　뿐만 아니라 루만의 체계 이론의 출발점인 작동적 구성주의의 방법론은 법인의 사회적 실체에 접근하는 데 현실을 존재론화하는 방법론에 의거해 집단이나 단체를 이루고 있는 외부의 대상을 있는 그대로 모사하는 태도를 취하지 않는다. 작동적 구성주의의 방법론은 인간이 아닌 집단이나 단체를 그것이 존재하는 목적과 기능에 착안해 의인화함으로써 집단 행위자나 단체 행위자로 '구성'하는 태도를 취한다. 앞에서 살펴보았듯이 '자기 생산적 체계'라는 개념이 루만의 체계 이론에서 현실을 '구성'하는 기준과 척도라고 할 수 있다. 이에 따르면 환계 개방성을 가지고 있으면서도 작동상 폐쇄성을 가지고 자기 준거적으로 생산과 재생산의 작동(커뮤니케이션)을 지속한다면, 그 현실은 사회적 체계로 구성된다. 루만의 체계 이론을 기초로 어떤 단체나 집단이 사회적 체계의 이러한 속성을 가질 수 있다면 그 단체나 집단은 자율적으로 행위하거나 자율적인 결정을 내리는 독자적 집단 정체성을 가질 수 있게 된다. 이에 따르면 일정한 집단이나 단체에 대해 집단주의적이거나 조직주의적인 은유를 사용하지 않고서도 그 사회적 실재성을 포착할 수 있게 되기 때문에, 유기체설적 전체주의 또는 조직주의적 집단주의의 위험에 노출되지도 않는다.

　요컨대 루만의 체계 이론에 기초하면, 일정한 단체나 집단의 사회적 실체를 인정할 수 있고 그것을 규범적으로 의인화시켜 법인격을 가진 독자적 법 주체로 '구성'할 수 있다. 이를 확인하기 위해 루만의 체계 이론적 관점에서 법인의 사회적 실체와 법 주체의 전제 조건을 제시하고 있는 토이버너의 시각을 따라 가보기로 한다.

II. 체계 이론적 관점에서 본 법인의 사회적 실체와 의인화 조건

1. 체계 이론과 법인의 사회적 실체

귄터 토이버너Günther Teubner는 루만의 사회적 체계 개념에 대한 이해와 궤를 같이해 법인의 사회적 실체를 인간의 집합에서 찾으려는 태도를 거부한다. 그러면서도 그는 단체를 '관계(막스 베버)', '행위나 역할(탈콧 파슨스)', 행동들(체스트 버나드), 또는 결정의 전제(허버트 사이몬), '거래(올리버 윌리엄스)', '재원 풀(제임스 콜만)'로 보는 입장에 따라 이러한 요소들이 인간을 대신해 법인의 사회적 실체를 구성하는 요소로 보는 태도를 취하지도 않는다.[1] 사회적 체계가 자기 체계 요소들의 네트워크를 통해 지속적으로 새로운 행위와 커뮤니케이션을 새로운 요소들로 생산함으로써 스스로 재생산하는 체계라는 체계 이론의 구상에 따르면, 단순한 관계나 역할 또는 재원 풀 등은 역동적인 자기 생산적 사회적 실체를 보여주지 못하기 때문이라고 한다.[2]

그러면서도 토이버너는 그러한 역동성이나 재생산성을 강조하기 위해 인류학적이고 생물학적인 방법론을 동원함으로써 마치 단체가 사람처럼 살아있으며 내적 역동성을 가지고 있고 지속적으로 재생되고 있는 것처럼 직관적으로 표현한 바 있는 기에르케의 시각과도 거리를 두고

권터 토이버너 Günther Teubne.

있다. 이는 이러한 토이버너의 생각은 "단일한 단체 의사를 가진 조직화된 인간 단체만 정신이 깃든 신체를 가질 수 있고, 그 신체에 진정한 법인격이 부여될 수 있다"고 주장한 기에르케의 의도가 '사단'의 사회적 실체를 적극적으로 규명하기 위해서가 아니라 '재단'의 단체성을 부정하기 위한 것이었다는 분석에서 잘 드러나 있다.[3]

뿐만 아니라 토이버너는 기에르케가 단체인에게 "실재하는 신체적-정신적 단위"로서의 생명을 부여한 점을 조직주의적 집단주의가 범하고 있는 중대한 오류로 보고 있다.[4] 토이버너가 사회적 체계를 유기체적 생명과 같이 이해하는 태도를 중대 오류로 폄하하고 있음은 철저하게 루만의 체계 이론적 관점을 따르고 있기 때문이다. 또한 앞서 설명했듯이 체계 이론에서 사회적 체계는 육체와 정신을 가진 생명에 기반을 둔 자연주의적 존재론의 방법론과 작별을 고하고, 사회적 차원에서 환경에 대한 관찰과 환경과의 구분을 통해 이뤄진 사회적 현실의 '구성'이라는 구성주의적 방법론을 출발점으로 삼고 있기 때문이다.

이와 같이 체계 이론적 시각을 충실하게 유지하고 있는 토이버너는 법인의 사회적 실체가 '의미' 선택을 기초로 삼은 커뮤니케이션으로 구성돼 있는 것으로 본다.[5] 그에 의하면 체계 이론에서 말하는 자기 생산적 체계는 일정한 과정을 거쳐 의인화될 사회적 실체로서, 자기 선택, 자기 조직화 능력, 즉 자기 재생산 능력을 가진 자기 역동적 단위다.[6] 토이버너의 이러한 설명에서 기에르케의 시각과 유사성을 발견할 수 있기는 하지만, 결정적으로 양자는 다음과 같은 차이가 있다. 기에르케는 단체의 역동성을 표현하기 위해 유기체설적 집단주의의 태도와 같이 '생명'이라는 은유를 사용하고 있는 반면, 토이버너는 '자기 생산적 사회적 체계'라는 체계 이론적 개념을 가져오고 있다.

토이버너는 루만의 체계 이론과 같이 '자기 생산적 행위 체계'에 해당하는 모든 사회적 체계의 종류를 장차 법인격을 부여할 사회적 실체

로 파악하지는 않는다. 물론 그도 루만과 같이 사회적 행위 체계라는
개념은 두 사람간의 단순한 대화, 몇몇 사람으로 구성된 단순한 그룹을
위시해 법, 경제, 정치 그리고 세계 사회에 이르기까지 기능적으로 분화
된 수많은 사회적 형상물을 포함할 수 있음을 인정한다. 그러나 토이버
너는 이 모든 것들을 법률적으로 의인화해 장차 법인격(법 주체)을 부여
할 수는 없다고 잘라 말한다. 토이버너는 이러한 사회적 체계의 종류들
가운데 의인화하여 '집단' 또는 '단체 행위자'라는 타이틀을 붙일 수 있
으려면 적어도 '조직화된 사회적 체계'가 돼야 한다고 말한다.7

하지만 토이버너는 여기에 만족하지 않는다. 조직화된 사회적 체계
를－목표 지향적 사회적 체계, 관료주의적 지배 구조를 가진 단체 또
는 거버넌스 구조 등과 같이－어떻게 정의내리든 그러한 정의들을 통
해 집단이나 단체의 사회 내에서의 실재성은 긍정될 수는 있지만, 사회
적으로 실재하는 모든 것이 인간과 같이 단체 행위자로 의인화되는 것
은 아니기 때문이다. 그는 인간과 같이 행위하는 단체 행위자로 의인화
될 수 있는 질적 수준에 도달하려면 또 다른 요건을 갖추어야 한다고
말한다.

2. 의인화 조건: 전 법률적 의미에서의 행위 능력

토이버너에 의하면, 집단이나 단체 행위자가－장차 법률에 의해 의인
화돼 법인격을 부여받을 수 있는 법'인'으로서의－사회적 실체를 가지
려면 전 법률적인 의미에서의 행위 능력까지 갖추어야 한다. 문제는 집
단이나 단체가 전 법률적 의미의 행위 능력을 가지려면 어떤 조건이 충
족돼야 하는가에 있다.

토이버너는 어떤 집단(단체 행위자)이 전 법률적인 의미에서 행위 능

력을 가진 '사회적 현실'인가의 여부는 현실적인 체계의 작동적 측면 (즉, 사회적 체계의 행위인 커뮤니케이션 또는 조직의 결정)만 가지고서는 판단할 수 없다고 한다. 그는 ─ 루만의 자기 생산적 체계 이론을 원용하면서 ─ 어떤 조직이 복잡성을 가진 사회적 체계로 분화돼 스스로 '행위 능력 있는' 단체 행위자로 되는 "창발적 자격emergente Qualität"은 그 행위 체계 내에서의 "자기 기술Selbstbeschreibung"을 통해 얻어진다고 말한다.[8]

이와 같은 의미 차원의 '자기 기술'을 토이버너는 "자기 자신의 정체성과 조직화 능력에 관한 성찰적 커뮤니케이션"이라고 한다. 그는 이러한 자기 기술이 비로소 집단이나 단체 행위자를 "의미론적 인공물semantisches Artefakt"로 '구성'할 수 있다고 한다.[9] 여기서 집단(단체 행위자)은 제도 화되는 정도에 따라, 즉 조직의 행위들이 어느 정도로 이와 같은 자기 기술을 하는지에 따라 그만큼 더 사회적 실재성을 확실하게 확보하게 된다고 한다.[10]

토이버너는 이러한 중간 결론을 종래의 법인 본질론의 이론 논쟁과 결부시키면서, 단체 행위자의 양가성을 다음과 같이 설명한다. 즉, 단체 행위자는 사비니의 생각과 같이 순수 허구도 아니고, 기에르케의 주장과 같이 실재하는 단체인도 아니라고 할 수 있지만, 순수 허구이면서도 동시에 실재하는 단체인이라고 할 수 있다. 즉, 단체 행위자가 허구인 것은 자기 기술이 가지고 있는 의미론Semantik 때문이고, 단체 행위자가 실재하는 것은 이러한 허구가 구조적 가치를 얻어 사회적 행위들을 집단적으로 구속되게 함으로써 사회적 행위들이 방향성을 가지도록 하기 때문이다. 결국 토이버너에 의하면, 이와 같이 집단(단체 행위자)의 사회적 실재성과 집단 구속성[11]에 영향을 미치는 것은 행위 체계인 조직의 커뮤니케이션적 '자기 기술'이다.

토이버너는 독자적 행위 능력까지 인정되는 법인의 사회적 실체를 제대로 식별하기 위해 또 다른 사고 단계가 필요하다고 말한다. 인간이나 유기체의 상에 맞춰 집단 정체성이 사회적으로 제도화된 정도만을 '집단화'로 이해한다면, 어떤 그룹은 집단화가 가지고 있는 의미의 절반만 포착할 뿐이기 때문이라고 한다. 그는 집단성collectivity을 연대성과 협력해 행위할 능력 간의 관계로 구성한 파슨스Talcott Parsons의 사고를 빌려 집단화를 이항적 관계로 이해해야 한다고 말한다.[12] 여기서 토이버너는 '집단 정체성'과 '행위'가 귀속 메커니즘을 통해 서로 순환적으로 결합zyklische Verknüpfung되어 있음에서 집단 내지 단체 행위자의 '전체' 모습을 파악하기 위한 결정적인 실마리를 찾고 있다.[13] 다시 말해 그는 파슨스의 '연대성'과 '협력해 행위할 능력'을 '집단 정체성'과 '집단 내 개인의 행위'로 전환시키는 데 그치지 않고, 법인의 독자적 행위 능력과 법인에 대한 형사 책임을 지우는 데 귀속 콘셉트를 기초 짓는 법 이론적 토대를 제공하고 있는 것이다.

이와 같이 토이버너는 법인의 사회적 실체와 그 행위 능력에 관한 결론을 얻기 위해─루만의 태도와 같이─체계의 행위와 개인의 행위를 귀속의 서로 다른 형식으로 이해한다. 이러한 전제 하에서 개인의 행위는 물론이고 체계의 행위도 모두 귀속의 결과임을 설명하기 위해 귀속의 다른 형식 가운데 먼저 개인의 행위 귀속을 예로 든다. 그에 의하면 외부 세계에서 한 개체가 관여한 특정 사건은 커뮤니케이션에 의해 관찰돼 사회적 구성물로 구성됨으로써 체계 내에 '개인'의 '행위'로 귀속된다는 것이다.[14] 토이버너는 환계에서의 외부 사건과 구별되는 체계 내 '개인'의 행위(물론 이 경우 개인의 행위는 집단이나 단체 행위자로서 체계 자체의 행위가 아님)를 '구성'하는 귀속 형식은 집단 정체성을 가진 조직화된 사회적 체계의 집단화 과정에서도 그대로 타당하다고 한다. 즉, 체계 내 개인의 행위가 사회적 체계의 커뮤니케이션에 의해 관찰돼 사회적 체계의 구성물로 구성됨으로써 '체계'의 '행위'로 귀속된다는 것이다.[15]

이러한 설명을 통해 토이버너는 '집단화'의 전체적 모습을 그려 보여
준다. 즉, 집단화란 행위 귀속이 어떤 사회적 구성물에서 다른 사회적
구성물, 즉 '자연인'에게서 '단체 행위자'(법률적으로 말하면 '법인')에게로
이전되는 것을 의미한다.[16] 이와 같이 토이버너는 행위 귀속을 기초로
한 '구성'을 통해 전체로서의 체계의 자기 기술이 생산되고, 이 생산된
구성물에게 체계의 행위인 커뮤니케이션이 귀속된다고 본다. 이때 집단
행위는 외부 사건이 귀속되는 단체 행위자의 생산물이 된다. 결국 토이
버너에 의하면, 집단(단체 행위자)으로서의 법인의 사회적 실체는 "사회
적으로 구속력 있는 조직화된 행위 체계의 자기 기술, 즉-이미 자기
준거적으로 구성된-체계 정체성과 체계 요소들의 순환적 결합을 만들
어내는 자기 기술"이다.[17]

III. 사회적 실체에 대한 법률적 구성과 법인

1. 체계 이론적 관점과 법체계의 2차 관찰

지금까지 우리는 법인의 사회적 실체인 집단 내지 단체 행위자가 인간과 같이 전 법률적인 행위를 할 수 있는 능력이 있는 존재임을 확인했다. 물론 이러한 의인화 작업에서 사비니처럼 순수 의제적 방법을 통하지도 않고, 기에르케처럼 집단 또는 단체의 실체를 기관으로 보는 태도를 취하지도 않았다.[18] 뿐만 아니라 그 집단 또는 단체의 구성 요소에서 인간(개인)을 배제해내면서도 인간(개인)의 행위와 순환적으로 결합돼 있는 집단의 행위를 '귀속'이라는 관점에서 파악했다. 즉, 심리 체계로서 인간(개인)의 행위와 사회적 체계(단체 행위자)의 행위가 귀속 메커니즘을 통해 순환적인 결합 관계에 있는 것으로 이해할 수 있었다. 이렇게 사회적 행위 능력을 가지고 행위 귀속의 대상이 되는 집단 내지 단체 행위자가 '법률'에 의해서도 법인격이 부여되어 독자적 법 주체적 지위를 받을 수 있으려면 어떤 요건을 충족시켜야 하는가?

루만의 체계 이론적 관점에 의하면, 어떤 사회적 체계의 자기 기술에 대해서는 다시 타자 관찰을 통한 타자 기술이 작성된다. 이를 조직화된 사회적 체계로서 집단(단체 행위자)과 결부시켜 말하면 여기서 말하는 타자 기술은 집단(환계)에 대한 법체계(체계)의 기술을 의미한다. 법

체계의 타자 기술을 체계 이론적 관점에서 보면, 법체계 역시 사회적 체계인 이상 자신의 체계 적합적 환계를 구성하는 일에, 그리고 자신을 환계와 구별하고 자신의 요소들을 선별하는 일에 고도의 자율성을 발휘할 수 있다. 따라서 조직화된 사회적 체계가 스스로 집단으로 관찰하고 자기 기술하고 있지만, 법체계는 그 환계(즉, 조직화된 사회적 체계)의 자기 기술에 구속되지 않는다. 뿐만 아니라 법체계는 이러한 자기 기술에 대한 다른 체계(예컨대 심리 체계, 사회적 체계 등)의 타자 기술에도 구속되지 않는다. 법체계는 자신의 고유의 도그마틱, 법 정책적 척도에 따라, 즉 자기 준거적으로 법률적 구성을 디자인한다.

2. 순수 구성주의적 방법론의 거부

자율성을 가진 법체계는 자기 고유의 입법 목적을 가지고 어떤 대상이든지 아랑곳하지 않고 법인격을 부여함으로써 그 대상을 귀속 지점으로 만들 수 있는가? 아무런 제한 없이 임의의 대상에게 법인격을 인정하는 태도는 순수 법실증주의적 관점이나 순수 구성주의적 방법론에 따라 법 주체를 확대시키는 법률적 구성을 하는 태도이다. 이와 같은 태도를 취한 대표 주자로서 한스 켈젠Hans Kelsen을 들 수 있다. 그는 법인을 법질서의 일부, 즉 특정 구성 부분(계약, 회사, 단체, 조합, 국가 등)과 관련돼 있는 규범 복합체로 이해하고, 이러한 규범 복합체를 귀속 지점Zurechnungspunkt으로 파악했다.[19]

물론 켈젠도 사회적 실재 영역과 법률적 구성 영역을 엄격하게 분리하기는 했지만, 그 상호 관계를 해명하는 일과 관련해서는 일종의 사고 금지Denkverbot로서 한 발자국도 나가지 못했다.[20] 켈젠과 같은 순수 법실증주의적 입장에 서게 되면 심지어 나무에 대해서도 법 이론적·법정책적 논의에서 잠재적 법인격을 인정하는 결론을 수용해야 한다. 이와 같은 — 신칸트학파적 방법론에 기초한 — 태도는 루만에 의하면 자연주의적 오류는 피해갈 수 있지만 — 앞에서 비판된 — 분석적 구성주의의 태도가 가지는 문제점을 피해가기 어렵다.

3. 작동적 구성주의의 출발점에 따른 요건

앞서 체계 이론의 기초에서 설명했듯이 루만의 작동적 구성주의의 방법론을 출발점으로 삼으면 2차 관찰로서 법체계의 타자 기술 즉, 법률적 구성은 사회적으로 '실재'하는 존재를 전제로 하지 않으면 안 된다. 이에 따르면 법체계는 타자 기술을 함에 있어 임의의 관찰 대상이 아니라 사회적으로 실재하는 '실체'만을 관찰 대상으로 삼는다. 즉, 법체계는 스스로 고도의 자율성(입법 형성의 자유)을 가지고 있음에도 불구하고 임의의 귀속 지점을 만들어내서는 안 되는 것이다. 따라서 법인 또는 기업의 형사 책임을 어떻게 근거 지을 수 있는가라는 물음에 대해 스위스의 연방 의회가 내놓은 대답에는 동의하기 어렵다. "결국 도그마틱이 아니라 문제로 파악된 사태를 사리에 적합하게 규율하기 위한 입법자의 의사가 이러한 규율 방식을 허용할 것인지에 대해 결단한다"는 대답[21]은 순수 규범주의적 태도를 보인 것에 불과하기 때문이다.

물론 순수 규범주의적 방법론을 거부한다고 해서 자연주의적 존재론의 방법론으로 되돌아간다는 것은 아니다. 루만의 체계 이론을 따르는 한 원칙적으로 규범주의적 방법론을 기본으로 삼으면서도 법체계와 사회적 실체가 구조적으로 고도의 상응성을 가져야 한다는 체계 이론의 출발선은 유지해야 한다. 예컨대 집단성이 인정된다고 해서 모든 집단에 법인격을 인정하고 나아가 적극적 법 주체로서의 법'인'이라는 단일

범주 속에 둘 수 있는 것은 아니다. 예컨대 앞에 토이버너가 지적했듯 이 일련의 다양한 사회적 형상물들(예컨대, 두 사람 간의 단순한 대화, 일정한 수의 인적 그룹, 법, 경제, 정치뿐 아니라 세계 사회까지 포함하는 개념) 모두가 적극적인 법 주체가 될 수 있는 것은 아니다. 일정한 조직적 체계를 갖추지 못한 인적 결합체에 대해서까지 법인격을 부여할 수 없다는 것이다. 법체계는 통상적으로 일정한 자격 요건을 갖춘 사회적 실체에 대해서만 적극적인 법 주체의 지위를 부여하고, 그에 법'인'이라는 단일한 개념을 붙일 수 있다.[22]

그렇다면 법체계에 의해 법 주체적 지위를 부여받기 위해 충족돼야 할 조건은 어떤 것인가? 이 질문에 대해서도 체계 이론적 관점에서 법인의 사회적 실체를 규명한 토이버너가 모범적으로 답을 주고 있다. 그에 의하면, 집단 정체성을 가진 어떤 사회적 체계가 법체계에 의해 법인격을 부여받고 나아가 적극적 법 주체로 인정되기 위해서는 다음과 같은 전제 조건을 충족시켜야 한다. 첫째, 공식적으로 조직화된 행위 체계를 갖출 것, 둘째, 집단으로서의 자기 기술 즉, 사회적 행위 능력이 있을 것, 셋째, 집단(단체 행위자) 행위와 개인 행위가 귀속 메커니즘을 통해 순환론적 결합 관계에 있을 것.[23]

이에 따르면, 법 정책적인 관점에서 어떤 사회적 체계가 적극적인 법 주체로 인정되려면 고도로 발전된 내부 질서를 가지고 있어야 한다. 개개의 행위가 모든 참여자들에게 사회적으로 귀속돼 모든 참여자들에게 사회적으로 권리와 의무가 부여되며, 그들이 집단적으로 결속돼 있어야 외부 세계에서 발생한 효과를 사회적 체계 그 자체에 귀속할 수 있기 때문이다.[24] 체계 이론이 사회적 체계에 귀속 능력을 인정하기 위해 요구하는 고도의 내적 질서는 집단이나 단체 행위자에게 사회적 행위 능력이 있다고 하기 위해서도 요구돼야 한다. 루만은 사회적 행위 능력이 부여되기 위한 내부 질서를 다음과 같이 설명한다. "지휘 구조 체계 내에서 행위 선택을 중개하는 매체의 형성, 특히 권력이나 힘Macht, 외부 효과나 내부 효과를 가진 정당한 대표 규칙과 분업 절차, 그리고 무엇보다도 개인에 대한 일정한 면책 가능성의 인정 및 동기를 설정하게 하고 책임지게 만들 수 있는 예방적 수단의 마련." [25]

4. 법인격이 부여된 독자적 법 주체에 대한 명칭, 법인?

앞서 우리는 집단 내지 단체 행위자를 의인화하고 더 나아가 법인격이 부여돼 독자적 법 주체로 법률적으로 구성할 수 있는 조건들에 대해 살펴보았다. 루만의 체계 이론에 의하면, 조직화된 행위 체계로서 기능적으로 작동적 폐쇄성과 환경 개방성을 새롭게 결합시킬 수 있는 높은 수준의 자기 생산적 사회 체계만 전 법률적이고 사회적인 행위 능력을 가질 수 있다. 법체계는 이러한 의미의 요구 조건을 충족시켜 이른바 사회적 행위 능력을 '구성'할 가능성을 가지고 있는 사회적 체계만 법인격을 부여하고 독자적 법 주체로 인정하여 그에 대해 법'인'이라는 명칭을 붙일 수 있다. 여기서는 법인이라는 용어의 사용법과 관련해 실정 법률적 관점과 입법론적 관점에서 몇 가지를 언급해둘 사항이 있다.

첫째, 실정 법률에 의해 아직 '법인'의 지위를 부여받고 있지는 않지만, 위에서 설정한 적극적 법 주체의 지위를 부여받을 수 있는 조건들을 충족시키는 '공식적으로 조직화된 집단'에는 어떤 종류가 있는가? 이에 답하기 위해 우리는 다양한 종류의 집단이나 단체들에 대해 작동적 구성주의의 관점을 유지하면서 내적 질서의 조건들에 대한 충족 여부를 판단해야 한다. 체계 이론에 의하면, 법질서(법체계)는 어떤 전 법률적인 사회적 형상물에 법인격을 부여할 것인지 고도의 재량(자율성)을 가진다. 하지만 앞서 말했듯이 그 실체의 사회적 구조와 법적 구조 간에 사실상 고도의 일치성이 존재하지 않으면, 그 실체에 법인이라는 명칭을 사용할 수 없다. 때문에 법인격을 부여할 수 있는 새로운 종류의 '법인'을 발굴해내기 위해서는 물망에 오른 후보가 전제 조건 충분한 사회적 행위 능력(즉, 고도의 내부 질서)을 가진 사회적 체계인지를 확인하는 작업이 필요하다.

둘째, 이런 관점에서 보면 앞서 기업에 관한 법적 정의 속에 포함되어 있는 "기타 영리 활동을 하는 자" 가운데에도 소규모로 영리 활동을 해 자영업 주체로 분류될 정도에 그친다면 위와 같은 의미의 사회적 행위 능력을 인정하기 어려울 것이다. 하지만 현재 '법인격 없는 단체'는 물론 정당이나 조합 등 공식적으로 조직화된 사회적 체계들의 경우, 법체계는 이러한 체계들을 사회적 의인화 단계에서 법률적인 의인화 단계로 격상돼나가도록 강력한 압박을 받을 것임은 분명하다.[26] 앞서 살펴보았듯이 법인의 본질이 사람이나 재산이 아니라 집단화된 행위 체계가 법적으로 사후에 구성된 것에 있다면, 1인 주식회사, 무인 회사, 구성원 없는 단체 등도 독자적 법 주체성을 인정할 수 있을 것이다. 뿐만 아니라 법인의 본질을 집단화된 행위 체계로 본다면, 기업 합병(콘체른)도 전체 집단의 사회적 법적 행위 능력을 인정함으로써 독자적 법 주체성을 인정할 수 있을 것이다.

셋째, 현행법상 법인격이 부여돼 이미 '법인'으로 불리고 있는 집단 또는 단체에 대해서도 법률적으로 '인'의 지위를 부여할 수 있는, 즉 사회적 행위 능력을 인정할 수 있는 고도의 내부 질서를 갖춘 자기 생산적 사회적 체계로 평가할 수 있는지를 검토해 보아야 한다. 현행법상 '법인'으로 분류되어 있더라도 실질적으로—지휘 구조나 정당한 대표 규칙과 분업 절차, 또는 예방적 수단 등 루만이 요구하고 있는 내부 질서를 갖추지 못한—비영리 사단이나 재단 등이 있는지를 확인해보아야 할 것이다.

넷째, 이미 '법인'으로 격상돼 있는 존재와 장차 법인이 될 가능성을 가진 존재는 매우 다양하고 이질적이다. 그러나 어떤 존재라도 법 주체의 지위를 인정받을 조건을 충족하면, 그 존재를 모두 법에 의해 인정된 '인' 즉, '법인'이라는 통일된 명칭을 붙여야 것이다. 이렇게 되면 자연인에 대응되는 법적 주체는 모두 '법'인이어야 한다. 인공 지능이 탑재된 로봇도 법인격을 부여받아 법 주체로 인정된다면, 그에게도 전자 '인' e-person이라는 명칭보다는 법인이라는 명칭이 부여돼야 할 것이다. 이러한 차원에서 보면, 이미 현행의 법체계는 집단이나 단체의 속성을 가진 법 주체만을 법인으로 명명하는 전통이 은연중에 확립된 것 같기도 한다.

다섯째, 법률에 의해 법인의 지위를 부여받아 법 주체가 되더라도 이것이 곧 형법 주체적 지위까지 인정되는 것은 아니다. 일반적인 법체계와 마찬가지로 형법 체계 역시 아무리 자율 체계라고 하더라도 어떤 사회적 실체가 '형벌을 부과할 수 있는 전제 조건'을 충분히 갖추어 형법적 구조와 일치성을 보여주지 못하면, 형법 주체의 지위를 부여할 수 없기 때문이다. 법인이 '법' 주체이지만, 형벌을 부과 받을 수 있는 전제 조건을 갖추지 못하면, 아직 '형법' 주체는 아니다. 법인에게 행위 능력을 인정할 수는 있지만, 법인을 형법 주체로까지 인정해 형사 책임을 지울 수 있으려면, 행위 능력뿐 아니라 – 후술하게 될 – 책임 능력까지 인정돼야 한다.

5. 기업과 법인의 관계

이미 법률에 의해 법인격을 부여받은 '법인'과 사회 경제적 맥락에서 사회적으로 실재하는 '기업'과의 관계는 어떻게 파악할 수 있는가? 이에 관해서는 앞서 언급했듯이 토이버너가 제시한 요건을 참조해 법인 아닌 기업을 법인으로 볼 수 있는 여지도 있고, 실제로 우리나라에서와 같이 '등기'라는 법제도를 활용해 미등기 기업을 법인화함으로써 간단하게 해결할 수 있다. 하지만 실제로 기업이면서도 동시에 법인격이 부여돼 '법인'으로 호칭되는 기업의 경우, 기업과 법인의 관계 설정을 어떻게 할 것인지는 간단한 문제가 아니다. 우리나라에서 실제로 이러한 차원의 논의가 전개된 적은 없다.

독일에서는 사회 내에서 경제적인 기능 단위인 기업에도 법인과 마찬가지로 법인격(민사적으로는 권리 능력)을 부여해 기업을 독자적 법 주체로 인정하는 견해(토마스 라이저)가 있었다. 뿐만 아니라 기업의 법 주체성을 부정하는 견해도 기업은 법인에 속하는 존재이고 기업은 주식회사의 법인과 동일하다고 하면서도 기업의 독자적 법 주체성을 부정하는 견해(리터너 또는 플루메)도 있었다.

그러나 기업에 독자적 법 주체성을 긍정하는 견해는 물론이고, 이를 부정하는 견해에 대해서는 이러한 견해들이 결국 기업을 기업 주체라고 함으로써 어떤 주체가 스스로에게 속한다는 주장을 하고 있는 데 불과하다는 비판이 가해지고 있다. 이러한 이유에서 독일 회사법의 해석론으로는 기업의 독자적 법 주체성을 긍정하는 견해는 물론이고, 부정하는 견해도 인정되고 있지 않다.[27]

우리나라 현행법의 해석론상 기업은 기업 주체인 법인을 '별도로' 가지고 있고,[28] 그 법인은 다양한 다른 실체, 즉 사단과 재단이라는 단체 내지 집단을 가지고 있는 것으로 파악되고 있다. 이에 따르면 기업은 그 자체 독자적 법 주체로 인정되지도 않고 법인 역시 스스로에 기초하고 있는 것으로 취급되고 있지도 한다. 하지만 이와 같이 기업과 법인 및 법인의 실체를 서로 엄격하게 구별하는 태도는 사회 체계의 자기 준거성을 거부하는 결론을 취하게 되며, 우리가 출발점으로 삼고 있는 루만의 자기 생산적 체계 이론의 입장에서 재고할 필요가 있다.

앞서 살펴보았듯이 루만의 자기 생산적 체계 이론은 자기 준거적 체계구성을 중심축으로 삼고 있다. 기업을 둘러싼 환계에는 실재하는 순환적 관계가 존재하고, 기업의 기능은 그러한 관계 속에서 다름 아닌 자기 준거를 가능하게 하고, 조직 자율성을 위해 자기 준거를 고양시키는 일에 있는 것으로 설명할 수 있기 때문이다. 오늘날 이와 같은 체계 이론적 관점은 사회학, 경영학, 법학뿐 아니라 논리학, 컴퓨터과학, 신경생물학 등 다양한 영역에서 이미 확인되고 있다. 따라서 자기 생산적 체계 이론적 관점에 따라 법인의 사회적 실체를 조직화된 '집단'으로 파악하고 그 집단 정체성이 일정한 내부 질서를 갖추게 될 것을 조건으로 하여 법인격을 부여할 수 있다고 보는 이 책의 입장을 기업과 법인의 관계에 적용하면, 기업의 자기 준거적 구성과 관련해 ─ 여기서도 토이버너의 결론과 같이 ─ 다음과 같은 말할 수 있게 된다. "기업의 주체는 법인으로 제도화된 '집단'이고, 법인의 실체는 '집단'으로 의인화된 기업이다."[29]

양자의 관계를 이와 같이 이해하게 되면 기업과 법인이 순환 논리를 통해 정의되기 때문에 동어 반복처럼 들린다. 하지만 위 언명을 통해 우리는 아직 법인화돼 있지 않은 기업이라도 사회적 행위 능력이 인정될 수 있고 법인격(법 주체)이 부여될 조건을 충족시킨다면, 장차 법인이 될 수 있다는 입법론적 기초를 확보하게 된다.

요컨대 '기업'은 조직화된 집단 내부에서 자기 준거적 순환을 누적시킴으로써 공식적 조직의 창발적인 질적 수준에 도달한다. 이러한 기업이 법률에 의해 법인격이 부여 받으면 법'인'으로 의인화될 수 있다. 즉, 기업이 개별 구성원들과 독립성을 유지하고, 구체적인 목표 설정이나 조직화의 자율성을 확보함으로써 집단 '인격'의 사회적 실재성을 공고화하게 될 경우, 기업은 법 주체로 인정될 수 있는 것이다.

제2절 체계 이론적 관점에서 본 기업과 기업의 형법 주체성 인정의 현대적 의미

현행법상 법인격을 부여받은 집단이나 단체에는 인적 조직체로서 영리 사단 법인과 비영리 사단 법인, 목적 재산으로 구성된 재단 법인 더 나아가 특수 법인으로서 공법인이 있다.

앞에서는 '기업'의 형사 책임을 인정할 수 있을 것인가에 답하는 이 책의 핵심 과제에 부응하기 위해 현행법상 법인화돼 있는 집단이나 단체 가운데 '기업(=상법상의 회사=영리 사단 법인)'에 국한해 이 기업(=법인)이 체계 이론이 요구하는 법 주체성 인정 조건을 충족시키고 있는지 살펴보았다. 그러나 기업 가운데에는 아직 법인화되어 있지 않은 '기업'도 존재하고, 법인인 기업이라 하더라도 법인으로 일반화될 수 없는 '기업' 고유의 특성과 사회적 기능이 있다. 따라서 이하에서는 체계 이론의 '구별' 이론적 특성에 부합하기 위해 사회적 체계 가운데 '기업'을 독자적 사회적 기능 체계로 구분하여 기업의 형법 주체성 인정 조건에 관해 논구해본다.

I. 체계 이론적 관점에서 본 기업과 기업의 구성 요소

1. 사회적 기능 체계로서의 기업과 기업의 결정

일반적인 차원에서 조직의 특징과 경제 체계의 특수성에 관한 루만의 사고 과정을 '기업'에 성공적으로 적용한 프륌Prümm에 따르면, 루만의 체계 이론적 관점에서 볼 때 기업은 '조직' 체계의 특수한 형태로서 기능적으로 분화된 경제 체계 내에서 다시 분화된 독자적 사회적 체계이다. 이에 따르면 기업은 모든 자기 생산적 사회적 체계와 같이 자기 준거적으로 기능하고, 작동적 폐쇄적이지만 구조적으로 기업의 환계에 개방되어 있다. 뿐만 아니라 기업은 항시라도 스스로 다른 요소들과 결합할 수 없는 요소들로 이루어져 있기 때문에 복잡성을 가지고 있다.[30] 뿐만 아니라 체계 이론에 따르면 기업도 사회적 체계인 이상 인간(개인)이 아니라 행위들로 구성되어 있고, 이 행위들은 기업 자체의 행위인 커뮤니케이션과 구조적으로 연결되어 있지만 구분될 수는 있다.[31] "사회적 체계의 일종인 조직은 커뮤니케이션을 통해 – 자신의 체계/환계 구분을 유지하기 위해 – 복잡성을 감축하도록 강요받으며, 여기서 조직이 복잡성을 감축하기 위해 사용하는 수단은 조직이 대안들을 관찰한 결과 내려지는 결정Entscheidung"이듯이 기업의 커뮤니케이션 수단도 결정이다.[32] 기업이 하는 커뮤니케이션 과정을 보면 결정이 내려지기 전에 먼저 대안에 대한 관찰이 이뤄지는데, 관찰 절차에서 중요한 것은 대안들에 대한 인지다. 이를 통해 적어도 두 가지 — 도달 가능한 — 가능성을 구분할 수 있기 때문이다. 예컨대 기업이 A를 투자할 것인가, B를 투자할 것인가를 결정하는 문제는 관찰자에 의해 행해진 A와 B의 구별을 기초로 한다.[33]

이처럼 구별에 기초한 결정의 배후에는 앞서 살펴보았듯이 조직 체계가 가지고 있는 '결정의 전제들'과 '결정 프로그램들'이 있다. 결정의 전제들은 체계(와 그 환계)가 '처리해야 하는 사태'와 '간과해도 좋을 사태'로 구분하는 이원 코드와 유사하다. 결정의 전제들은 기업이 내려야 할 결정을 미리 말해주고 있기 때문에 수많은 복잡한 정보들을 실행 가능한 형식으로 축소할 수 있을 뿐 아니라, 외부로부터의 모든 자극과 관련해 체계가 그것을 다뤄야 할 것인지 새롭게 결단할 필요가 없는 상태로 만들어준다. 때문에 만약 기업이 결정의 전제들에 의거하지 않고 대안에 대한 관찰과 인지 및 결정을 위해 모든 순간에 새롭게 캐물어 들어가기 시작하면, 기업은 생산성을 확보하기가 어려워진다.[34]

여기서 기업이 어떻게 결정하는지는 체계 내의 결정 프로그램들을 통해 구체화돼 있다. 결정의 전제들을 통해 결정에 중요한 사태로 제한하는 것뿐 아니라 결정 프로그램들을 통해 어떻게 결정 내려야 할지 매뉴얼화돼 있다는 것은 지속적인 결정의 압박을 줄여준다. 때문에 결정의 전제들과 결정 프로그램들은 기업이 자신이 속한 경제 체계 내에서 생존하기 위해 필요불가결한 전략이라고 할 수 있다.[35]

기업은 경제 체계의 하부 체계인 기업은 자신에게 할당된 기능을 수행하기 위해 경제 체계의 이원 코드, 즉 지불을 커뮤니케이션 수단으로 삼아 지불함/지불하지 않음의 정보에 관한 이원 코드를 자기 결정의 전제들 속으로 통합하고 있다. 기업의 자기 생산적 재생산이 특히 자신의 환계인 경제 체계에 특수한 코드에 따른다는 가설은 지배적인 조종 원칙으로서 '다생산 원칙'이나 '경제성 원칙'을 특징 지우는 기업 경영적인 의의를 실증해준다. 뿐만 아니라 이 가설은 이윤이라는 척도의 우선순위성을 독자적으로 근거 지워주기도 한다.[36]

기업이 이윤이라는 척도를 우선순위에 둠은 인간이 경제적 동물이라는 생각이 아니라, '기업 자체'의 유지 존속이라는 목적과 관계가 있다. 이러한 측면은 기업 체계의 이원 코드인 이익/손실의 코드로 나타난다. 이에 따르면 기업은 통상적으로 경쟁 조건하에서 결정(행위)을 내려야하고―아무런 이익을 얻지 못할 경우―언젠가는 시장에서 퇴출돼야 한다.[37] 요컨대 기업은 자신의 환계인 경제 체계의 척도를 결정의 전제로 삼아 이익/손실의 이원 코드를 통해 이익 극대자로서 자기 기술을 하면서 자기 준거적으로 기능하는 자기 생산적 사회적 체계이다.[38]

2. 기업의 구성 요소

자기 생산적 체계 이론에 기초할 때, 기업은 '물적 그리고 인적 수단으로 구성'돼 있지 않다. 기업의 구성 요소를 그 인적 재원이나 물적 재원과 관계 지워 파악하는 태도는 앞서 우리가 거부한 존재론적 방법론에 입각한 해석으로서 받아들일 수 없다.

따라서 기업을 '구성원 총합'으로도 파악해서는 안 되고, 지분 소유자 그룹과 결부시켜서도 안 된다.[39] 자기 생산적 체계 이론의 관점에서는 앞서 강조한 바와 같이 기업의 구성원 개인은 사회적 체계의 구성 요소가 아니라 사회적 체계의 환계에 불과하기 때문이다. 기업의 근로자 등 구체적인 개인을 기업 조직의 부분 요소로 파악하는 태도를 견지하더라도 집단으로서 기업이라는 관점에서 보면, 구체적인 개인은 기업의 구성 요소가 아니라고 해야 한다.[40]

이러한 관점에서 보면 기업의 경우 대안들 사이의 결정은 기업에 소속된 자연인 개인에 의한 결정에서 끝나지 않는다. 결정이 기업 내부의 자연인 개인에 의해 이뤄진다는 생각은 체계 이론적 관점에서는 극복돼야 할 행위 이론적 착안점일 뿐이기 때문이다. 결정은 오히려 커뮤니케이션을 통한 관찰에 의해 이뤄지는데, 이러한 관찰을 통한 결정을 뒷받침하는 것은 체계 내에서의 협력 관계[41]이다.

바로 이 점 때문에 기업의 "결정을 내리는 결정 주체"는 개인이 아니라 기업 자체라고 말할 수 있다. 기업은 목표 지향적으로 외부를 향해 커뮤니케이션하려는 시도를 수행하기 위해 조직화된 사회적 실체를 가지고 있기 때문이다. 물론 조직이 이러한 목표 도달을 추구한다는 점을 표명하기 위해 그 결정의 합리성이 입증돼야 하는데, 그 합리적 결정의 배후에는 조직 이론적 차원의 결정의 전제들과 결정 프로그램들이 존재한다는 점, 그리고 이러한 결정의 전제들이 존재하는 이유와 결정의 구체적인 방법에 관해서는 앞서 설명했다. 요컨대 기업의 결정은 그 내부 구성원인 개인의 행위들에 의해 이뤄지는 것이 아니라, 결정의 전제들과 결정 프로그램들을 통한 커뮤니케이션에 의해 이뤄진다.

뿐만 아니라 체계 이론적 관점에서 볼 때 기업이 이익은 기업 자체의 이익이지 지분 소유자의 이익이 아니다. 만약 기업 이익이 지분 소유자의 이익과 동일시된다면, 결국 기업의 집단 정체성을 포기하고 개인을 그 구성 요소로 봄으로써 자연인 개인을 결정적인 단위로 만드는 결과가 되는바,[42] 이는 앞서 설명했던 체계 이론의 출발점과 상반된다. 체계 이론의 출발점을 다시 한 번 강조하자면, 체계(즉, 기업)는 개인을 구성 분자로 가지고 있지 않으며, 기업의 결정은 개인 결정의 총합도 아니고, 그 이상의 그 무엇이다. 이익이라는 척도를 우선순위에 두고 그로부터 나오는 결정의 전제들은 기업 내의 경제 주체인 지분 소유자의 총합으로 환원될 수 없다. 왜냐하면 기업이 이익을 우선순위에 둠은 시간적으로 그때그때의 구성원들과 무관하게 존재하기 때문이다.[43] 기업의 생존은 오히려 조직으로서 기업의 유지 존속이라는 의미에서 체계의 안정화이다.[44]

기업이 안정적으로 유지·존속되는지를 판단하기 위한 중요한 척도로서 기업의 기능 관련성과 급부 관련성이 제시되고 있다.[45] 여기서 기능 관련성은 기업을 경제와 사회에 관련 지우고, 그로써 사회의 미래를 위해 가능한 한 높은 산출을 떼어놓은 것을 목표로 삼는다. 이러한 기능 관련성은 예컨대, 세법, 노동법, 그리고 회사법을 통해 세금 납부, 임금 지불, 이익 축적을 위해 경제 활동을 하도록 강요한다. 급부 관련성은 기업이 소비자, 피공급자, 자본 제공자, 노동자(기업 종사자)와 관련돼 있음을 의미한다. 기업의 안정적인 유지 존속은 이러한 두 가지 측면을 가장 잘 염두에 두는 조직 구조를 만들어내는 일에 달려 있다. 기업 자체의 독자적인 이익도 기업의 사회적 기능과 역할을 최적으로 일치시키는 데 있는 것이지 개인 이익의 집합에 있는 것이 아니다. 오늘날 기업의 사회적 기능이 지분 소유자의 이익을 넘고 있다는 점은 주주 대화만 아니라 노동법상의 공동 의사 결정, 경영 이익의 작성 및 공시, 최적의 수요 충족에 대한 소비자 이익의 수용, 특히 기업 인수 및 그에 상응한 기업의 자기 기술이 잘 보여주고 있다.[46]

이상에서 살펴보았듯이 기업이 결정의 전제들을 통해 결정을 내려야 할 사태를 제한하고, 원하는 결과를 결정 프로그램들을 통해 만들어가고 있음은 기업의 행위를 이루는 요소가 무엇인지 말해준다. 즉, 기업 행위는 그 내부 구성원인 개인의 행위들로 이뤄져 있는 것이 아니라, 결정의 전제들과 결정 프로그램들을 통한 커뮤니케이션으로 이뤄져 있다. 뿐만 아니라 기업이 그 환계인 경제와의 관계에서 경제 체계의 척도에 따라 자기 생산적 재생산을 하고 있음은 기업의 이익 추구가 어디를 지향하는지를 알 수 있게 해준다. 즉, 기업은 단순히 기업 내부의 자연인 개인의 이익을 극대화하기 위한 것이 아니라 집단(단체 행위자)의 이익에 해당하는 독자적인 기업 이익을 위한 것인바, 여기서도 기업의 이익이 개인 이익의 집합이 아니라 사회적 기능과 역할을 최적으로 일치시키는 데에 있음을 보여준다.

___

Ⅱ. 기업의 형법 주체성을 인정해야 할 현대적 의의

1. 기업에 대한 법인격 부여의 법제도론적 의의

루만의 체계 이론적 관점과 무관하게 법제도 속에서 집단(단체 행위자)으로서의 기업에 법인격을 부여한 것은 이미 오래된 일이다. 하지만 기업을 보호의 대상으로 보거나 그 밖의 다른 법제도론적인 이유에서 단순히 기업에 '법인'이라는 형식적인 명칭을 부여한 일은 근대적 시대정신이 지배했던 근대 법제도 하에서 시작됐다.

실재하는 사회적 집단이나 단체들 가운데 일정한 내부적 질서를 구조화한 '조직화된 사회적 체계'에게 '법률적으로' 법인격을 인정하는 이유나 법제도론적 의의는 여러 가지가 있다. 그 가운데 기업을 독자적 권리 주체로 인정함으로써 기업도 다른 주체와의 관계에서 자신의 인격적 지위에 걸맞은 보호를 받게 하려는 목적, 그리고 기업과 상호 작용을 용이하게 하려는 현실적인 바람이 결정적인 추동력이 됐다고 할 수 있다.

이는 특히 역사적으로 기업이 헌법상 기본권의 주체가 된 배경에서 엿볼 수 있다. 미국 헌법 제14조 제1항은 '인'의 지위를 다음과 같이 규정하고 있다. "어떤 주도 어떤 인person의 생명, 자유, 또는 재산을 적법 절차 없이 박탈해서는 안 된다. 어떤 인에게도 법 앞에 평등을 부정해서는 안 된다." 이 헌법 조항은 흑백의 평등권에 관한 분리 전쟁 이후 흑인도 기본권의 향유 주체로 새롭게 편입시키려는 취지에서 만들어진 것이다.

그런데 이 헌법 조항에 의거해 기업도 마찬가지로 (법)'인'이며, 따라서 예컨대 소유권을 가져야 한다고 주장됐다. 1890년에서 1910년 사이 미국 연방 대법원에 계류된 307개 사건 가운데 288개 사례가 기업이 소를 제기한 것이었고, 원래 기본권의 주체로 의도했던 흑인이 이 조항에 의거해 헌법상의 권리를 주장한 것은 19개 사례에 불과했다고 한다.[47] 이렇게 헌법 제정자가 의도하지 않았어도 기업은 헌법 해석상 '인'의 지위를 인정받게 됐으며, 이러한 해석이 체계 이론의 구성주의의 관점과 무관한 것이었음은 말할 필요조차 없다.

다른 한편으로 사법 영역에서 기업에 법인격을 부여하게 된 것은 책임 범위 제한의 차원에서 제도론적 의의를 부여할 수 있다. 즉, 일정한 조직적 집단에 독자적 법인격을 부여한 것은 개인 책임과 집단 책임을 분할함으로써 그 개인이나 집단에게 무한 책임을 지지 않게 하려는 배경 하에 이뤄진 것이라 볼 수 있다.

2. 현대 사회에서 기업에게 형법 주체성을 인정해야 하는 이유

하지만 사회적으로 실재하는 조직화된 집단에게 독자적 법인격을 부여하는 이유가 그 조직화된 집단의 보호 필요성이나 책임의 제한에 있다고만 설명하는 것은 현대 사회에서 조직화된 집단이 가진 영향력과 사회적 행위 능력을 과소평가한 것이다. 이는 오늘날 사회적 차원에서 기업이 막대한 손해를 끼치고도 그에 걸맞은 책임을 지지 않는다는 점과 문제의식을 공유한다. 이는 앞서 이른바 '조직화된 무책임 사례'에서 두

드러지는 것임을 살폈다. 이익 귀속에 관한 한 적극적인 주체로서 인정되고 있지만, 책임은 제한적으로만 지게 한다는 것은 사회적 행위 능력을 가진 기업의 사회적 중요성을 충분하게 고려하지 못한 태도이다.

이러한 맥락에서 현대 사회에서 기업에 법인격을 부여하는 의의는 분명하다. 그것은 기업을 단순히 사회적 책임의 부담 주체로 인정하거나 '소극적' 의미의 법 주체로서 보호의 대상으로 삼는 데 그치지 않는다. 오히려 사법적인 책임까지도 인간과 동등하게 지우기 위해서라는 데 있다. 이를 위해 필연적으로 기업은 스스로 책임 있는 행위(잘못)를 할 수 있는 존재로서, 자신의 잘못에 책임질 수 있는 주체로 인정돼야 한다. 기업을 '적극적' (형)법 주체로 인정해야 하는 현대적 의의는 바로 여기에 있다.[48]

현대 사회에서 기업이 책임 있는 주체로 인정돼야 하는 이유는 기업의 사회 기능적 특성에서도 찾을 수 있다. 오늘날 법인이 사회 경제적으로 '거래 비용의 절감'이나 '인적 재원과 물적 재원들의 조정' 기능을 담당할 뿐 아니라 '집단 그 자체의 행위 능력에 대해 법률적으로 뒷받침'되고 있고, 그 지위가 '법률적으로 지속 혹은 영속'되고 있기 때문이다.

루만의 자기 생산적 체계 이론의 관점에서 보면, 기업의 적극적 (형)법 주체성을 인정해야 이유는 보다 선명하다. 기업은 그 내부 관여자들(구성원들)과 무관하게 자율성을 가진 독자적 지위를 획득하고 있다.[49] 이러한 자율적·독자적 지위가 '법인'이라는 "창발적 자산"[50]으로부터 분화돼 나온 것이고, 이러한 창발적 자산을 '자기 생산적 체계'로 표현되고 있음은 앞서 설명했다. 이와 같이 자기 생산적 체계를 기초로 삼으면, 그 체계의 행위(커뮤니케이션) 체계는 집단 정체성과 행위의 순환론적 결합 속에서 시장과 정치 등 자신의 외부 환경은 물론이고, 그 구성원 및 다른 조직 관여자 등 자신의 내부 환경에 대해 고도의 자율성을 획득한다.[51] 예컨대 기업과 관련해 지분 소유자의 이윤 추구 동기가 '기업 자체'에게로 유입되면 지분 소유자가 행위하는 것이 아니라 기업 자신의 자율적 행위가 시작된다.

이런 특성을 가진 기업이 자율을 누리는데 그 자율에 대해 책임을 지우지 않는 것은 인간에 대한 자유와 책임이 가지는 사회적 의미 맥락에 비추어볼 때 – 공리론적으로 볼 때 – 더 이상 용인될 수 없는 일이다.[52] 이는 최근 기업의 사회적 책임이라는 척도가 개인 행위자나 특정 행위자 그룹에 대해서가 아니라 집단으로서의 기업 자체에 적용되고 있는 데서도 확인할 수 있다. 기업에 단순히 사회적 책임을 넘어, '법'적 책임, 그 가운데 특히 형사 책임을 부담시켜야 하는 것은 현대 사회에서 더 이상 피해갈 수 없는 이슈가 된 셈이다. 이제 본격적으로 기업(법인)이 형법 주체로 인정되기 위한 요건인 행위 능력과 책임 능력에 관해 살펴볼 때가 되었다.

제3절 기업의 형법 주체성과 행위 능력

형법이 원래 염두에 두고 있는 형법 주체가 인간이라면, 형법 주체로 구성돼 형법'인'으로 의인화되기 위해서는 인간과 같은 행위 능력을 가져야 하기 때문이다. 종래 형법학에서 '법인'에게 형벌을 부과하기 위해 일차적으로 '행위 능력'을 요구한 것도 바로 이 때문이다.

이하에서는 형법 주체가 되기 위해서 전 법률적·사회적 행위 능력이 필수적으로 요구되는 이유를 먼저 밝힌 뒤, 그러한 행위 능력이 인정되려면 어떤 조건이 충족돼야 하는지를 살펴보고, 기업이 행위 능력자가 될 수 있다면, 행위 능력자로서의 기업의 독자적인 행위는 어떻게 '구성'될 수 있는지를 살펴본다.

I. 기업의 형법 주체성과 행위 능력

1. 소극적 법 주체와 적극적 법 주체의 구별

어떤 조직화된 사회적 체계가 ─ 구성주의적 관점에서 볼 때 ─ 사회적으로 실재하는 실체성을 갖추고 있다고 해서 법률은 그 사회적 체계를 인간과 같이 의인화하고 법인격을 부여해 법'인'이라는 타이틀을 부여할 수 있는 것은 아니다. 법체계가 다양한 사회적 현실 가운데 법인격을 부여하는 대상은 그 사회적 현실의 '자기 기술'(1차 질서의 관찰)에 대한 타자 기술(2차 질서의 관찰)을 통해 선별 작업을 수행한 결과물로 나타난다. 여기서 자기 생산적 사회적 체계로서의 법체계는 자기 준거적 작동상 폐쇄성을 통해 고도의 자율성을 행사하면서 이러한 선별을 하지만, 그 환계 개방성 때문에 환계에 해당하는 그 사회적 현실과 구조적으로 연동돼 선별 작업을 수행한다.

여기서 법체계는 법 정책적 목표에 따라 실증주의적인 재량권을 행사할 수 있다. 이와 관련해 예컨대 '나무에게 법인격을 부여할 수 있는가'하는 문제는 법 이론적으로 매력적인 논쟁의 대상이 돼왔고,[53] 지금도 여전히 논의의 대상이 되고 있다.[54] 도입 글에서 소개했듯이 최근에는 강江에게 법인격을 인정할 수 있는지가 초미의 관심사로 돼 있다. 그러나 이 책의 관심사인 기업의 형법 주체성 규명을 위해 이러한 논쟁들을 모두 다룰 필요는 없다. 법체계가 법 정책적으로 어떤 대상에 대해 법인격을 부여해 의인화할 수 있지만, 그로써 법 주체성 여부가 종결되는 것은 아니다. 법 주체는 다시 보호의 대상으로서의 법 주체, 즉 소극적 법 주체와 능동적 행위 주체로서의 법 주체, 즉 적극적 법 주체로 구분될 수 있는 바, 장차 형법 주체로까지 인정될 수 있는 적극적 법 주체가 되려면 능동적 행위 주체가 돼야 한다.

오늘날 나무나 하천, 심지어 대기에 대해서도 환경 보호라는 법 정책적인 관점에서 인간처럼 보호해야 할 필요성을 인정하여 법적인 보호의 대상으로 삼고 있다. 아직 사람이 아닌 태아에게도 상속권 등을 보호하기 위해 민법상 인격을 부여해 그 권리 능력자로 인정한다. 태아의 생명 보호를 위한 현행 낙태죄 규정은 직접 태아를 법 주체로 인정하고 있고, 동물 보호법에서는 동물의 생명권과 복지권 등을 보호하기 위해 학대 행위를 금지하고 위반 행위에 형벌을 부과하고 있다. 명예 훼손 법제에서는 법인도 명예권의 주체로 인정되어 민사상 불법 행위 또는 형사상 명예 훼손 행위의 상대방이 된다.

그러나 이와 같이 '권리' 주체적 차원에서 법인격이 부여된 인간 이외의 존재는 모두 소극적인 차원의 보호 대상, 혹은 형법적으로 말하면 피해자로서의 지위가 부여된 법 주체에 불과하다. 나무나 강에게 권리 능력을 구성해 보호 대상으로 삼을 수 있고, 태아에게 민법상 권리 능력을 부여할 수 있으며, 동물에게 복지권이나 생명권을, 그리고 법인에게 명예권을 부여할 수는 있지만, 이들 권리 주체에게 일정한 강제적 제재(손해 배상, 형벌)를 부과할 수는 없다. 형사적 제재나 민사적 제재를 부과하기 위해서는 그 제재 대상이 일정한 잘못(즉, 불법 행위)을 한 점이 인정되어야 하기 때문이다. 이 점은 '과실 책임 원칙'이 근대 민법의 기본 원칙의 하나로 인정되고 있음과, 책임주의 원칙이 헌법적 근거를 가진 형법의 대원칙으로 인정되고 있음과 맥락을 같이 한다. 이 때문에 예컨대 법인(기업)은 헌법상 기본권에 해당하는 명예 보호의 대상이 돼 명예 훼손죄의 피해자는 될 수 있지만, 형법상 스스로 명예 훼손죄를 범할 수 있는 능동적 행위 능력은 없는 존재로 인식되고 있기 때문에 형사 책임까지는 지지 않고 있는 것이다.

기업이 민법상 법인격을 부여받은 법인으로서 권리 의무의 주체로 인정되고 있는 것도 그 기업이 소극적인 의미의 법 주체, 즉 보호의 대상이 되고 있는 것일 뿐, 민사상 불법 행위를 스스로 할 수 있는 행위 능력이 없다고 보게 되면 적극적 민법 주체로 인정될 수 없을 것이다. 이러한 차원에서 법인 대표자의 불법 행위에 대해 법인에게 손해 배상 책임을 인정하고 있는 민법 제35조가 '법인'에게 행위 능력까지 인정하고 있는지에 대해서는 해석론상 여전한 논란거리가 될 수 있다. 뿐만 아니라 법인 실재설에 근거해 법인이 민법상 '불법 행위'를 할 수 있다고 하더라도 형법 해석상 법인을 '범죄 행위'를 할 수 있는 행위 능력까지 인정되어 적극적 형법 주체적 지위까지 부여될 수 있는지는 별개의 문제이다. 형사 책임까지 부담할 수 있는 형법 주체적 지위가 인정되려면 행위 능력 외에 책임 능력까지 인정되어야 하기 때문이다. 이하에서는 '행위 능력'도 사회적으로 구성될 수 있다는 체계 이론적 관점에서 기업의 행위 능력을 어떻게 '구성'할 수 있는지부터 살펴본다.

2. 기업의 행위 능력

1) 행위 능력의 형법적 의의와 구성주의적 출발점

여기서도 형법의 태도를 출발점으로 삼지 않을 수 없다. 종래 형법은 인간만을 염두에 두어 인간을 소극적 주체이자 적극적 주체로 인정하여

왔다. 하지만 형법의 해석상 소극적 형법 주체의 범위를 인간 외의 존재로 확장하고 있을 뿐 아니라(단순한 행위 객체를 의미하는 것은 물론 아니다), 인간 외의 존재 특히 기업(법인)을 적극적 형법 주체로 인정할 수 있는지에 대해서도 오래전부터 논의를 계속해왔다.

체계 이론의 작동적 구성주의의 관점에서 보면, 형법은 새로운 형법 주체를 구성하는 데 있어서, 종래의 형법 주체인 인간과 새로운 형법 주체로의 편입 여부가 문제되는 기업이 서로 고도의 구조적 일치성을 가질 것을 요구한다. 이를 위한 첫 번째 조건은 '행위'이다. 기업도 인간과 같이 '행위'할 수 있는 능력이 있어야 적극적인 형법 주체가 될 수 있다(이때 행위 능력의 인정 요건은 앞서 토이버너에 의해 요약된 것처럼, 공식적으로 조직화된 행위 체계이다). 여기서 집단으로서 기업의 '행위'(가능성)는 흔히 오해하듯이 기업이 독자적으로 수행하는 것이 아니다. 기업의 행위는 개인의 행위와 순환적 결합 관계 속에서 이루어지는 '귀속'의 결과이다.[55]

자기 생산적 체계 이론의 구상에 따르면, 사회적 체계의 행위는 개인의 행위와 마찬가지로 귀속의 관점에서 파악될 수 있다. 이와 같은 행위 개념에 대한 새로운 이해가 작동적 구성주의의 방법론을 출발점으로 삼는 점에 관해서는 앞서 살펴보았다. 특히 공식적으로 조직화된 집단이나 단체 행위자로서 사회적 실체를 가진 집단의 경우, 개인의 행위와 집단의 행위가 귀속 메커니즘을 통해 순환적으로 결합돼 있고, 이러한 순환적 결합 관계 속에서 개인의 행위가 집단의 행위로 귀속되는 것이다.

2) 구성주의적 행위 개념의 선구와 그 한계

기업의 행위 능력과 결부된 근본적인 문제를 극복하기 위해 기능적 규범주의의 고찰 방식을 방법론적 출발점으로 삼은 새로운 시도들이 유럽

권에서 등장했다. 이러한 시도들은 자연인과 법인에 기초된 공통분모로서 조직 책무Organisationszuständigkeit라는 개념을 개발해냈다. 기업의 조직 책무를 "기능적-체계적 조직 지배"를 통해 근거 지우는 귄터 하이네Günther Heine를 이러한 주장의 대표 주자로 분류될 수 있다. 하이네의 기능적-체계적 조직 지배는 조직 원칙으로서 기능적 분업화와 분권화, 그리고 그에 상응하게 대응할 수 있는 성찰적 법 이론에 기초하고 있다.[56] 하이네는 이러한 조직 지배 개념을 개인 형법 영역의 행위 지배 개념에 기능적으로 상응하는 개념으로서 인정하면서, 기업 형법 영역에서 기업의 보증인적 지위를 근거 지우는 개념으로 본다.[57]

자연인과 법인에 대한 상위 개념으로서 "사회인soziale Person"[58]이라는 개념을 공식화한 람페Lampe의 태도도 하이네의 조직 지배 개념과 맥락을 같이 한다. 람페는 사회인을 불법 생산자로 보면서, 불법을 만들어내는 사회인의 능력이 자연인의 경우와 기업의 경우 각기 다른 원천에서 나온다고 한다. 즉, 자연인의 경우에는 행위 능력에서 나오지만, 기업의 경우에는 조직 능력, 즉 "자신의 행위를 통해서가 아니라 타인의 행위를 조직화함으로써 사회적 절차를 작동시키는 능력"에서 나온다고 한다.[59] 따라서 "사회인은 자신의 행위 능력 또는 조직 능력을 실현할 수 있든지, 아니면 그 실현을 요구하는 사회적 환경 속에서 그 능력을 실현하지 않거나 잘못되게 실현할 수 있다"고 한다.[60] 이러한 람페의 사회인과 유사한 개념으로는 보트케Bottke의 "접촉 조직자Kontaktorganisator"를 들 수 있다.[61] 보트케는 접촉 조직자를 자연인과 집단 주체인 기업에 대해 공통적인 개념으로 사용한다. 접촉 조직자는 접촉 책무를 가지고 있기 때문에 사회적 접촉을 조직화할 책무 및 그에 상응한 책임까지 귀속된다고 한다.[62]

이와 같은 기능-규범주의적 형법학 방법론의 관점에서 보면, 결정적인 요소는 조직 영역에 관한 책무인바, 이러한 책무는 자신의 조직 영역에서는 허용되지 않은 위험이 나와서는 안 되고 그에 따라 그 조직 영역에서 나오는 위험에 대해서는 ─ 조직 지배자, 사회인, 접촉 조직자와 같은 ─ 조직 책무를 가진 자가 형법적으로 책임을 진다고 한다.[63] 이와 같이 기능─규범주의적 방법론을 출발점으로 삼는 태도들은 조직 지배라는 개념을 통해 조직화된 사회적 행위 체계인 기업의 사회적 행위 능력을 인정하고 있는 것이다. 이러한 의미의 행위 능력은 스스로 책임을 지게 하는 기초가 되는 책임 있는 행위, 즉 불법(잘못)을 할 수 있는 능력을 의미한다.[64]

그러나 조직 책무에서 나오는 조직 지배는 능동적인 작위 행위 대신 소극적인 부작위 행위만 커버할 수 있는 한계가 있다. 뿐만 아니라 이러한 조직 책무적 관점에서 사회적 행위 능력을 표현하기 위해 전통적인 '행위' 개념이 아니라 새로운 개념을 내세우고 있다는 점에서 엄격한 구성주의적 태도라고 보기 어렵다. 더 나아가 사회인의 불법 생산 능력, 접촉 조직자의 접촉 지배라는 개념으로부터는 어떤 '사회인' 또는 어떤 '접촉 조직자'가 이러한 의미의 사회적 행위 능력을 가질 수 있는지, 특히 직접적으로 외부 세계의 변화를 일으키지 않는 조직 지배자 등의 조직 지배와 직접적인 법익 침해 행위를 한 조직 구성원 개인의 행위가 서로 어떻게 결부되어 있는지를 설명할 수 없는 한계를 가지고 있다.

그러나 체계 이론적 관점의 작동적 구성주의의 출발점을 철저하게 밀고 나가면, 자기 생산적 사회적 체계의 커뮤니케이션을 사회적 체계의 '행위'를 구성하는 것이라고 설명할 수 있고, 그 사회적 체계인 기업의 행위와 기업의 환계로서 외부 세계와 직접 접촉하면서 법익 침해적 행위로 나가는 개인(기업 종사자)의 행위와의 관계가 구조적으로 연동되어 있고, 양자의 순환적인 결합 관계 속에서 귀속 메커니즘을 통해 개인의 행위가 '귀속'되는 것으로 설명할 수 있다.

Ⅱ. 체계 이론과 기업 행위의 구성

1. 체계 이론과 행위 귀속, 그리고 귀속 메커니즘

앞서 살펴보았듯이 체계 이론의 틀에서는 사회적 체계의 행위와 그 체계의 환계인 개인의 행위는 행위 귀속의 상이한 형식으로 파악된다. 기업이 집단 정체성을 가진 독자적인 행위 주체로 인정될 수 있는 기초는 바로 여기에 있다. 이와 같은 체계 이론이 만드는 패러다임 변화에 따르면, 기업과 인간은 본질적으로는 다른 존재이지만, 자기 생산적 체계로서 각각 자신의 기능을 수행하는 기능 체계라는 점에서 공통된다. 기업은 일정한 커뮤니케이션을 통해 ─ 결단을 ─ 재생산하고, 자기 조정과 자기 결정의 특성을 보이는 자기 생산적 조직 체계이며, 인간도 마찬가지로 조작적 폐쇄성과 구조적 결정성이라는 특징을 가진 자기 생산적 (심리) 체계로 구성될 수 있는 바, 인간의 자기 생산성은 ─ 기업과는 달리 ─ 의식을 통해 실현된다는 점에서만 다를 뿐이다.

기업 구성원의 행위와의 관계에서 기업 행위의 독자성을 보일러의 순환 시스템의 작동 방식으로 비유할 수 있다. 외부에서 물이 유입되고 전기로 연결돼 작동하는 보일러를 일정 온도까지 가열시키는 자동 온도 조절 장치를 가진 순환 시스템의 작동이 기업의 행위이고, 물과 전기의 공급을 기업 구성원의 행위로 생각해보자. 물과 전기는 보일러의 구성 요소가 아니라 보일러의 환계로서 이것이 유입되지 않으면 보일러 시스템은 작동하지 않는다. 물과 전기가 보일러의 시스템을 작동케 해 일정한 온도에 도달하면 방안의 온도를 높여주며, 방안의 온도가 일정하게 올라가면 보일러는 작동을 멈춘다. 이와 같이 외관상 물과 전기가 외부 세계의 변화를 직접 작동시키지만, 그 변화의 원동력은 보일러 자체의 시스템이다.

여기서 물과 전기는 보일러 시스템의 환계로서 그 보일러의 구성 요소는 아니다. 반면 보일러는 자신의 시스템을 통해 매개된 물과 전기로써 외부 세계의 변화를 직접적으로 만들어낸다. 이러한 변화는 물과 전기가 보일러 체계와 구조적으로 연동돼 만들어지는 것이다. 여기서 물과 전기의 작동이 결국 보일러의 작동으로 볼 수 있는 것인바, 이를 두 체계 간의 행위 귀속으로 설명할 수 있다. 방의 온도를 높여준 것이 물과 전기이기도 하지만 보일러라고도 말할 수 있듯이, 외부 세계의 법익 침해적 행위를 한 것은 기업의 기능 담지자인 개인이기도 하지만 개인의 행위는 기업 내의 지휘 구조, 대표성 규칙, 결정의 전제 프로그램 등을 기업의 행위로 귀속된다는 점은 더 이상의 설명을 요하지 않을 만큼 분명하다.

기업 자체의 행위와 기업의 기능 수행자인 개인의 행위간의 이와 같은 '귀속' 형식을 루만은 체계와 환계의 상호 침투와 구조적 연동으로 설명하였고, 토이버너는 집단(단체 행위와)과 개인 행위간의 순환적 결합으로 설명하고 있음을 앞서 살펴보았다. 귀속 메커니즘을 매개로 한 순환적 결합을 원용하여 기업 행위의 독자성(기업의 독자적 행위 주체성)을 보다 구체적으로 근거 지우면 다음과 같다. 우선, 어떤 외부적 사건이 기업 내에서의 행위로 평가되는 것은, 커뮤니케이션이 그 사건에 관여된 자를 '인'으로 관찰함으로써, 즉 개인을—순수 자연인이 아니라 기업의 기능을 담당하는 구성물로 구성해 그 커뮤니케이션에 참여하는, 그 실재하는 개인에게 일정한 사건을 그의 행위로 귀속하는바, 이와 같은 귀속을 통해 그 사건이 비로소 기업 내에서의 행위(즉, 그 개인의 행위)가 된다. 이와 같은 귀속 방식은 기업 내의 기능 수행자인 개인의 행위와 기업 자체의 행위간에도 그대로 인정된다. 즉, 기업 내에서의 기업 종사자들의 행위가 기업 자체의 커뮤니케이션에 의해 관찰돼 기업 자체의 행위로 '구성'됨으로써 기업의 행위로 귀속된다. 다만, 이 귀속 형식이 앞의 귀속과 다른 것은 귀속 메커니즘의 개인의 행위와 기업의 행위가 순환적인 결합 관계를 형성하고 있고 이들의 순환적 결합을 가능하게 하는 귀속 메커니즘이 기업 내에 존재한다는 점이다. 기업의 기관, 대리권, 그리고 지휘감독권 등이 그 예이다.

이러한 귀속 메커니즘에 의해 작동하는 기업의 행위는 직접적 행위를 하는 자연인의 행위 귀속의 결과로서 동일시 이론에 기초한 귀속과 유사한 것 같지만, 양자는 그 이론적 기초가 전혀 다르다. 동일시 이론에 기초한 귀속은 귀속 대상인 기업 자체의 사회적 실체를 근거 지우지도 못했고, 따라서 독자적 행위 능력도 부정하는 전제에서 출발한다.[65] 반면에 체계 이론에 기초한 귀속은 기업의 사회적 실체와 독자적 행위 능력을 모두 인정할 뿐 아니라 기업 행위의 독자성도 여전히 인정된다. 이러한 차이는 루만의 체계 이론 하에서는 개인이 기업의 구성 분자가 아니라 기업의 환계나 전제 조건에 불과한 것임을 출발점으로 삼고 있음에 기인한다.[66]

체계/환계의 구별을 출발점으로 삼고 있는 루만의 체계 이론에 의하면, 기업의 환계인 기업 종사자는 기업에 구조적으로 연동돼 영향을 주지만, 그 자체로 기업의 작동을 만들어낼 수 없다. 체계 이론에 의하면, 자연인 개인의 행위도 존재론적 관점에서 파악하지 않고 사회적 구성물로서 체계 기능적 관점에서 '의미'의 표현으로 이해한다. 기업은 닫힌 상태에서 재귀적으로 또는 작동상 폐쇄적인 상태에서 자기 생산적으로 작동(커뮤니케이션=행위)한다. 루만의 자기 생산적 체계 이론에 따르면, 기업 행위를 개인의 행위로 환원하거나 반대로 개인의 행위를 기업의 행위로 환원하지도 않고 양자를 사회의 행위 귀속의 서로 다른 형식으로 평가할 뿐이다.

2. 귀속 메커니즘을 통한 기업 행위의 확장 가능성

앞의 설명에 따르면, 개인의 행위가 기업의 행위(단체 행위자=집단 행위)로 변환되는 결정적인 과정은 개인의 행위 차원이 아니라 세 가지 귀속 메커니즘 내부에서 전개된다. 즉, 기관의 행위는 기업의 행위로 귀속되고, 대표자의 행위도 기업의 행위로 귀속되며, 기타 구성원의 행위도 - 지휘감독권이라는 귀속 메커니즘에 의해 - 기업의 행위로 귀속되는 것이다.

기업의 행위 영역이 확장되는 경우에도 이러한 귀속 메커니즘이 작동하는 범위 내에서만 가능하다. 기업의 새로운 기관의 자율적 설치, 특히 - 기업의 환계인 경제 체계와 협력하는 - 고문단과 위원회의 신설 등을 통해서 행위 영역이 확장되더라도 결국은 위와 같은 귀속 메커니즘의 틀 속에서만 가능하다.

기업의 행위 귀속을 위해 귀속 메커니즘이 요구됨은 기업의 행위 영역이 법률을 통해서 장차 확장될 경우에도 마찬가지이다. 예컨대 공동 의결권을 행사하는 기업 기관의 신설과 변경이 그러한 예이다. 뿐만 아니라 기업 내부 구조의 변화, 특히 분권화, 분업화, 기능적인 민주화 등을 통해 행위 영역이 확장되더라도 위와 같은 귀속 메커니즘의 틀 속에서만 가능하다. 즉, 귀속 메커니즘을 통해서야 기업 내부의 자율적 결정 센터(지부, 수익 센터, 자율적 근로자 그룹, 품질 관리 센터 등)의 행위가 지휘 감독권에 매개돼 조직의 최상층부에로의 계층적인 귀속이 이뤄질 수 있다. 이와 같이 체계/환계의 구분에 기초하고 있는 자기 생산적 체계 이론은 기업 형법의 해석론뿐 아니라 입법론에도 영향을 미칠 수 있다.

제4절 기업의 형법 주체성과 책임 능력

행위 능력이 인정된다고 해서 형법 주체가 되는 것은 아니다. 형법 주체는 형사 책임을 지는 주체이기 때문에 독자적 행위 능력만으로는 부족하다. 법률에 의해 '인'의 지위를 부여받아 민사적 불법 행위 능력이 인정되고 손해 배상 책임까지 지워지는 '법인'도 — 민법상의 주체라고는 할 수 있지만 — 그것으로 곧 형사 책임을 지는 형법 주체성까지 인정받을 수 있는 것은 아니다. 어떤 법 주체가 형법 주체성을 부여받기 위해 필수적으로 갖추어야 할 요건은 이미 앞서 강조했듯이 그 행위 주체가 자신의 행위에 대해 형사 책임을 질 수 있는 능력, 즉 책임 능력이다.

　이하에서는 형법 주체성을 긍정하기 위해 책임 능력의 문제가 가진 위상을 확인한 후, 체계 이론과 무관하게 전개된 규범적 책임 개념의 발전상을 일별한 뒤, 체계 이론의 작동적 구성주의 관점에 의해 '구성'될 '책임' 개념을 기초로 삼아 기업의 책임 능력을 근거 지우는 시도를 한다.

I. 형법 주체성과 책임 능력의 위상

1. '정도'의 문제로서의 형법 주체성

최근 '법인격 없는 단체'나 조합, 정당, 후원회, 기타 기관 등도 수범자로 포함시켜 그에 대해 형사 책임을 지우고 있는 양벌 규정이 생겨나고 있다. 뿐만 아니라 그 범위를 구체화하기 어려울 것 같은 '단체'를 수범자로 편입시키고 있는 양벌 규정도 등장하고 있다. 이와 같은 양벌 규정의 새로운 주체들은 여전히 '법인'에 포함되고 있지 않다는 점에서 공통된다.

양벌 규정의 입법자가 형사 책임을 지우는 대상으로서 인간과 법인 이외의 단체 등을 새롭게 편입시키는 것은 양벌 규정 속으로 진입하는 새로운 단체 등이 형법 주체로 인정될 가능성이 더 높아지고 있음을 보여준다. 그러나 다른 한편으로 이미 '법인'으로 인정된 존재라고 하더라도 모든 법인이 적극적 행위 능력까지 인정될 수 있는 것은 아니라는 관점에서 보면, 법인이라도 문제없이 형법 주체로 인정될 수 있는 것은 아니다.

인간 이외에 어떤 존재, 특히 조직화된 사회적 행위 체계를 새로운 형법 주체로 인정할 수 있는지, 있다면 어떤 존재를 새로운 형법 주체로 편입시킬 수 있는지는 '전부냐 전무냐all or nothing'의 문제가 아니라

'정도degree'의 문제이다. 이 문제는 형식적인 '결의론적 차원'의 문제가 아니라 실질적인 '평가'의 문제이다. 즉, '형법' 주체성 문제는 규범적인 관점에서 '평가'해야 할 '정도'의 문제인 것이다.

형법 주체성 인정 여부가 규범적인 차원의 평가의 문제인 것은 형법 주체성 인정에 결정적인 요건인 책임 능력이 규범적인 평가의 차원의 문제이기 때문이다. 이 점은 인간(자연인)의 경우에도 그 형법 주체성의 인정 여부가 규범적인 평가에 의해 결정되는 점에서 알 수 있다. 모든 인간은 행위 능력을 가진 법 주체로 인정되지만, 모든 인간이 형법적 차원에서 책임 능력을 가지는 형법 주체로 평가되는 것은 아니다.

형법이 14세 미만의 자에 대해서는 행위 능력을 인정하되 책임 능력을 부정하는 것도 형식상 생물학적 연령을 기초로 하고 있는 것 같지만, 사회 규범에 대한 의미 내용을 이해할 수 있는 능력의 유무를 실질적으로 판단한 결과이다. 이러한 관점에서 사람이라고 해서 모든 사람을 형법 주체로 평가할 수 없듯이, 기업에 행위 능력이 인정된다고 해서 '모든' 기업이 책임 비난을 가할 수 있는 형법 주체로 인정될 수는 없다. 책임 비난의 대상인 기업의 불법이 있어야 하고, 책임 비난의 전제 조건인 책임 능력이 기업에 대해 인정될 수 있어야 한다.

2. 책임 비난의 대상: 기업의 불법 행위 능력

행위 능력이 인정되는 집단(단체 행위자)으로서 기업에 책임 비난을 가하기 위해서는 책임 비난의 대상 행위, 즉 기업의 불법 행위가 존재해야 한다. 기업과 관련해 가장 흔히 나타나는 법 위반이나 불법 사례로, 예컨대 기업 내부적으로는 비용 감축의 압박 속에 계약을 성사시키기 위한 과정에서, 그리고 기업 외부적으로는 규범 준수 요구를 무시한 채

상대방에 대한 배임 증재나 뇌물 공여를 들 수 있다. 이런 내용의 불법을 기업이 행할 수 있는가?

오늘날 불법 개념에 대한 지배적인 견해는 불법을 외부적인 법익 침해나 결과라는 '의미의 결과 반가치적 측면과 그 법익 침해에 대한 인식 및 의도 지향성(고의) 또는 인식 가능성 및 주의 의무 위반성(과실)이라는 '행위 반가치적 측면'을 모두 포함하는 것으로 이해한다(행위 불법·결과 불법 이원론). 이와 같은 불법론도 결국은 자연주의적 존재론적 방법론에 기초해 불법 개념을 이해하는 태도인바, 이에 기초하면 주관적·심리적 요소를 충족시킬 수 있는 인간만 불법 행위를 할 수 있고(인적 불법론), 심리적 의식 작용을 할 수 없는 기업은 불법 행위를 범할 수 없다고 하게 된다.

그러나 루만 체계 이론의 작동적 구성주의의 방법론에 기초해 불법 개념을 재해석하면, 기업도 독자적인 불법을 저지를 수 있다고 평가할 수 있다. 사회적 체계인 기업의 행위는 심리 체계인 인간의 행위와 구조적으로 연동돼 전면적 의존성을 가지는 동시에 전면적으로 독립성을 가진다. 이러한 관계 속에서는 기업 내에서 기능 수행을 하는 개인의 행위가 귀속 메커니즘에 의해 기업의 행위로 귀속된다. 따라서 개인의 행위가 불법 요소를 충족시키는 한 그것이 곧 기업의 불법 행위로 평가될 수 있다. 즉, 기업 내 기능 수행자의 개인의 배임 증재 행위나 뇌물 제공 행위도 기업의 불법으로 귀속되는 것이다.[67]

이와 같이 인간 아닌 법 주체에게 귀속되는 불법 행위는 불법의 결과 반가치적 측면만 고려하는 듯한 외관을 보인다. 하지만 이러한 외관은 작동적 구성주의의 방법론을 출발점으로 삼아 개념을 구성주의적으로 재구성한 결과이지 결과 불법 일원론(객관적 위법성론)을 수용한 것은 아니다. 객관적 관찰자의 관점에서 볼 때 기업은 인간과 같은 심리적 의식 작용 없이도 법익 침해적 행위로 나아감으로써 그 행위가 불법으

로 평가될 수 있기 때문이다.[68]

3. 책임 비난의 전제: 책임 능력

행위 능력이 있는 행위 주체가 스스로 불법 행위('책임 있는 행위')로 나갔다고 해서 아직 그에 대해 형사 책임을 인정할 수 있는 모든 요건이 충족된 것은 아니다. 불법 행위의 주체에게 형사 책임을 부과하려면 그 주체가 스스로 자신의 불법에 대해 '형사 책임을 질 수 있는 능력'이 있어야 한다. 형사 책임의 내용이 형벌 부과이고, 형벌이 사회 윤리적 비난을 본질적 요소로 삼고 있기 때문이다. 이에 따르면 책임 비난은 그 비난의 대상이 자기가 행한 행위의 사회 규범적 의미 내용을 이해하고, 그러한 이해에 기초해 스스로 자유로운 결정에 의해 불법 행위를 피하고 적법 행위를 선택할 수 있는 가능성(능력)이 있을 것을 전제로 한다. 기업이 이와 같은 의미의 책임 능력을 가질 수 있는가?

　종래 자연주의적 존재론적 방법론에 기초해 책임 개념을 이해하는 입장에서는 자연인에게만 이러한 책임 능력이 있음을 인정하고 '기업'에게는 책임 능력을 부정해왔음은 앞서 살펴보았다. 자연주의적 존재론적 방법론에 기초한 책임 이해가 심리학적 인식에 기초해 고의나 과실을 책임의 본질적 요소('심리적 책임 개념')로 보고, 그러한 고의 또는 과실 있는 행위에 대한 책임 비난을 가하기 위해서는 그 대상자에게 스스로 행위 선택을 할 수 있는 의사 자유를 가지고 있을 것(도의적 책임론)을 요구했기 때문이다.

　그러나 루만의 체계 이론이 출발점으로 삼고 있는 작동적 구성주의 방법론은 심리학에서 요구하는 의식이나 형이상학적 존재론에서 요구하는 의사 자유를 책임의 본질 요소로 요구하지 않는다. 즉, 구성주의적 방법론은 형법상의 모든 다른 개념과 마찬가지로 책임 개념도 사회적으로 수행하는 기능과 목적에 부합되게 '구성'되는 것으로 보기 때문에, 인간 외에 기업도 책임 능력이 있는 것임을 근거 지울 수 있다.

다른 한편 형법학에서는 책임 개념에 관한 한, 다른 개념들과는 달리 체계 이론과 무관하게 규범화의 시도가 일찍부터 이뤄졌고 그 규범화의 정도 역시 상당하게 심화됐다.[69] 이 때문에 형법학에서는 고의 또는 과실과 같은 자연주의적·심리적 요소를 본질적 요소로 보는 심리적 책임 개념은 포기된 지 오래다. 오늘날 통설적 지위를 차지하고 있는 책임 이해는 '비난 가능성'을 본질로 하는 '규범적 개념'으로 이해되고 있다. 이에 따르면 책임 비난이란 불법한 행위를 피할 수 있었음에도 불구하고 불법한 행위로 나아갔다는 의미에서 — 타 행위 가능성을 기초로 한 — 비난을 의미한다. 하지만 '규범적 책임 개념' 하에서도 지배적인 견해는 '책임 비난의 근거'에 관한 한, 여전히 의사 자유를 기초로 한 존재론적 차원의 '도의적 책임론'에 머물러 있다.[70]

도의적 책임론은 의사의 자유를 가진 존재는 오직 인간뿐이고, 인간에 대해서만 책임 비난을 가할 수 있으며, 인간만이 자기 행위에 대해 형사 책임을 질 수 있음을 형법의 책임 이론에서 무너뜨릴 수 없는 성역으로 여기고 있다. 이와 같은 전통적인 책임 이론에 따르면, 기업은 책임 있는 행위를 할 수 있는 가능성이 없다. 기업에는 책임 비난의 전제 조건인 의사 자유가 없고, 따라서 책임 능력이 결여돼 있기 때문이다. 영미권에 이어 유럽의 대부분의 국가에서도 기업(법인)에 대한 형사 책임을 인정하는 것이 더 이상 거스를 수 없는 대세가 됐음에도, 여전히 기업의 형사 책임을 부정하고 있는 유일한 국가인 독일에서 법인의 형사 책임 긍정론이 절대적 약세에 처해 있는 근본적인 이유도 바로 여기에 있다. 이는 오랫동안 독일 형법학의 영향을 받아온 우리나라 형법학계에서도 마찬가지다.

II. 구성주의적 기업 책임 개념의 선구

1. 사회적 책임 개념

그러나 1980년대부터 형법학에서 책임의 본질을 비난 가능성으로 이해하는 규범주의적 방법론에 기초하고 있으면서도 비난의 근거는 '의사 자유'에 있다는 존재론적 방법론에 터 잡고 있는 이상한 형국을 벗어나려는 움직임이 본격화되기 시작했다. 이러한 움직임은 도의적 책임론과의 결별을 선언하는 태도로부터 시작되었다. 물론 당시 이러한 움직임은 기업 형법 차원이 아니라 개인 형법의 차원에서 가시화되었다. 주된 타도 대상은 책임 비난의 근거인 의사 자유가 경험적으로 존재하지도 형이상학적 허구이고, 개인 윤리적 차원의 책임에만 초점을 맞추고 있다는 점이었다. 이와 같은 배경 하에서 다수의 학자들은 책임 비난을 개인의 도덕적 잘못에 관계되는 것이 아니라 행위자가 국가에 의해 설정된 행위 요구(행위 기대)를 만족시키지 못했다는 점에 대한 사회적 비난으로 이해했다.[71] 이러한 입장에서 주장되는 책임 개념이 '사회적 책임 개념'이라고 명명됐던 것도 이 때문이다.[72]

2. 독자적 조직 책임 이론

1980년대 후반 무렵부터 형이상학적 개인 윤리에 기초한 책임 이해를 탈피하고, 책임 비난을 사회적 차원에서 파악하려는 책임 이론을 기업의 책임을 근거 지우는 이론으로까지 원용하려는 견해가 등장했다. 이러한 견해는 기업에 대해 개인적·도덕적 잘못이라는 의미의 책임 대신에 '사회적이고 법적인 범주에 대한, 넓은 의미에서의 책임 개념'을 내세웠다. 도덕적 책임이 아니라 사회적 책임이 기업의 가벌성을 근거 지우는 데 결정적인 기준이 돼야 한다는 것이다. 이에 따르면, 기업은 "선량한 기업 시민Good Corporate Citizen"[73]으로서 일정한 사회적 기준을 충족시켜야 하고, 이러한 기준을 위반한 기업은 그 자신의 독자적인 책임을 져야 한다고 한다.[74] 이러한 내용의 주장들은 이른바 '독자적 조직 책임 이론'을 발전시켰다.

독자적 조직 책임 이론에 따르면, 기업에 대한 책임의 근거는 기업(단체)이 정상적인 경영을 하기 위해 요구되는 모든 조치를 취하지 않았다는 점에서 찾을 수 있다고 한다.[75] 요컨대 기업의 책임은 기업 경영상 결함 있는 조직Organisation이나 비난할 만한 기업 문화Unternehmens-kultur에서 찾아질 수 있다면서[76] 기업(법인)의 책임을 "조직 책임Organisationsverschulden"[77]으로 표현한다.

조직 책임 이론은 책임 비난의 초점을 조직 자체의 결함이나 잘못된 조직 문화에 맞추고 있기 때문에 행위 책임의 원칙을 벗어나 성격 책임 또는 생활 영위 책임을 인정하는 것이라는 비판을 피해가기 위해, 독일 형법상의 명정 상태 하에서의 행위라는 구성 요건이나 원인에 있어서 자유로운 행위라는 법 형상의 책임 비난 구조를 원용하여 책임 비난의 시점을 일정 부분 앞당기는 것을 이론적으로 근거 지우고 있다.[78] 이로써 기업의 독자적 책임을 "규범 수범자로서의 속성과 조직상 결함으로

부터 나오는 집합체적 책임"으로도 파악하고 있다.[79]

3. 사회적 책임 개념과 독자적 조직 책임 이론의 문제점

사회적 책임 개념은 도의적 책임론과는 달리 비난 근거를 의사 자유에
서 찾지 않기 때문에 형법의 책임 이론을 형이상학에서 벗어나게 해서
합리화하려는 시도로 평가될 수 있다. 그러나 사회적 책임 개념은 행위
주체가 의사 형성 능력을 가지기만 하면 책임을 근거 지울 수 있는 전
제 조건을 갖춘 것으로 봄으로써 형벌이 행위 주체에 대한 사회 윤리
적 비난의 차원에서 부과되는 것임을 충분히 반영하지 못한다는 비판
을 받고 있다.[80] 다시 말해 비난이 도덕적인 차원에서 근거 지워지든,
오직 사회적·법적 차원에서만 근거 지워지든, 형벌 부과의 대상은 자
기 행위가 사회가 요구하는 규범에 위반되는 것임을 이해하고 자신에
게 부과되는 형벌의 사회 윤리적 차원의 의미를 이해할 수 있는 능력
이 없다면 비난의 대상(수신자)이 될 수 없다는 것이다. 따라서 기업이
의사 형성의 자유를 가진다고 하더라도, 사회 윤리적 반가치 판단과 무
관하게 기업에 형사 책임을 지우려는 사회적 책임 개념은 거부돼야 한
다는 것이다.[81]

이 때문에 사회적 책임 개념에 대해서는, 책임주의 원칙의 의미만
위태롭게 하는 것이 아니라 형법의 도덕적·윤리적 권위까지도 총체적
으로 위기에 빠뜨릴 수도 있다는 비판도 제기되고 있다.[82] 조직 책임이
라는 중간 매개물을 내세운다고 해서 그것만으로 기업이 자기 행위에
책임을 부담할 수 있는 능력, 즉 형법이 행위 주체에게 형벌의 의미와
그 목적에 부합되도록 요구하는 차원의 책임 능력이 있음을 근거 지울
수는 없기 때문이다.

명정 상태 하에서의 행위에 책임을 묻는 구성 요건이나 원인에서 자유로운 행위라는 법 형상을 가지고 조직 책임을 근거 지우려는 시도에서도 책임 능력에 관한 질문과 그에 따라 불법한 행위를 선택하는 대신 적법한 행위 선택의 가능성이 있었는지에 관한 질문에 대해서는 아무런 답변도 하지 못하고 있다. 이러한 시도에서는 조직 책임을 근거 지우기 위해 요구되는 '불법'이 이미 선행 행위(조직상의 결함이나 조직상의 잘못)에 있을 수 있다는 결론이 나올 뿐이고, 이러한 위법한 선행 행위에 대해 '책임'을 질 수 있는가의 문제까지 해결하지 못하고 있는 것으로 보인다.[83]

요컨대 사회적 책임 개념에 기초한 독자적 조직책 이론이 기업의 책임을 '조직'에 맞추더라도 그것으로 기업이 자신의 잘못을 근거로 형사 책임을 질 수 있는 능력까지 갖춘 존재임을 근거 지우고 있는 것은 아니다. 즉, 독자적 조직 책임 이론은 기업이 행위 능력이 있어서 법적인 요구와 금지를 위반할 수 있음은 근거 지우고 있지만, 그로써 기업이 실현할 수 있는 것은 기업의 '불법'일 뿐 기업 행위의 불법성을 넘어서서 기업에 책임을 지울 수 있는 책임 능력까지는 근거 지우고 있지는 못한 것이라고 할 수 있다.

Ⅲ. 체계 이론적 착안점의 반영: 기능적 책임 개념

1. 책임의 구성주의적 해석과 체계 이론적 출발점

루만의 체계 이론이 출발로 삼고 있는 작동적 구성주의의 개념 이해는 기업에 대해 전통적인 의미에서 인간에게 요구되는 책임 능력을 그대로 요구하지 않는다. 앞서 기업의 행위를 인간의 의식에 의한 행위 개념과 내용적으로 동일하게 파악하지 않았듯이—그 결과 기업도 독자적 행위 능력이 있음을 인정했듯이—책임 개념도 인간에 대한 책임과 다르게 해석될 수 있고—그 결과 기업도 책임 능력이 있는 것으로—인정될 수 있다.

체계 이론의 작동적 구성주의의 방법론에 기초해 기업의 책임 능력을 근거 지우기 위해서는 범죄와 그에 대한 형벌이라는 형법 체계의 커뮤니케이션에 기업을 수신자로 편입시키는 데 반드시 의식을 가진 인간의 자유의사를 전제할 필요는 없다. 기업에 대한 형사 책임의 인정이 규범적 행태 통제의 시스템에 유익한 한, 기업이 규범에 합치되도록 동기 설정할 수 있는 정도의 자율성만 가지고 있으면 충분하다.

이와 같은 관점에서 보면, 체계 이론에 기초한 기업과 기업의 책임 능력에 관한 해석학적 구성은 형벌의 의미와 목적을 어떻게 이해할 것인지에 따라 결정적인 영향을 받게 된다. 이하에서는 본격적으로 루만의 체계 이론의 구성주의적 방법론에 따라 기업의 책임을 개념적으로 구성하고 기업의 책임 능력을 근거 지우는 시도를 하기 전에 최초로 루만의 체계 이론을 기초로 삼아 책임 개념을 '구성'한 야콥스의 책임 구상에 대해 검토해본다.

2. 야콥스의 기능적 책임 개념

1) 기능적 책임 개념의 의의와 기업 형법의 가능성

개인 윤리적 비난의 차원이 아니라, 사회적으로 수행하는 기능에 맞춰 사회가 요구하는 규범적 행위 기대의 실추에 대한 비난이라는 차원에서 새로운 책임 개념을 구상하고 있는 주장의 대표자는 귄터 야콥스Günther Jakobs이다. 그의 책임 개념은 책임 비난의 근거를 형이상학적 의사 자유에서 찾지 않고, 사회가 요구하는 행위 기대에 미치지 못한 데서 찾는다는 점에서 사회적 책임 개념 콘셉트와 맥락을 함께한다. 그러나 책임 개념의 사회적 기능을 법 충실에의 훈련을 통한 '규범의 안정화'라는 적극적 일반 예방 목적과 결부시킴으로써 책임의 실질적 근거를 형벌의 커뮤니케이션적 의미나 형법의 목적과 결부시키고 있다는 점에서 사회적 책임 개념의 구상과 다르다. 이러한 야콥스의 책임 구상을 형법학에서는 '기능적 책임 개념'으로 부르고 있다.

　야콥스는 규범의 안정화라는 적극적 일반 예방 목적을 통해 책임을 근거 지우기 위해 사회적으로 '책임'이 수행하는 기능적 측면에 초점을 맞춘다. 그에 의하면 불법 영역에서는 체계의 아웃풋인 외부적 법익 손상만 중요한 반면, 책임과 관련해서는 체계의 내부로 방향을 돌려 그 위법한 행위가 법 충실의 결여Manko의 표현인지가 관건이 된다고 한다.[84] 이에 따르면 형법적으로 중요한 책임은 드러난 법 불충실에 존재한다고 한다. 즉, 책임은 규범에 응결돼 있는 사회적 의미에 대한 무시라는 것이다.

이러한 맥락에서 야콥스는 책임 개념이 적극적 일반 예방의 파생물이라고 단언한다. 이 때문에 책임 비난을 통해서는 적극적 일반 예방 목적이라는 사회적 효과 — 일반적 규범 승인의 유지 — 만 유지되는 것일 뿐, 행위자에 대한 도덕적 비난이나 인격적 비난 및 그와 결부된 행위자에 대한 평가절하는 전적으로 포기돼야 한다고 한다. 이러한 책임 개념을 기초 짓는 데 개별 사례에서 심사해야 할 것은, 위법한 행위가 책임져야 할 행위자의 법적인 동기의 결함에 기인하는 것인가 하는 점, 즉 위반된 규범에 기초한 금지와 명령에 대한 무시적 태도를 표현하고 있는지를 심사해야 한다.

이와 같이 책임을 법적 동기 설정의 결함에 근거한 '법에 대한 불충실의 표현' 여부에 따라 결정한다면, 기업(단체) 책임은 설득력 있게 근거 지울 수 있게 된다. 기업에 대한 처벌도 손상된 규범의 안정화를 위한 목적이라는 적극적 일반 예방 목적을 위해 사회 내에서 기능할 수 있는 한, 기업에 대한 형사 책임이 필요하다고 할 수 있기 때문이다. 무엇보다 이와 같은 '기능적 책임 개념'은 기업과 개인에 동일하게 적용될 수 있기 때문에, 개인 형법과 기업 형법에서 동일한 책임 개념을 활용할 수 있게 된다. 야콥스에 의하면, "자연인의 경우와 법인의 경우 그 행위와 책임에 있어서 그 도그마틱적 형식(뿐 아니라 이름도)이 동일하다"[85]고 한다. 이에 따라 야콥스는 기업(법인)의 행위 능력뿐 아니라 책임 능력도 긍정하는 태도를 취한 것이다. 그러나 — 뒤에서 설명하겠지만 — 야콥스는 자신의 이러한 태도를 그대로 유지하지 못하고 있다.

2) 루만의 체계 이론과의 접점

이와 같은 야콥스의 책임 구상이 루만의 체계 이론을 기초로 하고 있고, 규범주의적 방법론을 철저하게 고수하는 형법 이론학을 구축하기 위해 존재론화 하는 형법 도그마틱에 대한 거부를 출발점으로 삼은 것은 널리 알려져 있다. 야콥스에 의하면, 종래의 사물 논리적 또는 전 법률적인 구조를 가진 것으로 인정돼온 형법적 개념인 행위와 책임뿐 아니라, 귀속의 대상인 주체 개념조차도 존재론적으로 이해하는 것은 자연주의적 오류로 단정한다. 이에 따라 야콥스는 모든 형법적 개념을 형법의 과제라는 관점 하에서 그 개념이 수행하고 있는 기능이 무엇인가에 초점을 맞춰 이해해야 한다고 하면서 형법적 개념의 급격한 규범화를 선언한다.[86] 이러한 방법론적 출발점에서 야콥스는 형법적 의미에서 법인 및 그 밖의 단체에 대해 행위 능력(과 책임 능력)을 부정하는 종래의 통설적 입장에 대해 단호히 반대하면서 자연인의 '행위'조차도 존재론적 확인이 아니라 규범주의적 평가의 대상이 돼야 한다고 한다.

뿐만 아니라 야콥스는 주체 개념도 규범화의 대열 속으로 가져옴으로써 체계 이론의 착안점에 따르고 있다. 단체 그리고 자연인도 외부 세계로의 표현 방식이 행위로 여겨질 수 있는 '체계'의 일종이라고 이해하고 있기 때문이다. 그에 따르면 자연인의 경우나 법인의 경우 그 행위는 체계의 행위로서 그에 대해 형법적 평가가 가능한 '의미'의 표현이라고 한다. 즉, 자연인의 경우는 정신과 육체가 결합된 체계이고, 법인의 경우는 조직 Verfassung과 기관 Organ이 결합된 체계로서, 양자의 경우 다 같이 체계의 아웃풋이 행위이고, 이 경우 행위는 모두 그 체계의 의미의 표현 Sinnausdruck으로 이해될 수 있다는 것이다.[87]

3) 문제점 및 평가

이와 같이 체계 이론에 기초하여 주체 개념까지 구성주의적으로 해석함으로써 기업(법인)의 형법 주체성을 인정한 야콥스가 최근 그 태도를 180도 바꾸고 있다. 법인이 자연인과 같이 심리적 체계나 의식적 체계가 아니기 때문에 인격적 주체가 될 수 없으므로 그 행위 능력을 부정하고 있는 것이다. 뿐만 아니라 책임과 관련해서도 법인은 "형법적인 의미에서의 책임을 … 보이지 않는다"[88]며 종래의 견해를 변경하고 있다. 법인의 책임과 관련해 야콥스는 "'책임'이 … 커뮤니케이션 능력이 있는 자기 의식적 개인의 책임 개념과 다르게 이해될 수 있을 것이다"[89]라고 한다. "법인도 ─ 독자적으로 자기 삶을 영위 sit venia verbo하지만 ─ 이 독자적 자기 삶은 단순한 작동에 불과한 것이다. 자기 자신의 가능성으로서 자기 의식에 의해 성찰될 수 없기 때문이다"[90]이라고 한다.

이와 같은 태도 변화를 보임으로써 야콥스는 루만의 체계 이론과 상당한 거리를 두게 됐다.[91] 여러 번 강조했듯이 루만의 체계 이론에 따르면, 야콥스의 초기 입장과는 달리 사회적 체계인 조직(기관, 법인)은 처음부터 심리 체계로서 의식을 가진 자연인과 구별된다. 이 점은 특히 체계 이론에 의하면, 심리 체계인 인간이 사회적 체계인 기업의 구성 요소가 될 수 없다는 점에서도 분명히 드러난다. 체계 이론에 따르면, 기업은 구성주의적 관점에서 의미론적으로 해석돼 커뮤니케이션을 통해 자기 생산적 재생산을 한다는 점에서 인식과 지각에 따라 자기 생산적 재생산을 하는 인간과 존재론적인 차원에서 본질을 달리 하지만, 기능적으로는 동일하므로, 유추적으로 동일성이 인정될 수 있다.

뿐만 아니라 루만의 체계 이론에 따르더라도 사회적 체계인 기업이 행위(커뮤니케이션)를 하지만 외부 세계와의 관계에서는 직접 행위하는 것이 아니라 그 환계인 인간과 구조적으로 연동돼 행위하는 것이고, 따라서 기업은 인간과 같은 의식 작용 없이도 의미론적으로 행위 능력이 인정될 수 있다. 이러한 맥락에서 보면, 기업의 책임 능력에 관한 달라진 야콥스의 태도는 체계 이론의 구성주의적 방법론을 끝까지 관철시키지 못한 것으로 보지 않을 수 없다. 그는 오직 심리학적인 의식과 자기의식은 인간에게만 있고, 그러한 자기의식을 가진 인간만 성찰 능력을 가진다고 보고 있기 때문에, 인간과 같은 의식 작용을 하지 않은 이상 성찰 능력도 없고, 따라서 인간 외의 존재는 책임 능력이 없다는 태도를 견지하고 있기 때문이다.

Ⅳ. 작동적 구성주의의 체계 이론과 기업의 책임

1. 기능적 책임 개념과의 차이

체계 이론의 구성주의적 관점을 일관되게 따를 경우, 기업(법인)의 책임 능력은 어떻게 근거 지워질 수 있는가? 규범적 기대의 실추에 대한 비난이라는 차원에 무게 중심을 두는 기능적 책임 개념의 콘셉트를 유지하면서 기업 형법의 경우에도 체계 이론의 작동적 구성주의의 노선을 이탈하지 않을 수 있는가? 여기에 답하기 위해서는 먼저 야콥스의 기능적 책임 구상과 체계 이론의 구성주의적 노선이 결정적인 차이를 보이고 있는 점에 주목할 필요가 있다.

양자의 결정적인 차이는 기업의 재귀성과 성찰 능력의 인정 여부에 있다. 야콥스의 기능적 책임 개념은 심리적인 체계 – 즉, 의식 체계 – 만이 충분한 성찰 능력을 보여줄 수 있음을 전제한다. 반대로 체계 이론의 착안점을 일관되게 수용하는 구성주의적인 기업 책임을 구상하게 되면 – 앞에서 살펴보았듯이 – 기업이 공식적인 조직화의 단계로 진입하는 단계에서 창발적 질적 요건을 갖춤으로써 충분한 자기 기술과 성찰 능력을 보여줄 수 있음을 인정하게 된다. 구성주의적 관점에서는 인간의 의식 작용에 기초한 자기 생산적 재생산 양식만이 자기 기술과 성찰 능력을 가질 수 있는 것이 아니라, 커뮤니케이션을 통한 자기 생산적 재생산도 구조적으로 의식을 통한 자기 생산적 재생산과 동일한 자기 준거적 재생산 양식을 보여주는 것임을 인정하기 때문이다. 이에 따르면, 기업의 경우에도 인간과 동일한 차원에서 자기 행위에 책임을 질 수 있을 충분한 재귀성과 성찰 능력을 보여주는 것으로 본다. 따라서 '기업이라는 조직 체계의 독자적 삶(자기 삶)' – 자기 생산성 – 은 야콥스의 주장과 같이 단순한 작동(계기)에 불과한 것으로 구상될 수 없고, 의식 체계의 독자적 삶(자기 삶)과 똑같이 성찰적 잠재력을 가지고 구상될 수 있다.

이와 같이 루만의 자기 생산적 체계 이론의 관점을 기초로 삼아 구성주의적 책임 개념을 구상하는 대표적인 입장으로 두 가지 서로 다른 입장이 있다. 하나는 적극적 일반 예방 목적에 기초하여 기업 책임을 '구성'하려는(이하 '기능적–구성주의적 기업 책임'이라 한다)이고, 다른 하나는 조직 지배와 기업 경영 책임을 기초로 삼아 기업 책임을 '구성'하려는 입장(이하에서는 '경영 책임적 기업 책임'이라 한다)이다. 전자는 개인 책임과 기업 책임의 경우 그 기능 상응성에 착안해 동일한 개념을 그대로 유지하고 있는 반면, 후자는 개인 책임과 기업 책임을 표현하기 위해 서로 다른 개념을 사용하고 있다.

2. 기능적 – 구성주의의 기업 책임 개념

1) 구성주의적 기업 책임 개념

이 입장은 기업의 자기 생산적 체계로서의 성격을 기초로 삼아 기업 책임과 개인 책임의 본질 동일성 대신에 규범의 타당성 유지라는 기능면에서의 상응성을 강조함으로써 기업의 독자적 책임을 인정한다.[92] 규범 타당성의 유지라는 형법의 기능을 기준으로 삼아 책임 개념을 구성하고 있다는 점에서 야콥스의 기능적 책임 개념과 출발점을 함께하고 있는 것으로 보인다. 하지만 — 앞서 지적했듯이 — 야콥스는 심리 체계, 즉 의식 체계만이 재귀성과 성찰 능력을 보여주는 것이라고 주장하는 반면, 구성주의적 책임 개념은 체계 이론적 출발점을 끝까지 관철시키면서 의식과 커뮤니케이션이 동일한 재귀성과 성찰 능력을 보여주기 때문에 기업도 개인과 마찬가지로 충분히 자기 준거적인 자율성과 성찰 능력을 가지고 있음을 인정한다는 점에서 차이가 난다.[93]

뿐만 아니라 이 입장은 야콥스의 적극적 일반 예방 목적을 변형시킨 "커뮤니케이션적 응보"[94]라는 개념을 구성주의적 기업 책임 개념의 실체적 기초로 사용한다. 커뮤니케이션적 응보는 기능적 응보[95] 사상이 가진 문제점을 극복하기 위한 것으로서, 범죄와 형벌이 형법 체계를 통해 귀속된 커뮤니케이션으로서만 이해될 수 있다는 점을 출발점으로 삼고 있다. 범죄와 형벌을 상징적으로 일반화된 커뮤니케이션 수단 위에 기초하고 있는 형법 체계는 (법적인 측면에서는) 형벌을 규범 타당성에 대한 순수한 확증으로 이해하고, (법외적인 측면에서는) 규범이 타당하다는 커뮤니케이션적 결과의 개연성을 높이는 것을 그 효과로 가져온다고 한다.[96]

범죄와 형벌의 관계를 이렇게 이해하게 되면, 책임Schuld은 규범의 타당성을 (커뮤니케이션으로) 위태롭게 함 또는 법 충실에 대한 결여이고, 형벌은 규범 타당성을 (커뮤니케이션으로) 확증이나 법질서를 유지하기 라고 한다. 이러한 점에서 보면 결국 커뮤니케이션적 응보 이론은 야콥스의 적극적 일반 예방 이론에 기초한 형법 이론과 맥락을 함께하게 된다.[97]

특히 이러한 이론은 계몽주의적 합리화 과정과 더불어 국가와 개인 간의 관계에서 자유/책임이라는 의미의 사회계약적 사고가 널리 인정돼 시민에게 법 충실 의무가 부여되고 있듯이, 오늘날 국가와 기업간의 관계에서도 자율/책임이라는 사고가 관철되어 기업에게 법 충실 의무가 부여될 수 있음을 근거 지우고 있다. 이를 체계 이론적 관점에서 표현하면 "자율적 관리 주체가 증가함에 따라 생기게 되는 복잡성이 증대될 경우 사회는 사회 질서를 유지하기 위해 모든 인person에게 법 준수에 신경을 쓰는 과제를 부여한다. 달리 말하면 모든 인person은 (자기) 조직의 자유가 인정되는데, 이 자유는 대향적으로(쌍무 계약적으로) 스스로 법 준수에 신경 쓸 의무를 가져온다"[98]고 설명하고 있다.

이를 기초로 주장된 구성주의적 기업 개념은 기업의 법 충실 의무를 법 준수적 기업 문화의 유지 의무라고 이해한다.[99] 이에 따라 기업의 자율 규제와 자기 책임을 형법적 관점에서 다음과 같이 설명한다. 즉, 어떤 법 영역인지와는 무관하게 기업은 법에 충실하기 위해 규범 준수의 기업 문화를 유지해야 한다. 자율 규제의 대가는 법 충실적 기업 문화를 만들고 유지하는 것이다. 그 결과 기업이 법 충실적 기업 문화를 견지했다면, 종업원이나 대표자가 기업을 위해 범죄를 저지른 것인지와 무관하게, 기업 자체에 대해 책임 귀속을 할 수 없다고 한다.[100]

결론적으로 이 입장은 기업 책임 개념은 작동적 구성주의나 사회적 자기 생산적 체계 이론을 기초로 해 개인 책임과 기업 책임 사이의 기능적 상응성을 찾아내고, 이러한 기초 위에서 양자가 조화를 이루는 콘셉트를 만들 수 있다고 주장한다. 이에 따르면 기업 책임은 "기업 문화를 통해 나타나는 법 충실에의 결여"[101]로 구성된다. 이로부터 나오는 법 충실적 기업 시민이라는 개념은 기업이 공공 부분에서 활동하고 사회적 의미를 생산하는 데 관여하고 있는 존재임을 의미할 뿐 아니라, 기업이 개인과 같이 전적으로 동일한 '완전 시민'의 지위를 가진 것은 아니지만 '완전한 시민성'에 대한 최소한의 요건을 갖추고 있는 것이기 때문에 헌법상 평등 원칙의 적용이 최대한 보장돼야 함을 함의하고 있다.[102]

2) 구성주의적 기업 책임 개념에 대한 평가

구성주의적 기업 책임 콘셉트의 입장은 범죄와 형벌에 관한 형법의 커뮤니케이션적 착안점을 출발점으로 삼아 개인과 마찬가지로 기업도 충분한 성찰 능력이나 자기 관찰 능력을 보여주고 있다는 체계 이론적 결론을 기업의 책임 개념 속에 직접 수용함으로써 야콥스의 책임 개념과 차별화를 시도한다. 이 입장은 기업의 사회적 지위를 시민의 사회적 지위에 상응하게 인정함으로써 시민에 대해 법 충실 의무를 부과하듯이 기업에 대해서도 법 충실 의무를 부과할 수 있다고 한다.

그러나 기업을 자기 준거적으로 작동하는 자기 생산 체계로 이해하는 체계 이론은 순수 사회학적 사실에 기초 지워 책임 비난을 기초 지우고 있을 뿐, 기업도 '법을 스스로 무시했음을 근거로 한, 비난 받을 자격 있는 수신자로서의 고유한 능력'을 근거 지우고 있다고 말할 수 있는지에 대해서 여전히 의문이 제기되고 있다.[103] 기업(법인)과 자연인이 보여주고 있는 자기 준거성은 겉보기에는 상응성을 가지고 있지만 (예컨대 커뮤니케이션의 영역이나 정보를 처리하는 과정에서의 자기 결정의 상응성), 자기 준거성은 어떤 행위의 의미 내용을 파악해 스스로 옳은 것을 결단내릴 수 있는 능력, 즉 비난 받아야 할 자를 비난하기 위해 요구되는 능력과는 전적으로 다른 것이기 때문이라고 한다.[104]

그러나 이러한 비판은 구성주의적 기업 책임 개념이 개인과 기업에 적용될 공통의 책임 개념을 만들어내기 위한 목표에 도달하는 데 요구되는 결정적인 요건인 자기 준거성과 책임 능력의 상응성을 규범 타당성의 확증을 강조하는 형벌 이론에 기초하여 근거 지우고 있음을 도외시하고 있을 뿐 아니라, 비난을 정당화하기 위한 근거로서 존재론적 의사 자유가 아니라 구성주의적 자유 개념을 전제로 하고 있다는 점에서 전통적 책임 이론과는 차원을 달리하고 있음을 간과하고 있다.

3. 경영 책임적 기업 책임 개념

1) 조직 책무와 기업 경영 책임 개념

기업의 책임을 조직 책무(조직적 책무=조직 관할)라는 콘셉트를 통해 근거 지워 경영상 필요한 조치를 취하지 않은 조직상의 잘못으로 이해하는 입장이다. 이 입장도 형법적인 책임의 전제 조건은 사회적으로 합의할 수 있는 기초 위에서 규범적으로 결정되는 것임을 인정함으로써 구성주의적 시각을 견지하는 점에서는 구성주의적 기업 책임 개념의 주장자들과 궤를 같이 한다. 그러나 이 입장은 체계 이론적 사고에 기초해 순수 단체 책임을 근거 지우려는 시도 가운데 개인 책임과 단체 형법 속에서 책임이 수행하는 서로 다른 기능을 고려해 각기 서로 다른 책임 개념을 구체화해야 한다는 관점을 유지한다.[105] 이러한 조직 책무 개념을 중심으로 삼는 기업 책임 구상은 조직 원칙 및 그에 따른 성찰적 법reflexives Recht에 관한 이론을 기초로 한다.

성찰적 법 이론[106]의 콘셉트에 의하면, 현대 사회의 복잡성과 다중심주의적 특성은 국가로 하여금 종래의 간섭주의적인 정책을 더 이상 지속할 수 없게 할 뿐 아니라, 충분한 재원을 가지지 못한 국가가 복지 국가의 많은 과제를 수행하기 어렵게 만들기 때문에, 법은 합리성을 수정해 '형식적인 합리성'에서 '실질적인' 그리고 마침내 '성찰적 합리성'으로 이행한다고 한다. 성찰적 법 이론은 또한 전통적인 조종 방법은 기능적으로 분화되고 고도로 복잡한 사회에서는 부적합하므로, 국가와 법은 현대의 기업 조직으로 하여금 외부의 타자 조종이나 외부의 타자 간섭을 허용하지 않고 자율 규제를 허용한다. 이에 따르면 국가와 법은 기업의 자기 규율 영역을 허용하지 않을 수 없고, 그에 따라 국가와 법은 맥락 조종에 그치는 콘셉트가 합리적이다. 다시 말해 기업 조직의 자율 규제를 위해 국가가 그 규제적인 독점권을 포기하는 사회적 영역이 존재한다.

하이네는 이러한 성찰적 법 이론에 기초하여 불안전 영역에서 기술의 발달이 사회와 국가와 기업의 관계를 어떻게 새롭게 형성할 것을 요구하는지를 관찰했다. 이를 통해 하이네는 국가는 많은 새로운 영역에서 충분한 정보와 능력을 보유하고 있지 못하기 때문에, 법익 보호, 위험 분배, 그리고 전략 수립에 대한 독점권을 상실하고 있으며, 결국 정보와 능력을 보유한 자, 즉, 기업에 이목이 집중되고 있음을 확인한다.[107] 여기서 기업은 기술적 노하우를 바탕으로 법률 분야와 경제 분야에 투자하면서, 결과적으로 확장된 위험에 대한 인식을 발전시킨 주인공이고, 이러한 흐름 속에서 기업의 자기 책임 강화 요구가 등장하고 있다는 것이다.[108] 하이네에 의하면, 이러한 요구는 특히 새로운 기술이 발달한 환경 형법과 제조물 책임 영역 등에서 관철돼야 한다고 한다. 그리고 이들 영역에서 국가와 형법의 과제는 기업의 내부적 자율 규제에 대한 국가의 외부적 통제에 맞춰진다고 한다.[109]

국가의 외부 통제를 받게 될 내부적 자율 규제에 대해, 하이네는 현대 사회에서 기업이 책임져야 할 많은 사례들은 개인 행위가 아니라 기업 경영상의 잘못에 기인한 것이라고 본다. 즉, 기업이 형법적으로도 중요한 결과를 피하기 위해 경영상 필요한 조치를 결여한 조직상의 잘못에 기인한 것이다. 이처럼 기업 독자적인 체계 불법을 하이네는 "기업 경영 책임Betriebsführungsschuld"이라고 부른다.[110]

하이네는 책임주의 원칙의 고전적인 내용이 개인 형법의 영역에서만 타당하다는 점을 인정하기 위해 기업 책임의 경우에는 개인적 행위 지배 대신 조직 지배라는 용어를 사용하고 있을 뿐 아니라, 단체에 대한 책임을 비난에 근거한 '유책성'이라는 의미의 책임Schuld 개념이 아니라, 의무적으로 부담해야 할 '책무'라는 의미에서의 책임Verantwortlichkeit이라는 용어를 사용한다. 주관적 요건과 관련해서도 개인의 인식에 지향하지 않고 다양한 업무 분야에 분할된 집합적 지식에 초점을 맞춘다. 이에 따르면, 독자적 기업 책임은 두 가지 전제 조건, 즉 잘못된 위험 경영과 그러한 위험 경영에 전형적인 위험의 실현이라고 한다. 기술 의존적 기업의 경우에는 기업은 총체적으로 감시 보증인이 되기도 한다고 한다.[111]

2) 경영 책임적 기업 책임 개념에 대한 비판

하이네의 기업 책임 구상은 개인 형법과 단체 형법에서 개인 간 갈등과 단체 갈등을 하나의 공통분모로 가져오려고 시도하지 않을 뿐 아니라 통일적인 책임 개념을 사용하려고 하지도 않는다. 개인 책임을 기초로 한 전통적인 도그마틱은 자연인의 갈등에 맞춘 것이기에, 사용되는 개념의 기능이 단체 책임의 경우와는 다름에도 불구하고 통일적인 개념을 사용하는 것은 전통적인 형법 도그마틱의 왜곡을 가져올 우려가 생기기 때문이라고 한다.[112] 여기서 하이네는 그 속에서 책임을 사용하고 있는 체계의 기능에 따라 책임 개념의 내용을 달리 파악하더라도 책임주의 원칙에 반하지 않는다고 본다. 왜냐하면 책임주의 원칙은 — 비록 헌법의 영향 하에 있기는 하지만 — 내용적 의미에서 책임의 의미가 무엇인지 말하는 것은 아니기 때문이라고 한다. 따라서 형법적인 책임은 개인 윤리적 비난과 불가분으로 결부돼 있는 것이 아닐 뿐 아니라 절대적인 진리의 의미에서 결정(확정) 가능한 것도 아니라고 한다.

그러나 하이네의 기업 책임 콘셉트는 현대의 형법 원칙과 조화될 수 없는 책임 이론으로 평가될 수밖에 없다.[113] 하이네의 기업 책임이 기초로 삼고 있는 기업 경영 책임은 형법적 의미의 '책임'을 의미하는 것이 아니라 기업의 '불법'을 의미할 뿐이다. 뿐만 아니라 이것을 책임이라고 하너라도 그 내용은 개인 형법 영역에서 '생활 영위 책임'과 유사한 구조를 가지고 있어서 '행위' 형법이 아니라 '행위자' 형법에 기초해 있다고 보지 않을 수 없기 때문이다. 더 나아가 기업의 형사 책임을 근거 지움에 있어 기업의 행위와 책임이 개인의 그것들과 기능적 상응성을 가지고 있음을 인정하면서도 통일된 개념을 사용하지 않는 것에도 동의할 수 없다. 기업과 관련된 현실 세계의 복잡성을 감축시켜 이를 형법 체계의 개념으로 '구성'하려는 체계 이론의 착안점을 충실하게 반영하는 태도로 볼 수 없기 때문이다.

제5절 기업의 형법 주체성에 대한 결론

I. 기업의 행위 능력과 책임 능력

1. 기업의 행위 능력

체계 이론적 관점에서 기업은 결정 가능한 결정의 전제들과 결정 프로그램을 통해서 대안에 대한 결정을 내리는, 자기 생산적 사회 체계이다. 이에 따르면, 기업은 고도의 자율성을 가지고 있는 적극적인 행위 능력자이다.

특히 체계 이론적 관점에서 볼 때, 기업은 공식적으로 조직화된 집단(단체 행위자)으로서 개인과 개인의 행위를 구성 요소로 포함하지 않는 독자적인 행위 체계를 가지고 있다. 종래 인간 중심적 행위 이론은 심리 체계로서 의식을 가진 자연인이 아니면 행위 주체가 될 수 없었지만, 체계 이론적 관점에서 보면 기업은 자기 생산적 체계로서 집단 정체성과 개인 행위의 순환적 결합 구조 속에서 독자적으로 행위 체계를 구축하고 있는 것으로 이해할 수 있기 때문이다.

물론 이러한 순환적 결합 구조 속에서 기업은 외부 세계를 향해 직접적으로 행위하지는 않으며, 기업 내에서 의식을 가지고 기능적인 역할 분담을 하는 개인과 구조적으로 연동돼 행위한다. 이 구조적 연동 관계는 개인의 행위를 기업이라는 집단(단체 행위자)의 행위로 귀속시킨다. 그러나 여기서 현행법상 귀속을 가능케 하는 귀속 메커니즘은 기업 내에서 기업의 환계로서 행위하는 대표자, 기관, 또는 그 내부 관계에서 법적인 위임을 받은 그 밖의 행위 주체를 포함하지만, 법률이나 기업 내의 자율 규제를 통해 귀속 메커니즘은 얼마든지 확장될 수 있다.

2. 기업의 책임 능력

독자적 행위 체계와 집단(단체 행위자로)으로서의 정체성을 가진 기업은 행위 능력 외에 책임 능력까지 인정돼야 자연인과 나란히 새로운 '형법 주체'가 될 수 있다. 그러나 자연인의 의사 자유를 책임 비난의 근거로 삼는 전통적인 형법 도그마틱 하에서 기업에 책임 능력을 인정할 수 있는 돌파구는 좀처럼 마련되지 않았다. 그럼에도 형법학에서는 형이상학에 기초한 의사 자유에 책임 비난의 근거를 흔들려는 시도가 중단 없이 전개됐다. 그동안 개인 형법상의 책임 개념을 둘러싸고 벌어진 이러한 논의는 기업의 책임과 책임 능력에 관한 규범주의적 해석론을 전개하려는 노력과 맞물리면서 새로운 동력을 얻게 되었다.

기업에 대한 책임 지난의 전제가 되는 책임 능력 이론적으로 근거지울 수 있는 가능성이 생기게 된 것은 20세기 후반 이래로 가속화된 현대 사회의 두 가지 특징적 표지 — 사회의 탈중심화와 기능적 분화 — 와 관련이 깊다. 이와 같은 현대사회의 표지들은 국가 자체의 콘셉트와 과제에 큰 변화를 가져왔을 뿐 아니라, 국가와 사회, 그리고 기업 간의 상호 관계에도 일정한 영향을 미쳤다. 그 결과 개인과 국가 간의 (합리적) 계몽주의에 상응하는 현상이 국가와 기업 간에도 나타났다. 그리고 근대 계몽주의가 개인 형법의 영역에서 결과 책임과 우연 책임을 주관적 책임 혹은 인적 책임 콘셉트로 구축했듯이, 현대의 탈중심화와 기능적 분화는 기업 조직이 주인공으로 등장하는 일종의 '사회학적 계몽'을 초래했고, 이로써 기업(법인)을 형법 주체로 인정하는 다양한 인적 책임 콘셉트가 주장되기 시작했다.

기업에게 집단(단체 행위자)으로서의 정체성을 가진 독자적 지위를 부여하는 작업은 작동적 구성주의를 출발점으로 삼는 루만의 체계 이론의 결론을 형법적으로 수용함으로써 현실화될 수 있다. 체계 이론에 따르면 기업은 공식적으로 조직화된 집단으로서 재귀성과 자기 성찰 능력을 가지고 사회적으로 고유한 기능을 수행하고 법인격이 부여되는 의인화의 전제 조건을 충족시킴으로써 독자적 법 주체이자 적극적 행위능력자로 구성된다. 뿐만 아니라 전통적인 개념에서 벗어나 '책임' 개념도 구성주의적 관점에서 새롭게 구성될 수 있기 때문이다.

체계 이론의 관점에서 보면, 시민의 자유를 전제로 둔 규범 위반에 대한 책임을 기업의 자율성을 전제로 둔 법 충실 의무에 대한 책임과 기능적 상응물로 대비시킴으로써 새로운 책임 개념을 구성하는 일이 가능하다. 시민과 기업에 법 충실의 의무를 인정하고, 규범의 타당성을 지지할 능력과 그를 위태롭게 할 능력까지도 인정하는 책임 이론의 기초를 만들기 위해서는 기업 책임과 개인 책임을 동일한 형벌 이론적 기초 위에서 구성하지 않으면 안 된다. 이러한 '구성' 작업은 범죄와 형벌의 커뮤니케이션적 의미를 체계 이론적 시각에서 재구성한 야콥스의 적극적 일반 예방 이론이 성공적으로 수행하였다. 이로써 우리는 적극적 일반 예방의 목적에 따른 규범 충실 훈련을 통해 규범의 안정화를 달성하려는 기능을 책임 개념에 투영시킴으로써 '개인' 형법과 '기업' 형법의 기초가 다르지 않다는 출발점에 설 수 있게 되었다.[114]

하지만 이 책은 개인 형법에 상응하는 기업 형법을 구축하는 데 기업(법인)을 개인에 상응하는 진정한 형법 주체로 인정하는 입장을 취하기 때문에 기업(법인)을 진정한 의미의 형법 주체로 인정하지 않는 야콥스의 기능적 책임 개념과는 길을 달리한다. 야콥스는 형벌의 기능과 목적을 시민과 기업 공히 법 충실 훈련에 두는 적극적 일반 예방 목적으로 파악하면서도, 형법 주체로서 개인과 기업의 기능적 상응성에 주목하지 않고 결국에는 개인과 기업의 본질 동일성까지 요구함으로써 기업에 형벌을 부과할 수 없다는 결론에 머물고 말았다. 이러한 결론이 체계 이론의 기본 노선을 벗어나고 있다는 점은 앞서 언급했다.

루만의 체계 이론을 일관되게 관철시키면 개인과 기업은 각각 심리 체계와 사회적 체계로서 전자는 의식에 기초해 행위하고 후자는 커뮤니케이션에 기초해 독자적으로 행위 체계를 구축하고 있으므로 ─ 본질적으로는 차이가 있지만 ─ 기능적으로는 차이가 없음을 인정해야 한다. 이에 따르면 기업은 사람과 같이 행위하고 사람처럼 형사 책임을 질 수 있는 능력이 인정될 수 있게 한다.

II. 양벌 규정 체계의 극복

이와 같이 형법상 모든 개념의 카테고리를 형벌의 의미와 목적에 맞춰 재해석 – 재구성 – 하고 기업(법인)을 새로운 형법 주체로 인정하게 되면, 기업(법인)의 형사 책임 인정에 새로운 지평이 열리게 된다. 형법상 형벌을 부과하기 위해 요구되는 일반적인 범죄 성립 요건을 기업에 대해서도 그대로 적용할 수 있게 되기 때문이다. 이에 따르면 개인이 범죄를 저질렀듯이 기업도 범죄를 저지른 것이 되고, 양자에게 적용될 행위 규범(구성 요건)도 동일하게 인정할 수 있다면 기업의 형사 책임을 인정하는 법적 근거 규정을 기존의 형법전에 편입시키는 일이 가능해진다.

행위 능력과 책임 능력이 인정되는 기업에 대해 인정될 수 있는 형사 책임은 대위 책임도 아니고 전가 책임은 더욱 아니다. 양벌 규정에서 쌍방 처벌이나 병행 처벌만의 기조만 그대로 유지된 채, 기업 형법은 새로운 모습으로 탈바꿈한다.

그러나 기업도 사람과 마찬가지로 행위 능력뿐 아니라 책임 능력까지 인정되는 독자적 형법 주체로 인정하려면, 그리고 그에 터 잡아 기업에 형벌을 부과하기 위한 실체 요건을 입법화하려면, 어떤 입법 모델을 기본으로 삼아야 할 것인지가 다시 문제될 수 있다. 이제 기업에 대한 형사 책임을 인정하기 위한 실체 요건의 모습을 구체적으로 만들어갈 차례가 됐다.

제 6 장

기업의 형사 책임을 인정하는 개선 입법의 방향성

기업의 형법 주체성을 인정할 수 있는 이론적 토대가 구축된 이상, 이제 남은 문제는 이를 토대로 기업에 형사 책임을 지우는 법적 근거를 새롭게 입법화(이를 편의상 기업 형법이라고 부르기로 한다)하는 일이다. 지금까지 검토한 바에 의하면, 기업에 형벌을 부과하기 위한 실체 요건을 법률로 규정하는 데에는 특히 다음과 같은 쟁점에 대한 입법적 결단이 필요하다.

첫째, 자연인 외에 새롭게 형법 주체로 편입돼야 할 '법인인 기업' 외에 다른 집단이나 단체 행위자가 또 있는가? 있다면 어떤 집단이나 단체 행위자를 열거할 수 있는가?

둘째, 기업에 형사 책임을 인정하기 위해 규범 구조적으로 입법 모델을 어떻게 설계할 것인가? 그러한 입법 모델 하에서 자연인 행위자와 단체 행위자의 관계 설정은 어떻게 표현될 수 있는가?

셋째, 새롭게 추가할 형법 주체에 형벌을 부과하기 위해 형법 총칙상의 일반적 범죄 성립 요건 외에 다른 실체 요건을 규정할 필요가 있는가? 있다면 어떤 실체 요건을 규정할 것인가?

넷째, 기업 등이 형사 책임을 져야 할 범죄의 범위를 현행 양벌 규정의 태도와 같이 형법전 외의 특정 위반 행위로 한정하면서 구체적으로 그 위반 행위의 범위를 확장하는 데 그칠 것인가, 아니면 형법전의 범죄를 포함한 모든 범죄로 확대할 것인가?

다섯째, 기업 등에 대해 부과될 수 있는 형사 제재의 종류를 벌금형에 국한시키면서 그 벌금액의 상한을 조정하는 데 그칠 것인가, 아니면 벌금형 외에도 다른 형사 제재 기업 등에게 부과할 수 있는 형사 제재의 종류를 다양화할 것인가?

제1절 기업의 형사 책임을 인정하기 위한 입법론적 구상

I. 조직화된 단체로서의 새로운 형법 주체

집단 또는 단체 행위자로서 형법 주체가 되기 위해서는 행위 능력과 책임 능력이 인정돼야 한다. 이를 체계 이론적 용어로 표현하면, 사회적으로 실재하면서 충분한 자기 복잡성을 근거로 일정한 자기 준거성을 보여주는 존재여야 한다. 그렇다면 현대 사회에서 어떤 집단이나 단체 행위자에게 형법 주체의 지위를 부여할 수 있는가?

민법상 '법인'은 사회적으로 실재하며 자기 준거성을 가진 공식적으로 조직화된 단체 행위자로서 형법 주체가 된다는 데 이견이 없다. 여기서 재단 법인과 사단 법인의 차이를 고려할 필요는 없다. 사법상의 법인인지 공법의 규율 대상인 공법인인지도 무관하다 상관없이 형법 주체가 된다.

'법인격 없는 단체'의 경우 법적으로 인격이 부여돼 있지 않다는 형식적인 측면에서는 '법인'과 다르다. 그러나 법인격 없는 단체라도 종중이나 교회 등 법인과 유사한 인적·물적 실체를 갖추고 있어서 실질적인 측면에서는 법인과 다를 바 없는 단체의 경우에는 새로운 형법 주체가 된다.[1] 다만 새로운 형법 주체로 편입될 수 있는 법인격 없는 단체는 다음과 같은 요소를 갖추어야 한다. 첫째, 등기돼 있지 않지만, 주무 관청의 허가 또는 인가를 받아 설립되거나 법령에 의해 주무 관청에 등록한 사단·재단·기타 단체. 둘째, 등기돼 있지 않지만 공익 목적으로 출연된 기본 재산이 있는 재단. 셋째, 앞의 두 경우 외에 조직과 운영에 관한 규정을 가지고 대표자 또는 관리인이 선임돼 있고, 자신의 계산과 명의로 수익과 재산을 독립적으로 소유·관리하며, 수익을 구성원에게 분배하지 않지만, 관할 세무서장에게 법인으로 신청해 승인을 얻은 단체이어야 한다. 이와 같은 요소를 구비하는 한 조합이나 정당도 새로운 형법 주체로 편입될 수 있다.

상법상의 회사인 기업도 예외없이 모두 법인이므로 새로운 형법 주체로 편입되는 데 아무런 문제가 없다. 가상회사paper company도 법인으로 등기되는 한, 그리고 상법상 회사로 인정되는 한 새로운 형법 주체가 될 수 있다. 1인 주주회사는 1인 기업이지만 독자적인 법인격이 부여돼 있으므로 귀속 대상에 포함시킬 수 있다. 반면에 1인 기업의 경우는 그 기업 운영자 개인 외에 다른 사회적 실체가 없을 뿐 아니라 집단 정체성을 가지고 있지 않으므로 그 개인이 자연인으로서 본래적 의미의 형법 주체에 해당할 뿐이다.

다른 한편 상법상 회사가 아니면서 일정한 영리 활동을 하는 '기업'의 경우는 법적인 차원에서 법인격이 부여돼 있지 않으므로, 위에서 제시한 '법인격 없는 단체'로서의 요소를 구비할 것으로 조건으로 형법 주체로 인정될 수 있다.

지방자치단체도 공법인에 해당하므로 — 현재의 대법원 판례와 같이 — 국가 위임 사무를 수행하는 경우가 아닌 한 법인의 자격으로서 형법 주체로 편입시키는 데 문제가 없다. 이러한 논리는 국가 기관에 대해서도 마찬가지로 적용될 수 있으므로 국가 기관도 새로운 형법 주체에서 편입시키는 것이 가능하다.[2]

'개인' 영업주의 경우는 달리 생각해야 한다. 현행의 양벌 규정에서 개인 영업주는 자연인에 대한 형벌 부과 요건과 다른 양벌 규정상의 형벌 부과 요건의 적용 대상이 되고 있다. 현행 양벌 규정상 개인 영업주는 피고용인을 두고 있는 경우를 상정하고 있으므로 1인 기업은 아니다. 그러나 일정한 사업체를 가지고 영리 활동을 하는 개인 영업주라도 앞서 언급한 '법인격 없는 단체'로서의 요건을 충족시키지 않는 한, 종업원 등의 범죄 행위와 관련해서는 자연인 간의 가담 형태에 관한 형법 규정이 적용돼야 하고 집단 또는 단체 행위자로서의 형법 주체적 적성을 인정할 수 없다. 그 고용주로서의 개인 외에 집단이나 단체 행위자로서의 독자적 사회적 실체가 없기 때문이다.

요컨대 형식상 새로운 형법 주체로 편입될 사회적 실체는 회사로서의 기업을 포함한 현행법상의 모든 법인, 일정한 요건을 갖춘 법인격 없는 단체, 지방자치단체와 국가 기관 등(이하에서는 새로운 형법 주체를 지칭할 경우 '법인 등'이라는 용어를 사용하기로 한다)이다.

Ⅱ. 법인 등에 대해 적용될 형사 책임의 구조

1. 행위 모델인가, 귀속 모델인가?

입법론상 새로운 형법 주체인 법인 등에게 형사 책임을 지우는 입법 모델은 크게 두 가지 중 하나일 수 있다. 하나는 법인 등이 독자적 행위 능력과 책임 능력을 가지고 법익 침해적 행위로 나가는 독자적 주체라는 점에 초점을 맞추는 방안이고, 다른 하나는 외관상 직접 법익 침해적 행위로 나아가는 주체는 여전히 법인 등 집단의 기능 수행자인 자연인이라는 데 초점을 맞추는 방안이다. 전자에 따르면 법인 등의 독자적 행위를 중심으로 실체 요건을 정하는 이른바 '행위 모델'적 입법 형식을 취하게 되고, 후자에 따르면 자연인의 행위를 법인에게 귀속시키는 '귀속 모델'적 입법 형식을 취하게 된다.

이른바 '행위 모델'은 법인 등의 독자적 행위 능력을 부각시킬 뿐 아니라 법인 등이 타인의 잘못이 아니라 자기 자신의 잘못에 대해 책임을 지는 것임을 강조할 수 있는 장점이 있다. 법인 등의 조직상의 결함을 근거로 기업의 형사 책임을 기초 지우는 독자적 조직 책임 이론이나 조직 지배 개념, 또는 기업 경영 책임을 기초로 기업 책임을 근거 지우는 콘셉트들이 모두 이러한 행위 모델에 입각해 있다.

그러나 '행위 모델'에 의하면 법인 등이 독자적 행위 능력자이고 독

자적 책임 능력자로 자리매김하는 데 걸맞게 그 행위와 책임의 실체 요
건을 구성 요건적으로 규범화하기 어려운 한계가 있다. 외관상 법인 등
의 커뮤니케이션이 외부 세계로 발현되는 형태는 언제나 그 기능 수행
자인 자연인의 행위를 매개하는 형식을 할 뿐이다. 조직상의 결함이나
경영상의 잘못은 그 조직 체계 내에 머물러 있을 뿐이다. 법인 등의 조
직상 또는 경영상의 잘못에 근거해 내려진 결정은 언제나 기능 수행자
인 자연인을 통해 체계의 바깥으로 나가 외부적 효과를 야기한다.

독자적 조직 책임이나 기업 경영 책임이 시간적으로 행위 '동시성'의
요구를 충족시킬 수 없기 때문에 이론상 원인에 대해 자유로운 행위라
는 법 형상 등의 사고 형식을 빌려오지 않을 수 없는 것도 외부 법익
침해적 행위와 내부 조직상 또는 경영상의 잘못 간에 존재하는 시간적
격차를 해소해야 할 필요성 때문이다. 물론 외부적 불법에 대한 비난을
위해 비난의 초점을 기존하는 시스템의 결함으로 이전시키면 책임 비난
의 문제는 이론상 연결 고리를 찾을 수는 있다. 그러나 실제로 시스템
결함과 구체적인 법익 침해적 행위 간의 현실적 연결 고리는 인과 관계
나 귀속의 문제일 뿐, 책임 비난의 문제는 아니다. 뿐만 아니라 조직상
의 흠결이나 경영상의 잘못 등과 같은 시스템 불법도 진정한 의미에서
행위 불법이라고 말할 수 없다. 법인 등 주체 자체에 존재하는 결함에
기초하는 것일 뿐, 그 주체에 의해 발현된 구체적인 법익 침해적 행위
에 기초하고 있지 않다.

법인 등에 존재하는 시스템 결함에서 책임 비난의 연결 고리를 찾는
것은 개인 영역의 차원에서 성격 책임이나 생활 영위 책임과 비교할 수
있다. 따라서 기업 문화나 기업 철학 등을 통해 기업 책임을 기초 지우
려는 태도는 행위 책임이 아니라 행위자 책임으로의 전환을 전제하지
않고서는 인정하기 어렵다. 이 때문에 행위 책임 원칙을 지키면서 법인
등의 형법 주체에 형사 책임을 지우기 위해서는 그 책임 구조를 독자적

행위 모델이 아니라 귀속 모델로 하지 않을 수 없다. 귀속 모델을 법인 등의 형사 책임을 지우기 위한 입법 모델의 기초로 삼지 않으면 안 되는 까닭에 대해서는 이 책이 법인 등의 형법 주체성을 인정하기 위한 이론적 기초로 삼고 있는 루만의 체계 이론이 설명해준다.

2. 귀속 모델과 체계 이론적 근거

루만의 자기 생산적 체계 이론에 의하면, 법인 등은 직접 법익 침해적 행위를 하는 직접적 행위 수행자가 아니다. 의식 작용을 기초로 한 전통적인 의미의 행위는 여전히 심리 체계인 인간만 할 수 있기 때문이다. 그렇다고 해서 법인 등의 독자적 행위성이 부정되고, 인간(개인)의 행위로 환원되어 인간만 책임을 질 뿐, 법인 등 자체에 대한 책임이 없어지는 것이 아님은 앞서 체계 이론의 기초에서 설명한 바 있다. 루만의 체계 이론에 의하면, 심리 체계인 인간은 사회적 체계인 법인 등의 요소가 아니라 법인 등의 환계에 속할 뿐이다.[3] 다시 말해 인간은 법인 등의 구성 요소가 아니므로 인간의 행위(의식 작용)와 법인 등의 독자적 행위(커뮤니케이션)가 별도로 병존하는 것이다.

체계 이론에 의하면, 양자의 관계는 여기에서 끝나는 것이 아니다. 법인 등은 자기 준거적 재생산을 하지만(체계의 작동상의 폐쇄성), 구조적으로 그 법인 등의 환계이자 체계 내의 기능 수행자인 개인과 구조적으로 연동돼 있다(체계의 환계 개방성). 즉, 체계인 법인 등의 행위는 그 환계인 개인의 행위에 전적인 의존 관계에 있으면서도 전적으로 독립된 관계에 있게 된다.

토이버너는 커뮤니케이션으로 이뤄진 사회적 체계(법인 등)가 심리 체계(개인)와 구조적으로 연동되면서도 자기 생산적으로 작동하는 핵심

이렇게 스바네티야에서 구르밤스키가 구상화해해준다면…

기제를 집단 정체성과 개인 행위 간의 순환적 결합으로 설명했다. 이를 루만 식으로 설명하면, 법인 등은 개인이 의식 작용을 통해 외부에 발휘하는 영향력을 2차 등급의 사이버네틱스를 통해 법인 등 자신의 행위로 귀속시킨다.

이 경우 개인의 행위를 법인 등의 행위로 귀속시키는 매개 작용을 하는 것은 귀속 메커니즘이고, 이와 같은 귀속 메커니즘은 법인 등 기관, 대표권 또는 지휘 감독권이다. 이러한 귀속 메커니즘을 작동시키는 것은 법인 등의 의사 결정 구조 속에서 행사되는 결정권이다. 이와 같은 결정권을 매개로 삼아 개인의 행위와 기업의 행위가 협력적으로 작동한다. 이 때문에 법인 등 집단이나 단체 행위자의 정체성은 귀속 메커니즘이 작동하는 귀속 지점이라고도 말할 수 있다.

3. 동일시 이론에 기초한 귀속 모델과의 차이

루만의 체계 이론에 기초한 귀속 모델은 양벌 규정의 대표자 위반 행위 사례 유형의 경우 동일시 이론에 기초한 귀속 모델과 다르다. 동일시 이론에 기초한 귀속 모델은 법인 등의 사회적 실재성을 기초 지우지도 않고 그 행위 능력과 책임 능력을 부정하는 전제 하에서의 귀속을 인정한다. 따라서 기본적으로 법인 등의 독자적 행위성을 부정하기 때문에 종속 모델과 결합되는 귀속 모델이다. 반면에 체계 이론에 기초한 귀속 모델은 법인 등도 사회적으로 실재하는 실체를 가지고 독자적인 행위 능력과 책임 능력을 인정하는 전제 하에서의 귀속이다. 따라서 기본적으로 법인 등의 독자적 행위성을 긍정하기 때문에 독립 모델과 결합될 수 있는 귀속 모델이다.

뿐만 아니라 동일시 이론에 기초한 귀속 모델은 대표자의 외부적 법익 침해와 그 결과가 모두 법인 등에게 귀속된다는 점에서 기본적으로 '외부적 귀속'이지만, 체계 이론에 기초한 귀속 모델 하에서는 외부적 귀속은 법인 내 개인의 행위 귀속에 국한되고, 개인의 행위가 법인 등의 행위로 귀속되는 것은 양자가 순환적 결합 관계에 있기 때문에 '내부적 귀속'이 된다.

동일시 이론에 기초한 귀속 모델은 의제적 방법의 결과 귀속으로서 귀속 대상의 귀속 능력(행위 능력과 책임 능력)을 문제 삼지 않기 때문에 민사 책임에서는 몰라도 형사 책임에서는 인정될 수 없다. 예컨대 자연인이 기업의 업무 관련적 행위를 통해 법익 침해적 결과를 야기한 경우 그 기업에 귀속 능력이 인정될 수 없는 한 기업은 아무리 동일시 이론에 기초하더라도 민사적 손해 배상 책임밖에 지울 수 없다. 현행의 양벌 규정 하에서 -특히 대표자 위반 행위 사례 유형의 경우- 기업의 귀속 능력을 부정하는 전제 하에서 기업에 형벌을 부과하는 귀속 방법이 이론적으로 근거 지워질 수 없는 것도 이 때문이다.[4] 형사 책임의 귀속은 민사 책임과는 달리 직접적 행위 주체뿐 아니라 귀속 대상까지도 모두 귀속 능력을 가져야 한다. 체계 이론에 기초한 귀속 모델은 동일시 이론에 기초한 귀속 모델 하에서와 달리 형사 책임이 지워지는 귀속 대상에게 이러한 의미의 귀속 능력을 인정한다.[5]

4. 직접적 행위 주체와 귀속 대상과의 관계

귀속 모델의 기본 구조에 의하면, 직접적 행위 주체는 자연인 개인이고, 법인 등은 귀속 대상이 된다. 문제는 법인 등에게 형사 책임을 귀속시킴에 있어 어떤 행위 주체의 행위를 기업 등에게 귀속시킬 것인가에 있다. 따라서 귀속 모델을 입법화하는 데 귀속 메커니즘을 분명히 보여주기 위해서는 법인 등의 내부에서 법인 등과 순환적으로 결합되어 있는 직접적 행위 주체의 범위부터 확정돼야 한다.

자연인 행위 주체를 가장 간명하게 규범화하려면 개별 주체들을 열거하는 방식을 취하면 된다. 그러나 종래의 양벌 규정처럼 대표자나 그 밖의 종업원을 자연인 행위 주체로 열거하는 방식은 내부적 귀속을 근거 지우는 데 통일성을 기할 수 없거나, 기업 내부의 순환적 결합을 충분하게 반영하지 못한다. 이 점은 앞서 귀속 메커니즘과 관련해 설명했던 대표자, 기관, 명령 지휘 계통 속에 있는 그 밖의 종업원을 열거하더라도 마찬가지이다. 이러한 열거 방식은 법인 등의 내부에서 이뤄지는 의사 결정 과정이나 결정 구조 속에서 이루어지는 다양한 변형 형태들을 포착해내기 어렵기 때문이다. 따라서 이러한 변형 형태들까지 모두 포섭해내기 위해서는 보다 실질적인 기준을 제시하는 것이 바람직하다. 가장 탄력성 있는 규율 방식이 되게 하려면 '법인 등 집단 내부의 결정권에 기해 행위한 모든 기업 종사자'라는 표현을 사용할 수 있을 것이다.

Ⅲ. 행위 주체와 귀속 대상에게 요구되는 실체 요건

체계 이론에 기초한 귀속 모델 하에서 자연인 행위 주체가 체계의 - 기능 담지자로서 - 법인 등 업무 관련적 행위를 하면, 그 자연인의 행위는 귀속 메커니즘에 의해 귀속 대상인 법인 등에게 귀속되고, 이로써 법인 등에게 형사 책임을 지울 수 있게 된다. 이러한 귀속 모델을 규범화 하려면 직접적 행위 주체가 어떤 실체 요건을 충족시켜야 하는지에 대해서뿐만 아니라 기업 등 귀속 대상도 어떤 실체 요건을 충족시켜야 할 것인지에 대해서도 미리 정해 두어야 한다.

1. 자연인 행위 주체에 대해 요구되는 실체 요건

귀속 대상에게 형사 책임을 귀속시키려면 자연인 행위 주체의 직접적 행위가 있어야 한다. 이 경우 행위 주체의 행위를 귀속 대상에게 귀속시키기 위해서는 그 행위가 귀속 대상인 법인 등 새로운 형법 주체의 내부 질서 속에서 순환적 결합 관계를 형성할 수 있는 접점을 가져야 한다. 형법적인 관점에서 보면, 이것이 바로 개인의 행위를 집단의 행위로 귀속시킬 수 있는 귀속 메커니즘에 해당한다. 여기서 이러한 귀속 메커니즘을 어떻게 정확하게 규범화할 것인지가 문제된다. 즉, 귀속 대상인 법인 등의 환계에 해당하면서 그 법인 등의 행위와 구조적으로 연동돼 있는 자연인(개인) 행위 주체에 대해 요구되는 바를 어떻게 구체적으로 규정할 것인지가 문제되는 것이다.

이를 위해서는 직접적 행위를 하는 자연인 행위 주체와 그 행위를 귀속 받은 귀속 대상인 형법 주체, 즉 법인 등과의 관계적 특징을 분명하게 드러내는 것이 바람직하다. 따라서 예컨대 기업의 대표자가 기업 업무와 무관한 어떤 결정을 내리는 일, 즉 종국적으로 보면 기업의 이익을 위한 행위로 평가할 수 있지만 실제로 업무 관련성이 없는 행위를 하는 것으로는 충분하지 못하다. 순환적 결합 관계를 귀속의 핵심 기제로 삼고 있는 귀속 모델 하에서는 법인 등이 사람과 같이 독자적 행위를 하는 것이 아니다. 법인 등에게 형사 책임을 지우기 위해서는 그 내부 종사자인 자연인을 통해 외부적으로 커뮤니케이션하는 법인 등의 행위(체계의 행위)가 의미론적으로 구성(이러한 의미에서의 행위는 존재론적으로 존재하는 것이 아니라 의미론적으로 '구성'된다. 이 경우 의미론적 '구성'에 결정적인 것은 형법의 목적이고, 형법 체계가 자기 준거적으로 행위 개념을 재생산한 결과이다)돼야 하는 것이 전제다.

개인의 행위를 법인 등의 행위로 의미론적으로 구성하기 위해서는 그 접점이나 연결 고리가 분명해야 한다. 그렇지 않으면 귀속이 합리적이라고 볼 수 없기 때문이다. 법인 등은 단순히 형사 책임이 머물러가는 경과 지점도 아니고, 관계자들 간의 단순한 계약 망도 아니다. 따라서 개인의 행위가 귀속 메커니즘을 통해 해당 법인 등의 기능 수행자로 행위해야 한다는 최소한의 전제 조건을 충족해야 한다. 다시 한 번 반복하지만, '기관' 의사 결정에 따라 행위하거나, 대표자 또는 대리인으로 행위하거나, 기타 의사 결정권자의 명령이나 위임에 의해 행위해야 한다.

이러한 한 그 기능 수행자인 개인이 법인 등과 직접 근로 계약을 맺은 종업원일 필요도 없다. 예컨대 도급의 경우 수급 기업의 종업원의 행위도 도급 기업 커뮤니케이션의 일환에 해당하므로 도급 기업에 대한 형사 책임으로 귀속될 수 있다. 법인 등이 내부의 순환적 결합 관계를 통해 집단화되는 일의 요체는 그 법인 등과 개인이 협력해 행위하는 데 있다. 이러한 의미에서 보면, 귀속 대상인 법인 등에게 행위 귀속이 가능하기 위해서는 자연인 행위 주체가 최소한 그 귀속 대상인 법인 등의 '업무 관련적 행위'를 해야 한다. 이 점에 관한 한, 양자의 순환적 결합과 협력 관계에 관한 표현은 현행 양벌 규정의 표현이 적절한 수준이다.

귀속 모델 하에서 법인 등 귀속 대상에게 형사 책임을 인정한다고 해서 직접적 행위 주체인 자연인의 행위 책임이 없어지는 것은 아니다. 법인 등이 커뮤니케이션적 의미에서 자신의 행위 책임을 지는 반면, 심리 체계인 자연인은 직접적 행위 책임을 지는 것이다.[6] 직접적 행위 주체인 자연인에 대해 형사 책임이 인정되기 위해서는 그 행위 자체가 형법상 요구되는 형벌 부과 요건이 충족돼야 한다. 여기서 자연인 개인의 행위 자체에 대한 형벌 부과 요건과 별개로 귀속 대상인 법인 등에게 책임을 인정하기 위해서는 직접적 행위 주체의 행위가 어느 정도의 형벌 부과 요건을 충족시켜야 하는지가 문제된다. 법인 등도 독자적인 행위 능력과 책임 능력이 인정되고 그 자체로 일정한 형벌 부과 요건을 충족시켜야 한다는 점을 전제로 삼고 보면, 자연인 개인의 행위에 대해 형벌 부과 요건이 모두 충족될 것을 요구할 필요는 없다.

자연인 개인이 법인 등과 구조적으로 연동돼 있다는 점을 고려하면 자연인의 행위도 그 자체로 아무런 형벌 부과 요건을 충족시킬 필요가 없고, 일정한 기능 수행자로서 법인 등의 업무 관련적 행위를 하는 것으로 충분하다고 할 것이다. 만약 이러한 시각을 견지하면 자연인 개인의 행위의 체계적 지위는 기업에 대한 형사 책임을 인정하기 위한 '객관적 처벌 조건'으로서만 자리매김될 것이다.

그러나 귀속 모델 하에서 법인 등이 지게 될 형사 책임의 내용을 의미 있게 구성하기 위해서 그리고 법인 등이 위반한 행위 규범이 무엇인지 분명히 하기 위해서는 자연인의 행위가 구성 요건조차 충족시키지 못한 경우까지 법인 등의 형사 책임을 지울 수는 없다. 자연인 개인의 행위가 적어도 불법 행위를 구성해야만 귀속을 통해 법인 등의 형사 책임 내용을 근거지울 수 있다고 해야 한다. 귀속 모델 하에서도 책임에 관한 한 법인 등의 독자적 책임을 인정해야 하므로─그 책임을 입법 기술상 어떻게 표현할지는 차치하더라도─법인 등에 형벌 부과를 위해서 자연인 개인의 행위가 책임 요소까지 충족시킬 필요는 없다.

2. 귀속 대상에게 요구되는 실체 요건

기업 등을 행위 능력과 책임 능력을 가진 형법 주체로 보는 한, 전통적인 형법 주체인 인간(자연인)에 대해 요구되는 형벌 부과 요건을 법인 등에 대해서도 요구될 것이다. 그러나 앞에서 설명했듯이 루만의 체계 이론을 기초로 삼으면 심리 체계인 개인의 행위를 사회적 체계인 법인 등에게 귀속시키기 때문에, 법인 등의 형사 책임을 인정할 경우 자연인에게 요구되는 범죄 성립 요건을 법인 등에게 별도로 요구할 필요가 없다. 이러한 점은 루만의 다음과 같은 진술에서 드러난다. "커뮤니케이션이 기능하기 위해 보장돼야 하는 환계와 관련된 모든 전제 조건들이 통보나 정보 형태로 커뮤니케이션으로 수용된다는 것은 도저히 상상할 수 없는 일이다."7

이러한 맥락에서 보면 법인 등 처벌 모델은 귀속 모델을 기본 프레임으로 하는 것이라고 평가할 수 있다. 이러한 귀속 모델 하에서는 자연인의 구성 요건적 행위가 있으면 그 구성 요건적 행위뿐 아니라 결과까지 모두 법인 등에게 귀속된다.

그러나 법인 등 새로운 형법 주체는 인간(자연인) 개인이 아니라 조직화된 집단(단체 행위자)이라는 특수한 속성을 가지고 있기 때문에 그 특수한 속성을 고려하는 실체 요건을 추가적으로 규정할 필요가 있다.[8] 이와 같이 법인 등에게 요구되는 추가적 처벌 근거를 규범화해야 한다는 점은 법인 등 처벌 모델은 독립 모델이라고도 평가할 수 있다. 문제는 법인 등의 특수성을 고려한 독자적 처벌 근거를 어떻게 규정할 것인지에 있다. 종속 모델과 독립 모델의 결합이 체계적으로 모순 관계에 빠지지 않으려면 우선 독자적 행위 능력을 가진 법인 등의 독자적 불법을 규정해야 한다. 법인 등 조직화된 집단 또는 단체의 특성상, 법인 등의 독자적 불법은 자연인의 법익 침해적 행위를 방지할 수 있었음에도 불구하고 실제로 방지하지 못한 점이나 법인 등이 자연인의 법익 침해적 행위를 방지하기 위해 조직상 요구되거나 기대되는 조치를 취하지 않은 점이다. 이와 같은 추가적 불법은 법인 등에 대한 법정형 상향 조정의 이론적 근거가 될 수 있다. 반대로 법인 등이 법익 침해적 행위를 방지하기 위한 조치를 다한 경우에는 오히려 법인 등의 불법 배제적 요소가 될 수 있다. 법인 등의 추가적 불법은 법인 등에 대한 법정형에 반영하고, 법인 등에게 인정될 불법 배제적 사유는 개인 형법에게 적용될 형법 총칙에는 규정돼 있지 않기 때문에 이를 명문화해야 한다.

다른 한편 법인 등의 책임은 앞서 언급했듯이 법인 등 자신의 법 충실성 결여이다. 이러한 법 충실성 결여에 대한 비난 가능성은 개인 형법의 경우 책임이 규범 합치적 동기 설정을 하지 못한 데에 대한 비난 가능성이라는 점과 동일한 구조를 가진다. 뿐만 아니라 법 충실성의 결여라는 법인 등에 대한 책임 비난의 근거는 개인 형법의 경우 책임 비난의 근거와 마찬가지로 어떻게 표현하든—최근 범죄적 기업 문화나 기업 철학으로 표현하는 경향이 있지만9 − 이 점을 적극적으로 명문화하기는 어렵다. 자연인의 법익 침해적 행위를 방지할 수 있었음에도 불구하고 그러한 동기 설정을 하지 못하게 만든 기업 문화나 기업 철학을 적극적으로 표현하는 일은 개인 형법에서 개인 행위자의 책임 비난의 근거를 적극적으로 표현할 수 없는 것과 마찬가지로 불가능하기 때문이다.

3. 적극적 열거 방식과 소극적 배제 방식의 결합

따라서 입법 기술상 책임 비난의 근거는 소극적으로 표현할 수밖에 없다. 그러나 원칙적으로 행위 능력과 책임 능력이 인정되는 법인 등의 경우는 개인 형법의 경우와는 달리 이를 적극적으로 기술하지 않을 수 없다. 개인 형법의 경우 형사 미성년자와 책임 무능력자를 형사 책임 인정의 대상에서 처음부터 배제할 것을 규정하고 있지만, 법인 등의 경우는 처음부터 성찰 능력에 기초한 자기 준거성을 결여하고 있어서 책임 능력이 부정되는 집단이나 단체 행위자를 열거하기보다는 거꾸로 그러한 집단이나 단체 행위자는 새로운 형법 주체로 열거된 법인 등에 포함시키지 않음으로써 충분하다. 이 때문에 집단이나 단체 행위자로서의 형법 주체는 적극적인 열거 방식에 따르고, 형법 주체의 책임 배제 사유는 소극적인 기술 방식에 따르는 것이 바람직하다.

1) 적극적 열거 방식: 책임 무능력자를 배제한 열거 방식

자기 기술 능력과 자기 성찰 능력을 갖추지 못해 충분한 복잡성을 갖추지 못한 집단이나 단체 행위자가 있다면 이러한 단체는 개인 형법에서 형사 미성년자나 책임 무능력자에 대한 취급과 마찬가지로 형사 책임을 지울 수 없다. 하지만 형법 총칙의 형사 미성년자나 책임 무능력 사유는 자연인에게만 특화된 내용을 가지고 있기 때문에 집단이나 단체 행위자에게는 적용할 수도 없다. 그렇다고 해서 그러한 집단이나 단체 행위자의 책임 무능력 사유를 적극적으로 표현하기도 어렵다. 죄형법정주의의 명확성 원칙 때문이다. 예컨대 자기 성찰 능력을 갖추고 자기 준거적으로 기능할 수 있을 정도로 조직화되지 못한 집단이나 단체 행위자는 벌하지 아니한다는 식이 된다면, 이에 포섭될 집단이나 단체 행위자는 해석자마다 달라질 수 있으므로 주체의 범위가 명확성을 결여하게된다. 이 때문에 책임 능력 있는 법인격자로 구성되기에 충분한 질적자격 요건을 갖춘 새로운 형법 주체는 사회적 합의에 따라 처음부터 열거해두는 것이 바람직하다. 앞서 확정한 새로운 형법 주체가 여기에 해당한다. 여기에 속하지 않는 집단이나 단체 행위자는 귀속 능력이 없으므로 귀속의 방법으로도 형사 책임이 인정될 수 없다.

2) 소극적 배제 방식: 일반적 책임 조각 사유

개인 형법의 경우에는 14세 이상의 책임 능력자에게 형벌 근거 책임을 인정하는 데 적극적으로 책임 비난을 근거 지우는 대신 '일반적인 책임 조각 사유'를 통해 책임을 배제하는 입법 방식을 취하고 있다. 법인 등의 형벌 근거 책임을 인정함에 있어서도 적극적으로 책임을 근거 지우는 방법 대신에 소극적으로 책임을 배제하는 사유를 규정해야 한다.

　개인 형법의 경우 책임 비난이 불법한 행위를 피할 수 있는 가능성(자유)이 있었음에도 불구하고 불법한 행위로 나간 점에 대한 비난이듯이, 법인 등에 대한 책임 비난도 가능성(자율)을 기초로 해야 한다. 법인 등의 경우 법 충실 의무나 법 준수적 기업 문화 유지 의무라는 의무 위반이 독자적 불법으로서 책임 비난의 대상이 되는 바, 여기서 의무는 가능(자율성)을 전제로 하기 때문이다. 따라서 개인 형법에서 자유와 책임이 개념 짝을 이루듯이 기업 형법에서는 자율 규제와 법 충실적 기업 문화의 유지 책임을 기초로 삼아 책임을 근거 지울 수 있다.

이렇게 의무(당위)와 가능(책임) 간의 관계에 기초하면 법인 등의 책임 배제를 근거 지우는 요건은 "법인 등이 법 충실적 조직 문화를 만들고 유지해야 할 의무를 다했음에도 불구하고 자연인의 법익 침해적 행위를 방지할 수 있을 것으로 기대할 수 없는 경우"로 압축될 수 있다. 이와 같은 내용의 기대 불가능성은 법인 등의 특성을 고려한 일반적인 책임 조각 사유가 된다. 이러한 콘셉트는 개인 형법의 경우 행위자가 규범에 합치되는 행위로 나아갈 것으로 기대하는 것이 불가능한 경우 책임을 배제하는 것과 동일한 구조를 가지고 있다.

3) 법 준수 프로그램과의 관계: 양형 참작 사유

위와 같은 법인 등에 대한 일반적 책임 조각 사유는 법인 등이 법 충실적 조직 문화를 만들고 유지한 사실 그 자체만 가지고 법인 등의 형사 책임을 배제할 수 있도록 하려는 구상과 전혀 다르다. 법인 등이 법 충실적 조직 문화를 만들고 유지한 점은 일반적인 차원에서 종업원 등이 법익 침해적 행위를 방지할 법인 등의 방지 의무를 다한 것으로서 간접적인 관련성은 있지만 구체적인 법익 침해적 행위의 방지와 직접적인 관련성이 없다. 형벌 근거 책임이 행위 불법을 책임 비난의 대상으로 삼아야 한다는 점은 책임 비난이 일반적인 의무 위반이 아니라 구체적인 불법 행위와 직접적인 관련성이 있는 책임 비난임을 의미한다.

책임 비난과 비난의 대상인 불법과의 이와 같은 직접적이고 구체적인 관련성을 포기하지 않는다면, 최근 기업 등에게 요구되는 법 준수 프로그램Law Compliance-program도 체계론상 적절하게 자리매김할 수 있다. 즉, 법인 등이 법 준수 프로그램을 잘 준수했다는 점은 구체적인 법익 침해 행위와는 직접적인 관련성이 없으므로 이를 책임 조각 사유로는 인정할 수 없고, 단순한 양형상 감경 사유로만 자리매김할 수 있을 뿐이다.

오늘날 법 준수 프로그램이 예방 목적으로 법인 등의 자율 규제의 내용으로 자리매김하면서 그 의미와 기능이 점점 중요하게 부각되고 있지만, 타율적 통제를 배제하기 위한 장치는 아니다. 법 준수 프로그램은 조직의 법 충실적 문화를 유지하기 위해 추상적인 차원에서 마련된 자율 규제를 위한 내부 메커니즘이기 때문이다. 소극적인 실체 요건, 즉 책임 조각 사유로 인정되려면, 이 프로그램은 실제로 발생한 법익 침해적 행위의 방지와 직접적인 관련성이 있는 내용을 가지는 수준으로 발전시켜 나가야 할 것이다.[10]

Ⅳ. 새로운 형법 주체가 범할 수 있는 범죄 종류

현행 양벌 규정의 태도와 같이 법인 등에게 행위 능력과 책임 능력을 부정한다는 것은 형법전의 범죄와 관련해 법인 등의 형사 책임을 인정할 가능성을 배제함을 의미한다. 그러나 법인 등이 행위 능력과 책임 능력이 인정되는 형법 주체로 그 지위가 변화되면 이러한 가능성이 열리게 된다. 이 때문에 새롭게 편입될 형법 주체가 범할 수 있는 범죄의 종류와 본래적인 형법 주체인 자연인이 실현할 것으로 예정돼 있는 범죄 종류를 일치시킬 것인지, 아니면 범인 등의 특징을 고려해 저지를 수 있는 범죄 종류의 차이를 인정할 것인지 결단해야 한다.

생각건대 법인 등이 새로운 형법 주체로 인정돼 형법 총칙의 일반적 범죄 성립 요건의 적용 대상이 된다고 하더라도, 모든 범죄 종류에 대해 법인 등의 형사 책임을 인정해야 할 논리 필연적인 이유는 없다. 그러나 체계 이론에 기초해 법인 등의 독자적 행위 능력과 독자적 책임 능력을 긍정하는 이상, 법인 등이 책임을 져야 할 범위를 종래와 같이 양벌 규정상의 위반 행위에 국한시킬 이유는 없다. 법인 등의 형법 주체성을 인정한다는 전제에서 보면 종래와 같이 이원화된 형사 책임 인정의 기반도 붕괴됐다고 보아야 하기 때문이다.

자연인이 한 행위를 ─ 귀속 메커니즘을 통해 ─ 법인 등의 행위로 귀속시킬 수 있다는 귀속 모델을 책임 구조로 설계하는 한, 자연인이 범할 수 있는 범죄와 법인이 범할 수 있는 범죄 간에 차등을 인정할 수 없다. 자연인이 위반하는 행위 규범과 기업이 위반하는 행위 규범을 별개의 것으로 볼 수 없기 때문이다. 오스트리아의 단체 책임법에서도 단체에 적용될 수 있는 행위 규범과 자연인에 적용될 수 있는 행위 규범을 별개의 것으로 인정하지 않는다. 미국 모범 형법전에도 기업에 대한 형사 책임이 인정되는 행위 목록에 제한이 없다.[11]

심지어 기업 대표자나 기타 종업원 등이 배임 행위를 한 경우도 법인 피해자론에 근거해 법인의 형사 책임에 연계될 위반 행위에서 배제해야 한다고 볼 수 없다. 기업 종업원 등의 배임 행위는 사회에 대해 의미론적으로 자율 규제를 다하지 못했다는 점을 커뮤니케이션 차원에서 의미 평가할 수 있다. 즉, 이에 대해서는 기업이 책임져야 하는 것이지 그 기업을 단순히 피해자로 보는 것은 체계 이론의 관점에 부합하지 않는다. 심지어 강간죄의 경우와 같이 법인의 행위로 보기에 적합하지 않는 행위 목록이 따로 있다고도 할 수 없다. 기업 등의 종업원 등이 기업의 업무와 관련해 그와 같은 범죄로 나가는 경우가 극히 드물겠지만, 사례가 드물다고 해서 그러한 사례의 적용이 이론적으로 불가능한 것은 아니다. 따라서 입법 단계에서부터 처음부터 그러한 사례 적용을 봉쇄해놓을 필요는 없다.

V. 새로운 형법 주체에게 부과될 형사 제재

법인 등에게 자연인과 동일한 벌금형을 부과할 경우 그 법정형의 정도를 현행 양벌 규정과 같도록 원칙적 동등성을 유지할 것인지 아니면 법정형의 정도를 차등화할 것인지 대해서도 결단해야 한다. 벌금형 외에 법인 등의 해산과 영업권의 박탈, 공공 기관과의 계약 관계 배제 등 제재의 종류를 다양화할 것인지에 대한 결단도 내려야 한다. 이와 관련해서는 특히 자연인에 대한 형사 제재처럼 법인 등에 대해서도 형벌과 보안 처분의 이원주의를 유지할 것인지에 대한 고려도 있어야 한다.

1. 벌금형의 법정형의 정도

현행 양벌 규정이 법인에 대한 벌금형과 자연인에 대한 벌금형의 정도를 원칙적으로 동일하게 규정한 것은 종속 모델적 입법의 결론으로 평가할 수 있다. 하지만 이 책의 귀속 모델은 귀속 대상인 법인 등에게 행위 능력과 책임 능력을 인정하고 그에 따라 법인 등에게 요구되는 독자적 불법과 책임을 요구하기 때문에 종속 모델에 기반을 두면서도 동시에 독립 모델적 성격도 가미되어 있다. 이에 따르면 행위 주체와 귀속 대상 간의 법정형 정도의 동일성 원칙은 더 이상 유지될 필요가 없다. 행위 주체의 행위 불법 및 책임과 구별되는 귀속 대상인 법인의 독자적 불법 및 책임이 인정될 수 있기 때문이다.

체계 이론적 관점에서 체계의 행위와 환계의 행위의 독자성을 인정한다면, 법인 등의 기능 수행자로서 행위한 자연인의 행위 불법은 법인 등의 불법을 결정하는 최소한의 윤곽으로서, 그 불법이 법인 등에게 귀속되지만, 법인 등에게는 그 불법을 방지하지 못했다는 점과 관련한 추가적 불법이 인정되는 것이다. 법인 등은 개인의 행위로 얻게 될 수익도 귀속받기 때문에 자율 규제를 통해 법인 등의 업무와 관련한 종업원 등의 범죄 행위를 방지해야 할 별도의 책무가 존재하는바, 이러한 책무나 의무 위반이 바로 법인의 독자적이고 추가적인 불법이라고 할 수 있다. 이러한 점에서 보면, 법인 등의 불법은 직접적 행위자의 불법의 양을 초과한다. 따라서 법인 등에 대한 벌금형의 법정형은 개인 행위자에 대한 벌금형의 법정형에 비해 상향 조정돼야 한다. 물론 이 경우에도 법인 등이 얻게 되는 수익을 벌금형의 법정형에 반영해야 하는 것은 아니다. 벌금이 형벌인 이상 불법과 책임에 기초해야 하고 범죄 수익 등의 박탈은 장래의 재범의 위험성이라는 예방 차원에서 보안 처분을 통해 이루어지도록 하는 것이 제재별 과제에 부합되기 때문이다.

2. 이원주의 형사 제재 체계의 유지

규범의 안정화라는 적극적 일반 예방 목적은 단순히 형벌의 목적이라는 차원을 넘어 형법 그 자체의 기능 수행이라는 차원에서 이해될 수 있다. 이에 따르면 우리 사회의 행위와 기대의 가치 척도가 되는 행위 규범이 범죄로 침해된 경우, 그러한 행위 규범의 승인을 유지하는 과제가 형법에 부여된다. 우리의 가치 표상은 사회적 커뮤니케이션의 결과이므로, 모든 범죄 행위는 당해 행위에 의해 침해된 행위 규범의 타당성에 대한 부정으로 평가된다. 이렇게 부정에 대한 사회의 커뮤니케이션은 부정된 규범의 승인을 지속적으로 유지하기 위해 국가의 현실적인 대응을 필요로 한다. 이것이 바로 형벌이 가진 커뮤니케이션적 의미이다.

이와 같은 형벌의 의미론적 차원과 형법의 기능은 일찍이 형벌을 '부정의 부정'으로 기술한 헤겔의 공식에도 나타나 있고, 루만의 체계 이론적 법 개념에 기초해 야콥스가 공식화한 적극적 일반 예방 목적의 내용에도 표현돼 있다. 즉, 형벌의 목적을 규범 승인과 규범의 타당성 유지라는 차원에서 파악하면, 불법의 크기와 그에 대한 대응으로서의 형벌의 크기도 법질서 안에서 규범이 가지고 있는 가치 및 의미 차원에 따라 달라진다.[12]

그러나 적극적 일반 예방 목적의 관점에서 보면, 벌금형만으로 기업의 법 충실에의 훈련 목적은 충분히 달성될 수 없다. 범죄를 통해 높은 이익을 가져올 전망이 법인 등으로 하여금 자신의 가치 척도를 넘어서는 동기를 설정을 하게 만든다는 차원에서 보면, 형법이 범죄에 대한 대응 체계를 수립하는 데 이러한 점까지도 고려하지 않을 수 없기 때문이다. 이러한 관점에서 보면, 형법은 형법적 행위 규범에 기초된 가치 표상을 보호하는 데에만 국한되지 않고, 보충적으로 범죄 행위가 가져다주는 경제적 매력에 대해서도 가능한 한 폭넓게 대응해야 한다.

이러한 점은 법인 등에 대한 범죄 수익의 박탈을 단순히 과거의 불법에 대한 응보적 차원의 대응 또는 그러한 차원의 대응 수단인 벌금형에 대한 단순한 부가형으로서 이해해서는 안 되는 것임을 말해준다. 장차 법인 등이 이러한 수익을 기초로 다시 범죄를 저지를 위험성을 방지한다는 예방적 고려를 핵심 기제로 삼아야 한다는 점에서 몰수 및 추징을 제3의 제재나 보안 처분으로 자리매김해야 할 필요성을 보여준다.

규범 충실에의 훈련을 지향하는 형사 제재 및 예방적 차원에서 고려해야 할 형사 제재는 오늘날 이익 박탈에만 국한되지 않는다. 법인 등으로 하여금 국가가 시행하는 공공 계약 체결권에 관한 자격 정지나 상실, 또는 준수 사항 등의 부담을 조건으로 삼은 보호 관찰 등도 법인 등에 대한 보안 처분으로의 도입 여부를 적극 고려해야 한다. 법인의 해산이나 영업 정지 등 우리나라에서 이미 법인 등에 대한 행정 처분으로 자리매김돼 있는 처분 등을 형법전의 형사 제재로 편입시킬 필요가 있다. 형법전의 형사 제재가 돼야 그러한 처분 등에 대한 법치 국가적 통제를 강화할 수 있기 때문이다.

에 필 로 그

1. 기업을 형법 주체로 인정하면

기업을 '형법' 주체로 인정하게 되면 기업을 양벌 규정이라는 프레임에서 해방시킬 수 있다. 양벌 규정에서 빠져나온 기업은 형법의 틀 속에서 사람과 마찬가지로 범죄를 범하고 형벌을 부과 받는 형법 주체가되는 것이다. 그동안 양벌 규정의 프레임 안에 갇혀 있었던 기업은 행위 능력과 책임 능력이 부정돼 형사 책임을 질 수 있는 존재가 아니었음에도 기업 내 일정한 구성원이 행한 특정한 행위를 자신이 한 것으로 의제돼 외부로부터 책임을 떠안는 방식으로 형사 책임을 감당해왔다. 그러나 행위 능력과 책임 능력을 인정받게 된 기업은 형법 속의 '모든' 불법 행위를 독자적으로 할 수 있으며, 사람이 자신의 행한 불법을 이유로 비난을 받는 것처럼 기업도 기업 자신의 불법에 대해 책임비난을 받게 된다.

행위 능력과 책임 능력이 인정돼 형법 주체의 지위를 획득한 기업은 기업 내에서 일정한 지위를 가지고 역할을 하는 자연인을 그 기업의 구성 요소로 인정하지 않는다. 때문에 독자적 형법 주체인 기업의 불법과 책임은 그 자연인 행위자의 불법과 책임과도 다르다. 기업은 기업 고유의 결정의 전제들을 통해 '결정'을 함으로써 독자적 행위(커뮤니케이션)를 하는 반면, 기업 내 자연인 행위자는 '의식'을 통해 외부적 행위를 수행한다. 이 점은 보일러의 작동 체계로 비유할 수 있다. 외부적으로 보면 보일러를 통해 실내 온도를 높이는 것은 물과 전기이지만, 사실은 보일러 시스템의 순환 체계가 물과 전기를 작동시킨 결과이다. 여기서 물과 전기에 비유될 수 있는 개인은 기업의 기능 수행자로서 의식 작용을 통해 독자적인 행위를 한 것이지만, 보일러의 순환 체계에 비유될 수 있는 기업 개인의 기능 수행적 행위를 통해 사회적으로 독자적 행위를 수행한 것이다.

여기서 외부적 행위를 수행하는 자연인 행위자의 행위와 기업의 행위는 서로 다른 귀속 형식이다. 자연인 행위자에 의해 야기된 외부 세계의 변화는 그 자체의 귀속 척도에 따라 그 자연인 행위자의 행위로 귀속되고, 이는 다시 기업 내에 존재하는 귀속 메커니즘(귀속 조건)을 매개로 삼아 기업의 행위로 귀속된다. 이와 같은 귀속 형식은 개인(환계)의 행위가 기업(체계)의 행위 귀속되는 것이라는 점은 구조적으로 연동되어 있는 순환적인 결합 관계를 통해 근거 지울 수 있다.

기업의 행위와 개인의 행위의 관계를 이와 같이 체계 이론적 관점에서 파악하게 되면, 개인주의와 집단주의의 저편에서 기업의 형법 주체성 문제를 해결할 수 있게 된다. 집단이나 단체 행위자로서의 기업은 의식 작용을 통해 행위하는 자연인 개인의 행위를 매개로 행위하지만, 동시에 자기 자신의 독자적 행위를 하기 때문에 종래 방법론적 개인주의가 취한 환원주의적 사고로부터 벗어나게 된다. 뿐만 아니라 기업을 구성원의 총합으로 보지 않기 때문에 조직주의적 집합주의가 가지고 있는 전체주의적 사고로부터도 탈피할 수 있게 된다.

이와 같은 사고에 기초한 루만의 체계 이론을 배경으로 삼은 귀속 모델은 동일시 이론에 기초한 양벌 규정의 귀속 모델과 근본적으로 다르다. 동일시 이론에 기초한 귀속 모델은 귀속 대상인 기업의 행위 능력과 책임 능력을 부정하는 전제 하에 사회적으로 실재하는 실체 없는 존재로서의 기업의 형사 책임을 인정한다.

반면 체계 이론에 기초한 귀속 모델은 행위 능력과 책임 능력이 인정되는 전제 하에 사회적으로 실재하는 기업에 대한 형사 책임을 인정한다. 여기서 특히 기업의 행위와 자연인 행위자의 행위가 구조적으로 연동돼 작동하고 순환적으로 결합되면서 후자의 행위가 전자에게 귀속되기 때문에, 이때 귀속은 외부에서 오는 귀속이 아니라 기업 내부에 존재하는 실질적인 관계성을 매개로 한 내부적 귀속이다.

2. 기업을 형법 주체로 인정하는 형법 규정이 만들어지면

형법학은 60여 년 동안 양벌 규정을 통해 기업에 형벌을 부과하면서도 그 이론적 근거 제시에 실패했다. 이 책은 루만의 체계 이론을 귀속 모델의 기초로 삼음으로써 기업의 형사 책임을 인정하기 위한 이론적 근거를 제시를 시도하였다. 기업을 형법 주체로 인정하는 전제 하에서 귀속 모델을 활용하는 구체적인 방법은 형법 총칙에 플랫폼 규정을 마련하는 방법이 입법 기술상 가장 간명한 방법이다. 형법 총칙 속에서 귀속을 가능하게 하는 플랫폼 규정을 두게 되면, 원래 형법이 사람에게만 적용할 것을 염두에 둔 범죄 행위의 일반적 범죄 성립 요건을 기업에 대해서도 적용할 수 있다. 기업도 형법 주체로 편입된 이상, 일반적인 범죄 성립 요건을 규정한 형법 총칙의 규정을 기업에도 그대로 적용할 수 있기 때문이다. 이로써 형법은 개인 형법의 차원을 넘어서 기업 형법(더 크게는 단체 형법)의 차원에 도달하게 된다.

기업을 형법 주체로 삼는 규정이 형법 총칙 규정에 만들어지면, 개인 형법에 부속물처럼 여겨져 온 양벌 규정의 프레임에 존재했던 중대한 난점들을 일거에 해결할 수 있게 된다. 먼저 기업 형법은 양벌 규정의 형사 정책적 효과성에 치명적인 결함, 즉 형법범에 대해서는 기업에 형사 책임을 지울 수 없었던 처벌의 사각 지대를 없앨 수 있게 된다. 뿐만 아니라 기업 형법은 기업에 대한 형벌 부과 요건을 자연인에 대한 그것과 상응하게 함으로써 평등 원칙의 요구에 부합해야 할 헌법상의 요구도 충족시켜준다.

더 나아가 기업 형법이 취하고 있는 귀속 모델은 겉모양은 귀속이지만 속으로는 기업의 독자적 불법과 책임도 여전히 인정하고 있기 때문에, 종래 동일시 이론에 기초한 귀속 모델의 한계도 극복할 수 있게 해준다. 그러나 체계 이론에 기초한 귀속 모델은 귀속 컨셉트가 가지는 장점은 그대로 보유할 수 있다. 귀속 메커니즘을 작동시키는 전제 조건, 즉 기업의 기능 수행자로서의 개인의 행위가 불법 요소만 충족시키고 책임 요소를 충족시키지 못하더라도 기업을 처벌할 수 있기 때문이다.

물론 체계 이론에 기초한 귀속 모델 하에서도 기업은 독자적 행위 능력을 가진 형법 주체로서 독자적인 불법도 추가적으로 실현하므로 자연인 위반 행위자의 불법의 정도를 넘어서는 불법이 인정된다. 이를 통해 자연인에 대해 적용될 법정형도 상향 조정할 수 있는 도그마틱적 토대를 확보하게 된다. 뿐만 아니라 독자적 책임 능력을 가진 기업의 책임은 개인의 행위 책임에 종속되지 않고 기업에 고유한 조직상의 책임을 찾아내 이를 근거로 기업에 대한 형사 책임을 인정할 수 있게 된다. 이러한 점에서 보면 기업 형법은 독립 모델적 요소가 가미되어 있는 것이므로 종속 모델 하에서 불가능했던 '조직화된 무책임 사례'에 대한 기업 처벌도 가능하게 해준다.

혹자는 기업의 행위 능력과 책임 능력을 인정하지 않고, 양벌 규정의 형식과 내용을 그대로 형법 속으로 편입시키더라도 동일시 이론에 기초한 귀속 방식에 의해 위와 같은 결론을 여전히 얻을 수 있지 않느냐고 반문할지 모른다. 그러나 종래의 동일시 이론 등에 기초한 귀속 모델 하에서는 기업 내의 기업 종사자 개인을 기업의 구성 요소로 보고 있기 때문에 개인만 실체를 가지고 행위한다고 인정했을 뿐, 기업이 사회적으로 실재하면서 전 법률적 사회적 행위 능력은 물론이고 독자적 책임 능력까지도 인정할 수 없는 한계가 있다. 이와 같이 귀속 대상인 기업에 독자적 행위 능력(가능성)과 책임 능력(가능성)을 인정하지 않는 전제 하에서 형사 책임을 지우는 태도는, '당위는 가능을 전제로 한다'는 명제 또는 '법은 불가능을 요구할 수 없다'는 법 원칙에 정면으로 배치된다. 기업의 독자적 행위 능력과 책임 능력이 인정되지 않으면 안되는 결정적인 이유가 바로 여기에 있다.

물론 기업을 독자적 형법 주체로 인정하더라도 기업의 독자적 불법과 책임을 적극적으로 근거 지우는 요소를 직접적으로 규범화할 수는 없다. 그러나 기업의 조직 구조상의 특성을 고려해 기업에 대한 불법과 책임을 소극적으로 근거 지우는 방법, 즉 불법 배제 사유와 일반적인 책임 조각 사유의 형식으로 규범화한다면 '책임 없이 형벌 없다'는 의미의 책임주의 원칙과 얼마든지 조화될 수 있다.

3. 친 기업 입법 정책 대 반 기업 입법 정책

기업을 사람과 같이 형법 주체로 인정하면 사회 경제적인 측면에서 기업에 유리해지는 측면도 있고, 불리해지는 측면도 있다. 유리해지는 측면은 기업에 대한 형벌 부과 요건을 자연인에 대한 그것과 일치시킴으로써 수십여 년 동안 자연인의 형벌 부과 요건에 비해 현저하게 낮았던 기업 처벌의 문턱이 비로소 정상화될 수 있다는 데 있다. 지난 반세기 동안 우리나라에서 기업에 대한 형사 책임을 인정한 양벌 규정은 자연인의 업무 관련적 위반 행위만 있다면, 기업에는 아무런 요건도 요구하지 않고 기업에 형사 책임을 지우도록 규정돼 있었다. 실로 무과실 책임론에 입각한 기업 처벌이었다.

그러나 2007년 이후 그러한 기업 처벌 규정이 책임주의 원칙에 위배된다는 이유로 위헌 결정됐다. 그에 따라 기업을 처벌하기 위한 기업 자체의 독자적 잘못을 상당한 주의와 감독 의무 위반으로 표현하는 내용의 양벌 규정 개정이 이루어졌다. 그럼에도 불구하고 이것만으로는 여전히 기업 처벌의 요건이 정당화되기는 어렵다. 종래의 양벌 규정은 상당한 주의와 감독 의무 위반의 체계적 지위가 모호했고, 특히 대표자가 위반 행위를 한 경우 책임 귀속이 예외 없이 인정됐기 때문이다. 그러나 이 책의 입론과 같이 기업의 형법 주체성을 적극적으로 인정하여 책임 조각 사유까지 자연인에 대한 범죄 성립 요건에 상응하게 개편한다면, 기업 처벌의 문턱은 사실상 자연인에 대한 그것과 동일한 수준이 될 수 있다.

이러한 맥락에서만 본다면, 기업의 형법 주체성을 인정하면 오히려 기업 친화적인 입법 정책이 구현되는 측면이 있을 수 있다. 인간에게 요구되는 엄격한 형벌 부과 요건에 따라 기업을 처벌하려는 스탠스를 취함으로써 기업에 대한 형벌 부과 요건을 자연인의 것과 상응시킴으로써 헌법상의 평등 요구를 저버리지 않으려는 출발점에 서 있기 때문이다. 이러한 기업 친화적인 측면은 특히 기업 처벌을 근거 지우기 위해 자연인에게 요구되는 행위 능력과 책임 능력을 기업에도 인정할 수 있는 이론을 찾아내고, 그에 기초해 기업에 대한 형벌 부과 요건을 규정하려는 노력에서 나타난다.

따라서 이러한 노력의 결과물은 기업이 유리하도록 하기 위한 의도에서 나온 것이 아니라 형벌을 수단으로 삼는 형법이 형법으로서 품격을 지키기 위해 최소한의 기준을 기업 처벌에게도 적용해야 한다는 차원의 헌법적 이론적 요청에 따른 자연스러운 결론에 불과하다. 만약 기업이 유리해지는 측면이 있더라도, 그것은 형법을 형법답게 하기 위한 형법 이론학의 반사적 이익일 뿐이다.

솔직히 말하면 기업의 형법 주체성을 정면으로 인정하게 되면 기업에게 불리해지는 측면도 더 많이 생긴다. 자연인의 위반 행위에 종속돼 기업이 처벌되는 이른바 종속 모델의 한계로부터 벗어나 조직화된 무책임 사례에 대해서 기업 처벌이 가능해지기 때문이다. 뿐만 아니라 기업이 형법 주체로 인정되면 기업 처벌의 대상 범죄를 양벌 규정상에 특정된 위반 행위에 국한시키지 않고 형법의 모든 범죄에 대해서까지 넓힐 수 있게 된다. 즉 기업이 인간과 같은 차원에서 행위 능력과 책임 능력을 가진 존재임을 인정함으로써 '인간이 범하는 범죄 따로, 기업이 범하는 범죄 따로'라는 사고로부터 벗어나게 된 것이다. 이와 같이 기업의 형법 주체성 인정은 과거 특정한 분야에서만 가능했던 기업에 대한 처벌이 모든 분야로 확대돼, 심지어 기업이 살인을 하는 주체로도 인정할 수 있게 된다.

더 나아가 기업을 독자적 형법 주체로 인정하게 되면, 기업에 대한 벌금형의 금액을 자연인에 대한 그것과 일치시킬 필요 없이 차등화가 가능해진다. 기업의 불법과 책임은 반드시 자연인의 그것과 일치하지 않을 뿐 아니라 기업에는 자연인의 범죄 행위를 방지해야 할 의무까지 추가적으로 인정되므로 기업의 불법이 자연인 개인의 불법을 상회하기 때문이다. 이에 따르면 현행 양벌 규정과는 달리 기업에 대한 벌금형을 독자적으로 상향 조정할 수 있고, 이러한 법정형의 조정은 기업에 대한 처벌의 수위를 더 높여야 한다는 형사 정책적 요구에도 부합할 수 있다. 이러한 변화를 결코 '친 기업적' 입법 정책이라고 할 수는 없을 것이다.

4. 정치적 보수주의 대 진보주의

기업의 형법 주체성 인정을 정치적 진영 논리의 시각에서 보아서도 안 된다. 즉 기업을 형법 주체로 인정하는 태도는 보수적이고, 기업을 형법 주체로 인정하지 않으면 진보적이라고 편 가름해서도 안 된다. 이러한 진영 논리가 형성되게 된 계기는 2012년 미국 대통령 선거에서 공화당 대선 후보와 민주당 대선 후보 간에 벌어진 논쟁에 기인한다. 당시 논쟁을 촉발시킨 '기업도 사람인가'라는 질문에 미국 공화당은 '기업은 사람이다'라는 주장을 편 반면, 민주당의 입장은 '기업은 사람이 아니다'라는 주장으로 맞서면서 양측의 주장이 첨예하게 대립했다.

'기업도 사람이다'는 주장의 포문을 연 것은 공화당 대선 후보 밋 롬니였다. 그는 유세 연설 중에 복지를 위해 기업 증세를 강조하는 유권자들의 요구에 "기업도 사람"이라고 함으로써 사람에 대해 무조건 증세를 할 수 없듯이 기업에 대한 증세도 제한돼야 한다는 주장을 폈다. 이에 맞서 민주당 대선 후보 버락 오바마는 "기업이 사람이라는 것을 설명하기 위해 당신이 얼마나 시간을 들여야 할지에 대해 내가 신경 쓸 바 아니다. 하지만 기업은 사람이 아니다. 사람이 사람이다"라고 응수

했다. '기업은 사람이 아니다'라는 민주당의 슬로건은 기업의 선거 자금 후원을 제한할 수 없다는 2010년 연방 대법원의 태도를 겨냥한 것이었다. 2010년 미국의 연방 대법원은 기업도 헌법상의 기본권의 향유자라는 전제 하에 개인이 누리는 표현의 자유처럼 기업도 자금 지출을 통해 제한 없이 표현의 자유를 누리는 주체로 인정했다.[13] 하지만 기업이 막대한 선거 자금을 지출함으로써 공적인 차원의 선거가 왜곡되고 기업이 금권 정치를 주도할 것을 우려한 민주당은 헌법상의 권리는 기업이 아니라 오직 피와 살을 가지고 의식을 가진 사람만을 위한 것임을 주장했던 것이다. 기업도 사람처럼 자유의 주체로 인정하게 되면 금권 선거를 통제하지 못하게 될 뿐 아니라 공평성을 생명으로 삼아야 할 정치가 기업과 부자들의 이익을 대변하는 방향으로 흘러가게 될 것을 우려한 것이다.

2016년에는 이비에스의 「다큐프라임」에서 '기업과 민주주의'라는 주제로 위 내용이 소개됨으로써 미국에서 전개된 진영 논리가 우리나라에도 상륙했다. 다뤄진 핵심 내용은 이랬다. '기업은 경제 활동의 필요성에 의해 사람들이 창조한 공동체이므로 기업의 재산권 행사에도 민주주의적인 절차가 요구된다. 따라서 기업을 소유한 사람 마음대로 기업을 좌지우지 할 수 없도록 직원들이 자기 일터에 대해 자주적인 결정권을 가지게 하는 것이 바로 기업에 요구되는 민주주의의 원칙'이라는 것이었다. 이에 대해 보수 진영인 자유경제원에서 이례적으로 성명서를 내고 토론회까지 거치면서 방송사의 편파성을 비난하고 나섰다. 그에 따르면 '기업의 활동을 규제하거나 통제하는 것은 시장 경제 체제에서 소비자들에게 선택을 받은 자유시장의 주인공인 기업의 자유에 대한 제한이므로, 정치 체제에서 요구되는 민주주의 원칙을 기업에 대해 강요할 수 없다'는 것이었다.

보수주의 진영의 논리는 '기업은 사람'이므로, 사람과 마찬가지로 기업의 자유 영역에 대한 지나친 제한이 있어서 안 되며, 기업에 민주주의적 요소를 많이 도입할수록 기업의 재산권이 과도하게 제한된다는 것이었다. 이와 같은 보수 진영의 입장에 의하면 사회적 제도로서 기업의 의사 결정 과정에 정치 논리인 민주주의의 원리가 작동되도록 해야 한다는 진보 진영의 논지는 '기업은 사람이 아니다'라는 주장 하에서만 가능한 논지라는 것이다. 이로써 기업 증세 및 기업의 선거 자금 지원을 둘러싼 미국의 민주당과 공화당의 대립은 물론이고 기업의 재산권 행사의 제한을 둘러싼 우리나라의 보혁 갈등도 모두 '기업이 사람인가'라는 물음에 대한 입장차에서 비롯된 것 같은 형식 논리적 외양을 보여주고 있다.

하지만 기업을 사람과 같은 법적 주체로 파악하는지 아니면 사람과 전혀 다른 법적 주체로 파악하는지의 문제와 정치적으로 보수주의와 진보주의 가운데 어느 쪽을 표방하는가의 문제는 별개의 차원이며, 양자는 논리 필연적인 관계에 있지도 않다. 예컨대 기업을 사람으로 인정하면서도 금권 정치의 폐해를 막을 수 있는 다른 제도적 수단을 주장하거나 재산권 행사에 제한을 가할 수 있다고 함으로써 정치적으로 진보적 태도를 취할 수 있고, 거꾸로 기업을 사람으로 인정하지 않으면서도 기업에 대한 증세 반대 등 얼마든지 보수주의적 태도를 취할 수 있다.

뿐만 아니라 기업에 인정되는 조직화의 자유를 남용했을 경우에는 기업의 자율성을 외부 형법적 관점에서 통제하기 위해 기업을 형법 주체로 인정해야 하는데, 이는 기업의 자유 제한이라는 진보주의의 진영과 맞닿게 된다. 또 다른 한편으로 기업은 사람이 아니기 때문에 형법 주체는 오직 사람만 될 수 있고 기업은 형법 주체가 될 수 없다고 한다면, 기업에 대한 가벌성을 확장할 수 없게 되고 결국 기업의 자유 확장을 표방하는 보수주의 진영의 품으로 돌아가게 될 수도 있는 것이다.

2012년 미국 대선 판도를 뒤흔들 만큼 영향력을 발휘했던 논쟁적인 주제인 '기업이 사람인가 사람이 아닌가'라는 질문, 즉 '기업에 법인격을 부여할 수 있는가'하는 질문은 이 책의 중심 주제인 '기업을 형법 주체로 인정할 수 있는가'라는 질문과는 그 지평이 다르다. 예컨대 기업을 사람과 같이 보면서 기본권의 주체로 인정하더라도 그것만으로 기업의 형법 주체성이 인정되는 것은 아니다. 앞에서 강조했듯이 소극적인 차원의 보호 주체나 권리 주체가 된다고 적극적 행위 주체가 되는 것은 아니기 때문이다. 뿐만 아니라 적극적 행위 주체가 된다고 해서 형법 주체가 되는 것도 아니다. 형법 주체는 형벌과 관련한 소통적 의미 내용을 이해할 수 있는 차원의 책임 능력까지 인정돼야 하기 때문이다.

5. 형법의 미래와 미래의 형법

'자기 생산적 사회 체계'인 형법은 기업의 사회적 역기능이라는 '환계'의 변화에 직면하여 사람(자연인) 외에 기업(법인)도 형법 주체로 받아들이지 않으면 안 될 자극과 압박을 받고 있다. 이에 기업과 형법을 자신의 환계로 가지고 있는—마찬가지로—자기 생산적 사회 체계인 '학문으로서의 형법학'은 형법 주체의 질적 요건이 무엇인가에 대해 답해야 할 과제를 떠안고 있다.

권리 능력을 인정하고 법인격을 부여함은 형법 주체로서의 질적 요건을 충족시키기 위한 하나의 단서가 될 수는 있다. 하지만 법인격이 부여되지 않고 따라서 아직 법인화되지 못한 대상에 대해서도 형법이 형법 주체성을 인정할 수 있는 가능성도 있다. 이러한 관점에서 이미 현행 양벌 규정이 최근에 와서 아직 법'인'이 아닌 다양한 사회적 조직체들, 즉 조합, 정당, 후원회, 기관, 법인격 없는 단체 등도 양벌 규정의 수범자로 확장해가고 있음은 형법 주체적 지위가 단순한 법적 승인이라는 형식적 차원만이 아니라 실질적인 차원에서 일정한 질적 요건을 요구한다는 측면을 보여주고 있다. 루만의 체계 이론식으로 표현하면, 형법 주체가 되려면 형식적으로 법'인'화되는 차원을 넘어서 진정한 형법 '인'이 될 수 있을 정도로 충분한 복잡성을 가진 자기 생산적 사회 체계 여야 할 것이다.

이러한 관점에서 보면 예컨대 동물의 생명권이나 복지권을 보호한다는 차원에서 동물에게 법인격을 부여하고 환경 보호의 차원에서 강에게 법인격을 부여해 동물을 학대하고 강을 오염시키는 행위를 처벌한다고 하더라도 이들을 형법 주체로 인정할 수 없다. 목적 합리적인 사고만으로는 어떤 존재도 형법 주체로 만들 수는 없다는 점에서 보면 동물이나 강을 형법 주체로 인정함으로써 당시의 시대정신을 좇았던 과거에로 회귀는 가능하지 않을 것으로 보인다.

하지만 인공 지능이 탑재된 로봇을 전자 인격e-person으로 인정해 손해 배상의 주체가 될 수 있는 길을 연 최근 유럽 의회의 결정은 형법이 제2차 질서의 관찰을 통해 로봇에 대해 자기 생산적인 재생산을 하는 독자적 형법 주체로의 편입을 성찰하게 만드는 계기가 되기에 충분하다. 특히 4차 산업혁명 시기에 인공 지능 기술의 발전이라는 환계의 변화는 그 자체로 자기 생산적 체계로서의 형법의 미래에 크게 영향력을 미치고 있다.

작동적 구성주의의 방법론을 출발점으로 삼는 루만의 체계 이론에 기초하면, 기업 외에 다른 존재도 얼마든지 새로운 형법 주체로 파악할 수 있는 이론적인 가능성이 열리게 된다. 예컨대 국가가 그렇다. 현대 사회에서 국가는 근대 이후—특히 한국 사회에서 전개된 수많은 국가 폭력 사례들에서 보듯이—예상을 뒤엎고 법익 침해를 일삼는 주체로서 우리 앞에 등장하고 있다. 이와 같은 국가 폭력 사건이라는 환계의 변화에 대해 형법은 국가(기관)도 공식화된 조직체로서 기업과 마찬가지로

인공 지능과 함께할 세상 — 이른바 '마음 없는 주체 mindless agent'가
전자 인격 e-person으로 인정되었다.

새로운 형법 주체로 편입시키는 것을 타깃으로 삼아 미래 형법을 여는 진화의 방아쇠를 당기게 만들고 있다.

형법 주체의 확장이라는 관점에서 형법의 미래를 조망해보면, 새로운 형법 주체의 물망에 오르는 후보군들이 인간의 행위 능력 및 책임 능력과 의미론적으로 동일시되는 질적 요건들을 충족시킬 수 있는 존재가 될 수 있는 자라는 물음이 끊임없이 제기될 것이다. 이에 답하는 일은 작동적 구성주의라는 방법론에 입각해 미래 형법의 모습을 규정짓는 핵심적 과제가 될 것이다. 형법 주체의 확장을 도모하는 미래 형법의 과제를 수행함에 있어 핵심 쟁점은 인간, 기업, 국가 또는 인공 지능 로봇 등 모든 형법 주체에 대해 요구되는 상위의 질적 요건에 대한 합의점을 찾는 일이 될 것이다.

그러나 새로운 형법 주체 후보군 중의 어느 하나가 마침내 새로운 형법 주체로 인정되더라도, 미래의 형법은 범죄 성립 요건과 그에 대한 형벌이라는 조건 프로그램의 모습을 유지하는 한, 크게 달라지지 않을 것으로 보인다. 즉, 인간(자연인)에게 적용될 범죄 성립 요건을 출발점으로 삼아, 이러한 요건들이 새로운 형법 주체인 기업, 국가, 그리고 인공 지능 로봇 등에게 각각 적용될 수 있도록 만드는 플랫폼 형식의 근거 규정을 두면 될 것이다. 물론 이 경우 각 주체별 특성에 맞는 각기 다른 플랫폼 규정이 만들어질 것이 요구된다. 주체별 특이점을 고려한 특별 요건이나 주체별 속성을 고려한 맞춤형 형사 제재를 마련하기 위함이다. 형법 주체의 확장이 동물이나 자연 현상 등에까지 미치는 퇴행적 격세유전으로 나타나지 않기를 바라며…

주

참고문헌

찾아보기

프롤로그

1 2017년 8월 25일, 삼성전자 이재용 부회장에 대해서
는 뇌물 공여, 횡령, 재산 국외 도피 등으로 유죄 판결
이 내려졌다. 미국의 해외부패방지법(FCPA)에 따르
면 국외 기업인 삼성전자에 대해서도 일정한 요건을
충족시키면 강력한 형사 처벌이 가능하다. 하지만 우
리나라에서는 뇌물 제공 등 형법상의 범죄와 관련해
기업 자체에 대해 형사 책임이 인정되지는 않는다.
이에 관해서는 후술한다.

2 2017년 3월, 뉴질랜드에서는 마우리족이 신성시하는
황거누이 강에 인간과 같은 법적 지위를 인정하는 법
률을 세계 최초로 통과시켰다. 인도에서는 2017년 3
월, 우타라칸드 주 고등법원이 갠지스 강과 야무나
강에게 법인격을 부여하는 판결을 내렸지만, 2017년
7월 대법원에 의해 파기됐다.

3 종래 법학자들은 어떤 존재가 법적 책임을 질 수 있는
법적 주체인지를 탐구함에 있어 법인격 부여 여부를
결정적인 척도로 삼아 왔다. 앞의 인도의 우타라칸드
주 고등법원 판결에 불복해 대법원에 상고한 주 정부
도 이와 같은 맥락에서 '강에게 인격을 부여하면 홍수
가 났을 때 피해주민이 강을 상대로 손해 배상 청구
소송을 할 수도 있게 되는 터무니없는 결과를 인정해
야 한다'는 점을 상고 이유로 내세웠다. 하지만 이
책에서는─후술하듯이─법인격이 부여돼 법인이 되
는 것과 행위 능력 및 책임 능력을 인정하는 것을
별개 차원의 것으로 본다.

4 앞에서 예로 든 태아나, 강, 기업이 법인격을 부여받았다고 해서 형법 주체로까지 인정될 수 없음은 행위 능력은 물론이고 책임 능력이 인정되지 않기 때문이다.

5 최병조, 『로마법강의』, 박영사, 1999, 313면.

6 Papa Innocontius Ⅳ, Apparatus in quinque Libros Decretalium(1245).

7 John C. Coffee, "No Soul to Damm: No body to kick: An unscandalised Inquiry into the Problem of Corporate Punishment", Michigan Law Review 79(1980/81), p.386.

8 대법원 1984.10.10. 선고 82도2595전원 합의체관결.

9 전 미국 법무장관 에릭 홀더(Eric Hoder)의 슬로건으로 Matthias John, "There is no such thing as too big to jail." Zu den Verfassungsrechtlichen Einwänden gegen ein Verbandsstrafgesetzbuch unter dem Grundgestz? in: *Das Unternehmensstrafrecht und seine Alternativen, Jahn/Schmitt-Leonardy/Schoop(Hrsg.)*, Nomos(2016), S.53.

10 가능한 방식의 개관으로는 박기석, "관례와 사례 분석을 통한 기업 범죄 처벌의 개선 방안", 『형사정책』 제20권 제2호(2008), 한국형사정책학회, 89면 이하 참조.

제1장 한국에서의 기업에 대한 형사 책임의 현실과 규범

1 김동춘, 『대한민국은 왜? 1945-2015』, 사계절, 2015, 265면.

2 김동춘, 앞의 책, 266면에서는 경제 영역에 국한해 "과거 재벌은 한국 경제의 견인차였으나 이제는 중소기업과 벤처기업의 혁신을 가로막고, 노동자들의 권리와 잠재력을 제약하는 등 경제 생태계의 건강성을 해치는 경제 혁신의 큰 걸림돌이 됐다"고 한다.

3 『한겨레신문』, 2014년 6월 24일자.

4 27개국 가운데 스페인의 기업 신뢰도가 38퍼센트로 가장 낮았고, 전체 평균은 58퍼센트였다. 우리나라의 경우 과거에는 평균치와 크게 차이 나지 않았지만, 2011년 혹은 세월호 사건 이후 그 격차가 더욱 벌어지고 있다. 여론 주도층뿐 아니라 일반 국민들의 지지 역시 낮다. 2014년 『한국경제신문』이 한국개발연구원·시장경제연구원과 공동 기획한 시장 경제 인식 조사에 따르면, 기업 신뢰도는 7점 만점에 3.67점으로 낙제 수준이었다.

5 「물 환경 보전법」에 의하면, 특정 수질 유해 물질 등을 누출·유출하거나 버린
   자는 3년 이하의 징역 또는 3천만 원 이하의 벌금(제77조), 과실인 경우에는 1년
   이하의 징역 또는 1천만 원 이하의 벌금(제78조 제2호)에 처하도록 돼 있는데,
   이 경우 두산전자는 물 환경 보전법의 양벌 규정(제81조)에 따라 종업원의 고의가
   인정되는 경우에는 3천만 원의 벌금, 종업원에게 과실이 인정되는 경우에는 1천만
   원의 벌금만 부과 받게 되기 때문이다.

6 영국의 '기업 과실치사죄'의 경우 다중 인명 피해가 발생했을 때 해당 기업에 부과할
   수 있는 벌금액은 매출액의 최대 10퍼센트다.

7 여기서 리콜 명령된 제품은 옥시싹싹 가습기 당번〈액체〉(한빛화학), 세퓨 가습기
   살균제((주)버터플라이이펙트), 와이즐렉 가습기 살균제(롯데마트 PB상품/용마산
   업사), 홈플러스 가습기 청정제(홈플러스 PB상품/용마산업사), 아토오가닉 가습기
   살균제(아토오가닉), 가습기 클린업(코스트코 PB상품/글로엔엠) 등이다.

8 미국이 워터게이트 사건 수사 과정에서 400여 개의 미국 기업들이 해외에서 3억
   달러 이상의 뇌물을 뿌렸다는 사실이 공개되고, 다나카 가쿠에이 전 일본 총리까지
   구속된 록히드 사건(1976년)이 일어나자, 1977년 미국의 카터 행정부는 외국 공무
   원에 대한 기업의 뇌물 공여 행위를 처벌하는 해외 부패 방지법(Foreign Coppupt
   Practices Act, FCPA)을 만들었다. 이 법률이 미국 기업의 발목만 묶는다는 불만에
   미국 정부는 다른 나라들을 압박해서 1997년 위 협약 체결을 유도했고, 부패 문제를
   국제적 이슈로 만들었다.

9 국가인권위원회가 2014년 실시한 「산재 위험 직종 실태 조사」를 통해 우리나라의
   대표적 산업인 조선업, 철강업 그리고 건설업에서 유해하거나 위험한 업무의 상당
   부분이 하청·재하청의 공급망supply chains을 통해 이뤄지고 있고, 하청 단계가
   늘어날수록 하청 노자들은 더욱 위험한 조건에서 일하고 있다는 사실이 드러났다.
   그리고 유해·위험 무의 외주화 확산, 하청 노자의 안전 건에 대한 원청 사업주의
   약한 법적 책임, 낮은 도급 단가, 많은 작업량, 부족한 공기工期 등이 하청 근로자
   들의 안전이 전혀 관리되지 않는 상황을 만들어내는 주요한 원인으로 파악됐다.

10 방법론적 개인주의는 모든 경제적 또는 사회적 거치 현상은 개개인의 행위의 결과이
   고, 따라서 모든 사회적 현상 특히 사회적 제도의 기능 작용은 인간 개인의 결정,
   행위 발전의 산물로 이해돼야 한다는 점을 방법적 원칙으로 삼는 태도를 말한다.
   이에 관해서는 Lars Udehn, *Methodological Individualism. Background,
   History and Meaning*, London 2001, S. 77.

11 예를 들어 김영헌, 『기업 범죄, 어떻게 예방할 것인가』(SERI 연구 에세이), 삼성경제 연구소, 2005.에서 '기업 범죄'라는 말은 기업이 직접 범죄를 범하는 것을 지칭하는 것이 아니라 기업의 대표자나 종업원 등에 의해 범해진 범죄, 즉 기업 관련적 범죄를 가리키는 것에 불과하다. 뿐만 아니라 이 책에서 기업 범죄의 현실을 진단하고 예방 효과를 높이기 위한 정책적 제언을 하고 있지만, 기업 자체의 형사 책임을 인정해야 한다는 주장은 보이지 않는다. 최근의 김재윤, 『기업의 형사책임』, 마인드 탭, 2015, 14-15면에서도 기업범죄 개념에 기업이 범한 위법행위 뿐 아니라 기업의 구성원에 의한 위법행위도 포함시키고 있다.

12 인간(자연인)만 행위할 수 있고, 자신의 행위에 형사 책임을 질 수 있는 존재임을 전제로 삼는 현행 형법을 '개인 형법'이라고 부르는 이유는, 이 책의 목적이 기업도 형법의 새로운 주체로 편입될 수 있는 가능성을 탐구하는 일에 있기 때문이다. 조직화된 단체로서 기업(법인)을 형법 주체로 인정하는 형법은 조직체에 해당하는 이른바 '단체'에 대한 형사 책임을 인정하는 단체 형법적 면모도 가지게 된다. 기업의 형사 책임을 인정하는 '단체' 형법에 대응하는 용어가 바로 '개인' 형법이다.

13 책임주의 원칙의 다층적인 의미에 관해서는, 양벌 규정이 책임주의 원칙과 조화를 이룰 수 있는가 하는 물음과 관련해 후술하기로 한다.

14 실체법상의 요건 이외에 절차법상의 요건은 별도의 필요성 및 법적 근거에 의해 요구되는 것이므로, 이 책에서는 다루지 않는다.

15 김성돈, 『형법총론』, 제5판, 성균관대학교 출판부, 2017.

16 형법 각칙은 과실치상죄(제266조 제1항), 과실치사죄(제267조) 그리고 업무상과 실·중과실치사상죄(제268조), 실화죄(제170조, 제171조), 과실폭발물파열죄(제172조 제2항), 과실일수죄(제181조), 과실교통방해죄(제189조), 업무상과실·중과실장물취득죄(제364조) 등 8개의 과실범구성 요건을 두고 있다.

17 형법 각칙상 결과적 가중범의 대표적인 예로는 상해치사죄(제259조), 폭행치사상죄(제262조), 강도치사상죄(제337조, 제338조), 강간·강제추행치사상죄(제301조, 제301조의2), 유기치사상죄(제275조 제1항), 존속유기치사상죄(제275조 제2항), 체포감금치사상죄(제281조), 현주건조물방화치사상죄(제164조 제2항), 특수공무방해치사상죄(제144조 제2항)등이 있다.

18 진정부작위범에 해당하는 범죄에는 퇴거불응죄(제319조 제2항), 집합명령위반죄(제145조 제2항), 다중불해산죄(제116조), 전시공수계약불이행죄(제117조), 전시군수계약불이행죄(제103조) 등이 있다. 이외에도 국가보안법상의 불고지죄(제10

조), 공중위생관리법의 신고의무 위반죄(제20조 제1항 제1호), 경범죄처벌법상의 여러 형태들(제1조 제7호, 제36호, 제42호, 제51호 등)이 있다.

19 다만 대법원은 공동정범의 경우 예외적으로 각 가담자에게 고의가 없고 과실만 있어서 공동정범의 성립을 긍정한다(특히 성수대교 붕괴사건에서 대법원 1997. 11. 28. 선고 97도1740 판결).

20 헌법재판소 1989. 7. 14. 88헌가5,8,89헌가44(병합).

21 헌법재판소 2005. 5. 26. 2002헌마699등 참조.

22 헌법재판소 2015. 2. 26. 2012헌바435.

23 헌법재판소 1997.8.21. 93헌바51의 반대 의견 중.

24 헌법재판소 2006. 4. 27. 2005헌바38.

제2장 기업에 형사 책임을 부담 지우는 양벌 규정의 겉과 속

1 이 장의 제2절 Ⅰ, Ⅱ, Ⅲ 및 제3절 Ⅰ의 내용은『형사법 연구』제27권 제3호(2015), 『형사법 연구』제28권 제2호(2016), 『형사정책연구』제27권 제2호(2016), 『형사 판례연구』제25호(2017)에 실린 필자의 논문을 정리한 것이다.

2 법제처 국가법령정보센터 홈페이지에서 양벌 규정으로 검색하면 536개의 법률이 조회된다(2015.11.20. 최종 검색).

3 신동운, 『형법총론』, 박영사, 2014.

4 이순욱, 『법인의 양벌규정에 관한 연구』, 서울대학교 박사학위논문(2016.2), 98면 에 따르면, 2015년 분석 당시 554개의 양벌 규정 가운데 464개가 위와 동일한 문구를 사용하고 있음을 확인하고, 이후 나머지 90개의 양벌 규정의 내용상의 편차 를 유형화해 분석하고 있다.

5 이렇게 확대되고 있는 양벌규정의 수범자들이 장차 형법 주체성을 인정받을 수 있을 것인지, 형법 주체로 인정되려면 어떤 질적 요건을 충족시켜야 하는지에 대해 서는 뒤에서 논하기로 한다.

6 대법원 2005.11.10. 선고 2004도2657 판결.

7 그러나 '공법인'을 넓은 의미로 이해하면 공공단체 뿐 아니라 국가도 공법인에 포함 된다. 국가기관도 형사 책임을 질 수 있는 새로운 형법주체로 인정할 수 있는지에

관해서는 후속 연구에서 다루기로 한다.

8 대법원 2015.12.24. 선고 2015도13946 판결.

9 그 외 다른 법률에서도 이와 유사한 정의가 있다. 예컨대 「기업 활력 제고를 위한 특별법」: 기업이란 상법 제169조의 회사로서 같은 법 제172조에 따라 성립한 회사를 말한다(법 제2조 제1호). 「기업 활동 규제 완화에 관한 특별 조치법」: 기업 활동이란 법인 또는 개인이 영리를 목적으로 계속적 반복적으로 행하는 모든 행위 및 이에 부수하는 행위를 말한다(법 제2조 제1호). 「대중소기업 상생협력촉진에 관한 법률」: 대기업은 중소기업이 아닌 기업을 말하고, 중소기업은 중소기업기본법 제2조에 따른 중소기업을 말하는 바(제2조 제1호 및 제2호), 중소기업 기본법 제2조 제1항은 중소기업을 다음과 같이 정한다. 다음 각 목의 요건을 갖추고 영리를 목적으로 사업을 하는 기업. 가. 업종별로 매출액 또는 자산 총액 등이 대통령령으로 정하는 기준에 맞을 것. 나. 지분 소유나 출자 관계 등 소유와 경영의 실질적인 독립성이 대통령령으로 정하는 기준에 맞을 것.

10 양벌 규정이 조직체나 단체로서의 법인 뿐 아니라 업무주인 개인을 수범자로 규정함으로써 업무주인 개인을 형법 총칙의 공범 규정에 따라 처벌하는 대신 양벌 규정상의 법인을 위한 맞춤형 특별 요건에 따라 처벌하는 태도의 문제점에 관해서는 후술한다.

11 양벌 규정의 현황을 정리하고 있는 문헌으로는 이순욱, 앞의 논문, 96면 이하 참조.

12 헌법재판소도 다수 의견의 별개 의견에서 "대표자"의 범위를 확대해, "법인의 경영 방침이나 주요 의사를 결정하거나 그 법인의 전체 업무를 관리 감독할 수 있는 지위에 있는 기관이나 종업원 또는 그와 같은 지위에 있는 자로부터 전권을 위임 받은 대리인"까지 포함하고 있다(헌법재판소 2009. 7. 30. 2008헌가14).

13 대법원은 양벌 규정상의 종업원에 대해서는 법인과 직접 고용 계약을 체결하지 않은 이른바 아웃소싱의 일환으로 채용된 자도 포함시키고 있다(대법원 1993. 05.14. 선고 93도344 판결; 대법원 2004.03.12. 선고 2002도2298 판결; 대법원 2006.02.24. 선고 2003도4966 판결).

14 이에 대해서는, 김성돈, 앞의 책, 156면.

15 앞서 언급했듯이 양벌 규정은 위반 행위를 직접 수행한 자연인의 위반 행위를 전제로 '법인' 업무주 외에 '개인' 업무주에 대해서도 형사 책임을 지우고 있다. 이 경우 '개인' 업무주는 해당 사업체의 대표자이므로 양벌 규정의 전단(즉, 대표자가 위반 행위를 한 경우)이 아니라 후단(즉, 종업원 등이 위반 행위를 한 경우)의 처벌

요건을 충족시켜야 한다.

16 물론 대법원 1983.3.22. 선고 81도2545 판결에서는 공동정범의 주관적 귀속 법리
    가 자연인 사이뿐 아니라 법인 사이에도 인정될 수 있는 것으로 보고 있다. 이에
    관해서는 후술한다.

17 이에 대한 예외적인 경우로는 「공직선거법」 제260조, 「병역법」 제96조, 「공익 법인
    의 설립·운영에 관한 법률」 제19조, 「공인중개사법」 제50조, 「민영교도소 등의
    설치·운영에 관한 법률」 제43조 등이 있다.

18 동일시 이론의 초석이 된 것은 법인이 그 기관을 통해 행위하고, 그 기관의 행위가
    곧 법인의 행위가 된다는 기에르케의 법인 실재설이라고 할 수 있다. 이에 관해서는
    후술한다.

19 따라서 대표자의 위반 행위 사례 유형을 규정한 양벌 규정의 전단 부분은 책임주
    의 원칙에 위배되지 않는다고 한다. "법인의 '대표자' 관련 부분은 대표자의 책임
    을 요건으로 해 법인을 처벌하므로 책임주의 원칙에 반하지 아니한다."(헌법재판
    소 2010. 7. 29. 선고 2009헌가25 결정; 대법원 2010.9.30. 선고 2009도3876
    판결).

20 영국의 동일시 이론에서는 기업의 형사 책임을 인정하기 위해서 자연인 위반 행위자
    를 해당 '기업의 브레인 격에 해당하는 일정한 지위'에 있는 자로 예정하고 있고,
    우리나라의 양벌 규정에서도 법인의 행위와 동일시되는 행위 주체를 법인의 '대표
    자'로 규정하고 있는 점에서만 차이가 있을 뿐 내용적으로나 구조적으로 아무런
    차이가 없다.

21 오스트리아의 단체 책임법에서는 단체(기업)에 대해 형사 책임을 인정하기 위한
    요건으로서 기업 내 '결정권자Entscheidungsträger'의 지위에 있는 자연인의 위반
    행위를 전제 조건으로 삼아 단체 책임을 근거 지우고 있다(오스트리아 「단체 책임
    법」 제3조 ② 단체는 결정권자가 스스로 위법하고 유책하게 범죄를 범한 때에
    당해 결정권자의 범죄에 대해 책임을 진다). 또한 그 법 효과로서 형벌이 아니라
    과태료 처분만 예정하고 있는 독일의 「질서 위반법」 제30조도 동일시 이론에 기초
    하고 있다. 다만 동일시되는 자연인 행위 주체로서 종래 법인의 기관과 대표자에
    국한하고 있었지만, 2002년 개정에 의해 '관리적 지위Leitungsperson'에 있는 자
    로까지 그 자연인 주체를 확대했다.

22 김성룡·권창국, "기업·법인의 형사 책임 법제 도입 가능성과 필요성", 형사법의
    신동향 제46권, 대검찰청, 2015. 113면.

23 박광민, "기업에 대한 형사 책임 귀속의 바람직한 방안", 성균관법학 제27권 제3호, 성균관대학교 법학연구소, 2015. 82면.

24 민법 제35조(법인의 불법 행위 능력) ① 법인은 이사 기타 대표자가 그 직무에 관해 타인에게 가한 손해를 배상할 책임이 있다. 이사 기타 대표자는 이로 인해 자기의 손해 배상 책임을 면하지 못한다.

25 배종대, 「형법총론」, 제7판, 홍문사, 2004, §47/35; 이재상, 「형법총론」, 제5판 보정판, 박영사, 2005, §7/15 등.

26 헌법재판소 2007.11.29. 2005헌가10에서는 '개인' 사업주의 형사 책임 인정 요건과 관련해 자연인 위반 행위와는 별도로 그 '개인' 사업주에게도 독자적인 귀책사유가 있어야 하는 것이 책임주의 원칙의 요구라는 점에서 이를 규정하고 있지 않은 양벌 규정이 위헌이라고 했다. 이 판시의 취지를 '법인' 사업주의 형사 책임 인정 요건과 관련해 관철시킨 것은 헌법재판소 2010.7.29. 2009헌가18의 결정이었다.

27 물론 개정된 양벌 규정의 법인에 대한 추가적인 처벌 근거는 실무상―그 본문과 단서의 형식에서 보이는 것과 달리―대표자 위반 행위 사례 유형의 경우가 아니라 종업원 등의 위반 행위 사례 유형의 경우에만 요구되는 것으로 해석되고 있다. 따라서 단서 조항이 후단의 종업원 책임 사례 유형에 대해서만 적용되는 것임을 분명히 하기 위해서는 두 가지 사례 유형을 별도의 조항에 규정하는 것이 바람직할 것이다.

28 양벌 규정의 단서 조항이 '단체 주체'의 책임을 수용한 것으로 해석하는 견해로는, 조병선, "개정 양벌 규정에서의 기업의 형사 책임: 과실 추정설에 대한 반론", 형사정책 제21권 제1호, 한국형사정책학회, 2009.

29 헌법재판소의 위헌 결정의 취지를 반영하기 위해 양벌 규정의 개정이 본격화되기 전, 종래 면책 조항을 포함하고 있었던 일부 양벌 규정에 대해서도 이러한 해석 및 평가는 가능한 것으로 보이지는 않는다. 종래 면책 조항을 포함하고 있었던 '일부' 양벌 규정과 2007년 이후 법인의 독자적 처벌 근거를 단서 조항에 규정하고 있는 '모든' 양벌 규정을 동일선상에서 바라 볼 수 없는 이유에 관해서는, 김성돈, "양벌 규정과 책임주의 원칙의 재조명", 「형사법연구」 제27권 제3호, 한국형사법학회, 2015, 'IV. 양벌 규정 속의 단서 조항의 도그마틱적 의의' 부분 참조.

30 헌법재판소도 양벌 규정의 전단 부분에 대한 해석론상 법인의 행위 능력을 다음과 같이 분명하게 부정하고 있다. "법인은 직접 범행의 주체가 될 수 없고 대표자의 행위를 매개로 해서만 범행을 실현할 수 있으므로 대표자의 행위를 곧 법인의 행위

로 보고 법인을 처벌하는 것이다."(헌법재판소 2013. 6. 27. 2012헌바371).

31 영국에서 동일시 이론의 적용을 받지 않는 하위직 종업원 등이 직접 행위 주체로 등장한 경우 기업에 대한 형사 책임을 인정하기 위한 법리를 말한다.

32 미국에서는 1909년부터 연방 대법원이 이른바 엄격 책임 법리가 적용되지 않고 주관적 요건mens rea이 요구되는 커먼로common law상의 범죄에 대해 기업의 형사 책임을 인정하기 위해 사용자 책임 법리를 원용했다. 즉 종업원 등이 기업을 위해 행위함에 있어서 그 행위가 기업으로부터 부여받은 권한을 사용한 것을 요건으로 기업의 형사 책임을 인정할 수 있다고 판시했다(an agent has "assumed to perform for the corporation when employing the corporate powers actually authorized"). 이후의 모든 연방 법원은 이 원칙을 따랐고, 기업의 형사 책임의 인정 기준을 더 높이려는 것을 내용으로 하는 모든 비판적인 태도를 수용하지 않았다. 뿐만 아니라 기업이 그 구성원들의 범죄를 발견하고 제재하기 위해 효과적인 규칙 제정이나 예방 정책을 실행에 옮기지 않았음을 증명하면 기업을 면책시키려는 요구도 거부했다. 이후 연방 법원에서 기업의 형사 책임 인정 요건을 보다 완화하는 차원에서 발전시킨 이론인 집합적 고의 이론이나 전략적 고의 이론의 내용 및 기업 형법의 발전과 관련한 시사점에 대해서는 후술한다.

33 이 이론은 위반 행위를 한 종업원의 행위에 대해 관리 감독상의 책임을 가진 '자연인'(특히 의사 결정권자)의 의무 위반이 있으면, 이를 근거로 곧바로 기업의 책임을 인정하는 이른바 대표자 책임 법리 혹은 귀속 모델에 입각해 독일의 질서 위반법을 해석하는 독일의 통설에 반대하는 해석론으로 등장했다. 이에 관해서는 Klaus Tiedemann, Die "Bebuβung" von Unternehmen nach dem 2. Gesetz zur Bekämpfung der Wirtschaftskriminalität, NJW 1988, S. 1169-1172.

34 스위스는 형법 개정을 통해 2003년 10월 1일부터 기업의 형사 책임을 형법전에서 다음과 같이 인정하고 있다.

제102조(기업의 책임) ① 중죄 또는 경죄가 기업의 목적을 달성하기 위한 업무 수행 중에 범해지고 기업의 조직상의 결함으로 인해 일정한 자연인에게 귀속될 수 없는 경우에는 기업에게 귀속된다.

② 범죄 단체 조직, 테러 자금 지원, 자료 세탁, 국내외 공무원에 대한 뇌물 공여, 뇌물 수수, 또는 부정 경쟁 방지법상의 매수죄가 범해진 경우, 기업이 그러한 범죄를 저지하기 위해 요구되고 기대되는 조직상의 모든 예방 조치를 취하지 않았다면, 자연인의 형사 책임과 무관하게 기업이 처벌된다.

35 귀속 주체인 위반 행위자의 관점이 아니라 귀속 대상인 법인의 관점에서는 이를 종속 모델이라고 부를 수 있다.

36 귀속 주체인 위반 행위자의 위반 행위의 질적 요건 충족에 의존되지 않고 법인 자신의 독자적 요건에 의해 처벌된다는 관점에서 이를 독립 모델이라고 부를 수 있다.

37 법인의 독자적 행위 능력을 인정하면서도 일정한 귀속 조건(귀속 메커니즘)을 토대로 삼는 귀속 콘셉트를 여전히 유지할 수밖에 없는 이유에 대해서는 이 책이 기초하는 루만의 체계 이론을 설명한 후에 밝히기로 한다.

38 범죄의 주관적(내부 심리학적) 요소가 형법 이론상 귀속의 대상이 될 수 없다고 한다면, 대표자 사례 유형의 경우 자연인에게는 법인의 업무 관련 행위에 대한 주관적 의사는 인정될 수 있지만, 법인에게는 그 자연인의 위반 행위를 자기의 위반 행위로 삼으려는 주관적 의사가 있다고 보기 어렵기 때문이다. 이와 관련된 문제점은 후

39 종래 일부 양벌 규정에 들어 있었던 면책 조항은 그 내용 측면뿐 아니라 법인 처벌을 위한 도그마틱적 의의 차원에서도 2007년 이후 새롭게 정비되기 시작한 양벌 규정 속의 면책 조항과 다르다. 이에 관해서는 후술한다.

40 당시의 비판론으로는, 무과실 책임은 그 자체로서뿐만 아니라 이를 통한 입증 책임의 전환이 이뤄질 경우 책임주의나 무죄 추정 원칙에 반한다(김재봉, "양벌 규정과 기업 처벌의 근거·구조", 『법학논집』 제24권 제3호, 한양대학교 법학연구소, 2007, 35면 등)는 의견이 주를 이루었다.

41 물론 2007년 당시 결정은 '법인'(즉, 법인 업무주)에 대한 것이 아니라 자연인인 '개인 업무주'를 겨냥하고 있었지만, 그 이후(특히 헌법재판소 2009. 7. 30. 2008헌가14)부터 이와 같은 결정의 취지가 '법인'에 대해서도 동일하게 적용되는 것임을 인정했다.

42 헌법재판소 2009. 7. 30. 2008헌가17; 헌법재판소 2011. 10. 25. 2010헌바307; 2011. 6. 30. 2011헌가7·10(병합); 헌법재판소 2011. 4. 28. 2010헌가66; 헌법재판소 2011. 9. 29. 2011헌가12; 헌법재판소 2011. 12. 29. 2011헌가33 등.

43 대법원 2010. 4. 15. 선고 2009도9624 판결; 대법원 2010. 12. 9. 선고 2010도12069 판결 등.

44 헌법재판소 2010. 7. 29. 선고 2009헌가25 결정; 대법원 2010. 9. 30. 선고 2009도

3876판결.

45 양벌 규정과 책임주의 원칙의 조화 여부 및 책임주의 원칙의 두 가지 의미에 관해서는, 김성돈, 앞의 논문, 136~138면 참조.

46 민법 제756조는 이미 1958년 제정 민법에서부터 사용자가 피용자의 선임 및 감독에 상당한 주의를 한 때에는 사용자에게 손해 배상 책임을 인정하지 아니한다고 함으로써－2007년 이후에야 양벌 규정 속에 본격적으로 편입됐던 단서 조항의 내용과 같이－적어도 '선임 감독상의 과실'을 추가적인 요건으로 인정하고 있었다. 개인 업무주 뿐 아니라 법인 업무주도 사용자에 포함되는 것으로 해석한다면, 민사 책임의 요건이 오히려 양벌 규정상의 형사 책임 요건에 비해 엄격했다고 할 수 있다.

47 이에 관해서는 윤장근, "양벌 규정의 입법례에 관한 연구", 「법제」 제438호, 법제처, 1994, 107면; 이기헌·박기석, 「법인의 형사 책임에 관한 비교법적 연구」, 한국형사정책연구원, 1995, 109-110면; 박영도, 「입법 기술의 이론과 실제」, 한국법제연구원 연구보고 97-1, 한국법제연구원, 1997, 359면.

48 따라서 장차 닥치게 될 양벌 규정의 개정이나 양벌 규정 체계를 뛰어넘는 새로운 기업 형법을 구상할 경우 이러한 일이 반복되지 않기 위해서라도 무엇보다도 먼저 양벌 규정의 현재 상태 및 그 적용 메커니즘에 대한 체계적인 분석이 선행되어야 한다.

49 특히 과실을 법인 처벌을 위한 최소한의 요건으로 이해하면서도 법인에게 고의가 있는 경우를 배제해서는 안 된다는 입장으로는, 김성규, "양벌 규정의 개정에 따른 법인 처벌의 법리적 이해", 외법논집(제35권 제1호), 2011, 157면; 오영근, 「형법총론(제3판)」, 박영사, 2014, 93면; 조국, "법인의 형사 책임과 양벌 규정의 법적 성격", 「서울대학교 법학」 제48권 제3호, 서울대학교 법학연구소, 2007, 68면 등이 있다. 이 입장은 사실상 고의와 과실 모두를 포괄한다는 점에서는 부작위 감독 책임설과 같지만, 법인의 불법의 특정을 부작위로만 보고 있지 않고, 작위도 포섭하고 있다는 점에서 부작위 감독 책임설과 다르다.

50 헌법재판소 2007. 11. 29. 2005헌가10 결정의 이동흡 재판관의 반대 의견에서는 "'법인의 종업원 등에 대한 선임·감독상의 과실'이란 것이 법인의 '업무'와 종업원 등의 '위반 행위'를 연결해주는 주관적 구성 요건 요소로서 추단될 수 있(다)"고 한다.

51 헌법재판소 2010.7.29., 2009헌가18 등.

52 헌법재판소 2007. 11. 29. 2005헌가10.

53 김성돈, 앞의 논문, 137면.

54 이에 관해서는 김성돈, 앞의 논문, 137면.

55 하지만 이와 같은 처벌 방식에 따르면, 만약 대표자의 행위가 책임이 조각된다면 법인의 형사 책임도 부정되기 때문에 법인 처벌이 대표자의 형사 책임 인정 여부에 전적으로 종속되는 한계가 생긴다. 영국에서는 이러한 동일시 이론에 기초한 법인의 형사 책임 법리가 가지는 한계로 인해 대위 책임에 근거한 기업 책임 모델을 만들어냈다가, 2007년 이른바 독립 모델에 기초해 기업 과실치사죄(Corporate Manslaughter and corporate Homicide Act)를 새롭게 신설하였다.

56 법인을 처벌하는 데 법인 자체에 요구되는 처벌 요건과 자연인의 위반 행위에 요구되는 처벌 요건이 어느 정도로 상호 의존적인가에 따라 법인 처벌 입법 모델이 달라진다. 양벌 규정이 어떤 입법 모델에 따르고 있는지에 대한 평가는 후술하기로 한다.

57 공범 처벌의 근거에 관한 이러한 해석은, 김성돈, 앞의 책, 592면.

58 양벌 규정이 전통적 책임 개념이 아니라 새로운 책임 개념을 출발점으로 삼고 있다고 해석할 수 있는지에 대해서는, 김성돈, "양벌 규정과 책임주의의 재음미", 『형사법연구』 제27권 제3호(2016), 138면 이하.

59 대법원 1980. 3. 11, 선고 80도138 판결; 대법원 1992. 8. 18, 선고 92도1395 판결; 대법원 1995. 7. 25, 선고 95도391 판결; 대법원 2002. 1. 25, 선고 2001도5595 판결 등.

60 종래 대법원이 양벌 규정의 단서 조항을 면책 조항으로 보아 입증 책임의 전환을 인정한 것으로 본 이유에 대해서는, 김성돈, "기업 형법과 양벌 규정의 도그마틱: 양벌 규정상의 법인에 대한 형벌 부과 요건을 중심으로", 『형사정책연구』 제27권 제2호, 154면 이하.

61 장한철, "양벌 규정에 관한 헌재의 위헌 결정과 개정 양벌 규정에 관한 고찰", 『한양법학』 제23권 제3집, 한양법학회, 2012, 128면; 한성훈, "법인의 감독 책임의 명확화에 관한 소고", 『한양법학』 제23권 제4집, 한양법학회, 2012, 48면; 이주희, "양벌 규정의 개선 입법에 관한 고찰", 『한양법학』 제20권 제4집, 한양법학회, 2009, 106면.

62 이와 현행 양벌 규정과 유사한 단서 조항, 즉 감독 의무를 해태하지 않은 경우(구

전당포영업법 제37조) 또는 위반 행위 방지를 위해 필요한 조치를 한 경우(구 산업 안전보건법 제71조) 면책을 규정하고 있는 양벌 규정도 있었다.

63 대법원 2010.7.8. 선고 2009도6968 판결.

64 박광민·조명화, "양벌 규정과 형사 책임―개정된 양벌 규정의 문제점을 중심으로", 법학논총 제23집, 숭실대학교 법학연구소, 2010, 291면 이하.

65 장성원, "양벌 규정에서 개인 책임과 단체 책임", 형사 정책, 한국형사정책학회, 제28권 제3호(2016), 335면에서는 소극적인 규정 형식의 입법적 의의에 대한 정당한 평가를 하고 있지 못하다.

66 이 점은 형법 제13조의 해석상 '죄의 성립 요소인 사실의 인식'은 고의 인정의 필요조건이지 고의 인정의 필요충분조건은 아니라고 해석하면서 인식설이 아니라 의사설을 고의의 본질이라고 해석할 수 있는 것과 같은 맥락에서 이해될 수 있다.

67 대법원이 법인을 과실범으로 처벌하는 듯한 태도를 보이고 있음은 "법인이 상당한 주의와 감독을 게을리 한 때"를 법인 처벌의 근거로 규정하고 있는 양벌 규정의 단서 조항의 표현 때문인 것으로 보인다.

68 만약 양벌 규정을 법인의 불법을 법인에게만 고유한 주의 의무 위반에 기초한 과실범 또는 법인에게 고유한 작위 의무에 기초한 진정부작위범을 근거 자우는 규정으로 본다면, 양벌 규정의 법적 성격을 귀속 규범이 아니라 구성 요건 창설 규범으로 이해해야 할 것이다. 이에 대해서는 양벌 규정의 법적 성격에 관한 부분에서 자세하게 다시 다룬다.

69 양벌 규정의 법적 성격으로서의 귀속 규범성은 동일시 이론에 기초해 법인을 처벌하는 귀속 모델과 일치하는 것은 아니다. 동일시 이론에 기초해 자연인의 위반 행위의 책임까지 법인의 책임으로 귀속된다는 것을 내용으로 삼기 때문에 법인 처벌이 자연인의 위반 행위에 전적으로 종속된다는 극단 종속 모델과 필연적으로 연결된다. 하지만 양벌 규정의 귀속 규범성은―뒤에서 살펴보겠지만―동일시 이론을 기초로 하지 않고서도 해석상 얻을 수 있는 결론이다.

70 피고인 갑 주식회사의 대표 이사 피고인 을이, 디지털 콘텐츠 거래가 이뤄지는 웹사이트를 운용하면서 영리를 위해 상습적으로 다른 사람의 저적 재산권을 침해했다는 내용으로 기소된 사안에 대해 대법원은 피고인 을에게 반복해 저작권 침해 행위를 하는 습벽이 있다고 보이므로 저작권법 제140조 단서 제1호를 적용해 고소가 소추 조건에 해당하지 않는다고 본 원심 판단을 수긍했다.

71 반면 종업원 등의 위반 행위 사례 유형의 경우 현행 양벌 규정의 태도가 구성 요건 창설 규범적 성격을 가진 것으로 보고, 종업원의 위반 행위를 법인 처벌을 위한 단순한 객관적 처벌 조건에 불과한 것으로 해석한다면, 위와 같은 결론은 유지될 수 없다. 이러한 경우에는 법인 처벌의 기준이 종업원의 위반 행위가 아니라 법인 자신의 행위가 되기 때문이다.

72 대법원 1983. 3. 22. 선고 81도2545 판결 참조("양벌 규정에 의해 법인이 처벌받는 경우에 법인의 사용인들이 범죄 행위를 공모한 후 일방 법인의 사용인이 그 실행 행위에 직접 가담하지 아니하고 다른 공모자인 타법인의 사용인만이 분담 실행한 경우에도 그 법인은 공동정범의 죄책을 면할 수 없다").

73 대법원 1996. 3. 12. 선고 94도2423 판결은 이를 긍정했다. 물론 위 판결은 법인에 대한 추가적인 처벌 근거를 단서 조항에 규정하고 있지 않았던 구 양벌 규정의 적용이었고, 위반 행위를 한 자연인 주체 역시 대표자가 아니라 사용인이었다. 현행의 양벌 규정 하에서 종업원 등의 위반 행위 사례 유형이 문제될 경우에도 대법원이 위와 같은 결론을 유지할 것인지는 확인할 수 없다. 하지만 앞서 설명했듯이 이 책에서 주장된 귀속 규범설에 의하더라도 대법원의 결론은 유지될 수 없을 것으로 본다. 법인에 대한 실체법적 형벌 부과 요건을 규정하고 있는 양벌 규정이 소송 조건이라는 절차법적 문제 해결을 위한 단서를 제공하고 있지는 않기 때문이다. 이 때문에 법인에 대한 절차법적 요건을 규율하는 별도의 규정이 있어야 할 것으로 생각된다.

74 협의의 공범 가운데 방조범은 형식적으로 실현된 구성 요건의 측면에서는 정범이 실현한 것과 동일하지만, 그 관여 형태를 기준으로 삼을 때 정범에 비해 약화된 불법을 실현한 것이므로 정범의 법정형에 비해 2분의 1이 감경되도록 하고 있다.

75 이와 달리 2007년 헌법재판소 결정 이후 입법자가 책임주의 원칙과의 조화를 도모한다는 취지에서 업무주가 자연인 개인인 경우에도 징역형을 모두 삭제하고 벌금형만 인정했다.

76 피해 규모나 법인의 재정 규모 등은 양형 사유가 될 수 있을지 모르지만, 법정형을 설정하기 위한 기준이 될 수는 없다. 법인에 대한 사회적 비난이 더 중하게 인정되는 측면은 법인에 대한 불법이 아니라 책임에 반영돼야 할 것이다. 양벌 규정의 법적 성격과 법인의 독자적 잘못에 대한 체계론상의 지위를 기준으로 삼아 법인에 대한 법정형을 새롭게 정하는 방안들은 입법론의 과제로서 후술한다.

77 대법원 2006.02.24. 선고 2005도7673 판결.

78 이미 구 양벌 규정에서부터 법인 영업주에 관한 사안이 아니라 개인 영업주에 관한 사안이긴 하지만, 대법원은 개인 영업주를 처벌하기 위해 반드시 종업원이 처벌될 필요는 없다는 태도를 취한 적이 있다(대법원 2006. 2. 24. 선고 2005도7673 판결; 대법원 1987. 11. 10. 선고 87도1213 판결). 이를 두고 일부 견해(이원형, "행정 형벌 법규에서의 양벌 규정의 해석과 문제점", 316면)는 양벌 규정이 종속 모델을 벗어나 독립 모델을 취한 것이라고 평가하기도 한다. 하지만 종속 모델과 독립 모델에 관한 이 책의 구별 기준에 따르면 양자의 구분을 이렇게 단순화할 성질의 것은 아닌 것으로 보인다.

79 이에 관해서는 김성돈, "양벌 규정과 책임주의 원칙의 재조명,"『형사법 연구』제27권 제3호, 한국형사법학회, 2015, 137면.

제3장 기업 처벌에 관한 현행법체계의 문제점과 한계

1 이 장의 제1절, 제2절, 제3절의 내용은『형사법 연구』제29권 제2호(2017)에 실린 필자의 논문을 정리한 것이다.

2 특히 형법 제30조의 공동정범자 간의 '일부 실행 전부 책임'의 귀속 법리를 생각해보라.

3 행위자와 책임 부담자의 불일치가 책임 개별화 원칙에 반한다는 비판(김유근, "기업 형벌과 형벌 이론 간의 괴리",『비교형사법연구』제9권 제1호, 한국비교형사법학회, 2007, 315면)이 있고, 의제 책임이나 타인 책임이라는 관점에서의 비판(장성원, "양벌 규정에서 개인 책임과 단체 책임",『형사 정책』제28권 제3호, 한국형사정책학회, 2016, 338면)도 있지만, 원칙적으로 '귀속'은 타인 책임을 위해 동원되는 법 기술이기 때문에 이러한 원론적인 비판은 양벌 규정의 귀속 방식에 대한 정확한 비판은 아니다.

4 칸트의 "당위는 가능을 전제로 한다"는 명제는 "법은 불가능을 의무 지울 수 없다"는 로마 시대의 법 격언으로 거슬러 올라간다. 이에 관해서는 김성돈, "과실범의 '정상의 주의'의 전제조건과 형법의 일반원칙",『비교형사법연구』, 제13권 제2호, 한국비교형사법학회, 20면 이하.

5 헌법재판소 2013. 6.27, 2012헌바371.

6 헌법재판소도 대표자 위반 행위 사례 유형의 경우 책임 귀속이 헌법상의 책임주의 원칙에 반하는지와 관련해 다수 의견과 반대 의견이 여전히 대립 중이다(헌법재판소 2011.11.24. 2011헌가34). 대표자의 행위에 대해 법인이 따로 면책될 길을 인정하고 있지 않다면, 책임주의 원칙에 정면으로 반하게 된다는 입장을 밝힌 견해로는 김성규, "법인 처벌의 법리와 규정 형식", 『법조』 제578호, 2004, 129면. 양벌 규정에 대한 위헌 결정 이후 개정된 양벌 규정에 대한 평가로는 김성규, "양벌 규정의 개정에 따른 법인 처벌의 법리적 이해", 『외법논집』 제35권 제1호, 2011, 153면; 장성원, "양벌 규정에서의 법인 처벌의 본질", 『경찰학 논총』 제6권 제2호, 2011, 342면.

7 이와 같은 관점에서의 전가 책임의 문제점에 관해서는 Güther Jakobs, "Strafbarkeit juristischer Personen," in: FS für Klaus Lüderssen, 2002, S. 567.

8 독일의 형법학계에서 압도적인 다수의 입장이 법인에게 형벌을 부과하는 형사 입법을 수용하지 않으려는 것도 근본적으로 법인에게 책임 능력이 없음을 인정하기 때문이다.

9 물론 자연인 위반 행위자와 법인의 법정형을 동일하게 벌금형으로 규정하는 방식이 90퍼센트 이상을 차지하고 있긴 하다. 예컨대 「자본시장과 금융 투자업에 관한 법률」 제448조.

10 예컨대 「건설 기술 관리법」의 벌칙 조항에서는 자연인에게 10년 이하의 징역 또는 1억 원 이하의 벌금형과 무기 또는 3년 이상의 징역형을 부과하고 있지만, 양벌 규정에서는 법인 또는 개인에게 10억 원 이하 벌금의 법정형을 부과하고 있다.

11 위반 행위에 대해 벌금형뿐 아니라 징역형이 법정형으로 규정돼 있음에도 불구하고, 법인 사업주뿐 아니라 개인 사업주에게도 벌금형으로 일원화시키고 있음은 개인 사업주가 자연인으로서 법인 사업주와는 달리 벌금형 외에 징역형도 부과 받을 수 있음을 간과하고 지나치게 형식적 통일성을 기한 결과로 보인다.

12 예컨대 「건설산업기본법」의 벌칙 조항에서는 자연인에게 각각 10년 이하의 징역과, 무기 또는 3년 이상의 징역으로 법정형을 부과하고 있지만, 양벌 규정에서는 법인 또는 개인에게는 10억 원 이하의 벌금형을 과料한다고 돼 있다. 이와 같은 형식은 「건축법」, 「주택법」, 「산업 기술의 유출 방지 및 보호에 관한 법률」, 「시설물의 안전 관리에 관한 특별법」, 「저수지 · 댐의 안전 관리 및 재해 예방에 관한 법률」

등에서도 나타난다.

13 양자의 형종이 다르거나 형량이 다르다는 것은 양자의 불법이 달라진다는 것을 의미하고, 이는 결국 양벌 규정의 법적 성격이 더 이상 순수 귀속 규범적 성격을 가지는 것이 아니라 구성 요건 창설 규범적 성격을 가진 것으로 해석할 여지도 있음을 의미한다.

14 위반 행위자와 법인의 불법 내용에 차이가 있으므로 양자의 법정형을 연계시키는 것이 타당하지 않다고 보는 견해로는, 김재봉, "양벌 규정에서 법인과 행위자의 법정형 분리의 필요성", 『법과 정책 연구』 제12집 제3호, 한국법정책학회, 2012, 1001면.

15 집합적 고의 이론이란, 예컨대 은행원 A, B, C가 각각 당해 은행과 금융 거래하는 고객의 관련 법규 위반을 간과한 경우, 각 은행원 A, B, C의 인식은 독립적으로는 해당 범죄의 주관적 요건 충족에 미달했지만, 이들 모두의 인식을 합하면 당해 범죄의 주관적 요건을 충족시킬 것을 조건으로 법인인 은행을 형사 처벌하려는 이론을 말하며, 전략적 고의 이론이라고도 한다.

16 이러한 한계를 동일시 이론의 한계로 지적하고 있는 입장으로는, 이순욱, "법인의 양벌 규정에 관한 연구", 서울대학교 박사학위논문, 2016, 149면 이하.

17 예컨대 앞서 살펴보았듯이, 위반 행위의 주체 적격이 사업주나 업무주라는 신분자에게 국한돼 있는 경우 직접 행위 수행자인 종업원 등이 그러한 신분적 지위를 갖추지 못해도 법인을 양벌 규정에 의해 처벌할 수 있다는 대법원 판례(대법원 1987.11.10. 선고 87도1213)가 있다. 하지만 대법원의 이러한 태도는 양벌 규정에 대해 수범자를 확대시키는 기능까지 인정하고 있기 때문에 죄형법정주의에 반한다는 비판을 받아 마땅할지언정, 일부 견해와 같이 양벌 규정 자체의 독립 모델성을 긍정하고 있다고 평가해서는 안 된다.

18 양벌 규정의 해석론상으로는 종속 모델이 타당하지만, 행위자 특정이 어려운 경우 '입법론적으로'만 독립 모델을 수용할 수 있다는 입장(김재봉, "법인을 위한 행위와 행위자처벌의 근거", 『법학 연구』 제42호, 전북대학교, 2014, 40면)도 이론적으로 법인의 행위 능력과 책임 능력을 근거 지우는 작업까지는 나가지 못하고 있다.

19 현행 양벌 규정상의 법인 처벌이 순수 독립 모델에 기초하고 있다는 평가가 가능하기 위해서는 법인의 독자적 행위 주체성을 인정하는 것을 기초로 삼아 법인의 독자적 불법과 독자적 책임을 근거 지울 수 있어야 한다. 이를 위해서는 먼저 법인의

행위 능력과 책임 능력을 이론적으로 근거 지울 수 있어야 한다.

20 입법론적으로 독자적 조직 책임 이론과 동일시 이론을 결합하거나 혼합시키는 것을 제안(김성룡 · 권창국, "기업 · 법인이 형사 책임 법제 도입 가능성과 필요성", 『형사법의 신동향』 통권 제46호, 대검찰청, 2015, 172면; 김재봉, 앞의 논문, 40면; 김재윤, 『기업의 형사 책임』, 마인트탭, 2015, 388면)하는 견해가 있다. 하지만 이러한 구상은 법인의 행위 주체성을 긍정하는 모델과 부정하는 모델의 결합을 인정하는 태도로서 입법론적으로도 수용되기 어렵다.

21 직접 위반 행위를 한 자연인의 행위에 대해서는 형법 총칙의 규정이 당연히 적용된다. 법인에게 형법 제48조에 의해 몰수(또는 추징)의 부과 가능성이 열려 있다는 견해(조국, "법인의 형사 책임과 양벌 규정의 법적 성격", 『법학』, 제48권 제4호, 서울대학교 법학연구소, 2007, 60면 각주5; 이천현 · 송효종, "기업의 경제 활동에 관한 형사 법제 연구(Ⅱ) - 기업 범죄에 대한 제재 체계의 현황과 개선 방향", 한국형사정책연구원, 2010, 32면)가 있지만, 형법상 범죄 능력이 인정되지 않는 법인이 제재 부과의 대상인 '범인'이 될 수 있다고 해석하기는 어렵다. 따라서 법인에 대한 몰수가 가능하려면 별도의 근거 규정이 마련되어 있어야 할 것이다.

22 양벌 규정을 법인 처벌을 위한 사실상의 총칙 규정으로 볼 수 있다는 평가(신동운, 『형법총론』, 제8판, 법문사, 2014, 111면)가 있지만, 최근 분야별로 그 구체적인 내용이 조금씩 다르게 규정되고 있는 양벌 규정의 모습들을 보면, 기본적인 골격이나 공식의 유사성만으로는 법인 처벌을 위한 총칙 규정적 성격을 부여할 수 있는지에 대해서는 의문이 든다.

23 물론 행위 능력과 책임 능력이 부정되는 법인에 대해 '귀속' 방식에 따른 '형사' 책임을 인정할 수 있는지에 대한 근본적인 의문에 관해서는 앞서 살펴보았다.

24 "위반 행위를 한 자연인이 법인의 이사 기타 대표자인 경우에는 자수 감경에 관한 형법 제52조 제1항의 규정을 적용해 법인에 대한 형을 감경할 수 있다."(대법원 1995.7.25. 선고 95도391)

25 법인 처벌 근거를 소극적으로 규정한 것의 입법적 의의에 관해서는, 김성돈, "기업 형벌과 양벌 규정의 도그마틱", 『형사정책연구』 제27권 제2호, 한국형사정책연구원, 2016, 156면.

26 2007년 헌법재판소로부터 위헌 결정을 받은 양벌 규정에도 「식품위생법」 제22조 제1항 및 제2항의 허가를 받지 아니하거나 신고를 하지 아니하고 제조 가공한

자, 이미 허가 또는 신고된 식품이나 첨가물과 유사하게 위조 또는 변조한 자, 그 정을 알고 판매하거나 판매할 목적으로 취득한 자 및 판매를 알선한 자, 동법 제6조, 제7조 제4항의 각 규정에 위반해 제조 가공한 자, 그 정을 알고 판매하거나 판매할 목적으로 취득한 자 및 판매를 알선한 자를 처벌하는 보건 단속에 관한 특별조치법 제2조(부정식품 제조 등의 처벌)의 경우 인체에 현저히 유해한 식품 또는 첨가물인 경우 사람을 사상에 이르게 한 행위도 위반 행위에 포함시키고 있다.

27 김용섭, "양벌 규정의 문제점 및 개선 방안", 『행정법 연구』 제17호, 행정법 이론실 무학회, 2007, 200면 참조.

28 예컨대 「자본시장과 금융 투자업에 관한 법률」 제448조의 "법인(단체를 포함한다. 이하 이 조에서 같다)의 대표자나 법인 또는 개인의 대리인, 사용인, 그 밖의 종업원 이 그 법인 또는 개인의 업무에 관해 제443조부터 제446조까지의 어느 하나에 해당하는 위반 행위를 하면 그 행위자를 벌하는 외에 그 법인 또는 개인에게도 해당 조문의 벌금형을 과한다." 그 외에 「독점규제 및 공정거래에 관한 법률」 제70 조(1996년 개정), 표시·광고의 공정화에 관한 법률 제19조(1999년), 「자본시장과 금융 투자업에 관한 법률」 제448조(2008년), 「통계법」 제40조(2007년), 「승강기 제조 및 관리에 관한 법률」 제27조(2004년) 등.

29 예컨대 「노동조합 및 노동관계조정법」 제94조의 "법인 또는 단체의 대표자, 법인· 단체 또는 개인의 대리인·사용인 기타의 종업원이 그 법인·단체 또는 개인의 업무에 관해 제88조 내지 제93조의 위반 행위를 한 때에는 행위자를 벌하는 외에 그 법인·단체 또는 개인에 대해도 각 해당 조의 벌금형을 과한다." 이외에도 「건설 근로자의 고용 개선 등에 관한 법률」 제25조 제1항 또는 「정치자금법」 제50조도 같은 형식이다.

30 예컨대 「보험업법」 제208조 제1항의 "법인(법인이 아닌 사단 또는 재단으로서 대표 자 또는 관리인이 있는 것을 포함한다)의 대표자 또는 법인이나 개인의 대리인·사 용인 그 밖의 종업원이 그 법인 또는 개인의 업무에 관해 제200조·제202조 또는 제204조의 위반 행위를 한 때에는 행위자를 벌하는 외에 그 법인 또는 개인에 대해 각 해당 조의 벌금을 과한다."

31 예컨대 「공직선거법」 제260조 제1항의 "정당·회사, 그 밖의 법인·단체(이하 이 조에서 '단체 등'이라 한다)의 대표자, 그 대리인·사용인, 그 밖의 종업원과 정당의 간부인 당원이 그 단체 등의 업무에 관해 (⋯) 의 어느 하나에 해당하는 위반 행위를 하면 그 행위자를 벌하는 외에 그 단체 등에도 해당 조문의 벌금형을 과한다. 다만,

단체 등이 그 위반 행위를 방지하기 위해 해당 업무에 관해 상당한 주의와 감독을 게을리 하지 아니한 경우에는 그러하지 아니한다."

32 예컨대 「부정수표 단속법」 제3조 제1항의 "제2조의 경우에 발행인이 법인이나 그 밖의 단체일 때에는 그 수표에 적혀 있는 대표자 또는 작성자를 처벌하며, 그 법인 또는 그 밖의 단체에도 해당 조문의 벌금형을 과한다. 다만, 법인 또는 그 밖의 단체가 그 위반 행위를 방지하기 위해 해당 업무에 관해 상당한 주의와 감독을 게을리 하지 아니한 경우에는 그러하지 아니한다." 제2항의 "대리인이 수표를 발행한 경우에는 본인을 처벌하는 외에 그 대리인도 처벌한다."

33 대법원 1995.7.28. 선고 94도3325 판결. "(생략) 법인격 없는 사단에 대해서도 위 양벌 규정을 적용할 것인가에 관해는 아무런 명문의 규정을 두고 있지 아니하므로, 죄형법정주의의 원칙상 법인격 없는 사단에 대해는 같은 법 제74조에 의해 처벌할 수 없고, 나아가 법인격 없는 사단에 고용된 사람이 유상 운송 행위를 했다 해서 법인격 없는 사단의 구성원 개개인이 위 법 제74조 소정의 '개인'의 지위에 있다 하여 처벌할 수도 없다."

34 이러한 차원에서 보면, 오늘날 경제적인 주체를 의미하는 용어로 널리 사용되고 있는 '기업'도 법인을 처벌하는 형벌 법규의 수범자로 포섭될 수 있도록 해야 할 것이다. 기업은 '영리 활동'이라는 표지를 기준으로 삼으면 법인 가운데 영리 사단 법인으로 분류될 수 있고, 결국 그 상위 개념인 단체에 포함될 수 있다. 이와 같은 관점에서 오스트리아 입법자는 2007년 자연인 이외의 집합체에 대한 형사 책임을 규율한 특별법을 만들어 이를 '단체 책임법'이라는 명칭을 붙이고, 단체에 관한 정의 규정 속에 법인 등 구체적인 수범자를 열거하는 방식을 취하고 있다.

35 개인 업무주의 경우는 자연인이므로 '신분 없는 고의 있는 도구'를 이용한 신분자를 간접정범으로 처벌할 수 있을 것이다. 이에 관해서는 김성돈, 앞의 책, 639면.

36 이러한 해석상의 난해성을 극복하려면 위반 행위 주체별로 구분해 법인에 대한 형벌 부과 요건을 별도의 조항에서 나누어 규정하는 것이 바람직할 것이다.

37 이러한 법인 처벌의 한계를 극복하기 위한 방안으로서 '법인-중간 관리자-종업원 등'이라는 3주체 관계를 규율하는 방안 및 그러한 방안에 관해서는 후술한다.

38 이러한 취지의 최근 비판으로는 이주희, "양벌규정의 실효성 확보에 관한 연구-법인에 대한 벌과금 중과를 중심으로", 『법학연구』 제47집, 한독법학회, 2012, 252면 이하.

39 미국의 양형 개혁법에 따라 마련된 양형 위원회의 양형 기준 및 법무부 기소 가이드
    라인은 준법 경영, 수사 협조, 재발 방지 조치 등을 고려해 법인에 대한 형사 책임에
    대한 인센티브적인 의미만 가지도록 만들었을 뿐이다.

40 대법원도 법인에 대한 처벌 근거로서 양벌 규정이 규정하고 있는 "상당한 주의
    또는 관리 감독 의무"의 위반에 대한 해석으로 "당해 위반 행위와 관련된 모든
    사정, 즉 당해 법률의 입법 취지, 처벌 조항 위반으로 예상되는 법익 침해의 정도,
    그 위반 행위에 관해 양벌 규정을 마련한 취지는 물론 위반 행위의 구체적인 모습,
    그로 인해 야기된 실제 피해 결과와 피해의 정도, 법인의 영업 규모 및 행위자에
    대한 감독 가능성 또는 구체적인 지휘 감독 관계, 법인이 위반 행위 방지를 위하여
    실제 행한 조치 등을 종합하여 판단하여야 한다"(대법원 2010. 4. 15. 2009도9624
    판결)고 규정하고 있는데, 여기에서 대법원은 준법 감시 프로그램(행위자에 대한
    감독 가능성)을 상당한 주의와 감독 의무를 위반하였는지를 판단하기 위한 하나의
    참고 자료로 보고 있을 뿐이다.

41 앞서 언급했듯이 우리 헌법재판소는 대표자 위반 행위 사례 유형의 경우, 대표자의
    책임을 법인의 책임과 동일시해 이를 법인의 형사 책임의 근거로 삼으려는 다수
    의견에 대한 반대 의견이긴 하지만, 이와 같이 법인을 독자적 형법 주체로 인정할
    수 있는 방향을 제시한 바 있다(헌법재판소 2013. 10. 24., 2103헌가18).

제4장 기업(법인)의 형법 주체성 인정을 위한 이론적 기초

1 대표적으로 박상기, 『형법총론』 제6판, 박영사, 2004, 69면.
2 독일에서 기에르케의 노선에 따라 가장 분명하게 법인의 가벌성을 인정하고 있는
   견해(Lütolf)는 법인의 독자적 행위 능력과 책임 능력을 인정한다. 이 견해는 법인
   이 포괄적 보증인적 지위를 가지고 있다는 생각에 기초하고 있다. 이에 반해 사비
   니의 관점에 따르는 자들(Freier, Jakobs)은 사비니가 논리 일관되게 인정하듯이
   민법적 불법 행위 능력은 인정하고 있지만, 법인의 범죄적 행위 능력과 책임 능력
   은 부정한다.
3 von Gierke, *Das deutsche Genossenschaftrecht. Das Staats-und
   Korporationslehre des Altertums und des Mittelalters und ihre Aufnahme
   in Deutschland*(Band III), Berlin, 1881, S. 603f.

4 von Gierke, *Das deutsche Genossenschaftrecht und die Deutsche Rechtssprechung,* Berlin, 1887, S. 758.

5 Ernst Hafter, *Die Delikts-und Straffähigkeit der Personenverbände,* Berlin 1903, S. 65.

6 앞서 살펴보았듯 이 점은 우리나라의 양벌 규정의 대표자 위반 행위 사례 유형에 대한 헌법재판소의 태도와 일치한다.

7 Charlotte Schmitt-Leonardy, "Das interpretatorische Konstrukt Unternehmen hinter Unternehmenskriminalität," in: Kemp/Lüderssen/Volk(Hrsg.), Unternehmensstrafrecht, 2012(이하 'Schmitt-Leodardy, 2012'라 한다) S. 116-117.

8 von Savigny, *System des heutigen römischen Rechts*(Band II), 2. Neudruck der Ausgabe von 1840, Aelen 1981, S. 239, S. 2, S. 236.

9 Schmitt-Leonardy, .2012, S. 117.

10 Schmitt-Leonardy, 2012, S. 118.

11 Günther Teubner, "Unternehmenskorporatismus. New Industrial Policy aund das "Wesen" der Juristische Person," KritV 1987(이하 'Günther Teubner, KritV 1987'라 한다), S. 65.

12 Pieth/Ivory, "Emergence and Convergence: Corporate Criminal Liability Principles in Overview", Pieth/Ivory(Hrsg.), Corporate Criminal Liability, Emergence, Convergence and Risk, 2011(이하 'Pith/Ivory, 2011'이라 한다), S. 7.

13 Pieth/Ivory, 2011, S. 7.

14 Teubner, KritV 1987, S. 66.

15 Gustav Radbruch, *Rechtsphilosophie,* Studienausgabe, 1932(1999), §17, S. 127.

16 Hans Kelsen, *Reine Rechtslehre,* 2. Aufl., 1960(2000), S. 176.

17 이와 같은 맥락에서 보면, 집단주의적 시각을 가지고 법인이나 단체의 독자적 주체성을 인정하려고 했던 것은 기에르케의 공적이라고 할 수 있지만, 자연인 외에 법인에게도─허구적이나마─독자적 주체성을 인정하려고 사비니의 사고는 개념을 철저하게 규범주의적으로 이해하려는 태도라고 할 수 있다.

18 이에 관해서 Niklas Luhmann, *Einführing in die Systemtheorie*, Hrsg. von Dirk Baecker, Heidelberg, 2002: 윤재왕 옮김, 『체계 이론 입문』, 새물결, 2014, 79-80면(이하 '윤재왕 옮김, 2014'라 한다). 뒤에서 설명하겠지만, 루만은 이와 같은 '분석적' 체계 이론과는 반대로 대상이 사회적으로 실재하고 주체가 이 대상을 있는 그대로 서술해야 하는 방법론을 '구체적' 체계 이론이라고 한다. 형법학 방법론에서 사용하는 용어로 표현하면, 구체적 체계 이론은 입법자가 사물 논리적 구조에 구속된다고 보는—벨첼 류의—순수 존재론적(자연주의적) 방법론에 상응한다.

19 뒤에서 살펴보겠지만, 분석적 체계 이론이나 구체적 체계 이론이 모두 관찰자는 체계 바깥에 있음을 인정하지만, 루만의 체계 이론은 체계 자신이 동시에 관찰자가 돼 주체와 객체의 구분을 해소하는 것을 출발점으로 삼는다.

20 Niklas Luhmann, *Erkenntnis als Konstruktion*, 1988, S. 1.

21 자기 생산autopoiesis 개념에 관해서는, 윤재왕 옮김, 2014, 141면 이하 참조).

22 Carlos Gomez Jara-Diez, "Grundlage des konstruktivistischen Unternehmensschuldbegriffes," ZStW 119(2007, 이하 'Gomez Jara-Diez, 119(2007)'라 한다), S. 295.

23 Niklas Luhmann, *Soziale Systeme. Grundriβ einer allgemeinen Theorie*. Suhrkamp, 1984(이하 'Luhmann, 1984'라 한다), S. 30.

24 Margot Berghaus, *Luhmann leicht gemacht*, 3.Aufl., Böhelau 2011(이하 Berghaus, 2011), S. 36.

25 Niklas Luhmann, *Soziologische Aufklärung 5. konstruktivistische Perspektiven*. Opladen, 1990, S. 50.

26 Berghaus, 2011, S. 27.

27 Niklas Luhmann, *Die Religion der Gesellschaft*. Hrsg. von Andre Kieserling, Frankfurt a.M. 2000, S. 139.

28 윤재왕 옮김, 2014, 179-180면.

29 앞의 관찰을 1차적 질서의 관찰이라고 하고, 뒤의 관찰을 2차적 질서의 관찰이라고 한다(Berghaus, S. 49).

30 윤재황 옮김, 2014, 135면.

31 Berghaus, 2011, S. 54.

32 윤재황 옮김, 2014, 43면.

33 'System'과 구별되는 'Umwelt'라는 개념은 뒤에서 살펴보겠지만 생태학적 의미의 환경이 아니라 체계 이외의 것을 모두 총칭하는 개념이다. 따라서 이 책에서는—국 내에서 이미 환경으로 번역된 저작물을 인용할 경우에도—환경이라는 번역어 대신 에 '환계'라는 말을 사용하기로 한다.

34 Luhmann, 1984, S. 46.

35 Luhmann, *Soziologische Aufklärung 6. Die Soziologie und der Mensch,* Opladen, 1995(이하 'Luhmann, 1995'라 한다), S. 26.

36 루만에 의하면 기계도 관찰할 수 있다는 점에서 체계로 볼 수 있지만, 기계가 사회적 체계는 아니라고 한다.

37 사회적 체계의 작동 방식이자 구성 요소인 '커뮤니케이션'에 관해서는 후술한다.

38 Luhmann, 1984. S. 245.

39 Luhmann, 1984, S. 115.

40 Luhmann, 1995, S. 27

41 Luhmann, 1984, S. 37.

42 Luhmann, 1984. S. 244.

43 Luhmann, *Gesellschaft der Gesellschaft*, Suhrkamp, 1997; 장춘익 옮김, 『사회 의 사회(1)』, 새물결, 2014(1), '이하 장춘익 옮김, 2014(1)' 이라 한다), 91면).

44 "재진입이란 형식이 형식 안으로 또는 구별이 이미 구별된 것 안으로 다시 들어간다 는 것이다."(윤재왕 옮김, 2014, 104면).

45 Luhmann, *Die Realität der Massenmedie.* 2. erweiterte Auflage, Opladen, 1996, S. 24.

46 Berghaus, 2011, S. 46-47.

47 Luhmann, 앞의 책, 1996, S. 16.

48 뿐만 아니라 루만은 체계의 자기 관찰과 거의 분리할 수 없는 환계 관찰에서도 자기 준거와 타자 준거의 구별을 전제한다고 한다. "모든 환계 관찰은 체계 자신 안에서만 행해질 수 있는(그렇지 않으면 도대체 어디서?) 자기 준거와 타자 준거의 구별을 전제한다. 그리고 이것은 동시에 모든 환계 관찰이 자기 관찰을 자극한다는 것을, 환계에 대한 모든 거리 취하기가 자시 자신에 대한 물음을, 고유한 정체성에 대한 물음을 던진다는 것을 이해할 수 있게 해준다."(장춘익 옮김, 2014(1),

117-118면)

49 예컨대 기업들은 자신의 대차대조표와 사업 보고서를 가지고 경쟁 기업과 주변 사회와 분리된 가운데 서로 관찰한다.

50 Luhmann, *Gesellschaft der Gesellschaft,* Suhrkamp, 1997(장춘익 옮김, 『사회의 사회(2)』, 새물결, '이하 장춘익 옮김, 2014(2)'라 한다, 1015면).

51 Berghaus, 2011, S. 47.

52 장춘익 옮김, 2014(1), 103면.

53 Luhmann, 1995, S. 12, 56.

54 장춘익 옮김, 2014(1), 122면.

55 윤재왕 옮김, 2014, 142면.

56 "생명 자체는 마찬가지로 자기 생산으로 파악할 수 있다. 즉, 생명은 생명을 생산한다. 그리고 바깥의 어떤 것도 생명을 추가할 수 없다."(Luhmann, 1995, S. 271)

57 뒤에서 살펴보겠지만, 루만은 이러한 전용을 위한 교량은 진화가 담당한다고 한다.

58 Luhmann, *Die Kunst der Gesellschaft,* Frankfurt a.M., 1995(이하 'Luhmann, 1995'라 한다), S. 86.

59 Luhmann, 1984, S. 29.

60 Luhmann, 1984, S. 601.

61 Luhmann, 1995, S. 12.

62 윤재왕 옮김, 2014, 367면.

63 장춘익 옮김, 2014(1), 510면.

64 Luhmann, 1995(b), 189.

65 Berghaus, 2011, S. 55.

66 Luhmann, 1984, S. 64.

67 장춘익 옮김, 2014(1), 120면.

68 윤재왕 옮김, 2014, 130면.

69 윤재왕 옮김, 2014, 131면.

70 Berghaus, 2011, S. 58.

71 윤재왕 옮김, 2014, 156면.

72 윤재왕 옮김, 2014, 338면.

73 "이러한 개인주의는 인간을 사회의 부분으로 고찰하고, 따라서 인간을 사회 자체의 요소나 목표로 삼는 인간 중심적 사고에 따른 개인주의보다 훨씬 더 철저한 개인주의"이기 때문이라고 한다(윤재왕 옮김, 2014, 338면).

74 장춘익 옮김, 2014(1), 105면.

75 윤재왕 옮김, 2014, 390면.

76 Berghaus, 2011, S. 62.

77 장춘익 옮김, 2014(2), 930면.

78 Luhmann, 1984, S. 33.

79 Luhmann, 1984, S. 192.

80 Berghaus, 2011, S. 63.

81 장춘익 옮김, 2014(1), 106면.

82 후술하겠지만, 이는 인간이 사회적 체계의 하나인, 법인의 실체나 기업의 구성 부분이 될 수 없음을 의미한다.

83 Luhmann, 1984, S. 288, S. 325.

84 Berghaus, 2011, S. 64.

85 Luhmann, 1995, S. 39.

86 Luhmann, 1984, S. 32.

87 장춘익 옮김, 2014(1), 129면.

88 Luhmann, *Soziologische Aufklärung 5. konstruktivistische Perspektiven*, Opladen, 1990, S. 17.

89 윤재왕 옮김, 2014, 348면 이하.

90 Luhmann, 1984, S, 92.

91 장춘익 옮김, 2014(1), 135.

92 윤재왕 옮김, 2014, 358-359면.

93 Luhmann, 1984, S. 238.

94 윤재왕 옮김, 2014, 359면.

95 윤재왕 옮김, 2014, 360면.

96 윤재왕 옮김, 2014, 361면.

97 윤재왕 옮김, 2014, 160면.

98 Schmitt-Leonardy, 2012, S. 135

99 Schmitt-Leonardy, 2012, S. 135.

100 Luhmann, 1984, S. 240.

101 루만의 체계 이론을 기초로 한 귀속 콘셉트와 동일시 이론을 기초로 한 귀속 콘셉트
의 근본적인 차이점에 관해서는 후술한다.

102 윤재왕 옮김, 2014, 362면.

103 Luhmann, *Organisation und Entscheidung*, Wiesbaden, 2000(이하 'Luhmann,
2000'이라 한다), S. 38f.

104 Luhmann, 2000, S. 123f.

105 결정의 전제들은 '결정 가능한 결정의 전제들'와 '결정 불가능한 결정의 전제들'로
나누어질 수 있고, 결정 가능한 결정의 전제들은 결정 프로그램, 의사소통 통로,
그리고 조직의 구성원으로 이뤄져 있는데, 이 세 가지는 지위Stelle로 합류되고,
모든 지위는 몇 가지 일정한 임무(프로그램)에 맞춰져 있으며, 일정한 부서에 소속
돼 있고, 개인이 그 자리를 차지하고 있다고 한다. 그리고 실제로 이 지위는 조직의
자기 생산성을 가진 결정의 전제들이 일관성을 가질 것을 요구하는 바를 상징한다
고 한다.

106 후술하겠지만, 특히 이 점은 기업과 관련해 기업이 그 환계(환경)인 경제 속에서
생존하기 위해 필요 불가결한 전략과 맥락을 같이 한다.

107 이러한 차원의 조직의 의사 결정 구조는ㅡ뒤에서 설명하게 될ㅡ기업(법인)의 의
사 결정 구조의 기초가 된다. 예컨대 삼성전자가 갤럭시 노트 7을 폐기 처분한
결정 구조상 그 결정은 삼성전자라는 기업의 독자적 행위라고 할 수 있다.

108 Luhmann, 2000, S. 81f.

109 Luhmann, 2000, S. 122.

110 Luhmann, 2000, S. 228.

111 후술하겠지만, 개념적으로 개인의 인식과 구별되는 조직의 인지가 기업 형법 영역
에서 주관적 귀속을 구성할 수 있는 이론적 기초를 제공하는 것으로 보는 입장으로
하이네(Günter Heine)가 대표적이다. 이에 관해서는 후술한다.

112 Luhmann, 2000, S. 241.

113 Luhmann, 2000, S. 242.

114 Luhmann, *Das Recht der Gesellschaft*, 1994; 윤재왕 옮김, 『사회의 법』, 새물결, 2015(이하 '윤재왕 옮김, 2015'라 한다), 135면.

115 Luhmann, *Rechtssoziologie*, 3. Aufl., Opladen, 1987, S. 43.

116 윤재왕 옮김, 2015, 91면.

117 윤재왕 옮김, 2015, 68면.

118 윤재왕 옮김, 2015, 581면 이하.

119 윤재왕 옮김, 2015, 648면.

120 Gomez-Jara Diez, ZStW119(2007), S. 302.

제5장 체계 이론적 관점에서 본 기업과 기업의 형법 주체성

1 Teubner, KritV 1987, S. 66.

2 Teubner, KritV 1987, S. 67.

3 Teubner, KritV, S. 68.

4 Teubner, KritV, S. 67.

5 Teubner, KritV, S. 67.

6 Teubner, KritV, S. 67.

7 루만과 토이버너는 이를 집단Kollektiv으로 표현하지만, 파슨스는 집단성collectivity, 콜만은 단체 행위자corporate actor, 반베르크는 집단 행위자Kollektivakteur라는 용어로 표현하고 있다. 이하에서는 조직으로서의 성격과 그 조직의 독자적 행위 주체(독립된 인격)로서의 성격을 모두 함의할 수 있도록 집단과 단체 행위자라는 용어를 병용하기로 한다.

8 "어떤 그룹이 미성숙 단계에서 벗어나는 출구는 공식적 조직화 단계를 의미하는데, 우리 모델에서는 체계 요소를 초순환적으로 결합시키는 단계를 말한다. 미성숙 그룹과 달리 공식적인 조직은 전형적으로 한계와 구조, 그리고 요소와 정체성을 초순환적으로 결합시키는 특징을 가진다."(Günther Teubner, "Sinn, Kommuniktion und Soziale Differenzierung," in: Haferkamp/Schmidt(Hrsg.), 1987, S. 117).

9 Teubner, KritV 1987, S. 68. "성찰적 커뮤니케이션은 … 집단 인격을 의미론적 인공물로, 언어적으로 응축된 집단 정체성이라는 표상으로 구성한다."

10　Teubner, KritV 1987, S. 69. 각주 42.

11　루만에 의하면 집단 구속성은 "전체로서의 집단적 행위가 체계의 다른 행위들의 의미 속으로 수용돼 들어가 그 행위 가능성들을 제한한다"는 점에 존재한다고 한다 (Luhmann, 1984, S. 273).

12　Teubner, KritV 1987, S. 69.

13　Teubner, KritV, S. 70.

14　Teubner, KritV, S. 70.

15　Teubner, KritV, S. 70.

16　Teubner, KritV, S. 70.

17　Gomez-Jara Diez, ZStW119(2007), S. 313.

18　하지만 앞에서 살펴보았듯이 기에르케의 법인 실재설도 기관으로서 대표되는 인간을 법인의 실체로 보고 말았기 때문에 사비니의 법인 의제설과 다르지 않았다.

19　Hans Kelsen, *Allgemeine Staatslehre*, 1925, S. 66ff.

20　Teubner, KritV 1987, S. 71.

21　Kurt Seelman, "Unternehmensstrafbarkeit: Ursachen, Paradox usw." in: FS-Schmid, S. 169.

22　이 점을 자기 생산적 체계 이론의 언어로 표시하면 법체계는 복잡성을 감축하기 위해 '모든' 환경(법체계에 대해서는 환경이지만, 그 자체 사회적 체계임)를 모사해 자기 준거적으로 자기 생산을 하지 않는다는 것이다. 이러한 점에서 보면 태어나자마자 법률에 의해 인격적 주체성을 부여받고 있는 인간은 일종의 특혜를 받은 셈이라고 할 수 있다.

23　Teubner, KritV 1987, S. 73.

24　루안에 의하면 집단 결속 또는 집단 결속성이 인정되기 위해서는 "전제로서의 집단의 행위가 그 체계의 다른 행위들의 의미 속으로 수용돼 들어가 그 행위 가능성을 제한" 하여야 한다고 한다.(Luhmann, 1984, S. 273f.)

25　Luhmann, 1984, S. 271.

26　Teubner, KritV 1987, S. 74.

27　이러한 논쟁에 관해서는 Teubner, KritV 1987, S. 75 이하.

28　기업을 영리 활동을 하는 자로 제한하면 기업의 주체인 법인은 오직 '영리 사단

법인'만 인정된다. 최근 재단 법인의 형식으로 '사회적' 기업이 등장하고 있지만, 이 경우 기업은 비영리 재단 법인에 불과하다.

29 Teubner, KritV 1987, S. 78.

30 Schmitt-Leonardy, KritV 1987, S. 133.

31 Schmitt-Leonardy, KritV 1987, S. 133.

32 Dominque Prümm, *Unternehmen als autopoietische Systeme. Grundlagende Überlegungen*, Marburg, 2005, S. 130. 이러한 생각에 관해서는, Luhmann, 2000, S. 19, 276, 301, 406.

33 Schmitt-Leonardy, S. 135.

34 Schmitt-Leonardy, 2012, S. 136.

35 Schmitt-Leonardy, 2012, S. 136

36 Schmitt-Leonardy, S. 136-137.

37 Schmitt-Leonardy, 2012, S. 137.

38 Schmitt-Leonardy, 2012, S. 138.

39 Teubner, KirtV 1987, S. 79. 실제로 이 분야의 선구인 라이저는 기업을 조직화된 행위 체계로 파악해 사회적 체계로서의 기업의 본질과 장점에 접근했으면서도 기업의 구성 요소와 관련해서는 과거의 행위론적 관점으로 후퇴하고 말았다. 뿐만 아니라 라이저는 기업뿐 아니라 법인도 체계 이론적 관점에서가 아니라 여전히 행위자 중심적으로 파악하고 있다. 라이저는 법인의 단체적 성격을 강조해 지분 소유자를 법인으로 내면화하고 있다.

40 Teubner, KritV 1987, S. 79.

41 이러한 협력 관계는—앞서 토이버너의 용어로 표현하면—행위와 집단의 순환론적 결합을 가능하게 한다.

42 Schmitt-Leonardy, S. 138.

43 이와 관련해 루만은 "사회는 모든 인간을 합친 것과 동일한 무게를 가지는 것이 아니다. 그리고 사회는 사람이 탄생하고 죽는 일이 있어도 그 무게가 달라지지 않는다"고 한다. 장춘익 옮김, 2014(1), 206면.

44 Schmitt-Leonardy, 2012, S. 138.

45 Leonardy, S. 138.

46 Schmitt-Leonardy, 2012, S. 138. 각주 162.

47 Joel Bakan, *The Corporation: A Pathological Pursuit of Profit and Power*, New York 2004, S. 172.

48 이는 자연인의 책임 인정을 위해 자연인에게 — 실제적인 또는 규범적으로 가정된 — 자유와 권리를 가지는 주체, 즉 스스로 자기 결정을 할 수 있는 주체임을 법적으로 인정하는 것과 같은 맥락이다. 즉, 자연인의 책임 구조와 상응하게 법인도 책임 있는 행위를 하고 그에 대해 책임을 지우기 위해서는 먼저 법인이 고도의 자율성을 지닌 주체임을 인정하지 않을 수 없는 것이다.

49 루만은 이를 "외부 환계(환경)와의 접촉에서 체계의 지위 획득"이라고 말한다 (Luhmann, 1984, S. 270).

50 Teubner, KritV 1987, S. 74.

51 Teubner, KritV 1987, S. 74.

52 예를 들어, 폭력 조직과 같은 범죄 단체에 대해 법인격을 인정하지 않고 있지만, 최근 양벌 규정에 법인격 없는 단체에 대해 형사 책임을 인정하는 방향으로 달라지는 경향성을 고려하면, 범죄 단체도 법인 등에 포함될 수 있을 것인지 문제가 된다. 이와 같은 법체계의 자기 생산적 재생산에 의해 법 주체가 확대되는 일은 얼마든지 예상할 수 있다.

53 이에 관해서는 Josef Kohler, *Lehrbuch des bürglichen Rechts I* (1906), S. 230.

54 Christopher D. Stone, "Schuld Trees Have Standing Revisited: How Far will Law and Morals Reach?" Southern California Law Review59 (1985), S. 1.

55 기업은 오직 자연인을 매개로 해서만 행위할 수 있으므로 독자적 행위 능력이 부정된다고 보는 전통적인 형법 이론 하에서도 '귀속'방식을 채택하면 기업에 대한 형사책임을 인정할 수는 있다. 앞서 분석했지만 양벌 규정도 이러한 차원의 귀속 콘셉트가 기초돼 있다. 하지만 체계 이론에서 말하는 '귀속'은 이와 같은 의미의 귀속 해석학과는 차원을 달리한다. 이에 관해서는 후술한다.

56 Günter Heine, *Die strafrechtliche Verantwortlichkeit von Unternehmen*, 1995, S. 31ff., 249, 287ff.

57 Günter Heine, "Europäische Entwicklungen bei der strafrechtlichen Verantwortlichkeit von Wirtschaftunternehmen und deren Fühurngskräften," ZStrR 119(2001), S. 37. 따라서 하이네는 기업의 책임 구조를 부작위 책임 구조로

인정한다.

58 Ernst-Joachim Lampe, "Zur ontologischen Struktur des strafbaren Unrechts, FS für Hirsch, 1999, S. 86f.

59 Lampe, FS für Hirsch, 1999, S. 94.

60 Lampe, FS für Hirsch, 1999, S. 96.

61 Winfried Bottke, "Standortvorteil Wirtschaftkriminalrecht: Müssen Unternehmen 'strafmündig' werden?", wistra, 1997, S. 248f.

62 Bottke, wistra, 1997, S. 249.

63 Jakobs, AT, §§6/31ff; 29/1ff.

64 야콥스는 이러한 관점에서 행위 능력을 "규범의 타당성을 위태롭게 할 능력"으로 표현하기도 한다.

65 동일시 이론에 기초한 귀속은 존재론적 방법론을 출발점으로 삼아 법인의 사회적 실재성을 근거 지우지도, 그 독자적 행위 주체성을 긍정하지도 않은 채, 법률적인 의제의 방법을 통한 귀속에 불과하기 때문이다.

66 이러한 점을 두고 루만은 "생명과 의식에 의한 자기 생산은 사회적 체계 형성의 전제 조건이다"(Luhmann, 1984, S. 297)라고 설명하고 있다.

67 형법 문헌에서 기업의 행위 주체성을 인정할 수 있는 새로운 준거점(착안점)으로서 새로운 '인人' 개념이 제안돼온 바, 특히 '인' 개념을 역할 담당자(역할 주체)로 구상해 '사회인'의 개념을 자연인과 기업에 대한 상위 개념으로 내세운 람페가 사회인을 불법 생산자로 관찰한 점에 대해서는 앞서 살펴보았다(Lampe, FS für Hirsch, 1999, S. 86f, 87ff, 90ff.).

68 이 점은 예를 들어 장차 인공 지능(AI) 로봇의 형사 책임을 근거 지움에 있어서도 마찬가지로 타당할 수 있다. 존재론적 방법론에 기초하면 어떤 주체에게 형사 책임을 지우기 위해 그 주체의 불법(잘못)을 필요로 하는바, 인공 지능은 인간과 같은 심리적인 측면에서 의식 작용을 할 수 없으므로 주관적 요소를 필요로 하는 불법을 범할 수 없다. 그러나 객관적 관찰자의 시각에서 보면 어떤 주체라도 법익 침해적 외부적 행위 또는 결과를 야기할 수 있으므로, 이른바 마음 없는 행위 주체mindless agent도 불법을 범할 수 있다. 이에 관해서는 Mireille Hildebrand, "Criminal Liability and 'Smart' Enviroments," in: Philosophical Foundation of Criminal Liability, Duff and Green(Eds.), 2011, pp. 522.

69 책임 개념의 규범화가 어떤 배경 하에서 이뤄졌는지에 관해서는, 김성돈, 『책임개념의 기능화와 적극적 일반예방이론』, 성균관대학교 박사학위논문, 1992, 25면 이하.

70 형법학에서 이러한 도의적 책임론은 1952년 독일 연방재판소에서 확립된 후 오늘날에도 여전히 형사 책임의 기초로 인정되고 있다. 이에 따르면 책임 비난의 근거가 불법을 피하고 적법한 행위를 선택할 수 있는 자기 결정 능력을 가진 인간이 그러한 능력에 따라 불법한 행위를 피할 수 있었음에도 불구하고 불법한 행위로 나갔다는 점에 있다.

71 Lackner/Kühl, StGB, 26. Aufl., Vor §13 Rn. 23.

72 사회적 책임 개념은 19세기 근대학파의 주장인 사회적 책임론과는 다르다. 사회적 책임론도 의사 자유에 기초한 도의적 책임론에 대한 반동으로 등장했다는 점에서 80년대의 사회적 책임 개념과 출발점을 함께하지만, 기본적으로 책임 개념을 부인했다는 점에서 사회적 책임 개념과 다르다. 즉, 사회적 책임론은 인간을 소질과 환경에 의해 결정되는 존재로 이해하면서 개인적 책임 비난에 근거한 형벌 체계를 부정하고, 사회 방위 사상에 기초한 보안 처분 체계의 구축을 시도했다.

73 Gerhard Dannecker, "Das Unternehmen als 'Good Corporate Citizen,'" in: Verantwortung und Steuerung von Unternehmen in der Marktwirtschaft (Hrsg. von Alewart), 1988, S. 29.

74 초인간적 가치 카논에 의해 채워져야 할 "도덕 유사적" 책임을 기업이 져야 한다고 말하기도 한다. Maring, Conceptus, XXXIII(1989) Nr. 58, S. 39.

75 Klaus Tiedemann, Die "Bebuβung" von Unternehmen nach dem 2. Gesetz zur Bekämpfung der Wirtschaftskriminalität, NJW 1988(이하 'Tiedemann, NJW 1988'라 한다), S. 1172.

76 Tiedemann, NJW 1988, S. 1172.

77 Tiedemann, NJW 1988, S. 1172.

78 Tiedemann, NJW 1988, S. 1172.

79 Klaus Tiedemann, "Strafbarkeit von juristischen Personen?" in: Freiburger Begegnungen(Hrsg. von Schroth/Stoll/Tiedemann), 1996, S. 40.

80 Jens Peglau, "Strafbarkeit von Personenbänden," JA 2001, S. 609.

81 Seelmann, in: FS für Schimd, S. 179f.

82 Jescheck/Weigend, AT, §23 VII 1; Andrea Ransiek, Unternehmensstrafrecht,

1996, S. 345; Seelman, in: FS für Schmidt, S. 179.

83 스위스 형법도 기업의 독자적 조직 책임을 인정하고 있다고 하지만, 이 요소가 불법을 근거 지우는 것인지 책임을 근거 지우는 것인지 여전히 모호하며, 단체나 조직의 고유한 책임 비난이 어디에 있는지는 여전히 분명하지 않다.

84 Jakobs, AT, 17/1

85 Jakobs, AT, 6/45

86 Jakobs, AT, Aus dem Vorwort zur ersten Auflage Ⅶ.

87 Jakobs, AT, Rm.6/44.

88 Jakbos, "Strafbarkeit juristischer Person," in: FS für Lüderssen, 2002(이하 'Jakobs, in: FS für Lüderssen'이라 한다), S. 571.

89 Jakbos, in: FS für Lüderssen, S. 571.

90 Jakobs, in: FS für Lüderssen, S. 571.

91 루만의 체계 이론이 야콥스의 형법 이론에 영향을 미친 것은 사실이지만, 야콥스는 자신의 형법 이론의 모두를 체계 이론에 따르고 있지 않음을 자인한 적도 있다. 야콥스에 의하면 "이러한 이론(체계 이론)에 대해 대강이라도 아는 자라면 여기서의 설명이 체계 이론과 시종일관 동일하지 않다는 것을 금방 알아차리게 될 것이다. 모든 주요 문제에 대해 체계 이론을 따를 것은 아니다(Jakobs, "Das Strafrecht zwischen Funktionalismus und 'alteuropäischen Prinzipiendenken'", ZStW107 (1995), S. 843)라고 했다.

92 Gomez-Jara Diez, ZStW 119(2007), S. 325f.

93 Gomez-Jara Diez, ZStW 119(2007), S. 297.

94 Gomez-Jara Diez, ZStW 119(2007), S. 332.

95 '기능적 응보'라는 용어에 관해서는 Gomez-Jara Diez, ZStW 119(2007), S. 332의 각주 213 참조).

96 여기서 형법적 측면에서는 야콥스와는 달리 심지어 고통도 규범적인 구성물이거나 규범적인 의미가 부여된다고 한다. 반면에 야콥스에 의하면 "고통은 규범 타당성의 인지적 안정화에 기여한다"고 한다(Jakobs, *Staatliche Strafe. Bedeutung und Zweck,* 2004, S. 26, 29).

97 이러한 맥락의 적극적 일반 예방 효과는 기업에 형벌 부과를 통해 기업이 져야 할 부담Verantwortung을 강화하는 것으로 해석할 수 있다(Gomez-Jara Diez,

ZStW 119(2007), S. 332).

98 여기서 '자유'는 존재론적 의미의 자유, 즉 비결정론적인 의사 자유를 의미하지 않고 '자기 관리 능력'을 의미한다(이에 관해서는 Jakobs, ZStW107(1995), S. 852: "물론 책임은 자유와 결부되지만 의사 자유가 아니라 자기 관리의 자유, 즉 (…) 자기 자신의 조직 영역을 관리할 자유와 결부된다." 후술하듯이 기업의 경우 자기 조직화에 대한 자기 책임의 원칙도 바로 이러한 자유개념에 대한 이해에서 나온다. 기업에는 (자기) 조직화 자유에 대한 권리가 인정되고, 이 권리의 이면에서는 허용된 위험의 범위내에서 그러한 조직의 자율적 형성을 유지할 의무가 발생한다. 기업의 이러한 조직 형성의 의무는 법 충실에의 의무와 결합된다.

99 Gomez-Jara Diez, ZStW 119(2007), S. 322.

100 Gomez-Jara Diez, ZStW 119(2007), S. 322.

101 Gomez-Jara Diez, ZStW 119(2007), S. 233.

102 Gomez-Jara Diez, ZStW 119(2007), S. 329, 333.

103 Wolfgang Frisch, "Strafbarkeit juristischer Person und Zurechnung," in: FS für Wolter, 2013, S. 371.

104 Jakobs, in: FS für Lüderssen, S. 570f.

105 Günter Heine, *Die strafrechtliche Verantwortlichkeit von Unternehmen,* S. 241; Lampe, ZStW 106(1994), S. 683, 685f., 722, Gehard Dannecker, "Zur Notwendigkeit der Einführung kriminalrechtlicher Sanktion gegen Verbände," GA 2001, S. 101, 107f, 112f.

106 Günther Teubner, "Substantive and Reflexive Elements in Modern Law," in: Law & So. Rev. 17(1983); Law & So. Rev. 17(1984), pp. 301.

107 Heine, S. 70f.

108 Heine, S. 253f, 279f.

109 Heine, S. 288.

110 Heine, S. 266.

111 Heine, S. 268. 이러한 조직 지배는 기업 형법 영역에서의 기업의 보증인적 지위로 귀결되는 것으로 설명하면서 기업의 형사 책임의 구조를 부작위범으로 파악한다.

112 Heine, S. 241.

113 기업 책임을 성격 책임으로 정의하고 있는 람페의 태도(Lampe, ZStW 106(1994), S. 722f)에 대해서도 마찬가지의 비판이 가해질 수 있다.

114 적극적 일반 예방 이론을 기업 형벌을 근거 지우는 기초로 삼은 선두 주자는 히펠이라고 한다(v. Hippel, *Deusches Strafrecht, zweiter Band: Das Verbrechen, Allgemeine Lehren*, 1930, S. 126: "단체 형벌은 (…) 책임 있는 자의 처벌과 다른 법 효과가 예외적으로 법질서의 유지를 위해 충분하지 않을 경우에 필요악으로만 수용될 수 있다": Gomez-Jara Diez, ZStW119(2007), S. 331에서 재인용). 이와 같이 법에 충실한 시민의 규범 위반에 대한 형벌 부과의 목적이나 기능을 규범의 안정화 차원에서 설명하고, 법 충실에의 훈련이나 규범의 안정화를 형법의 존재 근거로 설명하는 적극적 일반 예방 이론은 그 동안에 많은 형법학자들에 의해 수용돼왔다. 독일에서는 최근 기업 형벌을 근거 지우기 위해서도 이처럼 적극적 일반 예방을 기초로 삼는 태도가 늘어가고 있다. 보트케, 티데만, 쉬네만 등이 그러한 태도로 볼 수 있다.

제6장 기업의 형사 책임을 인정하는 개선 입법의 방향성

1 앞서 언급했듯이 루만의 자기 생산적 체계 이론에 기초한 질적 요건을 충족시켜야 비로소 형법 주체가 되기 때문이다.

2 국가 기관은 국가 폭력의 주체로서 현대 사회에서 형사 책임을 지워야 할 필요성이 있는 중요하고도 새로운 형법 주체로 등장하고 있다. 그러나 국가 기관은 국민이 세금으로 조직이 운용되는 등 기업 등 다른 법인 형태와는 다른 특수성을 가지고 있다. 따라서 형법 주체로서 국가 기관에 형사 책임을 지우기 위해서는 보다 정밀한 이론적 근거를 요한다. 이 점에 관한 입문적 연구로는 김성돈, "형법의 과제, 형법의 한계 그리고 리바이어던 형법", 『형사법 연구』, 제28권 제4호(2016), 4면 이하.

3 앞서 살펴보았듯이 양자의 관계를 이렇게 파악함으로써 전체/부분이라는 과거의 패러다임이 체계/환경이라는 패러다임으로 전환된다.

4 법인의 독자적 행위 능력과 책임 능력을 부정하면서도 법인에 대한 형사 책임을 인정하고 있는 우리나라 양벌 규정이 일신전속적인 성격의 책임까지 귀속하는 점에서 형법 이론적인 문제점을 해결할 수 없음은 앞서 언급했다.

5 이와 같이 기업의 행위 능력과 책임 능력을 긍정하는 전향적인 자세는 대표자 책임

사례 유형의 경우 동일시 이론에 기초해 법인의 형사 책임을 인정하려는 헌법재판소의 다수 의견에 반대하는 소수 의견에 의해 다음과 같이 개진됐다. "법인은 인적 구성원과 물적 구성 분자를 가지고 구성원인 개인의 의사와는 독립된 일정한 방침과 목적을 위해 자신의 명의로 사회적 기능을 하는 존재이므로, 특정 개인의 의사와 행위가 아닌 법인 고유의 독자적인 의사 결정 과정과 행위 방식에 의해 법인의 업무를 수행하도록 예정돼 있다. 그러므로 법인의 책임은 형사상은 물론 민사상으로도 그 구성원인 개인의 책임과 엄격히 구별돼 판단되고 있다."(헌법재판소 2013. 10. 24., 2103헌가18).

6 사회적 체계의 커뮤니케이션 책임은 직접적 행위 주체를 대신해서 책임을 지는 대위 책임이 아니며, 전가 책임은 더더욱 아니다. 그 자체로 독자적 행위 능력과 책임 능력을 가진 법인 또는 기업 자신의 책임이다.

7 윤재왕 옮김, 2014, 360면.

8 물론 여기서 기업의 행위에 대해 자연인과 동일하게 '행위'라는 용어 그대로 사용할 것인지, 아니면 다른 개념을 사용할 것인지가 문제된다. 기업의 특수성을 고려해 조직 지배라는 개념을 사용할 수도 있지만, 동일 개념을 사용하는 것이 형법의 자기 준거적 재생산에 부합하는 것으로 생각된다.

9 이 표현을 법인 등의 불법 요소에 갈음하는 의미로 사용하든 책임 요소에 갈음하는 의미로 사용하든지 간에, 행위 책임 원칙과 배치되는 행위자 책임 원칙에로의 전환을 수용해야 하는 문제점이 있다는 점에 대해서는 앞서 설명했다.

10 법 준수 프로그램의 발전이 이러한 단계에 이른다면, 그러한 구체적인 법 준수 프로그램이 제대로 작동하지 못했음을 검사가 입증해야 하고, 이러한 입증이 실패한 경우 법인 등 형사 책임이 배제되도록 규정할 수도 있을 것이다.

11 스위스 형법은 이른바 보충적 기업 책임 모델이 적용되는 경우에는 위반 행위에 제한되지 않고 모든 범죄에 대해 기업 책임이 인정되지만, 이른바 독자적 기업 책임 모델이 적용되는 경우에는 기업에 대한 형사 책임을 일정한 범죄 목록에 국한시키고 있다. 독일 라인란트 베스트팔렌 주에서 발의한 기업 책임법(안)에서도 위반 행위의 범위 제한이 없다.

12 이러한 차원에서 형벌을 순수 경제학적 관점의 제도가 아니라 사회 윤리적 관점의 제도로 설명하는 견해로는, Helmut Frister, "Zur straftheoretischen Einordnung von Unternehmenssanktion," in: FS für Wessing, 2015, S. 7.

13 물론 기업을 헌법상의 기본권 주체로 인정하는 미국 연방 대법원의 태도가 곧 기업의 형법 주체성을 인정한 것은 아니다. 앞서 밝혔듯이 헌법상의 기본권 주체는 국가로부터의 기본권 제한에 대해 보호의 주체를 의미하는 것이지, 적극적 행위 주체성까지 인정하는 것은 아니기 때문이다.

참고문헌 / 기업 처벌과 미래의 형법

김동춘, 『대한민국은 왜? 1945-2015』, 사계절, 2015.
김성규, "법인 처벌의 법리와 규정 형식", 『법조』제
    578호, 2004, 129면.
_____, "양벌 규정의 개정에 따른 법인 처벌의 법리
    적 이해", 『외법논집』제35권 제1호, 2011.
김성돈, "과실범의 '정상의 주의'의 전제조건과 형법
    의 일반원칙", 『비교형사법연구』, 제13권 제2호,
    한국비교형사법학회.
_____, "기업 형법과 양벌 규정의 도그마틱: 양벌 규
    정상의 법인에 대한 형벌 부과 요건을 중심으로",
    『형사정책연구』제27권 제2호, 154면.
_____, "양벌 규정과 책임주의 원칙의 재조명", 「형사
    법연구」제27권 제3호, 한국형사법학회, 2015.
_____, 『형법총론』, 제5판, 성균관대학교 출판부,
    2017.
김성룡·권창국, "기업·법인의 형사 책임 법제 도입
    가능성과 필요성", 형사법의 신동향 제46권, 대
    검찰청, 2015.
김영헌, 『기업 범죄, 어떻게 예방할 것인가』(SERI 연
    구 에세이), 삼성경제연구소, 2005.
김용섭, "양벌 규정의 문제점 및 개선 방안", 『행정법
    연구』제17호, 행정법 이론실무학회, 2007, 200
    면 참조.

김유근, "기업 형벌과 형벌 이론 간의 괴리",『비교형사법연구』제9권 제1호, 한국비교형
사법학회, 2007, 315면.

김재봉, "양벌 규정과 기업 처벌의 근거·구조",『법학논집』제24권 제3호, 한양대학교
법학연구소, 2007.

_____, "양벌 규정에서 법인과 행위자의 법정형 분리의 필요성",『법과 정책 연구』
제12집 제3호, 한국법정책학회, 2012.

김재윤,『기업의 형사책임』, 마인드 탭, 2015.

박광민, "기업에 대한 형사 책임 귀속의 바람직한 방안", 성균관법학 제27권 제3호,
성균관대학교 법학연구소, 2015.

박광민·조명화, "양벌 규정과 형사 책임-개정된 양벌 규정의 문제점을 중심으로", 법학
논총 제23집, 숭실대학교 법학연구소, 2010.

박기석, "판례와 사례 분석을 통한 기업 범죄 처벌의 개선 방안",『형사정책』제20권
제2호(2008), 한국형사정책학회, 89면 이하 참조.

박상기,『형법총론』제6판, 박영사, 2004.

박영도, 「입법 기술의 이론과 실제」, 한국법제연구원 연구보고 97-1, 한국법제연구원,
1997, 359면.

배종대, 「형법총론」, 제7판, 홍문사, 2004, §47/35; 이재상, 「형법총론」, 제5판 보정판,
박영사, 2005, §7/15 등.

신동운,『형법총론』, 박영사, 2014.

윤장근, "양벌 규정의 입법례에 관한 연구", 「법제」제438호, 법제처, 1994, 107면.

윤재왕 옮김,『사회의 법』, 새물결, 2015.

윤재왕 옮김,『체계 이론 입문』, 새물결, 2014.

이기헌·박기석, 「법인의 형사 책임에 관한 비교법적 연구」, 한국형사정책연구원, 1995.

이순욱,『법인의 양벌규정에 관한 연구』, 서울대학교 박사학위논문(2016.2).

이주희, "양벌 규정의 개선 입법에 관한 고찰", 「한양법학」제20권 제4집, 한양법학회,
2009.

_____, "양벌규정의 실효성 확보에 관한 연구-법인에 대한 벌과금 중과를 중심으로",
『법학연구』제47집, 한독법학회, 2012, 252면 이하.

이천현·송효종, "기업의 경제 활동에 관한 형사 법제 연구(Ⅱ)-기업 범죄에 대한

제재 체계의 현황과 개선 방향", 한국형사정책연구원, 2010, 32면.

장성원, "양벌 규정에서 개인 책임과 단체 책임", 형사 정책, 한국형사정책학회, 제28권 제3호(2016), 335면.

장성원, "양벌 규정에서의 법인 처벌의 본질", 『경찰학 논총』 제6권 제2호, 2011.

장한철, "양벌 규정에 관한 헌재의 위헌 결정과 개정 양벌 규정에 관한 고찰", 「한양법학」 제23권 제3집, 한양법학회, 2012, 128면.

조 국, "법인의 형사 책임과 양벌 규정의 법적 성격", 『법학』, 제48권 제4호, 서울대학교 법학연구소, 2007, 60면.

조병선, "개정 양벌 규정에서의 기업의 형사 책임: 과실 추정설에 대한 반론", 형사정책 제21권 제1호, 한국형사정책학회, 2009.

최병조, 『로마법강의』, 박영사, 1999.

한성훈, "법인의 감독 책임의 명확화에 관한 소고", 「한양법학」 제23권 제4집, 한양법학회, 2012, 48면.

Carlos Gomez Jara-Diez, "Grundlage des konstruktivistischen Unternehmensschuldbegriffes," ZStW 119(2007).

Charlotte Schmitt-Leonardy, "Das interpretatorische Konstrukt Unternehmen hinter Unternehmenskriminalität," in: Kemp/Lüderssen/Volk(Hrsg.), Unternehmensstrafrecht, 2012.

Christopher D. Stone, "Schuld Trees Have Standing Revisited: How Far will Law and Morals Reach?" Southern California Law Review59 (1985).

Das Unternehmensstrafrecht und seine Alternativen, Jahn/Schmitt- Leonardy/ Schoop(Hrsg.), Nomos(2016), S.53.

Dominque Prümm, Unternehmen als autopoietische Systeme. Grundlagende Überlegungen, Marburg, 2005.

Ernst-Joachim Lampe, "Zur ontologischen Struktur des strafbaren Unrechts, FS für Hirsch, 1999.

Gehard Dannecker, "Zur Notwendigkeit der Einführung kriminalrechtlicher Sanktion gegen Verbände," GA 2001, S. 101.

Gerhard Dannecker, "Das Unternehmen als 'Good Corporate Citizen,'" in:

Verantwortung und Steuerung von Unternehmen in der Marktwirtschaft (Hrsg. von Alewart), 1988.

Günter Heine, *Die strafrechtliche Verantwortlichkeit von Unternehmen,* 1995.

Günter Heine, "Europäische Entwicklungen bei der strafrechtlichen Verantwortlichkeit von Wirtschaftunternehmen und deren Fühurngskräften," ZStrR 119(2001), S.

Günther Teubner, "Sinn, Kommuniktion und Soziale Differenzierung," in: Haferkamp/Schmidt(Hrsg.), 1987, S.

Günther Teubner, "Substantive and Reflexive Elements in Modern Law," in: Law & So. Rev. 17(1983); Law & So. Rev. 17(1984).

Günther Teubner, "Unternehmenskorporatismus. New Industrial Policy aund das "Wesen" der Juristische Person," KritV 1987.

Gustav Radbruch, *Rechtsphilosophie,* Studienausgabe, 1932(1999).

Güther Jakobs, "Strafbarkeit juristischer Personen," in: FS für Klaus Lüderssen, 2002, S. 567.

Hans Kelsen, *Reine Rechtslehre,* 2. Aufl., 1960(2000).

Helmut Frister, "Zur straftheoretischen Einordnung von Unternehmenssanktion," in: FS für Wessing, 2015, S. 7.

Jakbos, "Strafbarkeit juristischer Person," in: FS für Lüderssen, 2002.

Jakobs, "Das Strafrecht zwischen Funktionalismus und 'alteuropäischen Prinzipiendenken'", ZStW107(1995).

Jakobs, *Staatliche Strafe. Bedeutung und Zweck,* 2004.

Jens Peglau, "Strafbarkeit von Personenbänden," JA 2001.

Joel Bakan, *The Corporation: A Pathological Pursuit of Profit and Power,* New York 2004.

John C. Coffee, "No Soul to Damm: No body to kick: An unscandalised Inquiry into the Problem of Corporate Punishment", Michigan Law Review 79(1980/81).

Klaus Tiedemann, "Strafbarkeit von juristischen Personen?" in: Freiburger

Begegnungen(Hrsg. von Schroth/Stoll/Tiedemann), 1996.

Klaus Tiedemann, Die "Bebuβung" von Unternehmen nach dem 2. Gesetz zur Bekämpfung der Wirtschaftskriminalität, NJW 1988, S.

Klaus Tiedemann, Die "Bebuβung" von Unternehmen nach dem 2. Gesetz zur Bekämpfung der Wirtschaftskriminalität, NJW 1988.

Kurt Seelman, "Unternehmensstrafbarkeit: Ursachen, Paradox usw." in: FS-Schmid.

Lackner/Kühl, StGB, 26. Aufl.

Lars Udehn, *Methodological Individualism. Background, History and Meaning,* London 2001.

Luhmann, *Das Recht der Gesellschaft,* 1994.

Luhmann, *Die Kunst der Gesellschaft,* Frankfurt a.M., 1995.

Luhmann, *Die Realität der Massenmedie.* 2. erweiterte Auflage, Opladen, 1996, S. 24.

Luhmann, *Gesellschaft der Gesellschaft,* Suhrkamp, 1997(장춘익 옮김, 『사회의 사회(2)』, 새물결.

Luhmann, *Gesellschaft der Gesellschaft,* Suhrkamp, 1997; 장춘익 옮김, 『사회의 사회(1)』, 새물결, 2014.

Luhmann, *Organisation und Entscheidung,* Wiesbaden, 2000.

Luhmann, *Rechtssoziologie,* 3. Aufl., Opladen.

Margot Berghaus, *Luhmann leicht gemacht,* 3.Aufl., Böhelau 2011.

Mireille Hildebrand, "Criminal Liability and 'Smart' Enviroments," in: Philosophical Foundation of Criminal Liability, Duff and Green(Eds.), 2011.

Niklas Luhmann, *Die Religion der Gesellschaft.* Hrsg. von Andre Kieserling, Frankfurt a.M. 2000.

Niklas Luhmann, *Einführing in die Systemtheorie,* Hrsg. von Dirk Baecker, Heidelberg, 2002.

Niklas Luhmann, *Erkenntnis als Konstruktion,* 1988, S. 1.

Niklas Luhmann, *Soziale Systeme. Grundriβ einer allgemeinen Theorie.*

Suhrkamp, 1984.

Pieth/Ivory, "Emergence and Convergence: Corporate Criminal Liability Principles in Overview", Pieth/Ivory(Hrsg.), Corporate Criminal Liability, Emergence, Convergence and Risk, 2011.

Winfried Bottke, "Standortvorteil Wirtschaftkriminalrecht: Müssen Unternehmen 'strafmündig' werden?", wistra, 1997.

Wolfgang Frisch, "Strafbarkeit juristischer Person und Zurechnung," in: FS für Wolter, 2013, S.

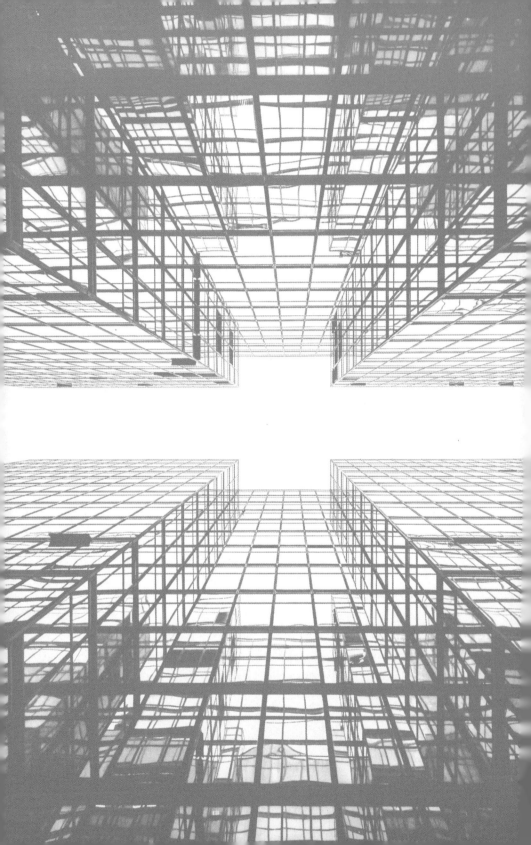

총서 知의회랑 을 기획하며

arcade of knowledge

대학은 지식 생산의 보고입니다. 세상에 바로 쓰이지 않더라도 언젠가는 반드시 인류에 필요할 지식을 생산하고 축적하며 발전시키는 일을 끊임없이 해나갑니다. 오랫동안 대학에서 생산한 지식은 책이란 매체에 담겨 세상의 지성을 이끌어왔습니다. 그 책들은 콘텐츠를 저장하고 유통시키며 활용하게 만드는 매체의 차원을 넘어, 인간의 비판적 사유 능력과 풍부한 감수성을 자극하는 촉매의 역할을 충실히 해왔습니다.

이와 같은 '책을 읽는다'는 것은 단순히 지식과 정보를 습득하는 데 멈추지 않고, 시대와 현실을 응시하고 성찰하면서 다시 그 너머를 사유하고 상상함을 의미합니다. 그러므로 '세상의 밑그림'을 그리는 책무를 지닌 대학에서 책을 펴내는 것은 결코 가벼이 여겨선 안 될 일입니다.

이제 우리는 다양한 방식으로 존재하는 지식과 정보, 그리고 사유와 전망을 담은 책을 엮어 현존하는 삶의 질서와 가치를 새롭게 디자인하고자 합니다. 과거를 풍요롭게 재구성하고 미래를 창의적으로 기획하는 작업이 다채롭게 펼쳐질 것입니다.

대학university이란 우주universe와 말의 뿌리를 공유하는 곳이기에, 이곳에서 생산되어 쌓여갈 책들의 저장고 역시 '책의 우주'를 구상하게 될 것입니다. 대학의 최종 목적지인 '학문의 우주' 또한 여기서 멀지 않으리라 기대합니다.

앎을 쉽게 소비하는 시대를 살고 있지만, 다양한 앎을 되새김함으로써 학문의 회랑에서 거듭나는 지식의 필요성에 우리는 공감합니다. 정보의 홍수와 유행 속에서도 퇴색하지 않을 참된 지식이야말로 인간이 가야할 길에 불을 밝혀줄 수 있기 때문입니다. 앞으로 대학이란 무엇을 하는 곳이며, 왜 세상에 남아 있어야 하는 곳인지 끊임없이 되물으며, 새로운 지의 총화를 위한 백년 사업을 시작하겠습니다.

총서 '지의 회랑' 기획위원

안대회 · 김성돈 · 변태호 · 변혁 · 서민아 · 윤비 · 진재교 · 천정환

지은이 김성돈

성균관대학교 대학원에서 박사학위(형법 전공)를 받았고, 독일 프라이부르크대학에서 수학했다. 경북대학교 법학부를 거쳐, 현재 성균관대학교 법학전문대학원 교수로 재직 중이다. 법무부 형사법개정특별자문위원회 위원과 한국형사법학회 회장을 역임했다. 주요 저·역서로는 『형법총론』,『형법각론』,『독일 형사소송법』 등이 있다.

법과 다른 세계와의 만남에 관심이 많아,『로스쿨의 영화들─시네마 노트에 쓴 법 이야기』이란 책을 통해 법과 예술, 현실과 꿈, 제도와 이상 사이의 애증 관계를 논했으며, 오스트리아의 진화생물학자 프란츠 M. 부케티츠의 『도덕의 두 얼굴』을 우리말로 옮기면서 '도덕의 이중성'을 목도하고 경고하기도 했다.

'사람의 성장 못지않게 법의 진화도 중요하다'고 말하는 그는, 형법이 국가가 아니라 개인의 편에 서도록 법과 제도를 진화시키는 게 형법학자의 사회적 역할이라 생각한다. 헌법에 기초한 개인과 국가 간의 관계가 형벌권에도 관철되어야 한다는 시각을 가지고, 민주와 법치의 조화를 지향하며 자신의 형법학 연구를 심화해나가고 있다.

🏛 知의회랑
arcade of knowledge
001

기업 처벌과 미래의 형법
기업도 형법의 주체가 될 수 있는가

1판 1쇄 발행 2018년 2월 20일
1판 1쇄 발행 2018년 2월 28일

지 은 이   김성돈
펴 낸 이   정규상
책임편집   현상철
편   집   신철호·구남희
마 케 팅   박정수·김지현

펴 낸 곳   성균관대학교 출판부
등   록   1975년 5월 21일 제1975-9호
주   소   03063 서울특별시 종로구 성균관로 25-2
전   화   02)760-1252~4 팩스 02)762-7452
홈페이지   http://press.skku.edu

ISBN 979-11-5550-269-3 93360